折射集
prisma

照亮存在之遮蔽

C. Wright Mills

White Collar:
The American Middle Classes

当代学术棱镜译丛 · 社会学系列
丛书主编 张一兵 副主编 周宪 周晓虹

白领：

美国的中产阶级

[美] C. 莱特·米尔斯 著 周晓虹 译

南京大学出版社

《当代学术棱镜译丛》总序

自晚清曾文正创制造局，开译介西学著作风气以来，西学翻译蔚为大观。百多年前，梁启超奋力呼吁："国家欲自强，以多译西书为本；学子欲自立，以多读西书为功。"时至今日，此种激进吁求已不再迫切，但他所言西学著述"今之所译，直九牛之一毛耳"，却仍是事实。世纪之交，面对现代化的宏业，有选择地译介国外学术著作，更是学界和出版界不可推诿的任务。基于这一认识，我们隆重推出《当代学术棱镜译丛》，在林林总总的国外学术书中遴选有价值篇什翻译出版。

王国维直言："中西二学，盛则俱盛，衰则俱衰，风气既开，互相推助。"所言极是！今日之中国已迥异于一个世纪以前，文化间交往日趋频繁，"风气既开"无须赘言，中外学术"互相推助"更是不争的事实。当今世界，知识更新愈加迅猛，文化交往愈加深广。全球化和本土化两极互动，构成了这个时代的文化动脉。一方面，经济的全球化加速了文化上的交往互动；另一方面，文化的民族自觉日益高涨。于是，学术的本土化迫在眉睫。虽说"学问之事，本无中西"（王国维语），但"我们"与"他者"的身份及其知识政治却不容回避。但学术的本土化绝非闭关自守，不但知己，亦要知彼。这套丛书的立意正在这里。

"棱镜"本是物理学上的术语，意指复合光透过"棱镜"便分解成光谱。丛书所以取名《当代学术棱镜译丛》，意在透过所选篇什，折射出国外知识界的历史面貌和当代进展，并反映出选编者的理解和匠心，进而实现"他山之石，可以攻玉"的目标。

本丛书所选书目大抵有两个中心：其一，选目集中在国外学术界新近的发展，尽力揭橥域外学术 20 世纪 90 年代以来的最新趋向和热点问题；其二，不忘拾遗补缺，将一些重要的尚未译成中文的国外学术著述囊括其内。

众人拾柴火焰高。译介学术是一项崇高而又艰苦的事业，我们真诚地希望更多有识之士参与这项事业，使之为中国的现代化和学术本土化作出贡献。

丛书编委会
2000 年秋于南京大学

目　录

第二部　白领的世界

第三部　生活方式

第四部　权力的路径

《白领》、中产阶级与中国的误读[①]

（代译序）

周晓虹

多数人的写作或者缘于现实的思考，或者缘于阅读的兴趣。其实，在大多数情况下，阅读会促进对现实的思考，对现实的思考常常也会求助于阅读。说到我自己这几年对中国中产阶级或主流媒体所说的中等收入群体的研究，最初的兴趣大概来自于美国社会学家莱特·米尔斯的这本《白领：美国的中产阶级》。20多年前在南开大学读社会学硕士的时候，我们这些年轻的学子就是这个资本主义社会的斗士、"左派阵营中的文化牛仔"（艾尔文·豪）的崇拜者。

缘此，当2002年南京大学出版社以1 000美元的税金从牛津大学出版社手中买下《白领》一书的版权，约请我担任该书中译本的翻译时，我几乎没有什么犹豫就答应了下来。不过，当时我没有想到这本书的翻译会一拖三年，并且其中大部分章节后来是在几十次旅途中完成的。我还清楚地记得，2002年刚放寒假，我陪外甥女刘婧去杭州参加北京广播学院的面试，最初的几十页就是在那10天里完成的；而最后的几十页则是2005年11月在访问新加坡和印度的十多天旅途中完成的。有意思的是，后一次旅行赴印度的目的是参加由德里大学中国研究所主办的"消费主义和中产阶级的兴起：印度与中国的比较"；回国途中经

① 本文原载《读书》杂志2007年第5期，此次再版做了些微修改。

新加坡则应邀在新加坡国立大学东亚研究所作了一场题为“中国中产阶级：虚幻抑或现实”的讲演。在这样的行程中翻译米尔斯的《白领：美国的中产阶级》，其中的妙处大概只有自己知道。

在旅途中完成翻译，一者确实是因为平时俗务缠身，二者因为翻译是打发旅途寂寞的最好方式（一个人旅行时尤为如此）。单单在后一次旅行中，去印度时在新加坡转机等了整整12个小时，如果没有完成这项工作的动力，我真不知道该如何打发那漫长的时光（感谢新加坡宜蓝机场的完备设施，在那里无论是上网还是用自备的电脑工作，都不会比任何一家名牌大学的图书馆逊色）。其实，旅途本身的见闻也颇有助于我对中产阶级这一现象的理解。先是在去印度的新航班机上，随手翻到一本新加坡的杂志，上面的一篇文章讨论的恰是印度的中产阶级，观点如何不说，数据倒十分清晰，说印度有7亿中产阶级。因为2003年去过一次印度，也知道印度经济社会发展的大致状况，所以看到这样的数据多少有些不以为然。后是会议结束后去孟买。离开孟买那天因为飞机是下午6点起飞，而结账后还有3个多小时才去机场的缘故，我坐在Heritage Hotel附设的咖啡店里，一边喝着味道醇厚的印度红茶，一边干着手头的翻译，真是觉得工作原来也可以是如此悠闲。而读着米尔斯的精彩论述，望着咖啡店经理说起“你不知道么？我们印度是中产阶级国家”的那份自得，再看看窗外拥挤、繁忙、沸腾的孟买，不由得想起整整100年前刚刚大病初愈的韦伯访问芝加哥的情形。

在韦伯眼中，那个正因为大规模的工业化而从一个原本只有几万人的木材转运站朝向上百万人的大都市急剧迈进的芝加哥，在资本主义的原始动力的激励下，“像一个没有包膜的巨大心脏在有力地跳动着”。满街的汽车、琳琅满目的商品、潮水般的人流、每天7 000列火车的进出，加上将那一幢幢洋溢着殖民色彩的建筑衬托得更加辉煌的既肮脏又拥挤的贫民窟，我仿佛从孟买身上看到了100年前的芝加哥。离开孟买以后，将此种感受通过电子邮件告诉了印度德里大学的

Veena Nargal 小姐，毕业于英国伦敦大学亚非学院的 Nargal 博士回信道：“我不相信中国的城市和印度有什么不一样。为什么就孟买像芝加哥，中国的北京和上海呢？”其实，中国的城市也同样在迅猛地发展，也像一颗颗有力跳动的心脏，只是这一颗颗心脏有着厚厚的包膜——国家，或者说国家的控制——而这种强力的控制确实遮蔽了资本繁殖的原始动力和原始形态。

我们现在所说的“中产阶级”即英文中的 middle class，最早出现在近代以来的欧洲。自 17 世纪甚至更早，欧洲社会就出现了现在被称作“现代化”的社会变迁历程，并通过这场绵延数百年并不断向整个世界辐射的大变迁使人类生活于其中的社会组织、社会结构、生活和生活方式发生了翻天覆地的变化，但人们公认的这场大变迁的“震中”却是 18 世纪欧洲的两次大革命。如果说现代意义上的英国中产阶级的出现与工业革命有着最为密切的关联，那么法国中产阶级的最初形态则是那个后来在 1789 年的大革命中扮演了积极角色的第三等级。

和欧洲社会略有不同的是，早在工业化之前，美国的老式中产阶级，包括自由农场主、店主和小企业主，就曾占到过总人口的 80%。这与美国广袤的土地为大多数老移民提供了足够的资源有关，也与米尔斯所说美国没有经历封建时代，在工业化之前缺乏一个暴敛社会财富的上层贵族阶级有关。但是，在进入工业化之后，尤其在工业化的早期，一者由于新移民的大量涌入，二者由于部分农民和小企业主的破产，工人阶级逐渐成为人口的大多数。美国工业化的早期历史，在一定程度上见证了马克思关于早期资本主义社会日益分化为工人和资本家两个对立阶级的看法。

但是，1930 年代以后，尤其是第二次世界大战以后，情况发生了变化。随着美国社会工业化的完成及向后工业社会的转变，工人阶级的人数开始减少，中产阶级的人数重新开始回升。“1956 年，在美国职业结构中，白领工作者的数量在工业文明史中第一次超过蓝领工作者。……到 1970 年，白领工作者与蓝领工作者的比例超过了五比四。”（丹尼尔·贝尔）而且，尤为重要的是，在中产阶级中，大量出现的不是小农场主、店主和小企业主这些被米尔斯称之为“老式中产阶级”的人，而是随后工业社会的出现日益增多的所谓“新中产阶级”，包括专业技术人员、经理阶层、学校教师、办公室的工作人员以及在商店内部和外部从事推销工作的人。米尔斯发现，1860 年中产阶级雇员的人只有 75 万人，而 1940 年达到 1 250 万人。其中，新中产阶级的人数占到 56%（70 年前他们只占 15%），老式中产阶级则只有 44%（70 年前他们还占 85%）。在米尔斯之后，随着科技革命的发展和大型垄断组织的兴起，美国白领的总数也从 1940 年代的 1 000 余万上升到 1970 年代的 5 000 万，1980 年后则占到全部劳动力的 50%以上。而在今天的美国，“工人阶级只占劳力的 25%，而专业和技术的阶级（像管理者、教师和研究者）则占到总劳力的 30%以上”。在丹尼尔·贝尔看来，与制造业经济转向服务业经济相伴随，“科学的日益科层化和脑力劳动的分门别类日益专门化”，使得专业技术人员无论在人数还是在重要性上，都开始取代企业主而居于社会的主导地位。而这一切，正是所谓“后工业社会”（Post-industrial Society）的主要景观。尽管 1980 年代后，因为美国和其他西方国家的局部“去工业化”，以及高端技术的使用和信息化的浪潮，对战后导致中产阶级暴涨的那些职业（如一般的管理人员、文职人员和销售人员）形成了威胁，工作两极分化、“中产阶级面临衰落”，但中间大、两头小的“橄榄型”社会形态并没有彻底改变。

米尔斯所说的“新中产阶级”和老式中产阶级最大的区别有二：其一，无论是自由农场主还是小企业家，老式中产阶级中的大多数人都拥有自己的财产；而新中产阶级则大多没有自己能够独立经营的财产，他们作为高级雇员为拥有大型资本的人工作。因此，从财产方面说，他们的地位和普通劳动者一样；而“从职业收入方面说，他们多少是‘处在中间的'。"正是存在这样的差别,英文 Middle Class 其实既可以翻译成"中产阶级"(对老式"中产阶级"尤为合适),也可以翻译成"中间阶级"或"中等阶级"、"中等收入阶级"(对新"中产阶级"尤为合适,因为他们其实没有能够作为生产资料的"产")。正因为如此,米尔斯会说:"从消极意义上说,中产阶级的转变是从有产到无产的转变;而从积极意义上说,这是一种从财产到以新的轴线——职业——来分层的转变"。其二,即使是在今天的美国,老式中产阶级(如肯塔基州的农场主)还是会自己动手从事一些体力劳动;但新中产阶级(除了大型百货超市中的售货员)从事的一般是脑力劳动,并且其中相当多的职业是专业技术性的。这既是新中产阶级也可以称之为"白领"(White Collar)的原因,也是这个阶级能够获取职业声望的资本。

1962 年,因为要在全美电视网中为古巴革命辩护,操劳过度的米尔斯心脏病突发驾鹤西去,时年仅仅 45 岁。如果从 1941 年获得博士学位算起,米尔斯的学术生涯不过 20 余年,但他却撰写了许多影响了整整一代美国人的著述。不过,在他那主题广泛的著述中,米尔斯勾勒出的一幅幅复杂的美国社会景象的中心概念却是"权力"。在米尔斯眼中,"在人类所有的相互作用中,既有上层人物,又有无产者,既有当事人,又有局外人,既有统治者,又有从属者,每个人都显示出权力的积聚、培养和行使"(R. 艾耶尔)。

以此为线索,米尔斯撰写了四本著作分别论述下层移民、劳工领袖、中产阶级和上层权力精英。除了他那本享誉学界的《社会学想象力》(1959)和震动美国朝野的《听着,美国佬:古巴革命》(1960)外,这四本著作构成了这位 1960 年代特立独行的新左派留给人们的主要遗产。若以出版的先后顺序来叙述,《权力新贵:美国的劳工领袖》(1948),以个人背景和工会产生的历史环境描绘了工会领袖的特征,尤为出色的是,米尔斯将工会领袖和他们反对的资本主义巧妙地结合了起来。显然,没有资本主义就不会有工会运动,所以工会是与私有制密切联系在一起的，这一点决定了劳工领袖与共产主义的格格不入。《波多黎各人的旅途：纽约的新新移民》(1950)，以传记手法，描述了移居纽约的波多黎各底层居民的日常生活。而《白领：美国的中产阶级》(1951)，则为人数愈益庞大、生活日渐丰裕但情感却不断疏离彷徨、而且多少有些弱智的中产阶级塑造了生动的群像。最后，《权力精英》(1956)则揭开了那群普通人通常难以接近、但却受到“他们的决策有力地左右”的上层大人物(great man)的面纱。他让普通人看清，原先他们一直以为生活在自由平等的美国，究其根本也不过是或受制于企业大亨、或受制于军方大佬、再或受制于政界要人的芸芸众生。

回到《白领：美国的中产阶级》。认真阅读你能够发现，虽然米尔斯对构成美国社会主体的这些小人物们充满同情，但他蔑视一切的做派(单单这一点，加上他那格子衫、牛仔裤的打扮，和骑着 BMW 重型机车四处晃荡的举止，将他誉为 1960 年代美国“嬉皮士”的文化先驱并不为过)，使他的行文风格和 100 年前那位凭《有闲阶级论》而闻名遐迩、善于冷嘲热讽的凡勃伦十分酷似。在米尔斯看来，进入 20 世纪，来自经济寡头化和管理科层化的巨大冲击，使得 19 世纪中产阶级世界那些单枪匹马的英雄——小商人、小业主和小农场主备受冲击，而依附于更大的资本或权力的新中产阶级则急剧飙升。不过，“无论他们有过怎样的历史，这历史没有任何波澜起伏之处；无论他们有怎样的共同利益，这利益都未能将他们结成一个整体；无论他们有怎样的未来，这未来都不是经由他们自己之手缔造的。如果说他们渴求的终究只是一条中间道路，那么在没有任何中间道路可寻的时代，这最终也只能是一个虚构社会中的虚幻之路。”

由于大批的中产阶级白领们或受到管理人士的指使，或受到科层制度本身的支配，几乎人人都沦落成毫无生气和个性，失去了工作的价值感和创造性的“挣钱机器”。另外，一如异化过程使工作失去了意义，他们对地位升迁的过度向往，以及通过消费来抬高个人声望的惯用手法，也使得“生存竞争已经在很大程度上转变为一场维护体面的斗争”

(凡勃伦)。尽管通过个人的努力,尤其是通过教育这台个人地位和声望的"提升机",白领或新中产阶级们人人似乎都具备攀爬到社会阶层体系中更上一层的可能,但无论是经理、领班、管理者、销售员、男女文员,还是医生、律师、教授和各类专业技术人员,这些中产阶级的宵小之徒终生都充满了地位恐慌和挫折感。他们虽然渴望"成功",但随着时代的变化,原先美国流行的成功模式已经发生了很大变化,"虽然个人的德行仍然受到关注,但它早已不是曾经强加在成功的企业家身上的那种严肃的德行了。现在人们强调的是灵活而不是能力,是和同事、上司和规则'打交道'的能力,而不是在开放市场中'开拓'的劲头;是你认识谁,而不是你懂什么;是自我展示的技巧和利用他人的基本窍门,而不是道德的完整性、真实的成就和个人的可靠程度;是对自己公司的忠诚甚至物我合一的精神,而不是创业的能力。最好的赌注是卓有成效的行政人员的举止,而不是创业者的驱力。"在这样的背景下,管理者不过是所有者的"财产执行人",生产者则是集市社会里的一个推销员,即使知识分子正在撰写的也不过是"提示他人做什么的备忘录",而不再是价值连城的著作。一句话,"为了工资工作,你就得将个人的财富包括时间、体力和能量贡献给雇主;而作为一名工薪雇员,你常常还得把你的自我献给林林总总的"消费者"、顾客或经理"。简言之,人格成了服务于异己目标的常规工具。

其实,这个新的阶级或由原有的老式中产阶级改变而来的阶级,并不仅仅表现在生活方式之上。有关他们在政治上的特征,欧洲的理论家们给予了不同的标定:有人认为,随着中产阶级人数和权力的增长,它将成为一个在政治上独立的阶级;有人认为,虽然他们不可能成为一支独立的力量,但起码能够成为不同社会阶级之间的平衡器,对此,在19世纪末20世纪初德国社会民主党内有关中产阶级性质的大争论中,大名鼎鼎的伯恩斯坦采取了正方立场,认定新中产阶级的崛起,弥补了老中产阶级衰落带来的问题,结束了资本主义社会的不稳定;也有人认为,新中产阶级成员就其属性而言仍然属于资产阶级,甚至像德国的中产阶级那样，有可能成为法西斯主义的社会基础（西奥多·盖格/利普塞特）；当然，还有人认为，因为白领薪金雇员不占有生产资料，当然还是无产阶级的一部分，像上述那场大争论的反方考茨基就称其为"硬领无产阶级"（stiff-collar proletariat）。

不过，在米尔斯的眼中，美国的新中产阶级好像什么都不是。为了掩饰不确定性和寻找安全感，他们最为突出的表现是冷漠，以及马克思所说的"虚假意识"。冷漠，就是与现实的世界保持一定的距离，它不相信现实的忠诚和未来的期望，并对那些抱有政治热诚的人一律视为"缺乏成熟"。借用马克斯·韦伯的话来说，政治冷漠的人认定，在一个毫无意义的政治世界里，一个人没有信仰一样能够生活，一样能够进行超然的智力活动。其实，"对那些缺乏洞察力、阶级地位不太稳定的人来说，冷漠往往与对没有意义的工作不愿牺牲自己和时间有关；而对另一些人来说，冷漠则是因为对那些能够直接满足感官刺激、欲望和娱乐的活动过于迷恋所致。"在美国，形成中产阶级的政治冷漠的原因是多重的，其中包括：主流大众媒介的宣传所起的政治消解作用，大众传播及与此相关的各种文化机器使得"每个人都以一定的方式取得了相互的平等……它们是一种公分母，是预先规定大众情感的模具"；经济社会状况的稳定使中产阶层的政治要求降低到最小的程度；而美国的经济机构无疑比政治机构对生活更为重要，政治不过是实现经济利益和保护经济活动的一种手段。

其实，美国中产阶级的这种政治冷漠，也是导致他们的虚假意识产生的原因之一。这个马克思提出，恩格斯和曼海姆都多次论述过的"虚假意识"，用最简单的话说，就是对自身利益的"错误估计"。米尔斯发现，因为虚幻的声望因素作祟，相当部分的新中产阶级或白领人士即使在收入、财产和技能方面与雇佣劳动者无异，他们也拒绝认同于无产阶级。他们不会关心本阶级的利益，更不会关心整个社会或国家的前途，他们关心的只是个人的成功，或者干脆说经济上的成功。用马克思的话来说，这只是一个"自在阶级"，而远不是一个"自为阶级"。你能够猜想作为新左派的先锋,米尔斯对这种政治冷漠的基本态度,他毫不隐讳地借用希腊人的话说,“白痴就是独善其身者”。说到底,这庞大而在政治上无所作为的中产阶级才是资本主义社会“固若金汤”的“马其诺防线”。

我前面提到,在翻译米尔斯的这本著作的几年里,鉴于中产阶级在中国社会的不断成长和壮大,我和我的学生自 2002 年起也开始着手从事有关中产阶级的一项研究。这项研究包括前后两个部分,前一个部分涉及全球中产阶级的比较研究;后一个部分则涉及中国中产阶级的经验调查。这项研究的结果是社会科学文献出版社 2005 年夏分别出版的互为呼应的两本著作:《全球中产阶级报告》和《中国中产阶层调查》。这两本第一版各印了 6 000 本的著作境遇不太一样,后一本著作不但销售得更快(所以不久又印了 6 000 本),而且出版以后,引起了极大的反响:2005 年 9 月 2 日,经发行量数百万份的《中国青年报》一整版的报道,一时间,有关中国中产阶层的调查及其讨论成为海内外诸多媒体争相报道的主题;仅仅 20 天后,经网络检索,Google 网站能够检索到与《中国中产阶层调查》相关的网页达 75 400,Baidu 网站也高达 39 700。

在这份根据对北京、上海、广州、南京和武汉全国五大城市的 3 038 户家庭的电话调查写成的报告中,我们根据经济条件、职业分类、教育层次以及自我认同等主要指标的综合考察,得出中国五大城市中中产阶级或中产阶层的有效百分比为 11.9%。和先前其他一些学者完成的有关中国中产阶级的研究一样,就是这个还算保守的 11.9%也还是引起了广泛的质疑,许多人不相信中国的大城市已经有了 11.9%的中产阶级或中产阶层(当然,因为没有仔细看书,误认为我们的调查范围是整个中国内地的则另当别论),也有许多人不相信月收入 5 000 元人民币以上、白领职业、接受过正规的大学教育就能算中产阶级?我在网络上读到一篇因我们的《调查》而写成的文章,这位 2005 年就月收入

7 000 元的白领将自己的收支列了一张清单，除去商品房的月供、子女的教育、汽车费用、生活费用等项以外所剩不多，于是十分委屈地抱怨："我也能算是中产阶级？"

2005 年在香港凤凰卫视的"世纪大讲堂"和后来在新加坡国立大学的讲演里，我分析了在改革开放 25 年后的今天，在中国的经济发展为全球瞩目的同时，为什么国人还是会对中国是否存在一个中产阶级或中产阶层持强烈的怀疑态度？这种怀疑态度和包括 Heritage Hotel 咖啡馆经理在内的印度人的自信恰成对照。有意思的是，那位经理告诉我的印度中产阶级的收入下限也是 5 000 元，不过不是 5 000 元人民币，而是 5 000 卢比，也就是 1 000 元左右的人民币。我觉得中国人所以会对当今中国是否存在一个中产阶级或中产阶层持怀疑态度，原因之一在于对英文 middle class 的误读，类似的现象其实如萧新煌教授所说，也曾出现在中国台湾和韩国等东亚国家和地区。在广泛使用英文的香港和新加坡，中产阶级一词直接对应于特定的人口，一般不会引起过多的歧义，因此，"新中产阶级"（new middle class）和"专业人士"（professional）两个术语的混用都很流行；但在中国台湾和韩国，middle class 的中译和韩译都包括了"中等财产"的含义，因此，像米尔斯那样直接将专业人员或白领阶层视为"新中产阶级"的做法就遇到了相当的障碍。在中国大陆，因为长期以来对 middle class 的习惯译法都是"中产阶级"，它自然会强化人们对"财产"多寡的过度重视，而忽视现代中产阶级或者说新中产阶级的职业特征。

造成人们怀疑的第二个原因可能与对中产阶级的收入及其社会属性的高估有关。在收入或经济地位方面，因为毛泽东曾将民族资产阶级和小资产阶级（即所谓 petty Bourgeoisie）划为中产阶级，这在一定程度上提高了中产阶级的财产和地位标准。其实，即使在美国，无论是中产阶级的绝对收入还是相对收入也远没有我们想象的那么多，所以，米尔斯会直截了当地说："新中产阶级的大多数是中低层收入的群体"，即使现在，美国中产阶级的收入也不过在 2 万～7.5 万美元之间（范可）。

至于社会属性的高估则和人们对中产阶级的社会期待过高有关。在一篇题为"'中产阶层'概念被误读,高收入不等于高素质"的网络文章中,作者写道:"对个体而言,中产阶层则绝不意味着享受与奢华,而是意味着责任与付出。……中产阶层之所以是一个有着强烈的社会责任感的阶层,正是因为该阶层有了基本生活条件的保障……"面对这样的文字,再看米尔斯的这本《白领:美国的中产阶级》,细细感受在美国,老中产阶级的没落和新中产阶级的兴起,"和美国人心目中特立独行的个体的消失和凡夫俗子的大量涌现是一个并行不悖的过程"的经典描述,其实你很容易知道,有多少人误读了中产阶级。

正是从这样的意义上,我觉得花这么多时间去翻译米尔斯的这本著作是值得的。一方面,这本著作的出版能够为我们了解美国中产阶级的兴起和成长提供一幅生动的全景画面;另一方面,它也能够校正国人对中产阶级的种种不正确的估量,起码打消人们头脑中对中产阶级成长和作用的不切实际的幻想。中产阶级是工业社会的产儿,也是一个现代社会的基本象征,它能够带来社会的富裕和稳定,但中产阶级不是罗宾汉式的英雄。中国社会未来的发展为中产阶级的成长腾出了足够的空间,但中国中产阶级的成长不仅步履维艰,甚至如果我们不能很好地解决当今中国社会的贫富不均、庞大的农村人口对工业化的巨大压力,以及中产阶级及其相关研究在意识形态方面的障碍等一系列问题的话,年轻的中国中产阶级也许还有可能成为社会不公或社会失范的"替罪羊"。从早几年就出现的对机关公务人员的不满,到近年来越演越烈的对包括医生、法官、律师甚至教师在内的专业人士或标准的"新中产阶级"的诟病,说明我们的担忧并不是一种凭空的臆想。所以,我希望米尔斯的这本著作的出版,在促进中国中产阶级成长的同时,也能为它的形象再做一次有益的校正。

感谢本书责任编辑施敏博士,10 年前本书的译成有赖于她的一再督促;这次依旧有赖于她的一再督促,使我于这本译著出版即将 10 年之际有机会再做修订；也感谢我的两位研究生李雪梦和蒋萌小姐，她们认真核对了文中可能出现的错讹之处，使得现在的版本更为完善。

周晓虹

2005 年 11 月于

德里-孟买-新加坡

2015 年 2 月于

南京大学仙林校区

导　言

白领人群正悄然步入现代社会。无论他们有过怎样的历史，这历史没有任何波澜起伏之处；无论他们有怎样的共同利益，这利益都未能将他们结成一个整体；无论他们有怎样的未来，这未来都不是经由他们自己之手缔造的。如果说他们渴求的终究只是一条中间道路，那么在没有任何中间道路可寻的时代，这最终也只能是一个虚构社会中的虚幻之路。就其内心而言，他们是分裂的和支离破碎的；而从外部来看，他们则依附于更强大的势力。即使他们获得了行动的意愿，由于缺乏组织性，他们的行动与其说是一场运动，不如说是由互不关联的竞争酿就的纠葛。作为群体，他们没有威胁到任何人；作为个人，他们没有创设一种独立的生活方式。因此，在没有对他们形成合适的观念之前，我们只能将他们视为都市大众中为人熟知的表演者。

然而，正是这样一个白领世界，才能够使我们寻觅到现存的20世纪的基本特征。由于他们在数量上突显出的重要性，白领的存在已经推翻了19世纪关于社会应该划分为企业主和雇佣劳动者两大部分的预测。由于他们大众化的生活方式，白领已经改变了美国人的生活气息和人生体验。他们以最公开的方式，负载着表征我们时代的许多心理问题；因此，任何处在主流地位的理论派别，不论以这样或是那样的方式，都在关注着白领群体。因上述原因，可以说他们是一群新型的表演者，他们上演的是20世纪我们这个社会的常规剧目：

在白领世界的顶层，那些年老的工业界巨子将日常工作移交给了企业的经理们。在那些系紧领带、伶牙俐齿的政客左右，拎着公文包和计算尺的挣薪水的公务员们已潜入到政治舞台中。这些顶层的管理者现在正对不同层次中的中层管理者发号施令，其中包括商店的接待人员、工薪领班、州或联邦政府雇佣的农业和家政顾问、联邦调查员，以及受过法律训练的警方调查员。

在旧有的职业中，医生、律师、工程师，都曾是自由职业者，他们可以以自己的名字挂牌开业；在新的白领世界中，那些工薪阶层的医务专家、律师事务所的新的入伙人、受控于某一企业的工程师，已经向自由职业者的领导地位发出挑战。医生和律师这两种旧有职业仍然占据着专业世界的顶层位置，但是今天他们却被有着各种新技能的男男女女包围着。社会工程师和机械技术员的种类有一打以上，另外还有无以计数的女助手(girl Fridays)、实验室助理、注册和未注册的护士、绘图员、统计师，以及社会工作者。

在那些有时似乎还能够和新的社会在整体上协调一致的卖场中，则有坐等顾客的百货商店的女售货员、四处活动的保险公司的推销员，以及不在销售(absentee salesman)——帮助他人远距离推销的广告人。在顶层世界的是女明星们和副总裁们，尽管用他们自己的话说，“也不过是销售员，虽然可能比别人多一些创造性”；而在底层，则是在五分一角的廉价商店中的店员，她们以固定不变的价格销售着日用品，期待着有朝一日赶紧离开这里去嫁人。

在办公室各式各样的文件堆中，在各种财务室里，会计师和购物代理人代替了过去自己算账的人。在白领世界的较低层面，办公室文员们被琐事压得喘不过气来，来回搬弄着文件；在这里忙碌着的有私人秘书和打字员、簿记员、出纳、文书——成百上千的各种职员；还有轻型机械、自动仪表、录音电话和名片印制机的操作员；以及预约时间的接待秘书。

白领阶层的众生相，已经构成目前各主要工业国家文学形象的一部分：汉斯·法拉达为希特勒执政前的德国创造了宾奈伯格式的形象。约翰内斯·宾奈伯格是一个深受通货膨胀和经济萧条之苦的簿记员，他唯一的支持来自善良而同样贫困的妻子。宾奈伯格和妻子儿女在贫民窟中结束了一生，留下了没有解答的疑问，“小人物，现在到底怎么了?”J. B. 普雷斯特利在《天使之路》（*Angel Pavement*）中，创造了一群历尽艰辛而又缺乏保障的伦敦白领形象。在伦敦，他们饱受生活的磨难：其所欲者恰是由其自身境况所限无法达者。乔治·奥维尔在《自由之盼》（*Coming Up for Air*）中，则通过其笔下的推销员波林先生，说出了或许能够代表他们共同心声的话：“四处充斥着工人阶级如何受苦的废话。我不会为自己是一个无产者感到遗憾……虽然普罗阶级受着劳役之苦，但他不劳作的时候是一个自由人。但是在那些用水泥浇筑起的一个个斗室中，却生活着一群永无自由可言的穷鬼。他们只有在酣睡中或做梦时，才能找到那种将老板推到井底，并往他身上掷煤块的自由。当然，我们这些人的基本烦恼在，我们都觉得自己失去了应得之物。”

在美国文学中，与上述欧洲小说最接近的大概要数《凯蒂·弗伊尔》（*Kitty Foyle*）。不过，它的女主角却与前迥然不同！与欧洲不同的是，在美国，白领们的命运谜底至今尚未揭开。凯蒂·弗伊尔像她之前的艾丽丝·亚当斯一样，是一个现代的霍雷肖·阿尔杰式的女英雄，她的志向就是驶入人生的快车道。故事结束于大萧条岁月，此时的凯蒂一年挣 3 000 美金，打算购买其所在公司的股票，并对是否嫁给一个医生犹豫不决(他偏偏是个犹太人)。当德国的海尔·宾纳伯格发现(有些太晚了)他的无产者妻子对他的人生和他的政治机遇具有双重价值时，凯蒂·弗伊尔则在化妆品行业忙于其美国式的职业追求。然而，25 年后在美国战后的繁荣中出现了威利·罗门，这个《推销员之死》（*The Death of a Salesman*）中的英雄。这个白领男子因为在商业上的步步成功，弄得他在生活中一败涂地。弗雷德里克·沃思汉姆曾这样谈论威利·罗门之梦：“他成于此梦，败于此梦，也魂断于此梦。然而他为何会有此梦？难道不是我们的社会造就了他的这个虚幻之梦？”

19 世纪的农场主和商人通常被视为坚韧的一群个体——他们掌握着自己的命运，是一群可以迅速成长为像任何人一样强大的男子汉。20 世纪的白领既没有农场主曾有过的那种独立性，也没有早先商人们的那种发财幻想。他们总是从属于他人，或是公司，或是政府，再或是军队；他们被视为缺乏远大前程的人。在美国人的视野中，自主业主的衰落和非自主的雇员阶层的兴起，和美国人心目中特立独行的个体的消失和凡夫俗子的大量涌现是一个并行不悖的过程。

在这个充斥着邪恶势力的世界上，白领们自然具备能够想象到的小人物的一切德行。他可能生活在世界的底层，同时又令人欣慰地属于中产阶级。对他的麻烦寄予同情既不困难又不会出错，而他自己对这些麻烦总是既无能为力又无欲而为。社会生活中的其他角色威胁要变得更大、更强，他们总是按照自身利益和政治交易行事。在经济萧条、战争和繁荣的惯常节律中，工商巨子们像往常一样做着自己的大买卖；工会大腕们皱着浓眉，对国家竭尽威逼之能事，直至自己的要求获得满足；大农场主与参议院沆瀣一气，以确保自己的私利。但是，白领却不在其间。就一个集团而言，与其说这些人十分悲惨，不如说他们令人怜悯。他们拼力抗拒着非个人性的通货膨胀，在强忍着慢性痛苦的同时，期待着快速的美国式的升迁。他们被自己所不能控制的力量推来搡去，拖入一些他们无法理喻的运动之中；他们处在孤立无助的境地。白领们是殉道式的英雄，他们常常是不能为却勉力而为的小人物，他们默不做声地在某个人的办公室或商店卖力，从不大声说话，从不与人顶嘴，也从不袖手旁观。

当我们的注意力从概化的(generalized)小人物转到大众遭遇的那种特定白领时，他们的形象就开始变得众说不一，而且常常不被人同情。其实，同情本身就常带有明显的施舍涵义；比如，“职员”一词的前定词可能就是“不过是个”。有谁愿和保险代理人聊天，或为令人讨厌的收账人开门？“无人不晓那些推销小姐会是怎样的粗俗和令人厌恶。”学校教师是生意人标准的取笑对象。家庭主妇们对私人秘书的看法更不会友善——事实上,许多白领小说都是以家庭主妇们对这些“办公室夫人(the office wife)”的敌意为主题的。

这些是从上层人的目光中投射出的白领形象。但是,在下层人那里,穷人的子女热切盼望着能够成为哪怕是“不过如此”的职员,也有两代人的光景了。父母们节衣缩食供养孩子(哪怕一个也行)上高中,读商学院或是大学,以便他能够成为经理助理,管理文件,起草信函,或在学校教书,再或在政府部门供职,从事某些需要技术专长的工作:一句话,得到一份白领的工作。在严肃的文学作品中,白领的形象常常带有悲剧的味道;而在流行文学中,他们又常常是人们渴求的目标。

各种类型的美国人形象尚未通过生活经验的汇集而精心建构起来。这里,像在其他任何地方一样,白领们的形象也是从传统、从教科书、从早年的历史中塑造出来的,它很容易在那些不易改变的脑袋里形成。尤其是在这样一个白领充斥的时代,它已经通过流行娱乐和大众传媒的编辑机器,获得了强化甚至再创造。

由于阅听人不了解也不可能了解,他们欲与之交谈或模仿的那些人究竟是什么样的,同时也由于他们具有信赖某些人的无意识需求,职业化的形象制造者在操纵形象的塑造时常常是得心应手的。由于他们既需要又缺乏经验,这些阅听人急于抓住的是凝固在他们用于观察世界的语言中的类型片断。即使当他们与这类人面对面交往时,与感情因素交织在一起的先前的形象,也会使他们对眼前的人视而不见。经验被虚假的形象歪曲了,甚至现实本身有时也似乎在模仿肥皂剧和公开出版物。

或许最令人珍爱的国民形象来自于已不复存在的历史类型中的情感复本,如果这些历史真的存在的话。形成美国人头脑中的诸多标准形象的基础是神话,用著名历史学家老 A. M. 施莱辛格的话说,是那种“对土地的长期监护”,其“作为主要的塑型因素”,孕育了“具有勇敢、创造能力和足智多谋的人……”的神话。根据这种带有鲜明的 19 世纪烙印的看法，美国人具有奇妙的独立性、心灵手巧、善于工作，而所有这些品质都来源于他们征服美国大陆的斗争。

一百年前，当3/4的人口还是农民时，刻画出上述形象并称之为美国人，可能尚有几分道理。但是，从那以后，农民已经衰落到仅占从业人口十分之一强的地步，而由领薪水的雇员和雇佣劳动者组成的新阶级却迅速崛起。深刻的历史变化所带来的广泛的差异性，早已对那些国粹派历史学家提出了挑战：后者惯于将美国人等同于心灵手巧的农场主—工匠这种单一类型。如果在美国人的生活和性格中能够找出某种共同的东西的话，那么它受任何保护土地的共同行为影响的程度，也要小于都市文明的规整性影响，而在这一切之中，最重要的影响则来自于大规模的技术和大众传播媒介的标准化。

美国既不是一个由马贩和经济理论大师组成的国家，也不是由边地神话中那些依靠强力侵占土地、盗人牲畜的拓荒者组成的国家。与这些历史类型正确或不正确地联系在一起的那些特征，并没有在当代美国人身上留下什么引人瞩目的痕迹。从任何经济学的意义上说，也只有一小部分美国人是自由的私营业主；雇佣劳动者和工薪阶级的人数现在是私营业主的四倍之多。维廉·迪恩·豪厄尔斯在19世纪90年代写道："为生活而进行的斗争，已经从一种自由竞争成为被操纵的力量间的冲突，而那些自由的斗士则已销声匿迹……"

如果说白领雇员是某种老式中产阶级企业家延续的体现，那么也可以说，中产阶级在以往100多年里一直遭受着财产的慢性剥夺，而最近20年中更是饱受失业这个幽灵的困扰。尽管这两种说法都不无事实根据，但这些事实并不是同时作为一种双重危机为中产阶级所体验的。财产问题对现在这一代新中产阶级来说并不是什么难题。第一次世界大战前，老式中产阶级为财产奋斗过，旋即又丧失了财产。从我们的曾祖开始，小型财产的集中化就是一种对每一代人都影响至深的发展过程，而在改良主义时代更是达到了顶峰。它是一种长期趋势，其发展速度十分缓慢，以致很难为中产阶级男女感受为一种持续性的危机。

他们似乎更为关注消费而不是财产。然而历史的发展并不总是有意识的;即使财产的被剥夺没有被人们感受成一场危机,在新中产阶级的人生和志向轨道上它仍然是一个基本的事实;同时,失业的事实则使人感到恐惧,它笼罩着整个白领世界。

通过考察白领的生活,我们有可能发现某种比上述可能一度出现过的边地性格更具有典型"美国味"的东西。必须把握的是这样一幅画面:社会是一个大卖场,一个大文件堆,一个法团化的大脑,一个管理和控制的新世界。通过理解这些光怪陆离的白领世界,我们也就可能更好地从整体上把握现代社会的形态和意义,以及支配着无奈地生活于 20 世纪中叶的所有男女的那些单纯的愿望和复杂的忧虑。

白领人士遭遇的烦恼,是生活在 20 世纪的所有男男女女的共同体验。如果这些烦恼对新的中产阶层有什么特别的苦涩的话,或许是因为在一段时间内他们自以为自己对这些烦恼有天生的免疫能力。

在第一次世界大战前,这样的小人物还不多见。他们对高中教育权的短期垄断,使他们事实上能够一次又一次地避让资本主义发展利刃的伤害。他们毫无拘束地对自己的个人能力抱有幻觉,对整个社会制度怀有集体信任感。但是,随着人数的增加,他们一步步沦为雇佣劳动者。尤其是自大萧条之后,白领人士开始反对所有资本主义社会的老问题。他们不仅在经济萧条和战争时期受尽磨难,即使在繁荣时期也不好过。他们对萧条时期的非个人性失业有了切身感受,对战争中由技术性暴力引发的非个人性死亡也不再陌生。在繁荣时期,由于物价上涨的速度快于工资增长的速度,他们认为自己挣的钱常常不知不觉就用光了。

20 世纪白领雇员所遭受的心理创伤与 19 世纪产业工人经历的物质匮乏十分相似。这些新的小人物似乎没有坚实的基础,也没有支撑生活并赋予其核心价值观的确切忠诚。他不清楚自己的历史,他的过去简单到无任何英雄业绩可言;他的生活中从未有过任何在困难时期值得回忆的黄金岁月。也许因为他不知道自己走向何方，他才处在狂乱匆忙之中；也许因为他不知道什么在威胁着自己，他才会对恐惧麻木不仁。这是他的政治生活中最明显的特征，正是这种麻木不仁导致了现代社会中的极度冷漠。

我们时代的不安宁和不舒适导源于以下基本事实：在我们的政治和经济中，在我们的家庭生活和宗教中——事实上在我们社会存在的每一个领域中——18 世纪和 19 世纪里不言自明的东西都在崩溃或受到毁灭，与此同时，就我们生活和必须生活于其间的新的秩序而言，又没有形成任何新的道德约束和正当性。如此，既没有接受什么，也没有拒斥什么；既没有打消希望，也没有消除反抗。生活缺乏计划性。白领人士的不适有着深刻的根源：因为缺乏信仰体系，使得他们作为个体在道义上孤立无助，作为群体在政治上软弱无力。在艰难的创新时代里，除了那个塑造了他又企图将他控制在其异化目标之下的大众社会外，白领人士没有任何文化的基础可以依托。为了安全起见，他必须使自己依附于什么，但是似乎又没有哪个社区或组织是真正属于他的。这种孤立无援的处境为印刷品、电影、广播和电视等流行文化提供了绝好的虚构素材。作为大都市的居民，他们尤其易受各种粗制滥造的忠诚和迷狂的冲击。这种忠诚和迷狂是非自然的，它们急切要给那些生活在完全不是自己创造的世界中的人打上烙印。

就白领人士而言，雇佣劳动者和其劳动产品的异化，使其向卡夫卡式的结局又迈进了一步。工薪雇员不生产任何东西，虽然他们可能接触过许多自己想要但又不可能有的东西。那种在制造过程中和制造出来后可以带着赏阅心情把玩的手工制品和他们无缘。他们与自己的劳动产品相异化，成年累月地重复着同样的文书工作，这使他们更为疯狂地将自己的闲暇时间用于专门向他们推销的那些替代性消遣之上，沉溺于各种既不舒适也不能释放什么的人为刺激。他们厌恶工作，耽于无休止的玩乐，这种可怕的交替方式使他们精疲力竭。

他们在工作中常常会同顾客和上司发生冲突，但又总摆脱不了失败的厄运：他们必须面带笑容、风度翩翩，或站在柜台后面，或等在办公室外间。在诸多白领雇员阶层中，诸如彬彬有礼、乐于助人与和蔼可亲等特点曾经只是个人品质，但现在却成了非个人的谋生手段的组成部分。如此，自我的异化是其异化劳动的伴随物。

当白领们获得自己的工作时，他们出卖的不仅是时间和精力，还包括他们的人格。他们以周或月为单位出卖自己的微笑和友好姿态，他们必须对自己的愤恨和侵犯倾向施以即时的控制。因为这些个人的品质已经和商业发生了某种关联，并为更有效和更有利可图的商品与服务的销售所急需。他们现在成了新型的小马基雅维里主义者，为了薪水和其他人的利益，他们按照凌驾于他们之上的那些人制定的规则，玩弄自己的个人技巧。

在 18 世纪和 19 世纪，理性和自由被视为等价之物。弗洛伊德的个体观念和马克思的社会学说，都曾因假设自由和理性的相符而得到加强。现在，理性似乎采取了一种新的形式，它的着眼点不再是个体的人，而是社会机构。这些机构运用科层制的计划和精确的预测，不仅剥夺了攥在他们手心中的那些小人物的自由，也剥夺了他们的理性。百货商店、工业公司、合理化的办事机构和政府部门的等级核算体系，展现的是毫无生机的工作方式以及固定化的在一定范围内许可的自主性。而在科层制度对自由和理性的种种巧取豪夺之中，白领们则不过是将社会捆绑在一起的巨大的权威链条上的可替换的一环。

白领人士，这些总在人们的视野中晃动但却极少为人了解的人群，在政治上是默默无闻的。在政治角逐场上出没的那些零星的无党派人士，在他们宽泛的政治纲领中，可能会将"白领"与商人、农场主和雇佣劳动者放在一起通盘考虑，但是，两大主要政党在制定其政治纲领时，至今从无直接诉诸过"白领"这一阶层。谁会害怕职员呢？面对"在经济收益上贫瘠的农民"，无论是《艾丽丝·亚当斯》(*Alice Adams*)，还是《凯蒂·弗伊尔》都不再会成为一颗《愤怒的葡萄》(*Grapes of Wrath*)。

然而，当仍然生活在19世纪的意识形态氛围中的那些实用主义政治家们对新中产阶级还关注甚少之时，左翼理论家们已经宣称工薪阶层是潜在的无产者，而右翼理论家和中间人士则将他们视为中产阶级绵延不断的后继象征。这两个阵营中的少数异端分子甚至不时地认为，白领世界的领袖人物能够为开创新的政治纪元建构启动中心。在德意志，“穿黑外套的工人”曾经是希特勒通向权力巅峰时弹拨过的几把竖琴之一。在英格兰，人们则认为工党所以能够赢得选举的社会主义，是因为他们获得了郊区工薪阶层的选票。

就白领人士会采取何种政治方向的问题而言，有多少理论家就有多少种答案。然而对美国问题的观察者而言，这些白领人士提出的政治问题与其说涉及他们的政治方向是什么，不如说涉及他们根本上是否会选择什么政治方向。

在小人物的意识和我们这个时代的论题之间，似乎存在着一层冷漠的隔膜。他的意识似乎是麻木的，而他们的精神则是贫乏的。其他阶层的其他人对政治同样是冷漠的，但是选举的胜利常常会归咎于他们的投票；他们确实有不知疲倦的压力中心和在权力中心或靠近权力中心工作的情绪高昂的领袖。能够想象的是，对这些人来说，他们已经将自己的热忱视为公共事务的代表。但是，白领人士则分散在权力车轮的四周：没有人会对他们投以热忱；同时，就像那些政治宦官一样，他们自己对那些紧迫的政治争端也没有任何潜能和热情。

在怀疑和操纵的环境中，与社区和社会的疏离；与工作的异化，以及在人格市场上与自我的异化；个体理性的被剥夺，以及政治上的冷漠——这些就是新的小人物，现代社会迫不得已的前卫人士。这也就是小人物们满怀希望地投身于训练之中但现实却常常弄得他们措手不及的若干情景。

人们所感兴趣的不一定总是他们的利益所在；他们意识到的麻

烦也不总是真正困扰他们的问题。如果认为人们能够立即觉察自己的利益所在，能够清楚地意识自己周围及整个社会中使他们遭受挫折、使他们的努力付诸东流的境况是什么，那倒确实是对“民主”的一种迷信。因为利益涉及的不仅是感知到的价值观，也包括这些价值观能够得以实现的某种手段。仅仅依靠对自我的审视，一个人既无法弄清自己的价值观所在，也无法为它的实现找到坦途。单有意识地提高是不够的；因为不仅人们对自己的情境可能是无意识的，他们的意识还常常可能是虚假的。要获得更为真实的意识，白领人士必须认识到他们自己是一个新阶层中的一员，而这个新阶层正实践着现代美国一种新的工作和生活方式。要想知道如何才能了解自己的问题，他们就必须在运作着的社会构架中，将他们的兴趣与他们的利益联系起来考虑。

如果说仅仅因为它不断增长的数量，新中产阶级就代表着一种不可忽视的社会和政治潜能的话，那么，从农场主、工薪劳动者、黑人甚至罪犯身上能够看到的征兆可能要多于生活在丰富多彩的白领世界中的男男女女。甚至美国的人口统计现在也使要获得这些人的准确数量十分困难。同时，在旧有事实的基础上对中产阶级所作的理论分析也已过时，在这方面没有什么新鲜的东西。然而，中产阶级在人口和政治上的重要性却变得越来越重要。

自由主义理想是为确立小财产的主导地位而提出的；马克思主义的设想则是为了非异化劳动而提出的。现在，当劳动在各种场合下都已异化，而小财产也不再是自由或安全之锚时，这两种哲学对现代社会的评价自然只能是消极的；它们没有一个再能用自己的术语说清楚的发展。我们必须对约翰·斯图亚特·穆勒和马克思 100 年前的工作提出质疑。从那时以来发生的一切不足以解释成 19 世纪社会的分崩离析；现在，一个新社会的轮廓已经出现在我们周围，这个社会植根于 19 世纪人们还不了解的那些制度之中。有关新中产阶级的总体设想——不仅包括它的种种含糊不清之处，也包括它的所有细节——就在于立志去把握社会结构和人类特性的这些新的发展。

按照社会哲学的观点，本书的写作基于这样的假设：20 世纪前 20 年由诸如比尔德、杜威、霍尔姆斯等人发展起来的自由主义思想，现在常常是与现实不相干的；而在 30 年代的美国所流行的马克思主义的观点，现在也常常不足以说明现实。无论这些理论作为起点是怎样的重要和富有启发意义，它们都无法使我们去了解我们这个时代的本质是什么。

我们需要凭借更多的心理学术语，去刻画 20 世纪中叶美国社会的特征，因为我们现在的问题大多数都与精神病学相关联。今天，描述更大的经济和政治环境及其对个人内心生活和外部职业的意义，以及通过这种描述去分析个人为何会产生虚假意识并变得盲从，已经成为社会研究的一个重大课题。我们必须在个人日常经验的杂乱无章中，寻找出现代社会的构架；进一步，我们必须在这个构架中提炼出小人物的心理学。

现代社会学的第一课是，如果一个人不将自己置于其时代潮流之中，不将自己置于与其同属同一社会阶层的其他人的生活机遇之中，那他就不能理解自己的经验或测定自己的命运。为了深入细致地理解白领人士，我们起码需要勾勒一幅他们作为其成员生活于其间的社会结构的简略草图。因为任何阶层的特征在相当程度上都是由其与其上或其下阶层形成的关系（或缺乏这种关系）构成的，因此通过说明一阶层与其他阶层的差异能够获得对其特性的最好界定。新中产阶级反映着在它之上或在它之下的那些新阶级创造出的生活条件和生活方式，因此其基本境况，或许可以被视为整个现代社会的征兆或象征。

第一部

老式中产阶级

“无论未来是否能够把握，过去却已经显示了无与伦比的社会秩序。在这种秩序之下，大多数人拥有自耕之地和劳作之工具，并且人们能够自豪地说：‘我们安于自食其力，安于知道由谁来继承家业’。”

R. H. 托尼

第一章

小业主的世界

在美国,中产阶级的早期历史,是小业主即老式中产阶级的自由民如何步入其黄金时代的历史,是他们如何与对手直面搏杀的历史,也是他们建立自己世界的历史。在很大程度上,这些老式中产阶级的晚近历史,是城乡发生的划时代巨变如何改造他们的历史,是他们的世界如何被击得粉碎,而一个崭新的世界如何被创造出来的历史。

这些小业主们是依据中产阶级资本主义的经典方式来建构其世界的:这是一个遵循自我平衡原则的非凡社会,虽然其本质上很少或根本就无须依赖权威,但却需要广泛扬弃传统和一些私有财产的捍卫者。在这里,政治经济学家亚当·斯密和政治道德家托马斯·杰弗逊的思想珠联璧合,他们共同塑造了小业主们关于自然和谐世界的意识形态。

1. 老式中产阶级

与欧洲不同,美国的中产阶级是以小业主这样一个庞大的阶层步入现代历史的。在美国,资产阶级(The bourgeoisie)出现于城市形成之前,并外在于城市。马克斯·韦伯曾写道,在欧洲农村,“生产者先于

市场”；大批农民占有土地，并依据古老的传统依附于土地。其牢固的
4 程度，纵使用后来的法律也无法把他们改造成美国人眼中的农民企业家。然而在美国，市场则先于农业生产者。

欧洲和美国社会结构方面的历史性差异之一，体现为成群的农民和分散的农场主之间的差异，这也是欧美两大陆的中产阶级不同特征的显著结果。在那边，他们开始只是市中心一个不起眼的阶层；而在这里，他们一开始就是一个人数众多的自由农场主阶层。纵观整个美国历史，人数众多的农场主始终是独立的中产阶级的主要构成。

从欧洲意义上说，在美国社会中既没有农民，也没有贵族。那些摆脱了传统束缚的绝对个人主义者占有着土地，他们摆脱了欧洲封建社会遗产继承的束缚，时刻准备并渴望推行资本主义。他们不聚居于村镇之中，而散在广袤的乡间。即使是南方那些拥有大片耕地的人，常常也是自耕农的后代，并且在政治和经济方面具有农业资本家的基本特征。美国革命后，许多北方的大农庄被没收，有些则划成小块以低廉的价格出售给小农场主。欧洲为摆脱封建主义进行的长达 500 年的斗争，并未激发出美国生产者的活力；在这里，契约社会一开始就几乎是作为一种资本主义秩序重建起来的。

资本主义要求财产的私有者为个人利益规整自己的经济活动。为了建立资本主义制度，美国的农场主为了生存而离乡背井，他们在沿海、河道、公路、运河和铁路上，凭借新的交通工具浪迹天涯。从一开始，这些以土地为生的人就需要现金，用来赋税，抵押贷款，以及购买他们无法生产和制造的各种必需品。美国的农场主自始至终是一个企业家，他辛勤劳动的目的是为了增加资本的规模；一如切瓦利埃 1835 年所说，“每个人都在投机，而每一件东西也都成了投机的对象……无论是棉花、土地、城镇用地、银行还是铁路”。美国农场主从来就既是不动产投机商，又是农民，是凡勃伦所说的那种“既撞上大运又有良田沃土
5 的耕种者”，他们赶上了土地暴涨的好时机，而这在 1920 年代以前始终是美国历史的特性之一。如果说在这个世界上还有什么地方可以发财

的话，那么，正是在美国，小资本家们获得了依赖农业牟利的契机。

在南北战争之前，商人的形象在很大程度上是由农场主们勾勒的。在美国人心目中，生意是放债者和银行家玩的把戏，它受着东部大都市里强有力的利益集团的操纵。然而，正如盖·凯兰德所观察到的那样，“许多制造公司的股票一般总是归那些与企业有直接利害关系的人所持有，并且很少买卖……在 1830 年代左右，这类资本主要掌握在小储蓄者手中，他们对可靠的兴趣自然要超过对大额回报的兴趣……大多数银行和保险公司很少在意少于 10 万美金的资本”。许多制造公司的规模甚至比这还要小。

早期的商人呈现出一种多样化的经济类型：他们可以是批发商、放债人、投机商、托运人及“小别墅”的建造者。在 19 世纪初的城市中，这种未经分化的商人位居社会的顶层，而在码头、机器车间和马厩里工作的劳工则位于社会的底层；不过人数最多的却是那些规模虽小但资金独立的工匠和零售商。当时的工人并不是工厂的雇工：他们或是一些盼望着能够拥有自己店铺的机械师或熟练工，或是一些将制造视为副业，只是不时从事一下家庭工业的农场主。当城市伴随着工业化增长之时，企业主和工人为农场主造就了更大的市场，同时他们在乡村地区也找到了自己的日益扩展的市场。

美国的工业化，尤其是南北战争后的工业化，并未将机遇带给广大的小商人阶层，而是投向了工业界的首领。这是我们第一个作为商人出现的中产阶级的民族形象，而且此后从未有人能够取而代之。在经典的形象中，这种工商界首领一度是熟练的建筑商和机敏的金融家，但首先得是一个成功者。对他创设并管理的产业来说，他是一个积极的所有者。在他殚精竭虑的经营中，没有任何事情能够逃出他的宽阔视野或热心照应。作为一个雇主，他可以为其雇佣的最优秀的工人提供机会，学习如何在他的指导下工作；后者则会省出自己的一部分工资， 6
通过小规模的私人投机使之增值，再靠个人信誉借上一点，就可以在自力更生的基础上发展了。即使他立业在其雇员之前，后者一样也能够成为工业界的巨子。

都市老式中产阶级英雄所获得的荣耀应归于他们的双重成功，他们既是工业技术专家，又是金融商人。在19世纪，这两类迥然相异的活动是如此紧密地集于同一类人身上，由此树立了工商界领袖既是所有新事业的建设者又是组织者的不可分割的形象。

中产阶级的世界从来就不是由清一色的无等级之分的小业主组成的。在其内部，小农场主和小生产者为一端，大地主和大批发商为另一端，两者之间泾渭分明。另外，也有些人不仅自己没有财产，而且本身也属于他人的财产；然而，奴隶制，这个显然是美国革命所倡导的那些更为恢宏的理想的明显例外，也并不像人们通常想象的那样严重。它被限制于某个局部地区，并未向西推进多远，并且在20世纪中叶已经废除。1850年，即使实行奴隶制的那些州里，也只有30%的白人家庭蓄奴，其中3/4的家庭奴隶人数少于10名；蓄奴者一般都是小的独立农场主，他们与其人力财产一起在自己的土地财产上劳作。

最后，正是大小资产之间裂隙的扩大，而不是有产者与无产者之间任何醒目的红线，彻底摧毁了小业主的世界。然而，在19世纪相当长的时间里，大型企业的历史实现过程还是遇到了阻碍和延缓。小业主世界获得了国际间距离的庇护，即使有什么要毁灭它的因素已蛰伏于其中，小业主在自己的黄金时代也无须为他信心十足地建构的那个社会中浮现的不确定因素而担忧。在早期的重商主义与生计农业和后来的垄断与大金融势力之间，小业主社会茁壮成长起来，并成为中产阶级的理想、抱负和神话的温床。

7

2. 财产、自由和安全

绝大多数人都拥有自己赖以工作的财产，是早期美国这个小业主社会中独一无二的重要事实。在这个社会里，中产阶级人数众多，经济地位举足轻重，以致即使按统计学家的标准计算，从总体上说它也称得上是一个中产阶级社会：4/5 自食其力的自由民拥有自己的财产。1830 年，托克维尔写道："大富之家在这里越来越难看到，而发小财的机会却越来越多。"虽然就托克维尔的时代而言，他的说法可能也不无夸张之处，但却反映了他所描述的那些人的基本心态。

虽然这个世界事实上也有没有财产的人，但由于农场主们在中产阶级水平上的起伏变动如此之频繁，以致人们不必等太长的时间即可改变无产状态。在 19 世纪前 50 年成长起来的那一代商业精英中，出身下层阶级的近乎一半；在此前的重商主义时期，以及此后的垄断资本主义时期，这一比例不足 1/5。约翰·克劳特和迪克逊·赖安·福克斯指出："在美国，一个人总可以从头再来。比如，在僵化的欧洲社会里，破产意味着一个人的事业以悲剧告终，但在这里却可能仅仅是个人体验中的一步。"

与此同时，富人因为数量不大，所以很容易被容忍。从集体的角度说，普遍的小产业的理想制约着那些没有财产的人；而从个体的角度说，它同时又深深地吸引着这些人。他们可以和那些已拥有小产业的人并肩奋战，和他们一起去摧毁那些挡在通往小业主道路上的旧时代的障碍。

对于这些新公民来说，一如对其后的许多人一样，成功之路似乎完全是经济性的。一个人开垦了一家农场，或在城里创建了一项产业，接着，这个人扩展这份事业，在财产扩张的同时他也拓展了自己的业绩。这很容易被清楚地看见：你创建了一家农场或建起了一家企业；你耕耘或经营它；你扩大了自己的产业、自己拥有的土地面积，获得了更多的利润。在 20 世纪初，必要的农具价值 15 或 20 美金；而到了 20 世纪中叶，则变为 400 或 500 美金。一个人的身价随着其财产的增值而增值， 8
而其财产又因其工作和其不动产在长期的地价飙升中不断升值而变得更为值钱。1861 年，当林肯用小业主的语言说出下面一番话时，它还没有失去其意义："在这个世界上，这个精明但一贫如洗的生手一度是为工资而干活的；等他攒下一些钱，并用来为自己购买工具或土地之后，他开始为自己干活了；最后，他开始雇佣另一个生手来为自己干活了。"两年以后林肯又说："财产是劳动的果实……一部分人富起来的事实表明，其他人也可能富起来，而这正是对工业和企业的激励。"

在个人成功的模式之下，还有一些政治和人口因素，其中最著名的要属土地政策，它向那些自由的个人打开了经济之路。广泛分布的小产业使这项文字形式的自由短期内似乎成了一项永恒的原则。人与人之间的关系不是命令和服从，而是讨价还价。任何一个人的决定，相对于其他每个人来说都是一种自由和平等的决定；没有谁能够控制影响市场的各种算计。

就市场机制的运作而言，小产业就意味着安全；正是市场的萧条和繁荣此起彼伏形成了新的和更大的和谐。乡村财产的广泛分布至关重要，因为小业主们有着一种任何其他财产都无法提供的安全——这种安全（即使其水平很低）是一种介于市场机遇和谋取生存之间的安全。当市场行情严峻或农作物无法顺利销售时，农场主（如果他比较节俭和聪明的话）起码还可以靠自己的菜园过活。

1787 年，诺亚·韦伯斯特断言，专制奠基于压迫的权力之上，自由则建构在反抗压迫的权力之上；"那么，**真正的**权力存在于什么之中呢？这里的答案是简洁明了的——存在于财产之中……**地产的普遍和大致平等的分配是国民自由的整体基础**……财产的平等，加之不断地行使必要的财产转让以摧毁强大的家族间的联合，是真正的**共和灵魂**。这一点获得持续之时，就是人民获得权力和自由之日；而当它被放弃之
9 时，就是人民丧失权力、失去自由之日；此时，联邦政体就不可避免地会为其他政体所取代。"

因为拥有土地，小业主们拥有的就不仅仅是"投资"：他拥有自己工作的疆域，而且正因为他拥有土地，他是独立的。一如 A. 惠特尼·格雷斯沃德解释杰弗逊的信条时所说的那样，"谁想掌握自己的命运，谁

就必须掌握自己的灵魂。要掌握自己的灵魂必掌握自己的财产，即获得经济保障的手段”。自我管理、工作和财产类型是相互一致的，这种一致性使原始的民主获得了心理基础。工作和财产如此紧密地结为一体。人们须凭借其财产并以其财产为对象施展自己的工作技能；人们的社会地位在很大程度上有赖于其所拥有财产的多寡及其状况；收入则是一个人运用自己财产进行工作所创的利润。如此，在收入、地位、工作和财产之间便结成了一种连锁关系。进一步，一如财产本身的分布那样，因为其所赋予的权力的分布也如此之广，财产和权力之间的一致性就成为个人特征和社会均衡的根源。

因为极少有人能拥有超过其运作能力的财产，人与人之间的差异主要取决于个人的力量和精明。我们这个社会所预设和强化的这种人，乐于从事经济事务，具有开拓和推动市场经济的“合理的自利性”。当然，他不仅仅是一个经济人，而且是大体上由生产技术和经济原则所塑造的那种人（无论是实际上还是期望上）。他是一个“绝对的个体”，在没有权力中心的前提下，这些个体通过无数自主而精明的交易汇聚成一个相互关联的系统。

3. 自平衡社会

小业主们的世界是一个自平衡的社会。在这个世界里，没有分配物资和指派人从事具体工作的中央权威，其历史进程是诸多分散而自由行动的意志无意识的结果。无疑，人们认为这是如此的奇特，以至称其为一种神道。在这里，每个人就像是在魔法的指引下，进入了一种前定的自然的和谐之中。经济学寻求这种非凡均衡的解释之道，它在没 10
有权威的状态下通过自由创造了秩序，但是就连经济学本身也没有完全摆脱这种魔力。

这个天衣无缝的社会确实也有它经济上的麻烦。它的萧条和繁荣的自然节律使所有部门和阶层的人都会随之发生交替性的恐慌或兴奋。然而它又不会受狂热和忧郁周期的支配。这种节律从来未将经济拖入 20 世纪的人们所熟知的深渊中去，多少年来未有过可怕的战争或战争的威胁。其历史的主要路径是线性的而非周期性的；技术和经济过程仍然在不断扩展，确实出现的周期似乎也是季节性的，它们并未使整个时代的外观黯然失色。在这个时代，整个大陆充满了扩张的喜悦。

在新世界的大殿里，这些富有进取精神的个人也必须建立一个能够免受中央集权之苦的政府。人们常说他们"推翻了重商主义"，就这个词的狭义来说，一点不错。他们的确推翻了一个国王，并拥戴自由市场登上了这一宝座。这个市场的统治并非没有获得支持或没有政权的实践，但在这里经济的权威至高无上，并且它是自治的，在很大程度上是无形的，事实上它从未让人体验出那是一种权力。政治权力，这种社会整合的传统方式，成了一种松散的保护性机构，而不是集权式的统治工具；在很大程度上它也是看不见的，并且在相当长的时间里是非常脆弱的。立法机构维护并鼓励小产业秩序，但政府是这一秩序的保护者，而不是管理者。"让我们满足于已有的成就，满足于由这些成就所预示的未来更加辉煌的成就吧"，J. D. B. 戴博这位 1850 年人口普查的负责人写道："我们的民族工业不需要任何判定在各种情况下何为最佳适应模式的监视者——而最不需要的，就是素质像我们的政治家通常那样的监视者。正如智慧分布于民众之中，他们终将感受到并接受之，到
11 处都可以听到这样的声音，'让我们自己来吧'。"

这种分散的、缺乏指导的经济生活是与分散的军事秩序并行不悖的。由小企业建立并为之服务的国家，主张对一切公认的暴力手段予以垄断；然而，即使是在军事力量的领域里，各种条件也会协力限制政府，并有助于属于小生产者且为之服务的政治民主。就暴力手段而言，像生产工具一样，也必须施行广泛分布；枪支是就地制造的，不难。军事技术的确提供了加农炮和其他火炮，但总体上说，一支枪就意味着一

个人。基本法(the basic law)宣称:“人民持有和佩带武器的权利不可侵犯。”从技术的必要性以及法律上说,强制的可能手段如此已遍布于人口之中;经济力量的分散与军事力量的分散相对应。秩序常常通过暴力进行维持,但却没有法律上的益处:如果出现了盗牛犯,他们将被处以私刑;如果有人强占他人的土地,那就得把他赶出去。

对国家内部的这种暴力分散化基础来说,附带还有地理隔绝方面的因素,当时尚未通过技术手段连通各地。从国防的角度确实不易为一支强大的常备军提供合法的依据。一支分散的、依赖志愿者和长期和平的民兵组织,一个由政治家选派受训学生的军事学院,一种完全受民间控制的军事建制及其军事政策——正是这种军事建构在自平衡市场的社会中确保了政治民主。

竞争是人们的地位得以升降的过程,通过这一过程经济从总体上说将走向和谐。但是,对于古典自由主义时代的人来说,竞争从来不仅仅是控制资本主义经济的一种非个人机制,也不仅仅是一种政治自由的保证。竞争是创造自由的个体,创造英雄用武之地的手段;从这样的意义上说,那时的人们生活在自力更生的传奇之中。在生活的各个领域中,自由主义者设想,独立的个体间的自由竞争能使优胜劣汰并使个性得到张扬:比如,在自由契约的婚姻中,在新教教堂,在志愿协会,在 12
具有政党竞争制度的民主国家,以及在经济市场上。竞争是自由主义整合其历史纪元的方法;也是古典自由主义生活方式的集中体现。

由于没有封建的传统,没有官僚的国家机器,绝对个人主义者被罕见地置于这个自由社会之中。这个社会似乎是自我运作的,而生活于其间的人们似乎也是自我造就的。个人自由似乎是社会秩序的通则,而这种个人自由本身又赋予了安全。在这里,一个自由的而非受剥削的人,一个独立的而非受传统束缚的人,面对着一片大陆,牢牢抓住了它,并用它创造出无以计数的商品。

第二章

13 财产的转化

小业主的世界里所发生的一切，充分体现在它的英雄——独立农场主和小商人们的身上。19 世纪中产阶级经济的这些主角，现在已不再处于美国舞台的中心；他们只是处在更有权势的阶层或人数更多的阶层之间的两个阶层。凌驾于他们之上的是有巨额财产的人，这些人依赖金钱和组织行使驾驭他人的权力；与他们并列或不如他们的是那些没有财产的普通雇员和工人，这些芸芸众生们为薪水和工资而忙碌。许多先前的企业家及其后人也落入这些较低的等级之中，但只有极少数的人成了大企业家。那些仍然维持着小业主身份的人也与其 19 世纪的原型相距甚远，现在，他们必须在一个不再按其想象构建起来的世界中打拼。

作为有利可图的社会成员，老式中产阶级的自由企业家现在早已失势。他们不再享有一度曾拥有的社会地位，不再是一般人心中的理想模型，也无法继续扮演他们在其中生活和工作的那个社会的统合者的传统角色。这都是他们今不如昔的指标。他们地位下降的原因与整个现代工业社会的推进和震荡密切相关，其结果深深地影响到 20 世纪美国的不同角落。

在小业主时代的鼎盛时期，约翰·泰勒写道，“对私有财产的侵犯
有两种方式：一是贫者掠夺富者，其特点是猛烈和粗暴的；二是富者掠 14
夺贫者，其特点却是缓慢和合法的……无论是通过法律将多数人的财产逐渐转移给少数人，或是以暴动的方式将少数人的财产迅速瓜分到多数人手中，都同样是对私有财产的侵犯，也同样是与我们的宪法相违背的。”在美国，最常见的是第二种侵夺私有财产的“违宪”模式，而美国的历史进程恰恰就是由一系列这样的教训组成的。

财产的分布和类型的变化改变了老式中产阶级，改变了其成员的生活方式及其作为政治人的梦想，它使自由和独立的个体离经济世界的财产中心越来越远。平民性财产（所有者自己参加工作）开始让位于阶级性财产（所有者雇佣他人去工作和管理）。与其说阶级性财产是所有者工作的条件，不如说是他们不必工作的条件。

拥有平民性财产的人有权安排自己的工作；他可以管理自己的工作和工作日。拥有阶级性财产的人有权指挥无产者，后者必须为他工作；有产者管理着无产者的劳作生活。平民性财产意味着人脱离经济权威而自立；阶级性财产则意味着，为了生活，人必须服从于财产赋予其所有者的权力。

人所具有的“自由与自食其力”的权利被财产的转移所否定；在工作中他已无法实现自我，因为现在工作不过是一些出卖给他人的手艺，而不再是与其财产相交织的什么东西。正如爱德伍德·海曼所说，他的工作“不是他自己的，而是其他什么人商业清单上的一个项目而已”。

这样一来，财产的集中断送了作为人的基本自由之基础的财产和工作的连带关系，而个人与其独立生活手段的分离也改变了他的人生计划及相应的心理节奏。以其财产为基础的企业家的经济生活，吞噬了他的全部生活时间，并由家族的继替而得以稳固；与此同时，雇员的经济生活却是以工作契约和薪酬的期限为基础的。

在自己的世界中获得安全，老式企业家可以将其全部生活视为一
个经济整体，他既不必对自己的期望也不必对自己的成就施压。在他 15

的世纪里，他有机会直接、安全和自在地感受自己的努力和积极获得的酬赏。毫无疑问，今天，一些企业家继续在体验着这种旧时的感受，但是成排成行的中产阶级们却被死死地拴在与所有大资本主义的“次级剥夺方式(secondary modes of exploitation)”殊死抗争的战车之上，而且许多人都落荒而逃。对大多数人来说，从事无雇主的工作是一种不现实的神话。对那些仍然想一试身手的人，这常常会是一种灾难性的幻觉。

1. 乡村的崩溃

向西部迁移的自由民，自然不知道此举对处在世界资本主义发展阶段上的美国意味着什么。他不知道自己是一种经济安排的一部分，也不知道自己与在外国市场结构上确立起来的福利和美国的实业家们向其他国家偿还债务有关。经济史家已经表明，“巨额的剩余农产品，使美国资本主义得以在关税壁垒的情况下不断成熟，因为我们的食品出口使得发展美国工业所急需的原材料和资本的进口成为可能”。

通过高关税，实业家们在国内战争后抛开在国内市场上可能与自己的产品决一雌雄的外国货；无论他们需要的什么外国货物和劳务都是用剩余农产品买来的。在19世纪后半期，美国生产所急需的原材料的进口增加了；而消费者所需要的制成品的进口却减少了，同时，食品出口的价值(成百万蒲式耳的小麦和成百万磅的猪肉)却在惊人地上扬。

一如路易斯·哈克所说，美国的农场主既是美国资本主义起飞的工具，又是这一起飞的殉葬品。作为一种工具，其剩余产品使得躲在高关税之后的工业建设成为可能；而作为殉葬品，他要为受保护的产品以及高利息和运费付出更高的代价。

16 对美国的农场主来说，资本主义危机肇始于1920年代。此间，他经历了9年的毁灭性低价；接下来的10年中所发生的惯例性萧条对其境况来说只是雪上加霜。当20年代农产品价格下跌时，其他日用品的价格却上扬了；而1929年后零售商品价格全面下跌时，农产品的价格却跌得更惨。在同一时期，农业资产的平均价值也下降了，农业总收入陡降；销售性农产品的收益锐减了1/4；到了1929年，农业人口的人均收入只及其他人口的1/3。

与农业的这一突发的萧条相伴随的，是农场所有权的长期的变动不居。业主的比例下降了，而佃户的比例却上升了。抵押债务，作为全部农场价值的一部分，增加了一倍以上。债务越来越多，而有能力偿还的业主却越来越少。1925年后的10年里，几乎有1/3以上的农场因这种或那种方式的被迫性出卖而转手。1930年只有1/4的农场经营者拥有非抵押性的农场，而1890年时这个数字超过1/2。随着农场的所有权由于承租和抵押的限制而丧失，大多数美国农场主失去了独立和自由。

进一步，无论其境况如何，农场主的总数在相当时间里一直在减少。1820年时，全美几乎有3/4的劳力从事农业生产。而在其后的125年里，尽管大部分时间里仍可发现未开垦的边地，但每次人口普查却都表明农场主的比重在数量上的下降；1880年时还占人口的1/2；而到了1949年，各种类型的农业劳动者加在一起只及从业人口的1/8。

造成这样一种对整个阶级来说称得上划时代转变的原因，深深地植根于总体性制度之中；但是，由于农场主是自由市场的产儿，他们的世界是由市场相连接起来的，所以，市场是必须考察的主要因素：

I. 随着20世纪的大幕揭开，国外的市场缩小或干脆消失了；在这个世界上，那些新兴的低投入高产出的国家，其草原越来越多地投入到生产中来。对外贸出口和高物价的希望破灭了；1894～1898年间，近1/5的农业总收入来自对外出口，而到1930年代中期则不到1/10。面
对不断增加的美国关税，欧洲人无法购买美国的农作物。欧洲没有黄 17
金；美洲只想卖不想买，不会接受她的货物。在随后旷日持久的战时经

济时代，世界各国都在努力使自己能做到自给自足。

Ⅱ. 国内市场紧缩。美国的人口增长率已经攀至顶峰，并呈现出缓慢的弧形下降趋势；没有了大规模的移民迁入；人口趋于稳定。进一步，这个市场消耗的食物以这样一种方式发生变化，以致对丰硕的农产品的销售形成限制。即使收入增加了，农产品的消费也未能按比例增长；人们对食品的需求受到生理限制，但对工业产品的需求未必如此。

Ⅲ. 在1930年代，当经济的垄断特征日渐鲜明时，其他机制也开始影响到农场主：他所关注的主要经济问题，始终是其产品的价格和他必须购买的东西的价格之比。在1930年代的经济萧条时期，农产品的价格下降了大约70%，而公用事业费却纹丝未动，农场主只能买得起经济萧条期之前1/4左右的电力。农场主的自由市场受到都市垄断者的侵犯，后者实践的是一种新的并更有利可图的自由，即通过减少生产来抬高物价。如此，农场主遭到一种价格挤压：卡罗林·沃尔和加德纳·米恩斯注意到，当农场主处在萧条状态时，农场设备的批发价只下降了35%，与此同时产量却削减了80%；但当农产品价格下跌了63%时，产量却只削减了6%。这些事实凸显了工业公司的控制价格与农场主的自由市场价格之间的差异。

Ⅳ. 在任何经济领域中，美国资本主义从未遇见过像农业方面这样明显的矛盾。然而，在这些矛盾的背后，技术刚刚开始打通迈向农村经济之路。就古典经济学的自由放任主义之梦在美国的实现程度而言，它在家庭农场上已耗尽心血。然而，在任何地方都给老式中产阶级
18 带来灭顶之灾的技术革命，却基本上将农场主放掉了；现在已经能够看到，在其后的时间里，小业主的乡村世界是靠着技术的落后来生存的。即使在1900～1939年间，当制造业产量增加了267%之时，农业产量的增加才不过60%。

然而，即使这样，农业生产还是增长太快。因为影响农业人口数量下降的基本问题，是生产力的不断提高；人越来越少，用时日益缩短，产品却越来越多。这一总的趋势，经由第一次世界大战的刺激，在第二次

世界大战期间一发而不可收。如果以 1910 年为 100 计数的话，到 1945 年农业就业人口就降至 82，与此同时，每个农工的产量却增加到 209。在这些数字背后，有两幅图景若隐若现：一面是每千人共用一匹骡子，另一面是每个人独立驾驶着 1 台大型拖拉机。这是些相当精确的画面：在 1940 年前的 25～30 年间，农用拖拉机从 10 000 台笨重迟缓的机器，替换为 2 000 000 台轻便、操纵灵敏的橡胶轮胎的生产工具；同时，农场的骡马数量则锐减了一半左右。

在 20 世纪的第二个 1/4 世纪里，在美国历史上农业就业人口首次出现了真正的负增长。第二次世界大战使农村人口减少了 15%，其中 45 岁以下的男子减少了 40%，但是谷物和家畜的产量却分别增长了 30%和 40%。到了 1950 年，400 万家农场的产量比 1940 年的 600 万家还要多 1/3 以上。因此，简单地说，农业问题的潜在原因就是农场主太多了。对农产品的需求是相对刚性的；而生产技术却越来越有效率。正如格雷斯沃德曾指出的那样，这是“由战争、价格不断降低的过剩产品、低收入和相应的劣等教养机会所生动表现出来的农业不充分就业”的结果。

就是这样，农业经历了一个完整的周期：一度被视为边区的出路，现在用某位农业部专家干巴巴的话来说，则是“在农业生产中，出现了就业机会的明显不足”。然而，技术革命对美国农场主的影响还远不止人口的下降。这场革命加重了这一事实，即像 30 年代一样，“产品过剩 19
危机”对农场主和为他们制定的任何计划都构成了一种经常性威胁。

在农业人口内部，市场机制和社会变迁的技术动力削减了其中自由企业家的比例。在至少 50 年的历史中，美国人的家庭式农场的理想已越来越变得可望而不可即。1945 年，拥有全额资本的农场主仅占国内劳力的 6%。

在农村，中产阶级已在缓慢地两极分化，如果这一趋势继续下去的话，就将破坏农业的传统特征，并形成由仅能维持生存的耕作者、雇佣工人和交谷物地租的佃农组成一方，和由大商业化农场主和农业公司组成的另一方。1945 年，2%的农场已占有所有农场土地的 40%。

在这种朝向大规模和不断的集中化转向的背后，机器使农业成为一种高度资本化的行业。一个使用拖拉机的农场，其所需资本要比使用马的农场多 30%到 50%。据一家颇有声望的商业杂志所说，1946 年，一个“典型的依阿华农场主”应拥有大约 160 英亩土地，无论在哪，每英亩土地值 100～300 美元，这样“他的土地最少值 16 000 美元”。除此以外，“这样的农场主还需要初始投资大约 33 000 美元作资本”，30 000 美元用于建筑和设备，以及 3 000 美元作为流动资金。

农业机械通常的低使用率加快了上述趋势。一个工厂主能够指望一台大型车床一年使用 2 000 个小时；而一个农场主却只能指望他的捆草机一年用上 50 个小时。要使捆草机物尽所值，农场主就得买更多的土地：这样，农场的平均规模从 1910 年的 138 英亩上升到 1945 年的 195 英亩。如果普通的小农场主没有扩大自己的土地就装备了机器，他将无力支付修理和折旧的费用。他要么卖了，要么就得试试能否把机器租给邻居。

所有农产品中的大部分，通常都是由数量不多的比较大的农场生产的；但是，近二三十年里，这种集中化趋势突然加强了。在第二次世
20 界大战期间，农产品的价格大幅提高，但是不到 1/10 的农场主却获得了农场总收入的 1/2。在这样一个农场繁荣时期，作为不动产投机者的农场主增强了这种集中化趋势；许多边际生产者因此而惨遭淘汰，因为农场土地更为集中，农场主的人数越来越少，并越来越富有。

一个佃农或农业雇佣劳动者是否轻易有机会爬完务农的全部阶梯——从农业雇佣劳动者到佃农，再到抵押农场主，最后到完全的所有者——这只是一个盘桓在民众头脑中的问题。向上爬的机会可能很难找到，而这种趋势也无法发现。但是能够肯定的是：1890 年后的 40 年中，年轻的农场主的绝对数下降了，而在仍然留在农场的青年中，50%左右起步时是佃农而非所有者。他们中的许多人仍然是租佃者；许多

人则因无法成为所有者或看不到成为全资所有者的机会而进了城。对这些人中的大多数来说，这个人生阶梯确实是一种苦役：通过加入离开农村的大军，他们表达了对乡村生活及其机遇的看法。

农业尚未经历理性化的过程，但是小业主的乡村世界却已消逝了。在农场刚刚开始的工业革命，用格雷斯沃德的话说，已经决定了“在我们的时代里，一个自给自足的农场与其说是民主的充裕源头，还不如说更像是一个笨蛋和羸弱者出没的场所”。工业革命要么将把家庭农场纳入它的轨道，要么就会使它搁浅在一种古老的生计经济之中。

2. 商业发展的动力

无论如何，作为美国一个人数众多的阶层，小业主仍然是农场的主要构成。进城的人很少能够获得商业财产，并成为自由生产者和商人；与此相反，作为老式中产阶级的成员或潜在的成员，他们却遭受了灭顶之灾。城市的小业主们从来没有像乡村的小业主那样，形成一个在自由社会的模塑过程中能够发挥关键作用的人数众多的阶层。城市无法和乡村媲美：井然有序的一排排独立商行从来也没有发展成能够与一 21
块块土地相提并论的玩意。工厂和零售商店不会像农场那样被赠予下层社会的人，而为了大体适应技术进步的要求，创办新企业需要的资本越来越多。对于将要成为都市企业家的人来说，从来没有过什么移民土地分配法（Homestead Act），尽管对制造商来说，关税是某种与之相类似的东西。工业化并不必然会导致企业向私人手里集中，并由此使小企业家面临困境，但在美国发生的事却正是这样。

甚至在南北战争之前，当新的交通网络开始将各地连接成一个全国性市场时，各地的手工业者就开始为批发商忙碌了。对原材料、资金和全国性市场上的销路的需要，很快就导致独立生产者对大资本家的依赖。与技术专家联系密切的都市商人将组织技术和劳力视为己任，并成为受到保护的市场间的有益联系。这样，当国家成长起来的时候，它的英雄也成熟了：不是大农场主，而是大商人（虽然人们常常称他们为其他什么）成了国家的翘楚。到了 1890 年代，威廉·迪恩·豪厄尔斯的“平步青云的人（Man Who Had Risen）”便取代了瓦尔特·惠特曼（Walt Whitman）的“莽原上的人（Man in the Open Air）”。

20 世纪，技术继续获得了快速发展，但是市场的拓展却要缓慢得多。实业界领袖为了稳定事态，开始团结起来，这样，在他们的激烈竞争之外出现了非个人的垄断。竞争的自由——小业主世界主要的秩序原则——转变为构造新社会的自由。伴随着私人企业的集中开始改变流行的企业家类型，“实业界领袖（the Captain of Industry）”让位于“食利者”、“不在所有者（Absentee Owner）”、“企业总裁”，以及一种新近被称之为“新企业家”的人。

但是，在公众的心目中，无论是“食利者”或是“不在所有者”，都不是那种生产竞争型的人。他们每个人都是食利者（coupon clipper），是
22 寄生虫，暗里是守财奴，明里却是奢侈的消费者；他们过的不是竞争性的商业生活，甚至自由主义的经济学家都对其经济作用表示震惊。“企业总裁”从来就不是普通中产阶级的偶像；作为非个人性企业的一部分，他过于冷淡，以致很难获得下层人的友善尊敬。作为工程师，他是冷酷无情的科学的一部分，而非经济上的英雄；作为商人，他是隐秘的金融世界的一部分，所有巨额金钱都是在这里神秘了结的。

这些新型的经济界人士没有谁能够真正占据旧时的、未经分化的实业界领袖的英雄位置，后者现在也已变得过度膨胀、掠夺成性、专横跋扈。他们越是成了大金融家，离有创造力的小企业（在这里，每个人能够看到的是生产了东西）组织者越远，这种蛮横的掠夺形象就越邪恶。大企业家通常都是金融巨头，他们生活在社会的合法帷幕之后，用他人的钱为自己谋利。然而，正如将一个满身尘土的农场主和一个地产经营者区别开来常常十分困难一样，要将一个真正的实业界领袖（即

使是在他的全盛期)和一个高层金融统帅区别开来也同样十分困难。也许美国的都市商人从来就是这两种人的混合体。

假如老式中产阶级想在城市里寻觅一个英雄的话,他一定来自小商业阶层。这样,小商人们,尤其在农场主普遍衰落之时,开始被视为老派实业界领袖传统的某种苦巴巴的继承人,即便这仅仅是一种一厢情愿的看法。他的奋斗越充满艰辛,他的形象就越容易赢得同情并富于英雄气概;然而,他可能永远也不能与这份留给他的遗产相称。在他的眼中,这种通过不时出现的麻烦获得的荣誉,与其说是荣誉,还不如说越来越成了一种永久的负担。在形象上,他仍然是已成垄断者的实业界领袖的支持者;而在现实中,他已经成为一种政治的而不是商业的力量。

在近几十年里,商人占全国劳力的比例一直在8%左右,但在城市里这一比例则从1870年的17%下降到了1940年的12%。然而,他们 23
作为一个阶层的独特的延续性不应与每个个体企业及其自有管理者(owner-manager)的境况相混淆。当小商人们作为一个总体继续保持并占有着其自己的产业时,这一总体的构成却在发生着迅速的变化,其成员的经济境况经历了一系列上下变动。

在第二次世界大战前的40年里,虽然既存的商号数从100万上升到200万,但在同期内营运的1 600万家商号中,却至少有1 400万家遭遇厄运。在小商人阶层中有一股企业家和潜在企业家交替出入的巨流,当每年有数以十万计的企业家破产时,其他的人,有些是这场游戏的新来者,有些是以往的失败者,却再度开始了勇敢的冒险。

大多数商号都是小本生意,难以为继。事实上,在1940年,一人企业(one-man enterprises)的转手率几乎与战前十年里工厂工人年平均解雇率持平。经济学家J. H. 科弗在审视了小商行的生存周期的统计后说,"对于我们大约2/3的新业主情况的看法显然过于乐观"。

从两种意义上说,这都可视为是一种婴儿死亡率:因为正是那些既小又新的公司经历了富有典型意义的失败。这两种意义相互关联：那些禁止小业主获得开办新企业的资本的行业常常比较稳定；而在那些资本需求不受限制的行业中，生存问题自然十分严重。

所有这些失败和新的开始也许都可以被视为自然竞争过程中的优胜劣汰。但是，这样一种观点却忽视了这样一种事实，即破产和失败的持续不辍似乎表明，不适者总是被另外的不适者所代替；进一步，既然破产的趋势常常不断上升，这似乎说明不适者的数量仍在不断增加。

在失败的背后隐藏着更为常见的事实，那就是大量的小商行在为
24 争得一小部分市场而进行竞争。都市的企业家阶层在不断减少，其内部的集中化过程仍在继续。小商行越来越小，大商行则越来越大。

商业世界同70年前相比已缺乏同质性：商人们现在投身于不同种类和规模的企业之中——从街边的洗衣店到通用汽车公司。处在底层的是大批不值几文的小商行，它们生产和销售的货物与劳务在国内总产值中比重很小，也雇不了多少人为其工作。1939年，150万家一人商行几乎占了全部非农业商行的一半，但它们的雇员却只占商行中总雇员的6%。处在顶层的是少数几家公司，它们雇佣了大批工作人员，其生产或销售的货物和劳务占主要的比重，并且掌握着大部分私人使用的资本货物。1939年，国内全部企业的1%即2 700个商业巨头的雇员数占到全部企业雇员的半数以上。近30年来，现在也是如此，美国3/4的公司只能获得全部公司所得的5%左右。

无论研究哪一个年度，或使用什么标准，商行的过分集中化都是显而易见的。然而，所有测量都掩盖了这样一个关键事实，即集中化的程度与行业的不同大有关联。大致地说，商业世界是朝向两种类型分化的：大的工业企业和小的零售或服务性商行。

在第二次世界大战前的30年里，制造业业主的数量下降了34%，该行业雇佣的工薪者的数量上升了27%。制造业已不再是小商业的世界，它越来越为大规模的科层结构所控制。建立在这个已经过度集

中化行业的顶端的战争经济，又进一步促成了美国工业的集中化。

从雇佣人数和交易量来说处于商业世界底层的零售业，主要还是由小商行控制着。3/4 最小的零售商店的销售额占到 1939 年零售总额的 22%，这几乎是 3/4 最小的制造行的两倍。就能够在整个商业界形成任何优势而言，现在可以看到这些小商人只能存在于零售业和服务业之中，从更小的范围来说，也可以存在于金融和建筑业之中。 25

在 19 世纪初，批发商是商业世界的主要中介：他能够控制住小制造商和小零售商，因为他们尤其是零售商，在信贷上常常要依靠他。但是，制造商扩张了，变得独立于批发商了，并且常常包揽了他的许多职能。零售商也及时地介入到批发商的生意中。这样，制造商便尝试着通过向消费者直销来清除批发商和零售商。

当生产的规模在 19 世纪末扩大之后，经济系统遭遇到资本主义的特定而关键的问题：除非存在着一个巨大的市场，否则大规模的生产将无利可图。当技术将制造商推向更高的生产率状态时，他所面对的是一个极端无效和浪费的市场体系。那些较小规模的批发和零售组织，即大多数老式都市中产阶级，已成为资本主义进步的技术车轮上的制动器，大制造商们也认为是这样。

与此同时，零售商也成长起来。百货商店是市场共同体中的稳固成员：百货商店在零售业中所占的比重，在过去的 15 年里从未出现过大的波动。现在，邮购商店综合了百货商店和连锁商店的许多特点，通过远距离的交易，将触角伸到市场的各个角落之中。当这一大规模销售系统开始缓缓出现时，它的诸多单位就开始在大批的生产者和消费者之间开展自己的批发业务。当超级市场雨后春笋般地出现，并在大规模销售上压倒连锁商行时，连锁商行便开始模仿起他们的超级市场对手，于是这两个零售业的巨人就开始了你死我活的争斗，这种竞争远非小商人们所能力及。

当零售商取代批发商之时，前者以占据靠近商业区域的中心位置的优势，开始向制造商施压，他们说："别再和我们纠缠。你的低成本归于你的批量生产，但是没有我们的批量销售，你的批量生产又有何用？
26 让点利给我们。"已经部分摆脱了批发商控制的制造商，现在面临着另一个利益竞争对手的挑衅，通过自己的全国性商标广告和自己的零售店做出了回应。运用这些手段，他一直在努力将零售商和批发商都控制于股掌之间。

西尔斯罗巴克（Sears, Roebuck）公司副总裁 T. V. 豪泽总结当前的趋势说：一方面，存在着"那些有着自己的品牌生产线的实力雄厚的大制造商，它们通过数以千计的独立分销商将其产品销售一空；另一方面，存在着占有各式各样品牌生产线的大批发商（mass distributor）（他们从许多小制造商那里买到了这些生产线）……在一种情况下，制造商决定着……（产品的）设计、质量、价格和生产进度；而在另一种情况下，这些功能则是大批发商承担的……"从这两个方面，批发商承受了市场上的买卖人的竞争之役带来的冲击，并在这两方面都失去了立足之地。

然而，大企业的称霸并非总会引起彻底的吞并或破产，也并不总会表现出像集中化那样的现实。较大企业的力量在于，即使许多小的商号仍保持独立，它们事实上也已变成了大企业的代理人。问题的关键在于，小企业家们已被剥夺了老派企业家的那些职能。

当银行在提供信贷之前要求进行管理改革时，它们关注的是普遍认为企业家的资质中必须具备的主动性和责任感。许多小商人现在靠供应商（Supply house）筹措资金，而大的厂家和供应商不仅决定着价格（本行业内的小商人必须紧跟这一价格），而且还经常向小企业提供信贷；在许多个案中，一旦发放贷款的大公司要收回时，许多小人物就将面临破产。这种对商业信贷的依赖性，使得小商人沦落为债权人的代理人。

制造商还运用"排他性买卖合同"和"全线紧逼"的方式，来削弱小业主的独立性。他决定零售价格并在全国做广告，使小零售商变成了
27 类似领取佣金的销售商，他们承担了企业的冒险。在制造业中，转包合

同常常使规模较小的分包公司成为一个自担风险的分厂管理者。

一般可能会认为，小批发商、零售商和制造商受到大商号统治的不同影响，应该团结起来反对他们的共同敌人，但是他们什么也没干。相反，占小商行比例最大的小零售商，却在大制造商和广告商的全国性商标竞争中寻求庇护，进一步他们要求并获得了诸如“公平贸易”立法这样的韬略。根据这一法规，某种产品的所有零售商必须按统一价格出售产品。这类立法意味着如此存在的竞争只能产生于各个制造商之间（在他们的领域里垄断性很强），而不是在那些垄断发展得尚不充分的零售商之间。进一步，由于在很大程度上小制造商与小零售商之间的联系被切断，他也同样落入了大亨们的掌控之中。在这种情况下，大零售商——连锁商店或百货商店，作为大买家常常能够控制他们所买的商品的价格。

老式中产阶级的许多较小的组成部分已经慢慢地被碾磨成碎片。当竞争从生产领域转入销售领域后，许多小制造商成了大制造商的附庸，这是它们得以继续存在的前提；同时，许多小零售商事实上已经成为大制造商的维修代理和经销商。如此，小制造商和小零售商的联盟远未形成，他们被锁定在争夺市场的斗争中，并在这一过程里双双落入大财阀的掌控之中。

销售是小商行之命根，同时也是美国经济中最为浪费的一块。例如，在食品零售业中，连锁商店确实缩小了农场主与消费者之间比较大的差价。除非每间商店都有足够的营业额，否则一家零售店将无法维持廉价而有效的经营。连锁商店有这样的营业额，其附带的好处是能够为商行的每一个门市请来领薪水的专业人士。这些人效率很高，并且十分便宜。在这些连锁商店里，标准化的程序取代了企业家的天分。 28
在连锁商店、百货商店和超级商场中，购买、展示、广告、推销、价格分析都是由这些领薪水的专业人士分别进行集中和管理的。营销权威 A.

C. 霍夫曼说："我们要为人们保留几分所谓经济个人主义的东西，就必须接受普通人的无能；要为了获得集中化管理的益处，就必须接受从企业主到受雇者身份的转变。"

正当这种事务处理者（processor）的影响和工程师的观念取代独立农场主的职能时，大制造商和销售工程师也在注视着市场系统这个小商人的命根。现在，农场里和城市中的老式中产阶级正在阻挡着由技术专家和有效率的专业人士所代表的前行之轮。

3. 游民资产阶级

认真审阅那些多少有些令人悲凉的统计资料，看看一方面失败率之高另一方面生存又如此顽强的境况，人们就会想起巴尔扎克由另一种联系得出的苛刻的评论："微不足道的人是不会被碾碎的，因为他们已经趴在脚面之下。"如果我们可以将"游民无产者"与其他雇佣劳动者区别开来，我们也可以将"游民资产阶级"与中产阶级的其他部分相区别。因为企业界的底层与顶层的差别是这样大，以至我们大可怀疑是否应将这两部分人划归为同一类。

在城市中，游民资产阶级是由一大群死亡率极高的商号组成的。这些商号在各自行业的总营业额中只占一小部分，但它们却雇佣了远远超过商业额比例的员工。因此，10 年以前，超过半数的零售商店营业额只占总额的 9%，但它们的雇员却占到零售业从业人员的 21%。然而，真正的游民资产阶级是根本不雇佣工人的：业主及其家属自己干活，常常是夜以继日地工作。在大萧条期的谷底，"业主提款额"在销售
29 额 1 万美金以下的商店中被粗略估计为每周 9 个美元。在这里，在 20 世纪商业世界的底层，自有-经营者（owner-operator）展现出的典型形象是城市里的独立者。

但是在农场里，小业主们却使用着较低劣的生产资料，作为老式中

产阶级的边际受害者中的主要部分而拼命支撑着。20 年前，在 1929 年的商业繁荣的巅峰期，全国几乎有半数农场生产的产品价值不足 1 000 美元(这其中还包括了家庭耗费的产品)，然而这生产率最低下的半数农场提供的产品仅占所有农场主出售和交换产品的 11%。到 40 年代中期即农场繁荣的鼎盛时期，这一相对数字变动不大：40%的农场主年收入不足 1 000 美元；1/4 在 600 美元以下。营养不良的比率，乡村是城市的两倍；并且也是在乡村，出生率和婴儿死亡率都最高。1/3 以上的农场主住在乡村的贫民窟里，住在年久失修的房子里；另外2/3 则住在“不适宜居住的房子”里。1945 年，10 个美国农场主中只有 3 个有机制冰箱，4 个有配备排水系统的厨房洗涤设备。小农场主和他的全家被卷入了低效率的乏味工作之中，许多人只在部分时间里才是“独立的”，其余时间则受雇于大农场主。他们只能通过野蛮的超量工作和低水平的消费，才能保证在整体上不会落入佃农的行列。

工程师们指出，“我们 1/5 的原始可耕地”现已被毁坏得无法进一步耕种；“剩余的 1/3 也受到严重的破坏；另外 1/3 则同样处在风雨飘摇的境地”。1946 年，农业部一个机构的负责人 H. 贝内特在分析造成这种状况的原因时指出，事实是“过多的土地传统上一直落在未经训练和无能的人手里……无论是农民、农场主、乡巴佬，还是乡下人，这些个体都是同一群人，他们代代相继，有的就是幼稚、没教养以及落伍。他们往往具有诸如节俭和勤奋这样的品质，并且总会以轻蔑的态度对待教育和受过教育的人。并且，更为经常的是，对那些在其他领域中失 30
意的人说来，农场一直就是最后的藏身之所”。

小业主，无论是农村的还是城市的，对商业周期都有着经济上的敏感；他们的不稳定感与这种敏感密切相关。经营额和经营方向上的些许变化就能够明显反应在其利润率上。月复一月，他可能会一直生活在极度的焦虑之中；即使是很小的经济压力，只要他不能掌控，也会使他失去平衡并降低其心理安全水平。虽然一度无人能够把握这个市场，但现在这些小人物却常常能够准确地感到它是不利于自己的。

作为业主、管理者和工人，这些边际受害者常常要动用其家庭来帮助他在商店、农场或车间里干活。这样，经济生活与家庭生活搅和在一起。在那种微型小店，也就是所谓夫妻店中，夫妻能够相互盯着对方及其子女。诸如家庭企业能够享有的这种经济自由，常常是以牺牲家庭单位内部自由为前提获得的。事实上，正如威廉·赖克指出的那样，这是小资产阶级生活的特征之一，在这里，在家长制范围内常常存在着一种极度的压抑。童工，通常是廉价的童工，就导源于游民资产阶级。在所有的产业门类中，正是在农场和零售商店里有着比例最高的自由企业——以及比例最高的“不付佣金的家庭工人”。商业竞争和经济焦虑就这样在家庭关系和要求保持应付自如的铁的纪律中体现出来。因为在商店或农场的范围之外很少或根本没有感情的出口，这些家庭的成员就会变得贪得无厌。他们本性的全部力量都投向了那些吸引他们的注意力和塑造他们性格的琐细之事上。一如巴尔扎克所说，他们所行使的是“杂七杂八的权力，是那种通过在树皮下转圈蛀食来把榆树放倒的蟒螬式的穿透力”。

家庭的圈子是封闭的，并且常常是内敛的，它通过这样的方式鼓励强烈的亲近感和特定的仇视。生活在这种家庭里的孩子经常是父母释放挫折情感的对象。孩子们往往会交替性地受到溺爱，这种溺爱出于
31 父母双方互不相让的情感竞争；有时他们又会受到严厉的惩罚，因为父母怀着要“孩子混出个人样来”的愿望。与此同时，连续的剥夺被说成是为了孩子未来的成功。他们现在必须放弃一切，但是如果做到了，就可以在将来合法地要求获得更大的敬重和满足。显而易见的是，游民资产阶级子女的成年过程是一个对父母、子女，也许对整个社会都充满了危险的痛苦关头。

在枯燥的调查项目——“不付佣金的家庭工作者”的背后，充满了青年的苦难和挫折。这在过去和现在确实都是老式中产阶级生活之路的一部分。在19世纪，它能够给予的酬赏或许是：儿子们，或起码有一

个儿子将继承父亲的有一定基础的家业，而女儿则可能找到一个来继承这份家业的丈夫。但是，在 20 世纪，这些老式中产阶级尤其是城市老式中产阶级家庭的平均生活是比较拮据的，在老式中产阶级里，家庭单位和工作场所的重合是前工业社会的一个事实。所以在财产的集中限制了他们的“独立”时，也解放了老式中产阶级小商人的子女。

制定一个稳定的生活计划的困难，进一步加重了游民资产阶级的竞争忧虑和家庭紧张。一方面，这些小商人总比小商业的寿命长些，所以在许多个案中，小商业都不能使人一生衣食无忧。另一方面，小商行的年长的业主在寻找继承人方面常常会遇到困难。他年复一年地在辛劳和惊吓中建起了一个时时需要拼搏的企业，然后他要退休了；但是，谁能接替他呢？他已经建起了一个小企业，这个企业也完全与他个人相认同，而即将到来的退休或死亡却严重地威胁着企业的信誉。

游民资产阶级的经济境况导致了不安全感，同时也常常导致了轻微的侵犯行为。他们认为，同那些被他们的眼睛死死盯着的更大、更成功的企业家相比，自己的声望总是十分低下的。在以往的 20 年里，同加入卓有成效的工会组织的工人们相比，他们感到自己的尊严受到了损害。

在这些不安全和受挫折的经济和社会基础之上，或许还可以加上
一个更具个人色彩性的原因。哈罗德·D. 拉斯韦尔曾恰如其分地指 32
出：做买卖往往要涉及如何算计他人的问题，而这可能会引起相当程度的内疚感。这个边际性受害人常常会在经济因素的驱使下进行算计、规划，并对自己的以及在企业中帮他干活的妻儿的行为和动机进行评估；在冷酷无情的经济目标指导下他必须这么做，并且经常凭借的是直截了当的经济行为。如此，工作的强化，他的家庭及本人消费的延宕，都通过对节俭和高尚行为的高度奖励获得了正当化。

起码在营业的时间里，他必须承认顾客永远是正确的。游民资产阶级们对任何地位高于己者毕恭毕敬，对后者的社会地位可能渴求不已，同时又可能从他们那里遭受冷遇，从理论上说，这一切常常使游民

资产阶级转而粗暴地对待雇佣劳动者，虽然就这些人也属于顾客而言，他必须压抑这种侵犯意图。

沃纳·桑巴特曾经写道，资本主义精神和冒险精神、对利润的渴求，以及中产阶级的令人尊敬的公民美德是结合在一起的。在那些小资产阶级中，对利润的渴求现在似乎是至高无上的；它变成了品行的焦点，而当冒险精神为寻求稳固的地位所替代时，体面的规范成了犯罪的心理圈套和根源。对利润的算计渗透到整个社会生活之中，因为游民资产阶级将世间的一切，包括他的家庭成员，都视为其奋斗的要素。而这场斗争和他的野心一样，是难以获得成功的。

旧式资产阶级是循规蹈矩之人。对他们来说，财富本身并不一定是目的，而不过是延续其平稳生活方式的一种手段。他们从不癫狂地招揽顾客，而是耐心十足地守株待兔；他们就像一块领地上的君主，用栅栏隔开自己的那份保留地——这样的人现在已经消失殆尽。任何等级的老式中产阶级的商业生涯，都不再能够获得内心的安逸和广袤的空间，游民资产阶级更不例外；游民资产阶级更可能形成的是龌龊的举止和狭隘的观念。这些小业主已很难再纳入W. E. H. 莱基于1896年所描绘的中产阶级行列，后者所具有的“政治上的独立性、谨慎、坚定的实践能力、无以变更的勤勉、高尚的道德水准，远远卓然于其他人之上”，或者像乔治·索列尔所描绘的那样，它是一个有着严谨的道德情
33 操，富于自尊，具有管理非集权官僚制国家的能量和愿望的阶级。老式中产阶级对权力已不再具有实际的热情，相反，他们将自己的坚定意志转入了与周围的竞争性威胁的拼搏之中。从这一系列零零碎碎的不幸中，产生了一个令人不快的论断，人类关系受到了毒化，同时一种无法与之愉快地交换政治敬意的人格被塑造出来。小业主们惊恐万状；这样，他以与自由企业家和独立农场主的标准形象完全不符的方式，接受了这些意识形态并为声望进行殊死的搏斗。

然而，不论其遭受何种伤害，也不问其变动如何频繁，业主阶层作

为一个整体还是生存了下来，而且在经济流动的某些领域有些人还干得不错。然而，大多数人已不再能担负业主的职能；他们也不再是独立的经营者。在这方面，他们衰落的特征主要与 20 世纪经济秩序中变化了的竞争性质有关。经济忧虑使许多小业主多少有些愤愤然地去寻求安全的政治手段，结果，一大群代言人便开始为他们承担起了求索重任。

第三章

竞争的修辞学

作为一种经济事实，老式的独立业主生活在一个巨大的新世界的小岛上；然而，作为一种意识形态的建构之物和一股政治力量，他却似乎一直居住在一块完整的大陆上。他们已成了这样一种人，乌托邦资本主义的意识形态通过他们仍然能够魅力四射地呈现在诸多同时代人的面前。在以往的100年间，美国已从一个小资产阶级的国家转变为一个职业雇员的国家；但是，与小资产阶级国家相适应的意识形态依然故我，似乎小产业世界依旧是一个兴旺发达的商行。它已成为捍卫者和辩护人的摸彩袋，并极少受到挑战，以致在许多人的心中它似乎成了现实的最新模式。

现在，对小业主的乡村世界的怀旧之情如此有效地隐藏在工业过程之中，以至农场主，这个国家生活的监管人，为了追逐其现实利益，能够达到在战时违抗政府领导人的地步。与此同时，作为一种竞争方式的榜样，都市小业主们则历经沧桑，美国的舆论官员找出了越来越多的理由来历数他们的美德。参议员詹姆斯·默里说，“我们意识到……小商行构成了自由企业的真正基础，而它的持久存在对美国理想来说是至关重要的”。小企业的逻辑并非是我们这个时代的逻辑；然而，如果老式中产阶级成了常常惊恐万状的并且总是一败涂地的拼死捍卫者，

他们是不会轻易消逝的；他们会干劲十足地坚持下去，即使他们的动力有时似乎是那种被逼入绝境的人的动力。 35

并非民主问题的紧迫性，而是美国政治代表制的特殊结构；并非小规模企业的效率，而是它的形象对大型企业的政治利益的效用；并非大都市的迅速崛起，而是50年前的小镇生活产生的短视——正是这一切使那位参议员眼中的美国企业家偶像保持了它的活力。

1. 竞争性的生活方式

现在，有关小业主竞争方式的官方说明，受到了一系列详细证实了索尔斯坦·凡勃伦的精确分析的事实的重压。在凡勃伦看来，竞争绝不是死，而主要是"以控制着生产的商业企业为一方，以消费大众为另一方的竞争；在这种有序的竞争中，最适宜的是推销术和蓄意破坏"。大公司削弱了竞争；集体行动的小业主群体也同样践踏了它。这两个群体都使得大型竞争场所明朗化，并暴露出小企业和家庭农场的自由放任主义的修辞假面特征。

小业主的特征和意识形态以及市场的实情，都显示人们对竞争的认识不足。小业主和农场主们，这些自由主义的英雄，并不想通过自由的和公开的竞争发展自己的个性；他们不相信竞争，并尽一切可能避免竞争。

当小业主被问道，他们是否认为竞争大体上是件好事时，他们会带着热烈而权威式的口吻回答："是的，当然——你什么意思?"假若他们随后被问道："就是在这里，在你住的地方?"他们仍然会说："是的"，但是现在他们稍有些迟疑了。最后再问："在这城里家具业情况怎样?"——或是食品杂货，再或是这个人所从事的任何行业。他们的回答有两种：第一，"是的，如果它是公平的竞争"，这里转译的意思是："如果它不逼迫我竞争的话"；而他们的第二种回答乍看起来和公众竞争观 36

一样:"是呀,你看,在某些行业里,如果商行太多情形就不太妙。你应该记着其他人的商行"。小商人,还有农场主,都想一日暴富,但不是像他自己那样直接在竞争中吃掉别人,而是通过间接的方式和手段吞并他人,就像他自己的特定的英雄——那些已经是大富之家的人所使用的那样。在小业主们的梦想生活中,可靠的交易代替了公开的市场。

但是,如果这些小人物希望成群结帮,他们为什么还要在抽象的特别是各种政治背景下喋喋不休地谈论自由竞争呢?答案是,自由竞争的政治功能现在对小业主,尤其对大企业的代言人具有现实的意义。这一意识形态在以商界为一方和以选民尤其是劳工为另一方的竞争中扮演着十分重要的角色。它是企业在整个社会中的社会和经济地位得以合法化的一种工具。因为,如果存在着自由竞争和你登台来我下场的企业现象,那些留了下来的人就是"杰出的"和"自得其所"的了。但是,如果起作用的不是这种竞争,而是存在于成功企业家和雇员群体间的严格界限,位居要职者就可能是"托娘老子的福",而与其来之不易的地位并不相符。没有人过多地谈论自由企业、竞争和最优秀者将会比那些从父辈手上接过商店或农场的人干得更好等话题。如此,自我造就者(self-made man)的原则,以及他通过竞争获得的优越地位的正当性,要求并反过来又支持了自由竞争的意识形态。在抽象的政治范围内,每个人都可以相信竞争;而在具体的经济事例中,又只有少数企业家能够这样做。

在汽车普及之前,农业社区的广远分布使得小城镇的商人能够对其人群和周围的农业区域实行切实的垄断。因此,商人和农场主之间的竞争发生在有利于小城镇商人的地理和居住环境中。当代全国经济
37 委员会(Temporary National Economic Commission)的一位经济学家说过:"我们在杂货业中最迫切需要加以垄断的……就是老式的村镇杂货店。它在价格制定方面毫无弹性,而且通常是缺乏竞争性的,一直到汽车的普及才改变这种状况。"

颇具讽刺意味的是，这种小镇企业家的“自然性”垄断现在已基本上被小商人斥之为“非公平竞争”的大规模分销代理所打破。同样能够扩大市场区域和摧毁旧有的地方性垄断的各种势力，诸如铁路、邮购商店、连锁商店、汽车和超级市场，现在都表现出了十足的章鱼似的垄断性。它们可能确实应该如此，但是在目前的零售业中它们又往往是硕果仅存的积极竞争者。最终，选择只能在各式各样的垄断者中产生。

正是在30年代，小业主的竞争信念在全国范围内变得鲜明起来。大萧条给了农场主那样的独立商人以致命的一击，使得他们做出了战略上的转移：为了建立起一种受到保护的个人主义，他们的斗争从经济领域转入了政治领域。

对于小业主来说，经济的失败并未引发相应的意识形态的坍塌；他们依然按照旧有的意识形态举手投足。但是，他们已不再是没有任何政治阵线的孤立的经济动物；他们试图将自己与精致的组织网络捆绑在一起。在国会中，小企业委员会嚷嚷着要用立法来拯救国民经济的虚弱支柱。他们的立法努力一直与其更有效的竞争者分庭抗礼。首先，他们试图通过税收将价格低廉的连锁商店消灭；接着，他们试图铲除大规模分销商的所谓购买优势；最后，他们又想冻结所有经销商的利润，以保护自己的利益不受那些可以而且正在向消费者低价倾销的人的危害。

独立零售商始终站在为这些自由企业的左膀右臂而发起的运动前列：基于对价格竞争的恐惧和对安全的渴望，他们在“公平竞争”和“公平交易”立法的幌子下，一直在努力追求能够维持既得利益。他现在常 38
常提出，连锁商店控制的销售窗口应该大大限制，生产和销售要彻底分开。这当然会对大西洋和太平洋茶叶公司向消费者低价倾销的策略产生致命性的打击，这两家公司只赚取极少的零售利润，售价几近成本，但是其真正的利润却来自制作和包装。

小镇上的零售商不需在价格上愚蠢地相争；他们还是相互合作以

便更有效地对付共同的消费者为好。在一个组织完备的小城里，有一个能干的商会，商人就没有什么理由相互钳制，尤其是在连锁商行、邮购商店、通畅的交通和快速汽车将较小的城镇和较大的城市串联起来的情况下。企业家在承担风险时，除了彻底的安全以外还有什么可要求的？在一笔交易未为人所知之前，他为什么不应该通过确信自己"在"赚大钱来锻炼其洞察能力？

竞争的精神，尤其是当它被包含在一种被认为是所有美德之源泉的伦理中时，就只会在意识到机会无限的地方才会得以显露。在任何时候，只要人们认为这个不断缩小的世界是匮乏的、有限的，竞争就会成为对自己同胞施行的罪行。这个群体欲图像工会那样紧密团结起来，为内部成员制定规则，同时也制定了针对外部成员的规则。这就是小业主的作为。他不再具有充裕之感，即使他曾经有过，现在，他栖身于一个机会匮乏或有限的世界，其他人或被视为竞争的威胁，或被视为需要团结之人。

在"毁灭性竞争"的威胁下，许多州和城市都制定了使竞争的破坏性合法化的法律。在这样的法律获得通过后，价格受到保护的商品确实提高了售价；而那些价格受到法律保护的城市，其物价就比没受到保护的城市要高。这种法律推广到小企业领域，使得大型制造公司能够在其内部固定下来的价格也为小企业所采用。如此看来，小企业只不过是尝试着使自己的政府帮助它来实现大商人和大农场主已经获得的
39 那些东西。进一步，商业世界，一个由对匮乏有着高度认识的人组成的封闭性社区，因此变得更加固若金汤。

通常依赖独立商人的慈悲过日子的批发商，非常关注于转卖价格的保护问题。为了确保自己的盈利，他也要避免"竞争性削价"。注册商品的制造商也喜欢这样做，像商界的其他人一样，他对低价也没有兴趣。一旦"毁灭性竞争"出现，它就会蔓延于制造商和希望从制造商那里低价买进并获得较高盈利的销售商之间；同样，制造商也需要销售商的慈悲，以便推进自己的行业或品牌，而且制造商最终还需要花钱来做

广告；而任何降价（竞争）都是在以较低的价格来代替较高的广告成本。如此，全国性广告和转卖价格保护互为补充，这两者合起来又进一步加剧了企业和消费者之间的竞争。

今天，在一个开放的市场上，许多小业主已决不再是一个能够独立行驶的竞争性单位；他们不是行动中心或经济变革的策源地；他们在市场航道里运行，受制于成堆的搅成一团的限制性法规，以及那些由大企业严格设计出来并获得小企业坚决支持的贸易实践。小业主将意识形态的礼物进贡给了大企业，以换取某种封建式的保护。与此同时，他们为占据市场的主动权仍在继续斗争，虽然这种斗争已日渐成为政治代言人间的一种斗争。后者渴望在自由竞争的旗帜下利用人们的焦虑，而大资本家则希望在相同的旗帜下使分配经济理性化。

继续将竞争视为摆脱复杂矛盾的手段的参议员们，自然会替小业主们抱怨；而专家们，因为经历的缘故，也会附和参议员们。他们三番五次地提出，应在政府这个助产婆的充分资助下使老的工业界首领获得新生。这是官方自由主义对经济生活的现实提出的最佳建议。他们的情绪应该说是一种困境中的情绪，但是他们成功地树立了小业主的光辉形象，只要竞争能够再次盛行起来，小业主们就能够再度成为他们 40
的想象体系中的英雄。

2. 独立农场主

为了与企业公司达成协议，农场主的角色部分地转换成了商业管理，并部分地通过政治势力的帮助和支持来解决它所面对的问题。虽然所有的行业都开始指望政府，但是独立农场主为了他私自的经济目的，同其他人相比，在某些方面却更为成功地将封建体制转变成了一种公共手段。农场主的世界，尤其是它的上层，现在已经和一个庞大的政府世界交错在一起，它们相互合作形成了公私企业的联合体制，它使私人利益能够获得公共资金的保证和支持。独立农场主开始表现出政治依附性；他已经不再属于一个由直率的经济事实组成的世界。

从成功的方面来看，农业近来已经成为一项不错的商业事务。在较高的务农阶层里有罐头制造商、食品包装商以及其他加工处理商和推销商，还有那些仅仅将土地视为投资的人。当富裕的农场主在经济繁荣期买进更多的土地时，商界却不论价格涨跌，通过其他途径买入土地并成为农业获利者。尽管生产力有巨大的提高，人口迅速增长，对农产品的需求大幅上升，对定居的移民家庭来说获得土地也十分方便——尽管这些因素都存在，但在以往半个世纪中，辛勤耕耘的农场主所拥有的不动产的比例却下降了。

集中化产生了联合农场和连锁农场，它们的营运一如统一管理的企业联合体。1938 年，一家保险公司独自占有的土地就足以建立一个长从纽约到洛杉矶、宽一英里的农场。投资农业财产的工业和金融企业是生产和管理的合理化方法的积极促进者。它们有钱购买机器，雇用工程技术人员。即使是在那些它们没有直接投资、占有或进行管理的地方，它们也要接手商品加工和市场营销业务。到了 30 年代中期，5
41 家土豆公司收购的土豆超过了全部收成的一半；4 家肉类罐头工厂加工的肉类占全部动物屠宰量的 2/3；13 家面粉厂加工的小麦占了全部上市量的 65％。

因此，农场主必须应对这些步步紧逼以获取对其产品进行加工和销售权力的商界势力。他也必须应对那些向他出售其必需品的人：他必须从 4 家工业公司中的一家购买他的大部分农具，1936 年这 4 家公司的业务占了全部主要农具销售量的 3/4 以上。他唯一的指望就是使产品的价格在交易能够承受的范围内尽可能高些。他曾企图用政策法令来取代自由市场的指令，延缓供求规律的作用以保证一个稳定的市场和价格底线。仅就其能够通过政治策略实现对市场的有效的合谋性控制来说，农场主还有望在某种平等的基础上应对现代商业和现代生活。

为了资助自由私人企业，“新政”对乡村的老式中产阶级给予了特殊的关照。简言之，“新政”的农场计划企图将工业部门众所周知的做法移植到农场的经济部门中来；它告诫农场主降低生产费用，以免打破其产品的普遍价格。为了使这个“在开放的国家里，自由的人们之间展开的竞赛”免受自由竞争之苦，它给予农场主以资助或补贴，以使他们削减生产。我们可以说，联邦政府已经成了农场主的执行委员会。

自 30 年代起，政府就尝试着通过补贴增产较少的农场主来削减生产；它购买了可能危及价格平衡的“剩余”农产品；为了弥合市场价格与现行的最低价格间的差额，政府直接支付补助金。进一步，农业部长在 1949 年春天还提议，在先前的“好光景”的基础上，政府应提高与国民总收入有关的农场主的现金总收入，以取代维持特定农作物价格平等的办法。以这样的方式运作，以便能够保证农场主的年收入与以往十个好年景时的平均年收入持平的水平。

因此，独立农场主的近代历史并不是一场由非个人的市场松散地
联结起来的自由生产者们的斗争；而是政治家和国家雇员为提高和维 42
系农产品价格进行各种尝试的历史。如果这样做不行，农场主的政治代言人便会设法花费公共资金来贴补这些已成为自由市场的牺牲品的独立业主。

这种措施的有效性，伴随着战时的扩展，获得了充分的证明。在第二次世界大战期间，土地价格的攀升速度超过了第一次世界大战。1946 年，农场收入和从农作物上获得的现金所得超出 1932 年的 5 倍。农场主的人均收入则几乎提高了 3 倍。到了 1945 年，完全拥有自耕土地的农场经营者远远多于一半以上，而佃农的比例却下降了 1/3 左右；同期，在全部农场价值中抵押借贷的比率也从 1935 年的 23％降到 12％左右。

为了这次乡村繁荣，城市居民的付出不仅表现在税赋中，而且还直接反映在食品消费上，后者构成了普通家庭预算的 40％左右。1940 年，付给农业经营者的公共预算费用占全国食品清单的 1/10 左右。假

如缺乏足够的物价控制，40 年代战时的市场扩张就会使大部分农产品的价格高于政府支持的水准。一如 20 年代海外市场的紧缩给了农场主致命的打击，40 年代海外市场的扩展则大大帮助了农场主的复兴。30 年代中期到 40 年代中期，农产品出口的平均价值上升了三倍多。不过，这是一种迥然不同的“外国市场”：它因战争而生，由一个亲农场主的政府来管理、调节和控制价格。在连续 7 年的大规模失业之后，国内市场也被战争经济催肥了。

农场主所以一直能够获得政府的慷慨解囊，是因为他们在政治上具有三方面的特殊便利。首先，在宪法体系中，农场主的代表性是无以取代的。由于参议院的地理塑型，即与其说它体现的是民主性，还不如说是地域性，农场主集团自然就成了正规的政府系统中最强势的集团之一。纽约数以百万计的雇员和内布拉斯加数以千计的农场主一样，
43 都有两名参议员。其次，从 20 年代初开始，农场主就建立了一系列压力群体，它们大概已经成为华盛顿最强势的单一集团；美国农场署(American Farm Bureau)被整合进政府系统的相似结构之中。可以坦率地说，这不是“独自一个人的个人主义”，而是“为了经济利益的竞争组织起来的势力群体”。再次，农场主们获得了极度的公众道义支持。

最有可能因物价抬高而获利的是上层农场主，他们的销售量要比销售少量农产品的中下层农场主多得多。即使在繁荣时期，集中化的长期趋势依然十分明显。获得繁荣的正是有条不紊且具有政治警觉的狭隘的上层农场主，而不是小业主们。进一步，基于政治价格和提高了的生产力，各种旧势力以及许多新势力，都在这次繁荣期中起了一定作用。老的矛盾依然存在：谁会为这些由机动马达生产出来的如潮水般的货物买单？到了 1948 年秋天，农业计划开始引发了 30 年代曾困扰过人们的所有问题。商业部长呼吁大量出口；农场主的说客和它的农业部则呼吁再多一点。“欧洲人想的和他们要的再次成了其他什么东西”，《幸运》杂志的编辑们写道：“这有些愚蠢……一会鼓吹自由市场，一会又提倡在农业中建立一个类似卡特尔系统的东西”。

农业可以被视为：(1)一种决定其工作者-所有者生活的谋生之道；(2)一种不动产投资，其所有者在其他人的工作和政治帮助下可以通过这种投资谋利；或者(3)从处在长期的战时经济中的国家的效能角度来看，则是一种必须与国民需要相适应的自然资源和设备。

这三种观点各自都继承了有关农场主的不同形象：土地作为一种谋生手段，意味着“农场主”是所有权未经让渡的企业家；土地作为生产性不动产，意味着“农场主”是剥削没有土地的工人的大金融投资者；而这里的第三种形象，则可能是其未来的形象：土地作为一种设备，而“农场主”则成了一个挣工资的专家。今天的美国，人们以这三种方式来看待土地，而事实上便也存在着三种类型的“农场主”。 44

在许许多多的农场代言人的言辞中，作为谋生手段的农场掩盖了其背后的商业性质。第二次世界大战及其经济后果在政治上挽救独立的农场主；而军事化的经济时代则可能摧毁他们。在战争中尤为重要的理性化效率的规则，显然已为现代农业体系所破坏。军事和技术的需要能够驾驭经济的贪婪和政治的稳定。与小的独立农场主比肩的，可能是一群新近踏上土地的人。他们从来都不是也不想成为所有者，他们只是像工厂的雇员一样，是来管理和开动土地这部巨型机器的。这样，农业获得了自己的地位，但它不是像早先那样的社会世界的中心，也不是自由企业的在政治上保险的传世之宝，而是在生产的林林总总的复杂而例行化的部门之中的一种国民工业。

与此同时，与某种工业相比，农业也不再是具有道义优势的生存之道了；今天，对在自由人的世界中被视为特殊的生产单位的家庭农场给予赞誉，只不过是轻信的都市人表露出的一种怀旧情绪而已。进一步，这只是为了掩饰大商业格局的一种意识形态的面纱，政治上独立的农场主很有可能会成为这种格局的经济上的和最终的牺牲品。

3. 小企业的前哨

小人物的形象之所以经常会被抬高并源远流长，只是因为大人物发现这对他们有好处。商人就一直没有像农场主那样被视为小人物的榜样，直到20世纪小商人才作为大商人的对立形象而浮现出来。于是，大商贾便开始宣扬和利用小商人的形象。这类代言人一直十分关注小商行的命运，是因为在他们的修辞当中，小商行是自由竞争的最后一个城市代表，从而也是私有企业制度的竞争美德的最后一个城市代表。

在每一次成功的参议院经济问题听证会上，某些人总是要说小业主是美国经济的支柱，他们维持了成百上千的小城市，而且尤其是在这
45 些城市里，他们成了灿烂的美国之花。“小商人与这块土地上的千百个城市和村庄取得了高度的认同，正是他们成了故乡得以成长和发展的真正基础。”也许垄断巨头的确存在，其形象也已树立起来，但是，他们毕竟属于大都市；而正是在小城镇里，这个真正的美国人的栖身地，小商人们茁壮成长起来。

与大的同行远远相隔，使得小镇上的小商业阶层适得其所，而对其的怀旧之情也油然而生，这就是人们为什么如此坚定地将其作为自己偶像的可靠原因。在这些小城镇里，老式都市中产阶级一直是所谓城市精神的历史传承者。在美国的城镇中，这种精神包括了那些能够通过志愿管理公共事业而使社区获益的人对地方事务的广泛参与。这些事业涉及的范围很广，从打扫街道到改善公园场所的状况；事实上，这些事业总是这样或那样与不动产相关联。城市精神的历史昭示，对于老式中产阶级，尤其是小批发商来说，这意味着对城市事务的一种事务性参与。

对上述角色来说，老式中产阶级的个体是非常合适的：他往往具有

必要的时间和金钱；按照流行的观念，他在其小本经营上所获得的成功培养了其独创性和责任感；他已经卷入与城市的行政当局的频繁接触之中；当然，他也经常在为城市尽力和改善它的条件的同时，使自己在经济上获得益处。一个曾经这样做得成功的商人说道："做一个关心城市的人是项不错的买卖。"

然而，经济上的自我利益尚不是全部动机；参与城市事务也涉及小商人之间的声望竞争。作为商人，他们在经济上竞争；作为民主的市民，他们则在城市事务上竞争。由于他们植根于当地的经济之中，他们是真正的本地人；他们希望在自己的城市中赢得地位。如果某些商人比其他人更财大气粗，从整体范围来说，这个阶层也不会富有到使其底层的商人无法望其项背并超越之的地步。

从传统上说，各个下层阶级也分享了城市的愉悦，但此时的他们仅 46
仅是商人们的附庸。他们以这样一种方式与商人保持着认同，以致感到这种认同就是对城市本身的认同。这种涌动于城市精神之下的东西之所以可能，首先是因为小工厂和小商店倾向于在工人和商人之间形成一种非正式的关系；其次是因为许多规模不等的商号的存在，使得创业体系至少在心理上有可能扩展到工人阶级之中；再次则是因为小商业城市的人口增长相当缓慢，同那些商业繁荣、人口快速流动的城市相比，这种增长一直是自然增长而非迁徙的结果。这种速度和类型的增长意味着更多的小城市人口和与其毗邻的地区是"一起成长起来的"，进一步，在更小的乡镇里，他们总是去同样的公立学校上学。于是，这种相同的城市发展类型使得阶级间较易产生认同感，从而也就较易产生更大范围内的城市认同感。

伴随着小企业家的经济地位和权力的下降，尤其是自第一次世界大战以来，这种城市声望的旧有模式，以及因此产生的城市精神，已经急剧地变化了。在一些较小的城市里，大企业的标记比其他城市更加醒目，而在所有的城市中，新秩序都正在改变着小企业社会的威望和权力。

在各式各样的小城市的阶级模式中，小商人的地位伴随着工业化的程度和类型以及一两个大商行对城市劳动力市场的控制程度有所不同。但是小商业声望的全面下降现在却十分普遍。

位居职业收入等级之顶端的是大商人和经理们，紧随其后的是小商人和自由的专业工作者，接下来是高薪的白领人士，最后是低薪的办公室人员和领班。在底层的是层次不同的劳工。但是，没有客观的分层尺度能够必然地和这些阶层的不同成员所享有的社会和公民声望相一致。一项有关每一阶层在其他所有阶层心目中的形象的测验揭示出
47 这样一个重要事实：小商人（以及白领们）的社会地位最为模棱两可。这就好像城市人口被极化为两个群体：大企业家和劳工，而其他每个人则都被置于模糊的“中产阶级”之中。

对雇佣劳动者来说，小商人常常是“上层人士”中最容易看到的部分；不过，他们不能轻易地将小商人和上层阶级大体上区分开来。雇佣劳动者家庭将声望和权力方面归于小商人，却不能真正认清他具有的与上层阶级对应的地位。一位下层社会的妇女说：“店主跻身于较高的等级之中。因为他们占据着较高的地位，他们对穷人不会低三下四的。”

另一方面，在上流社会的人看来，小商人尤其是零售商的地位要远比大商人尤其是实业家的地位低得多。无论是商业的规模还是类型，显然都是上层阶级用来评估其声望的标准。上层阶级中的新产生的大工业企业家和他们的同僚、在所有者不在公司（absentee corporations）工作的高级职员们将小商人列入相当低的等级，则是因为其活动的地方性质。他们主要通过一个人的商业活动范围以及他与那些全国知名商行的成员的社会和商业联系来评定其威望。食利世家，往往因为拥有不动产而生活富足，他们凭借对小商人的背景、所受教育和“生活方式”的感受而将后者归为低等阶层。这两类上流社会的成员或多或少都同意一位银行世家的看法：“实业家们的商业道德比较高，他们襟怀坦荡，地位也比较稳定，而零售商们恰恰相反。我们都知道这一点。”

小商人一般仅在收入上可列入上层阶级，并且这也仅仅只是在经济繁荣期；而要论家庭出身、相互联姻、工作资历和受过的教育，同其他高收入阶层相比，他们中的多数人属于下层阶级。在这些方面，相当一部分小商人和工薪阶层的经历更为相似。在小城市里，除了上述小商人以外(与其他收入阶层相比，他们花费了大量的精力向上爬)，社会上层和下层之间称得上泾渭分明。

这些事实有助于解释为何上层阶级和下层阶级的成员对小商人所持的印象不同。老派上层阶级的评价更多的依据的是地位和背景；而 48
下层阶级则更多地依据收入及其极易决定的一个人的外表。

当一家大公司进驻一个城镇时，社会声望和城市精神的分配就发生了变化；当大公司拓展其经济和政治势力时，它便根据其想象创造了一个新的社会世界。一如小城市的劳动市场已经受到控制一样，它的声望市场也受到了控制。公司在当地的主要经理人年薪为 10 000～25 000美元，他们占据了最高的社会地位，并取代了城市原先的社会领袖。当地人开始意识到，自己的社会地位将有赖于他们和这些所有者不在公司的高级职员之间建立起的关系；他们努力仿效这些高级职员的生活方式，成为后者的左邻右舍，力争被邀请到他们的社会活动中去，并通过子女的婚姻进入他们的圈子。那些收入状况不允许他们全盘追随这种社会变化的人，或是拒绝承认这种动态变化的人，要么在新的阶层体制下成了古怪的侏儒，要么在不承认这种变化的情况下，开始对那些显贵的各种新潮举止进行奇特的缩微式的模仿。当大公司进驻小城市后，其高级职员的妻子就成了当地老式中产阶级妇女仿效的楷模。人们常常能够见到，公司高级职员打扮得楚楚动人的眷属们往返于大都市的中心和他们所在的小城市的排他性社区之间。从那些未被邀请进入这种社交圈的小商人的妻子眼中，你可以看出老式中产阶级落伍了的社会涵义。

不论老式中产阶级怎样或以何种方式支撑着，社会声望的分配都会适时地根据城市经济和政治力量的分配而变动。在这个新的声望世界里，小商人们的模棱两可的地位和他们的权力状况及其社会背景有关。在小城市两极分化的过程中，声望和权力都向上层集中：大商人垄断了这两种资源。

49 像地方商业社会这样的权力，是在大多数小商人组成的商会中组织起来的。然而，在城镇中每一个有政治素养的人都会感到是大公司在“操纵城市”。许多小商人都会在半私人的场合这样说。一位杂货店老板说：“如果你住在这个城镇里，你一定知道是在为哪家（大工厂）工作，不论你是否真的在这家厂子里干活”。

大公司拥有的杀手锏之一是威胁要离开这座城市；这一否决权实际上对小城的经济具有生杀大权，它左右了小城的银行、商会、小商人、劳工，连市政官员也在所难免。在许多城市大公司撤离的历史已证明了它的影响力有多大。为了对一项城市规划表示自己的异议，大公司的高层职员们可以退出主办方的活动，不出席有关的会议，或拒绝财政支持。但是，这些做法虽然常被使用并且效果不错，毕竟往往过于直露。大公司越来越关注于利用小城市和小商行的意图，并将其作为一种掩饰。实际的权力在哪里造成的影响不为众人欢迎，在哪里就需要进行权力的纷争，而很少有商行能够提供这种权力。作为一种外表的掩饰，老式中产阶级正在从心理上为获得城市声望竭尽全力。一位商会的经理助理说，“他们不想表露自己在控制各种事情，但是，他们正是这样做的”。

在大企业密布的城市里，小商人的这种用处能够麻痹中产阶级的城市精神并打乱他们的步骤。小商行活跃于各个角落，忙于完成各种次要的城建工程，从普通市民那里获得褒奖或贬损。在由于这样或那样的原因而反对商业的下层阶级那里，小商人常常是人们攻击和指责的对象；但是从支持商业或持中立态度的下层阶级那里，小商人却因为“他们为这个城市做出了贡献”而受到人们的尊敬。

小商人在下层阶级成员那里享有的声望，在很大程度上是以下层阶级归诸于小商人身上的权力为基础的。然而，小商人没有索取过这种声望和权力，而且肯定地说就是上流社会也很少能够兑现这种权力和声望。上层阶级的商人了解实际的权力系统；但是如果他或他的同 50
伙为了某些目的要利用小商人，就会利用公众的声望给小商人们灌迷魂汤，虽然他不会承认他们，也不会让他们获得比他在其间接的控制中能够执掌的权力更多的权力。

一个运作良好的商会的政治和经济构成使其能够借用上流阶层的声望和权力；它的委员会囊括了包括工会在内的所有实际的志愿者协会的“领袖”；它在组织内部并通过各种联系，事实上可以垄断城市的组织和公开的人才。如此可以实现其自身的计划和“社区利益”一致的神话的契合。即使是在其本部所在地的家乡，大企业也常常会像一个任性的妓女对待一个年长的崇拜者那样玩弄小企业于股掌之间。

然而，不论是小城市的还是大都市的小商人，都顽固地认同“生意就是生意”的想法，他的意识形态也滞留在对生意本身的认同之上。因与上层阶级的良好关系而获得的利益，以及因与大人物斡旋得到的声望，有强化这种认同感的趋向；进一步，这种认同感又得到了由小商人组成和支持的特定团体的有力组织和积极提倡。

一家著名的商业杂志曾就小企业的“公平对待要求(Fair Deal's wooing)”写道：“你可以灵活地对‘小企业’下定义。在杜鲁门看来，在大多数行业中，最大的三家或四家之外的任何企业都是小企业。而以小企业之名，你可以干任何指导和刺激经济的事，这些事若以其他名目去做都会遇到政治上的麻烦。”

实际上，小企业的看法绝不是统一的，在它需要什么的问题上亦众说纷纭，这就像小企业的全国商业协会的不团结和脆弱所证实的那样。这样的组织有很多，但最大的可能也不到 5 000 名会员；它们每一个都主要和某个行业有关，通常既包括了大的企业也包括了小的商号。小商人首先考虑的是自己的行业在当地市场上的条件，虽然他和所有其他小商人面临的共同问题都是由集中化过程引发的；要弄清这个过程

51 是怎么回事需要一种抽象的活动，而小商人中任何重要的部分似乎都缺乏这种能力。

在老式中产阶级中，小商人们与农场主们恰成对照，而后者的政治力量遍布全国并取得了巨大的成功。与此相应，小商人却在全国范围内被大商人从政治和经济上钳制住了；因此，他们企图利用大企业在全国性的政治战线上取得的成功，并从中捞一些好处，即使他们在地方和国家的战线上抵御着大企业的影响。本地的商人反对的通常只是不公平的连锁和超级百货商店，并看不到全国性的运动。这是可以理解的：大约70%的小商人是零售商；当他们还无法看清大制造商时，各种新的销售渠道已经出现在他们的眼皮底下，并因为可以即刻感觉到的竞争性而引起了他们的愤怒。

按小商人的观点来看，有理由相信，就消费大众来说，商业无论大小毕竟都是商业。小商业的问题说到底是家庭内部的龃龉，即大小资本家围绕可能的利润分配发生的纷争。小资本家希望"商业社会"内部利润的划分能够更"平等"一些——这就是向私人间的自由竞争的回归对他具有的意义。然而，与此同时，小商行却被逼得走投无路，他们为自己所公开认同的大企业所利用。这一事实构成了都市小资本家的意识形态及其挫折的基础；这就是为什么他们的攻击性直接针对着劳工和政府的原因。

由于在社会来源和商业联系上与劳工阶层更为接近，因此小商人容易夸大和发展对劳工权力的怨恨。因为在经济水平上与劳工十分接近，他们对自己的相对经济地位的变化十分敏感。1910年，鲁道夫·希尔弗丁写道，小商人阶层作为劳工的雇主，已经陷入了"与工人阶级的尖锐矛盾之中……"如果说在小企业中工会的力量还不是很大的话，这种力量的运行似乎表现出了较大的灾难性；小公司比大公司更难满
52 足工会为其成员开出的较高工资，也难满足劳工从国家福利金库中获得的社会保险费用。尤其在最近15年间，因为工会已经组织起来并显示出其政治压力，以及由于工资在第二次世界大战期间的上涨，小商人

一点不费事地养成了一种愤懑，它助长了他们的反劳工的意识形态。他们总会说，劳工是好样的，但是这些工会太坏，而其领袖更坏。

他们对“劳工”的态度激发了这种力量，而他们的愤懑却采取了一种个人化的形式：“想一想付给劳工阶层的巨额薪水吧……所有这一切都与应该付给他们的不相称……他们中有许多人对我说，说他们对拿这样的工资感到脸红。”另一个人说：“我让一个年轻人星期一晚上去店里兑换一张 95 美元的支票……这家伙和我们店里的雇员相比一半都够不上……”

正是这样一种情感使大公司有可能将小商行当作盾牌。在大企业和劳工间发生任何争斗时，小业主似乎都更可能会站在企业一边。好像他们离破产越近，就越疯狂地固守自己的观念。但是，他们虽然全力依附于大企业，但并不把它视为解决自己麻烦的利刃；十足奇怪的是，对这个问题他们指望的还是政府。小商人们坚信：“我们是环境的牺牲品。我唯一的希望寄托在默里参议员身上，我确信他会尽其所能维护小商人的利益，他知道，这些人是国家（等等）的基础……我们都知道，没有哪个商店能够……按鲜咖啡的新价格蚀本经营下去，而这就是我目前的境况。”

然而，正当他们期待着政府的经济支持和政治安慰时，独立商人同时又对政府的法规和税制感到不满，他模模糊糊地感到那些更大的势力在利用政府反对自己。他对政府的态度与他按主干道区人们关于成功的标准对自己德行的估价交织在一起：“我非常生气的另一件事就是，大部分这样的组织都是由那些在个人生活上无法取得成功但却挤进了项目管理（WPA）[原文如此]行当的人把持着，他们凌驾于我们之上，指手画脚，这使我非常气愤。在这里所有的人都知道是谁把持着这 53
些组织，他们过去是一些在主干道上混不下去的人。”

小商行对政府的态度，正如他们对劳工的态度一样，是受大公司的意识形态操纵的。在这两种关系中，小商人无论在反对工会还是在反对政府控制的斗争中，扮演的都是突击队员的角色。

庞大的政府、组织起来的劳工、大企业，以及直接的竞争者，都为小商行的焦虑提供了土壤；如此，这种焦虑观念的增长便深深植根于恐惧之中，这种恐惧虽然常常搞错了对象，但却并非没有来由。大公司为小商行制造了这种焦虑，并且常常凭此来牟利。

纳粹主义曾提出某种解决办法的许多问题，在美国却从来没有获得解决。A. R. L. 格兰德、O. 克什海默和F. 纽曼回忆道，“国家社会主义的最大成就，在很大程度上归咎于它利用（小商人）群体的挫折服务于自己的目的的能力。小商人想要保持自己的独立性，并获得足够的收入。但这是不被允许的。纳粹党将小商人的愤怒引导到反对劳工和魏玛共和国，后者在某种程度上似乎是德国劳工运动的结果……主要由集中化过程而导致的小商人的挫折感，并未被引导到反对工业和金融垄断者，而被引导到去反对那些看起来是在损害小商行利益的前提下获得了更多安全的团体……如此，国家社会主义就能够通过许诺‘黄金时代正在到来’对小商行加以组织……当小商行因政府的税收政策和贸易限制而作出牺牲时，它们受到了吞没其经济的通货膨胀的致命打击。这从一开始就决定了魏玛共和国时期的小商行将追随的政治方向。那些政党期待着获得援助，以抵抗劳工和受劳工影响的政府。”强调达成中产阶级维持社会力量间平衡现状的目标的政策，以及关于制定立法措施以进一步发展和保护各种独立中产阶级的允诺获得了这
54 些人的欢迎。“小商行的领导者们并非不相信纳粹党。许多纳粹领袖不正是出身于小商人从属的社会阶层吗？许多小商人不正是因为无法忍受魏玛共和国时期的生活而加入了纳粹党吗？”

如果美国的小商人要背叛其代言人，他不会受到真正的谴责，因为这些代言人不知道他们也已经背叛了小商人。这些代言人会从法律上给予他的机遇以保证。但是一旦给予了保证，一个机会就成了一个尸位素餐之职。被假定为通过自助、男性世界的竞争和贪婪所培育的公共的和私人的德行是不与小商人们沾边的。政府会剥夺政治自由和自由人格的真实基础。正像参议员们那样频繁地坚持的那样，如果“民主

只能在个人生活受控于供求关系的资本主义制度下存在”，那么，民主可能已经完蛋。但是，人们现在又说，要拯救资本主义，政府“必须阻止小商行陷于灭顶之灾”。新的拯救方式期待着政府的帮助和法律的援助，它取代了对供求关系的老式忠诚。通过力劝政府合理分配主要机遇，大公司和小商行联手毁灭了竞争在老式中产阶级的生活方式之下和自由社会之中的意义。

4. 政治的持续性

老式中产阶级仍然是旧的并且现在依然强大的美国方式的定位之锚。不过，19 世纪的美国史看起来常常是由一连串个人的不幸组成的。无论一个人是否可能赢得一些偶然的胜利，他却一直在与一个新的社会的主流殊死拼搏；甚至他的胜利转瞬间也不过是昙花一现的虚幻之物。

在小业主的世界里产生的，并因为这个世界正步入危途而经历政
治定型的经济紧张并不存在于有产与无产阶级之间。这场冲突被另一 55
个曾决定了美国政治进程的因素搅乱：直到最近为止，政治争议一直存在于小产业所有者（以乡村为主）和大产业所有者（以工业和金融业为主）之间。只要所有的人不都是所有者，就会有大量的人认为他们不久也会投身于反对财产制度本身的政治斗争。政治将转变为一场发生在不同规模和类型的财产间的斗争，与此同时，越来越多的人则会一无所有，而且他们也越来越缺乏获得财产的机会。

没有哪个美国政治领袖及其支持者（也许 1912 年赢得了 90 万张选票的德布斯算是一个例外）敢冒险去严肃地讨论颠覆财产关系。在美国政治中，这些关系一直被认为深深地植根于小业主的世界。在这个世界里，工作明摆着在人们的眼前创造了财富，对个人所得的追求也似乎明显地与公众的利益相一致。威廉·沃林，这位进步时代最犀利

的分析家写道：“一个主要由小资本家构成的国家及在其控制下的政府是美国政治家……自杰弗逊、林肯到罗斯福和威尔逊都直言不讳的理想”。这样一种社会在美国政治家的修辞中被视为是永恒的；一个社会如果尚未通过将财产划为小额的途径获得“社会成熟性”，就不能认为它具有真正的文明。“这种观念就是小资本家应成为一个特权阶级，并统治整个国家；同时，应该阻止其他阶级发展壮大，如果可能的话，至少不能让他们手中有权……”

当老式中产阶级在进步时代确立了最后的政治立场时，他们的政治觉悟大概攀上了顶点。反对财阀之战就是以城乡小资本家的名义并为了他们的利益进行的斗争。西奥多·罗斯福和伍德罗·威尔逊就是这场战役雄辩的领袖人物。作为整个商业体系代表的威尔逊，认为应该形成一种制度，以使政府废除私人垄断并使所有大的非垄断性利益“各谋其位”。他坚持认为，小商行应该面向全体人民；每一代人都期待
56 “不要沦为雇员，而要成为虽然小但可能是颇有前途的商行的老板”。除了小资本家的政府以外，威尔逊能够为美国想象出其他什么政府来吗？在罗斯福眼中，根据沃林的说法，那些新的阶级“只有当他们成为小资本家时，才能拥有权力：‘我们最终希望通过政府（在其能够安全地做到的范围内）去帮助工业机器的使用者成为机器的部分所有者，就像现在的农场主一样’”。罗斯福曾说过：“社会生活复杂性的增加，意味着集体主义部分地替代了个人主义，这不是摧毁而是拯救个人主义。”

由上述两人倡导的自由主义理论家和老式中产阶级政治家们所采取的两条基本的策略路线是：(1)赫伯特·克罗利以及西奥多·罗斯福表达的观点：直面反击财产的大规模集中。罗斯福希望，通过将垄断者置于政府的控制之下，利用税收和政府的指导，使他们能以小商行的方式在公共福利方面起些作用，并变得诚实一些以获得尊重；进一步，给更多的小企业创造腾飞的机会。(2)秉承传统的杰弗逊主义的基本精神，刘易斯·D. 布兰德斯和伍德罗·威尔逊所持的观点，支持彻底打破大公司的垄断，并恢复普通自由人的世界。不论这一权宜之计在细

节上是否有差别，美国的自由主义将自己对民主的主要希望寄托于小资本家能够控制国家的财富。他们自食其力，或只在自立之前才为他人工作。

如此，按"进步的"政治运动的本义来说，它在技术上是反动的；这些运动的推波助澜者是那些反对财产的大规模集中以保护小财产的人。主要党派之间的裂隙是由老式中产阶级政治家中的冲突倾向造成的。比如，1912 年，当西奥多·罗斯福因为布尔·穆斯运动而脱离共和党时，他一方面是在与那些想赋予垄断者绝对自由权利的人作斗争，另一方面则是在抑制提名拉福莱特作为共和党候选人。一如马修·约瑟夫森所指出的那样，"对垄断者害怕和仇恨"的小人物，希望"保障小财产所有者的生活方式安然无恙……"他们与拉福莱特相互支持；正是 57
主要由于这些小人物，12 年后的 1924 年，投票选出了美国历史上的第三大党。但是，历经繁荣并堕入萧条期后，垄断主义者还在继续成长。新政——这体现在中产阶级的主要趋势之中的一种变动的迷茫——并未在实质上减少财产的集中，而战争则继续加强了这一趋势。

然而，小业主一直没有轻易退出。他们的武器渐渐具有了政治意义：这一复杂领域反映着与政治意图相等或更甚的经济力量。当技术的驱动首当其冲之时，小业主的敌人们也开始拿起了政治和经济的武器。这些敌人在没有借助民众热情的情况下获胜了；他们的力量从来不是人民，而是技术、金钱和战争。他们的斗争一直是隐蔽的、毫不留情的，同时也是成功的。

在美国，"中产阶级激进主义"一直是地地道道的反动派，因为只有在生产停留在小规模状态下它才能实现并得以维持。虽然小业主及其拥戴者接受了资本主义的基本关系，但他在很早的时期就裹足不前，而且也未能在这一制度之外获得任何杠杆力量，借以抵制资本主义关系的展开。在不顾一切地反对大规模财产的政治斗争中，小商人和独立农场主一直要求国家能够保证他们的小额财产的存在并有所获利。

个体间在自由市场上进行的大宗交易能够促成由小型工厂、商店和农场控制的经济走向一体化。大企业的扩张使得这类交易的数量和范围大为缩减。在现代社会中，较大的领域都被各种管理的科层单位整合在一起，像这样留下来的市场自由或多或少都受制于那些科层制度的代理人间的讨价还价和幕后交易，受制于那些还未落入宏大管理的掌控之中的领域。人的独立性的分布，就其根植于其生活手段的所有权和控制权之中，根植于他在市场中的平等权利而言，便因此大为缩
58 水。曾协调小产业生产者世界的自由市场，现在也已不再是主要的协调手段。

现在，价格已不再是非个人的调节机制，也不再是生产过程的高高在上的指导者，而是大企业、大农场主和大的劳工组织这些政治集团彼此间权力交易的对象。价格的变化与其说是分散的生产者和消费者表现出的供求信息，还不如说是这些利益集团相对权力大小的信号。战争、萧条和繁荣增进了这种受控制的权力平衡，它与老式自由市场世界的自平衡是格格不入的。现在确实还需要其他的整合手段来支撑起老的市场机制仍起作用的部分。在三至四代人的时间里，美国已经从一种企业家的松散分布过渡到一种日益由专门化的职业结构来实现的科层式协调。它的经济已经成了一个科层制的铁笼。

财产的集中为政治自由和经济保障在社会结构中确立了不同的含义和基础。当广泛分布的财产作为独立生活的主要手段时，人们在其能力范围内和市场架构中是自由和安全的。他们的政治自由并不与经济安全相矛盾；二者都植根于所有制之中。奠基于这一所有制之上的政治权力最为充分的分配确保政治自由；以一个人的财产为基础的经济安全，不会成为另一个人不安全的基础。控制一个人赖以工作的财产，是传统民主制度的基石；同时，这一制度又将政治自由和经济安全联系在一起。

然而，财产的集中已经将经济安全的基础从财产的所有权转移到工作占有；巨额财产的内在权力损害了孕育政治自由的旧有平衡。现在，一个人希望凭借其财产实现的无限制的自由，同时也就是一个人支

配成千上万的非独立雇员的自由和安全的自由。对雇员们来说，无论
是政治上的还是经济上的自由和安全，都已不再能够依靠原先意义上
的个人独立了。要想获得自由和安全，就必须有效地控制住一个人所 59
依赖的东西：在集中化的企业中的那份工作。

企业和财产的广泛联系，作为传统民主制的发源条件，在美国已不复存在。这已不是小业主的社会——现在他们是其他阶层中的一个阶层：他们的上面是大阔佬；他们的下面是孤立无助的雇佣劳动者；摆在他们面前的，是政治上不独立的残存群体的命运；而他们的身后，才是他们自己的世界。

第二部

白领的世界

第四章

新中产阶级：I

19 世纪早期，虽然没有准确的数据，大约 4/5 的从业人口是自雇型企业家；到了 1870 年，只有 1/3 的从业人口，到了 1940 年，更只有 1/4 的从业人口仍然跻身于这个老式中产阶级行列。现在，余下来的 4/5 的人中有许多是靠为仅占人口 2%～3%的人打工谋生的，后者占有美国私人财产的 40%～50%。在这些打工者中有的是新中产阶级成员，以薪水为生的白领。一如雇佣劳动者一样，对他们来说，美国已经成为一个雇员国家，独立财产也已遥不可及。不受财产控制的劳动力市场，决定了他们获得收入、行使权力、享有声望、学习并使用技术的机会。

1. 职业变化

在构成现代社会的三大阶层中，只有新中产阶级的人口总数在不断地增长。80 年以前，只有 75 万中产阶级雇员；到了 1940 年，中产阶级雇员人数超过 1 250 万。同一时期，老中产阶级增长了 135%，雇佣劳动者增长了255%，而新中产阶级增长了1 600%。*

劳动力	1870	1940
老中产阶级	33%	20%
新中产阶级	6%	25%
雇佣劳动者	61%	55%
总计	100%	100%

64 组成新中产阶级的雇员，并没有形成一个单一紧凑的阶层。他们虽然没有出现在一个单一的水平层面，但却同时从现代社会的各个层次脱身而出；现在，他们像以往那样，与其说形成了一个水平的层面，不如说在整个社会的旧金字塔内部形成了一个新金字塔。新中产阶级的大多数是中低层收入的群体，但是不论社会名望是怎样测量的，各种类型的白领男女在现代社会却从上到下到处都有。

经理阶层，在这几十年里受某些次要因素的影响，人数从占新中产阶级的14%明显跌落到10%；工薪专业人士一样表现出微弱的上下变化，比例从中产阶级的30%降到25%。在整体构成上的主要变化是销售员群体的相对下降，最大的变化发生在1900年左右，它从占新中产阶级总体的44%降到25%；同时，办公室人员的比例却在持续增长，从12%上升到40%。今天，在白领阶层中最大的三个职业群体分别是学校教师、商店内外部的推销人员和各式各样的办公室人员。这三者形成了白领人群的主体。

现在，白领职业已经覆盖了美国中产阶级总体的一半以上。1870年至1940年间，白领工人在中档人群中的比例从15%上升到56%，而
65 老中产阶级的比例则从85%下降到44%：

* 本书第二部分的数据来源，参见本书资料来源和致谢。在这部分中的表格，这些中间年份的数据是经过适当分类后得出的；其变化或多或少具有稳定性。

中产阶级	1870	1940
老式中产阶级	85%	44%
农场主	62%	23%
商人	21%	19%
自由职业者	2%	2%
新式中产阶级	15%	56%
管理者	2%	6%
工薪专业工作者	4%	14%
销售人员	7%	14%
办公室工作人员	2%	22%

从消极的意义上说，中产阶级的转变是从有产到无产的转变；而从积极的意义上说，则是从财产到新的分层轴线——职业的转变。老式中产阶级的本性及其幸福能够从企业家们拥有的财产中获得最好的说明；而职业经济学和社会学则是新中产阶级的本性和幸福的最佳注脚。中产阶级的旧有的、独立的那部分人的人数下降，是财产集中化的结果；新的工薪雇员的人数上升则归咎于工业结构，它导致了组成新中产阶级的各种职业的出现。

2. 工业结构

在现代社会里，职业在劳动的社会分工中起着特定的作用，在劳动力市场上为了收入而出卖的技能也是如此。当代的劳动分工涉及迄今为止人们还很陌生的技能的专门化：从处理一些抽象的符号，一小时挣 1 000 美金，到抡动铁铲，一年挣 1 000 美金。自南北战争起职业的主要变动已经呈现出这样一种产业趋势：作为劳动力的一部分，操纵家伙(*things*)的人越来越少，而与人和符号打交道的人越来越多。

在技能需要上的这种变化，是描述白领工人不断增长的另一条途径，因为他们的特定技能涉及处理纸张、金钱和人事。他们是以即刻的和非个人化的方式来管理人的行家里手；他们是应对商务、专业和技术关系的大师。他们所不沾手的一件事就是靠制造东西来谋生；他们依赖那架对制造东西的人进行组织和协调的社会机器谋生。白领人士协助将某些人制造出来的东西转化为另一部分人的利润；他们中的一些
66 人比较接近生产资料，监督着实际的制造工作并记录完成了的事情。他们是记录事态发展的人，掌管着分配产品的书面程序。他们提供技术和个人服务，同时教授其他人他们自己已经掌握的技能，以及其他所有通过教学传授的技能。

随着开采和生产所需要的工人比例的下降，服务、分配和协调方面所需要的工人比例上升了。1870 年，超过雇员总数 3/4 的人从事产品制造，而到了 1940 年，从事产品制造的人不到 1/2。

	1870	1940
生产	77%	46%
服务	13%	20%
分配	7%	23%
协调	3%	11%
雇员总数	100%	100%

1940 年，在主要与产品制造有关的行业中，白领工人占雇员总数的 11%；服务业占 32%；分配业占 44%；而协调业则高达 60%。白领行业本身在增长，而在每一行业内部白领职业也在增长。在现代职业中增长最快的是白领阶层，这一事实背后隐含着三大趋势：制造业中机器生产力的不断提高；分配领域的拓展；协调范围的日渐扩大。

现代职业变化的第一个公开的秘密是，批量生产技术所具有的巨

大的生产力，以及技术理性应用的不断增长：即越来越少的人在较短的时间里生产出了越来越多的东西。一如J. F. 杜赫斯特及其助手计算的那样，19世纪中叶的美国工业消耗了176亿马力/小时，但只有6%是机器产生的能量；而到20世纪中叶将消耗4 104亿马力/小时，机器产生的能量则占到94%。这场工业革命似乎是恒久的，经过战争、繁荣和萧条，它一直在一往无前；如此“生产的下降会导致雇员比例更大的下降；而生产的上升则仅仅增进了雇员比例较小幅度的增长”。 67

这样，技术促使特定的产量所需要的工人阶层缩小了；它也改变了生产过程所需要的技术的类型和比例。技能，一度曾是许多工人的一种特征，现在则归附于机器及设计它的工程精英们了。机器代替了没有专门技能的工人，使得手工技能一无是处，并将机器操作的自动化提上日程。组成新的下层阶级的主要是半熟练的工人：他们在城市雇佣劳动者阶层中的比例从1910年的31%上升到1940年的41%。

在生产和采掘业中，由机器和劳动力的大规模理性化所带来的人力经济，至今还没有推广到分配——包括运输、通信、金融和贸易领域。然而，如果没有这些分配手段的完善，既无法整合多工厂生产者的广泛经营，也无法将它们的产品销售出去。因此，参与分配的人比例大幅度上升，以致今天大约有1/4的劳力凭此谋生。分配行业的耗费超过生产行业，是因为这一领域技术应用的滞后造成的，也是因为在市场扩大并且需要深化之时，个人的和小规模的企业单位仍不肯退出历史舞台。

在分配行业的职业扩张的背后，隐含着现代资本主义的中心问题：可用的商品究竟卖给谁？随着产品总量的增加，对市场的极度渴求将更多的工人卷进贸易、促销和广告等分配行业。随着广泛而错综复杂的市场出现时，随着发现和创造更大的市场成为一种紧迫需求时，营运、储存、促销、买卖商品并为之提供资金的“经纪人”或“中间人(middle men)”便结成了一个企业和职业的巨大网络。

分配领域的物理层面涉及广泛而迅速的交通网络；市场的协调涉

及通讯网络；市场开发和货物买卖涉及贸易网络，包括批发和零售商店
68 以及商业和资本市场的金融代理机构。这些活动每一个都需要大量的
人，但是其中的手工工作职位的增长却不像白领的工作那样快。

在南北战争后迅速发展的交通业，1930 年前其所雇用的人员数量开始减少；不过，减少的只是雇佣劳动者，交通业中雇用的白领工人的数量一直在持续上升。到了 1940 年，交通业中大约 23%的从业人员是白领雇员。作为美国经济中一个新兴的行业领域，通讯业从来没有为大批的自由企业家所把持；从一开始，它就需要大批的技术工人和其他白领工人。到了 1940 年，该行业的从业人员中大约有 77%属于新中产阶级。

在现今的职业结构中，贸易属于第三大部门，仅仅落后于农业和制造业。南北战争后不久，每 100 名工人中在贸易行业供职的不足 5 人；1940 年，每 100 名工人中已经有 12 人供职于该领域。但是，在 1870 年，批发和零售业中有 70%的人是自由企业家，白领雇员少于 3%；而到了 1940 年，零售业从业人员中只有 27%是自由企业家，白领雇员却上升到 41%。

新的推销方法，诸如信贷方式，带来了“金融业”比“商业”机构更大的利润增长。分支银行的发展使得银行雇员的地位降到职员的水准，同时经理的数量也减少了。到了 1940 年，金融和不动产业中 70%的从业人员已是新中产阶级的白领工人。

大型企业和政府机构的扩展，及随后而至的现代社会结构的变动、
科层制的稳步增长，是白领职业增加的组织原因。在经济的每一分支
中，伴随着商行合并，公司取得垄断地位，自由企业家成为雇员，公司中
的会计、统计师、簿记员和职员也代替了作为经济系统协调动力的自由
69 “价格运动”。数以千计的大大小小的科层组织的崛起，以及作为一个
整体的这一系统的精细化和专门化，创造了对从事计划、协调和管理等
新的日常事务的男男女女的需求。在从较小的经济活动单位向较大

的、更精细化的经济活动单位的变动过程中,增加的雇员大多进入到协调和管理领域。管理和专业雇员,以及各类办公室工作人员——百货商店内的铺面巡视员、领班和办公室主任——都供不应求;这些上传下达者是权力和服从链条上的环节,他们负责协调和指导他人的职业经验、职能和技能。在经济生活的所有领域中,各类职员的比例都在增长:从 1870 年的1%~2%上升到 1940 年占全部工薪人员的10%~11%。

在商业世界发生上述变化的同时,政府部门在各个方面大量增加的行政事务,吸收了更多的人从事财产和人事的管理和服务。为了应对商业的巨大规模和繁复的掠夺、萧条性危机、农村经济和小镇市场的全国化、移民潮、战争的紧迫性以及使社会生活变得紊乱的技术的进展,政府增加了它的协调和管理工作。公共管理、社会服务和商业税收需要更多的人从事浩繁的记录,并在政府内部、商业和私人生活的各个领域统摄人事、商号和货物。政府的所有部门都获得了扩展,虽然联邦政府的行政部门增长最为惊人,在这里经济协调的需要一直处于领先的地位。

作为市场化的活动,职业(1)是随着所需要的技能的变化而变化的,因为经济的不同领域中技术和理性化的应用是不平衡的;(2)是随着日用品市场和资本市场销售状况的扩张和强化而变化的;同时,(3)是随着劳动分工组织中的变化而变化的,因为扩张的组织需要协调、管理和簿记。包含在这三大趋势之中和之间的那些因素导致了白领雇员的数量扩张。 70

还有一些不太明显的因素影响到职业结构:比如,农产品的高关税延缓了作为一种职业的农业的衰退;再比如,如果允许免税进口阿根廷的牛肉,这里的肉类生产者的数量就会减少。城市的法令和地域性法规废除了小商贩,并影响到常见的建筑工人的类型。大多数的州都设有办公署,它们制定规则以限制人们进入某些职业和半职业;同时,从事这些职业的人也建立了协会以控制他人进入他们的“市场”。同大多数行业工会相比，这类职业协会要成功得多，诸如美国医学协会，它花了几十年的工夫以平衡内外科医生的比例。萧条-战争-繁荣，这一周期中的每一阶段都影响着不同职业的数量变化；比如，“建筑工人”和小“包工头”间的起落变化就是与建筑业的兴衰相适应的。

来自这些职业领域的组织松散部分的压力，将有意识的管理机构带入到画面之中。欲图对职业变化进行直接或间接干预的努力，一直都不是很大的，除了战争期间以外，当时政府或将人们冻结在自己的工作之中，或提供刺激和压力以将人们留在原有的职业之中，或改变职业。然而，全国的阶级层次和职业构成越来越多地受到干预；美国的职业结构正作为一个巨大的法人团体慢慢地遭遇重塑。它不仅受制于自由市场的拉力和技术的推力，而且受制于来自控制中心的“人事分配”。如此，职业变化变得越来越有意识，起码对那些将负责这类工作的人来说是这样。

3. 白领金字塔

根据我们所划定的中产阶级范围，职业包括若干种将人们划分为等级的方法。作为一种特殊的活动，它们需要各种类型和水平的**技能**，同时它们又在工业劳动分工中发挥着某种**职能**。我们一直在运用统计
71 的方式检验着这些技能和职能。作为收入来源，职业和**阶级**状况密切相连；因为职业携有某种程度的可预期的威望，在工作之中或之外，它们都和地位状况相关联。它们也涉及对他人的某种程度的**权力**，在工作领域中是直接的，在其他领域里是间接的。如此，职业是与阶级、地位、权力以及技能和职能联系在一起的；为了了解构成中产阶级的那些

职业,我们必须依据上述每一方面进行思考。*

就其最简单的客观意义而言,“阶级状况”和收入的数量与来源有关。今天,对大多数有着直接收入的人而言,其收入来源是职业而不是财产:现在,决定着大多数中产阶级的生活机遇的,与其说是自己财产及其所得的有利可图的买卖,不如说是在劳动力市场上出售劳务的可能性。金钱可以买到的一切,以及人们梦寐以求的许多东西,都有赖于职业收入。在新中产阶级职业中,人们依赖他人的财产为他人工作。这是了解新老中产阶级的众多差异,以及在旧式小有产业主世界和新的社会职业结构之间作对比时的一条线索。如果说老式中产阶级一度曾以小的、自由财产的名义反对过大的财产结构,那么新中产阶级,就像晚近资本主义社会的雇佣劳动者一样,为了获得工作的安全感,一开始就依附于大的财产之上。

在工厂和农场工作的雇佣劳动者在职业结构中处于无产的底层,他们依赖他人的设备,其所挣的工资取决于自己劳作时间的长短。就财产而言,白领阶级并非处在“资本家和劳工之间”;准确地说,他们的财产-阶级地位和雇佣劳动者一无二致。他们和生产手段之间没有任何直接的经济联系,对由财产派生的一切也没有任何非分之想。像工 72
厂工人以及零工们一样,就此而言,他们都是为那些自己拥有这些谋生手段的人而劳作的。

然而,即使簿记员和煤矿工人、保险代理人和农场工人、门诊部的医生和露天剧场中升降机操作员都处在这种相同的条件下,他们的阶级状况一定还是有所不同。为了理解他们的阶级状况,我们必须超越收入来源这一共同事实,也考虑他们的收入数额大小。

---

* 下面的几页不打算仔细讨论白领职业的阶级、声望和权力,只是作一个初步的和概念性的探讨。关于地位详见第 11 章,阶级详见第 12 章,权力详见第 15 章。

1890年，白领职业群体的平均收入大约是雇佣劳动者的一倍左右。第一次世界大战前，白领阶级的薪水(salary)还不像雇佣劳动者的工资(wage)那样明显地受到萧条的负面影响，相反，它一直在稳固地上升。但是，自第一次世界大战以来，薪水对经济周期变化的反应越来越像工资，虽然反应仍然在一个较小的程度上。如果战争使得工资有较大程度的增加是因为工资有较大的弹性，那么萧条使得薪水上升则是因为薪水有较大的刚性。然而，每次战争之后，薪水都无法获得原先超越工资的优势。上述经济周期的每一阶段，以及所有收入群体的逐步上升，都影响到雇佣劳动者和白领雇员间收入差距的缩小。

30年代中期，企业主、白领和雇佣劳动者三大都市阶层围绕家庭收入的中位数形成了鲜明的差异：白领雇员的收入中位数为1 896美元；企业主为1 464美元；城市雇佣者为1 175美元。虽然白领雇员收入的中位数高于企业主，但大多数企业主的收入处在高低两端，其收入分配的离散程度大于白领。

事实上，战时收入的上涨，使得所有职业群体的收入不均衡地拉开了，这主要发生在都市企业主之中。作为一种收入等级，城市的老式中产阶级成了一种收入越来越不均匀的群体，成了一个由不同阶层组成的大杂烩。其间，收入非常低的游民资产阶级占了大多数，收入很高的
73 飞黄腾达的布尔乔亚只占一小部分。

40年代后期(1948年)，所有白领雇员的收入(家庭收入的中位数)为4 000美元，而所有城市雇佣劳动者的家庭收入中位数为3 300美元。不过，这些平均数不应掩饰每一阶层内部特定群体间的重叠现象：下层白领雇员——推销员和办公室人员——的收入几乎和技术工人与领班一样，* 但是多于半熟练的城市雇佣劳动者。

就财产而言，白领雇员的地位和雇佣劳动者相当；就职业收入而

* 在这些数字中，要将挣薪水的领班从城市熟练雇佣劳动者中分离出来是不可能的。如果我们这样做了，低等白领工人的收入会更接近于半熟练工人。

言，他们“大致处在中间位置”。他们的收入曾经比雇佣劳动者高出许多，但现在已经大不如前；在20世纪中叶，他们仍然具有一定的优势，但是收入的普遍上涨正在使新中产阶级成为一个更加同质的收入群体。

收入是这样，声望也是这样：白领群体经历了社会分化，也许比雇佣劳动者和企业主更为明显。雇佣劳动者确实形成了一个收入金字塔和声望等级，企业主和吃红利的人也是如此；但是，就收入和声望而言，新中产阶级是一个叠加起来的金字塔，从其第一个金字塔的底部可以触及第二个金字塔的顶部。

从事白领职业的人要求获得高于雇佣劳动者的声望。而且，作为一种一般性的规则，他们可以从雇佣劳动者和默默无闻的大众那里兑现这种要求。这一事实，连同其他许多证据，已经被作为界定白领阶层的根据。虽然有明确的迹象表明，在美国他们的声望在下降，但是在全国性范围内，即使低等白领雇员的大多数——办公室工作人员和售货员——也依旧享有中等的声望。

白领雇员声望的历史基础，除去较高的收入以外，还包括他们的工作地点和方式与老式中产阶级具有某种相似性，这使得他们能够借用
声望。因为他们与企业主以及尊贵的客户之间的关系已变得越来越非 74
人格化，他们也借用了商行的声望。他们在外表上的仿效因袭，尤其是大多数白领职业允许将街头的装束穿到工作中去，也体现出对声望的要求，就像在大多数白领职业中要求各种技术，在这些职业决定工作程序时操作的范围和自动化的程度也要求各种技术一样。进一步，学习这些技能所花费的时间，通过正规教育及与上级主管的密切接触掌握这些技能的方式都十分重要。白领雇员享有垄断性的学校教育——甚至在1940年，他们还完成了12年的学业，而雇佣劳动者和企业主只有8年。他们也通过出身来享有地位：就种族而言，黑人白领雇员只存在于一些零零散散的场合——而且，最重要的是，就出生地而言，1930

年，仅有9%的白领雇员是在国外出生的，而在国外出生的自由企业家和雇佣劳动者则分别达到16%和21%。最后，作为一个基本的事实，同雇佣劳动者相比，由于白领群体规模不大，他们对较高声望的要求常常能够获得成功。

十分典型的是，群体和个人的权力位置有赖于阶级、地位和职业，这三者常常处在一种错综复杂的交互关系之中。既定的职业包含了实际工作过程中对他人的特定权力；但是，在工作领域之外，因为职业与财产体系的关系以及它们能够提供的典型收入，职业还是能够产生权力。某些白领职业需要对其他白领和雇佣劳动者行使直接的监督，而更多的白领则直接隶属于这种管理干部。白领雇员是权力的助手；虽然他们行使的权力是派生性的，但他们确实乐此不疲。

进一步，在白领金字塔内部存在着一个与年龄和性别有关的独特的权力模式。白领阶层中包括数量广大的妇女：妇女占到全部白领雇
75 员的41%，相比之下，妇女只占自由企业主的10%，雇佣劳动者的21%。* 性别如此，年龄也一样：自由企业家平均(中值)45岁左右；白领和雇佣劳动者大概34岁；但是，在自由企业家和雇佣劳动者中，男性大约年长女性2～3岁；而在白领雇员中，男女间的差异达到6～7岁。在白领金字塔中，权力大致上是根据性和年龄划分的：年轻的女性一般受控于年长的男性。

形成白领金字塔的职业群体，可能互有区别，但也不乏某些共同之处。这些共同之处构成了与企业主和雇佣劳动者相重叠的作为一种大体上的金字塔的新中产阶级的主要特征。我们不能从任何一个分层的向度——技术、功能、阶级、地位或权力，来充分界定白领人群。他们通

---

* 根据我们的计算，1940年，妇女在这些职业群体中的比例为：农场主，2.9%；商人，20%；自由职业者，5.9%；经理，7.1%；专业工薪阶级，51.7%；推销员，27.5%；办公室雇员，51%；熟练工人，3.2%；半熟练和非熟练工人，29.8%；农工，9.1%。

常都处在这些向度的每一个或这些描述性特征的每一个的中间位置。从他们与其他阶层的相对差异方面进行界定，要比从任何绝对方面进行界定可行得多。

应该牢记的是，在定义的所有要点方面，白领人群都不是一个紧凑的水平式的阶层。他们并不具备一个能够界定自己的核心的、明确的功能，虽然一般说来他们的功能和老式中产阶级一无二致。虽然他们使用符号，与他人打交道，承担协调、记录和分配之职；但是，他们是作为非独立的雇员来实现这些职能的，这样，他们具备的技能有时在形式和所需的心智上是与许多雇佣劳动者相似的。

就财产而言，他们与雇佣劳动者相当，而与老式中产阶级迥异。因为发迹于无产的依附者，他们并不对成为有产的独立者抱什么严肃的希望。就收入而言，他们的阶级地位平均略高于雇佣劳动者。虽然新中产阶级与雇佣劳动者在收入方面重叠的部分相当大，并且出现了明确的缩小差别的趋势，但即使在今天这些差别仍然十分明显。

从心理上说，最重要的事实或许在于，同雇佣劳动者相比，白领群 76
体成功地获得了更多的声望，而且他们还在得寸进尺。今天，他们声望的基础可能并不稳固，而且也没有任何能够维持下去的迹象，但是，无论这声望是何等脆弱和含混，它们仍然能够将白领人群与雇佣劳动者相区分。

在工作过程中，白领职业者行使着一种派生性的权力；而且，与旧有的等级制度相比，白领金字塔代表的是年轻和温婉的科层制度。在这一制度中，广泛强调的是年轻、受过教育和在美国出生等特征。在那里，数百万办公室人员最为鲜明地体现了新中产阶级和其他职业群体间的差异。反过来，白领大众又受到那些与老式中产阶级十分相似的人的管理，后者即使不具备独立的特征，也具有自由企业主的许多其他社会特征。

第五章

77

管理官员

随着管理手段的扩大化和集中化，在现代社会的每一个领域都出现了越来越多的管理者，而在整个社会结构中，人的管理类型也变得更为重要。

作为上层社会这一百年来演化的结果，这些位居顶层的新人在新的科层体系中起着作用。这些新的科层体系将他们选进不同的职位，然后塑造着他们的特征。在这些科层体系中他们扮演的角色，以及这些科层体系在社会结构中扮演的角色，为这些管理官员们设定了范围和步调。这类科层体系的生命形式是这样的无所不在并具有深远的影响，以致老式上层人物也会适时调整他们的性格和行为以加入管理的潮流，否则就会落伍于上流社会。

在与下层大众打交道的共同尝试中，企业和政府的管理者已经通过委员会和压力群体、通过政党和商会交织在一起。在商业周期和工会历史的某些时期，劳工领袖也以十分缓慢和勉强的奇特方式，加入到这一行列中。管理官员的出现意义远非限于依赖企业、政府和劳动科层制的规则工作和生活的人的比例增多；它还意味着：在上层，社会成了一个令人不安的私人和公众等级制度的结合点；而在下层，越来越多的领域成了管理和操纵的对象。在美国，科层化远远称不上全面彻底；

它的传播是局部和零散的，同时个人被卷入了若干结构之中。然而，总的说来，自由社会（尤其是在其战争阶段）的那种结构松散的整合形式，已逐渐为公司（corporate-like）社会的管理性质更强的整合形式所替代。 78

1. 科 层 制

作为政府的浪费和文牍主义的修饰词，"科层制（Bureaucracy）"一词是资本主义的英雄时代的遗存。那时，中产阶级企业家正在与商业公司和君主王朝浴血奋战。虽然那个时代距今已颇为久远，但是这个修饰词却留存下来并服务于不同的目标。

在今天的一般含义中，由于下述三个主要原因，"科层制"成了一个不大精确和容易使人发生误解的概念：(1)当公司的行政人员反对"科层制"时，他们的矛头所指当然是联邦政府的程序，同时似乎又仅限于反对他们自己所在的私有企业的科层制度的利益。(2)在流行的想象中，大多数与"科层制"相关联的浪费和缺乏效率的看法，事实上谈的是一种缺乏严格和完善的科层制。美国军队的"混乱"，以及当然无疑的贪污受贿现象，更可能是其工作人员坚持企业家的观点的结果，而不是严格意义上的科层制本身的发展趋势造成的。具体描述说来，科层制指的是科室或司局这样的等级结构，它们每一个都有限定的运作领域，每一个都雇着一个具有特定素质的行政人员。如此定义，科层制就是迄今为止设计得最有效的一种社会组织。(3)从很大程度上说，政府的科层制是私人科层制发展的公共结果，它通过财产和设备的集中化已经成为科层制趋向的领跑者。现代商业的各种规模，它所具有的技术动力和金融权威，引发了社会各个领域中尤其是政府部门中具有正式规则和合理化分支机构的集中型组织的兴起。

在商业领域，由于制造业工厂的规模扩展，将更多的人纳入到行政管理的范围。数量不多的一些工厂雇佣了制造业雇佣劳动者中的大多数人。甚至在第二次世界大战以前，仅占全部数量1%的工厂就雇佣了一半以上的工人。这些规模扩展的工厂通过中心办公室或多工厂企
79 业相互连接。不到6 000个这类企业控制着雇佣了一半以上工人的工厂；它们的生产总值比独立工厂高760%，每个雇佣劳动者的生产总值则比独立工厂高19.5%。多工厂企业以及独立工厂企业以各种不同的公司形式组合在一起：在大萧条时代，200家最大的工业公司拥有全国工业总财富的一半左右。这些大公司通过董事会和商会相联系。行政管理决策并入到连锁董事会的核查和平衡之中；1930年代中期，在最大的250家公司的3 544个最高职位中，整整1/3为大约400个人所占据。正如罗伯特·布雷迪所观察到的那样，超级企业同业公会已成为“新型垄断的漏斗”，稳定化和理性在经济上与管理相抗衡，成了一架为全体管理者的个人福利而运作的政治机器。

萧条—战争—繁荣的节律促使工商业界的科层制得以成长壮大。在危机期间，单个的商业公司开始和左右着大企业与政府间关系的纵横交错的法团世界交织在一块。科层制企业越大、越多，联邦政府为了施以有目的的控制就越尽心尽力，企业就更会成为理性化的组织。企业中的行政官员们具有复制联邦等级制度中管理机构的倾向，他们将自己的人安置进政府的委员会和机构之中，雇佣离开政府的官员，并精心设置了各种掩藏正式商业运转机密的迷津。企业和政府的行政官员们端坐在权力谈判桌的两边，但是在桌子下面，他们却以极其复杂的方式做了许多手脚。

美国政府机构已经在行政管理手段和所需人员两方面实现了扩张、集中化和专业化。总统、州长、市长和市政管理者们已经将行政手段、人事与监督权力掌握在自己手中。这些官员已不再是主要对付法律的简单的政治人物，他们已成了主要应对科层等级制度中的下属的
80 管理统帅。现代政府的行政部门已具有能动性，它在损害立法和司法的前提下扩大着自己的职能和人员规模。1929年，联邦政府的行政机

构雇佣了全部文职雇员的18%；1947年，第二次世界大战的高峰之后，这一比重上升到37%。

那么，谁是这些管理官员背后的管理者呢？

从下层来看，管理的问题不是一个“谁”的问题，而是一系列“他们”甚或“它们”的问题。管理就是一个人在某个办公室——可能是包括工会在内的所有办公室——报告的某件事；它是一纸印出的命令和公告板上的一个指令；它是从扩音器中传过来的声音；它是报纸上的名字；是你永远不可能辨认出的签名——除非下面附有印刷体；它是一个向你所熟知的每一个人发布命令的系统；它制定蓝图，并在细节上规划你和你的领班的工作生涯。管理就是集中的命令。

从中层来看，管理的一部分是向你点头的人，一部分是体系，另一部分则是你自己。正如白领职业者所说的那样，他们自己可能是管理的一部分，不过管理是一大堆事情，但不是他们管的所有事情。你有权力，但你不是权力的来源。作为一个被管理者，你处在上级的监视之下，同时还可能被视为威胁；作为一个管理者，你被人们所仰视，也许把你当成一个工具。你是科层体系这架机器本身的齿轮和传动带；你是使决策者和办事员联系在一起的由那些命令、劝告、通知、单据组成的链条上的一环；没有你，管理官员就无以存在。但是你的权力被严格地限定于职业行为的规定轨道上，你所行使的这类权力是借来之物。你的特征是下属的特征，你的声音是留声机放出的声音。你经手的钱是他人的钱；你分类整理、搬来倒去的文件已经带有他人的印记。你是决策的仆人，是权力的帮凶，是管理的奴才。同雇佣劳动者相比，你离管理更近，但是你的决定很少能够拍板定论。

从接近峰层来看，管理是较高级圈子的一种内在气质：它集权力于一身，但又扩大了你的职员的规模。它使他们自始至终感到他们和你 81
都是其中的一部分。为管理者开办一所学校并对管理者学习的内容加以管理；开辟一个双向的交流渠道：向下传送命令，向上收集情报。牢牢地控制但又不直接向他们发号施令，只是左右他们的经验；不要让他们了解你不让他们了解的事情；在决策和执行、命令和服从之间，要留有余地。要冷静、明断、理性；要修饰你的人格并控制你的外表；使公务成为一种职业。要不断谋求自我发展；要有备忘录；和那些与你相似的人开会议事。而在这一切之中你要不失自我又富有人情：对办公室里的女性点头要庄重；对男性打招呼；要始终如一地留神上司说了什么：比如，“上个周末，我对你在周五善意地提醒我的信息考虑良久，特别是……”

2. 从上到下

根据总统经济顾问委员会最近的负责人埃德温·G. 诺斯的说法，“决定今日国民经济生活之方向和为大众提供机会和刺激的责任，全部都集中到大约1%～2%的要派用场的雇员身上”。作为企业干部的经理形成了一个等级系统，其划分标准依据的是他们派发任务、部署和执行自己的工作以及自由地部署和安排他人的工作的权力。在干部等级体系中，每一级都对上级感激涕零。经理与经理交谈，每个经理与他的助手和雇员们交谈，即与那些不安排工作或作决定而只执行指派任务的人交谈。和不参与管理的雇员进行接触可能在下层增加管理的等级：高层领导除了秘书和其他经理以外很少与人交谈；而底层雇员90%的交往是和被管理的雇员进行的。照雇员们的说法，老板通常是那些实际发布命令的人；而大佬（the top men）则是那些除了直接围着他的小圈子外一般无人能接近的身居高位者。

82 从上到下，管理者一般分为两种类型：一类和商业决策有关，另一类和工作的工业运作有关。通常根据其下属的人员数量，又可以将两者再划分为重要程度不同的等级；两者都有指定的职务和固定的要求；两者作为群体都经历了理性化的过程。经营管理者的范围上自掌有整个公司代理权并为其利益行事的总经理，下至部门经理及经理助理，在他们之下做事的则有职员、机器操作者以及其他人。工业管理者的范围上自最高层的生产工程师和设计师，下至直接领导底层工人的领班。一般说来，工程管理者和技术人员都隶属于商业和金融管理者：就现代企业所使用的技术和人类技能而言，他们通过经营管理者的判定，服务于企业的商业层面的需要。来自受过大学教育的中上等收入群体的工程管理者，在工作中受到具有一定技术训练和长期经验的中下等收入者的辅助。

最高层的经营管理者对股东负有正式的责任；在政府中，他们则对入选的政治家并通过后者对人民负责。但两者都不用对任何其他官员或经理负责；这就是位居最高管理职务的含义。在老板中，他们常常是最缺乏专门化的人；所以“总经理”名副其实。许多商业公司都由那些具有金融知识的人打理，他们无法承担工厂主管的工作，更不用说工程师的工作。

一个问题完了再到另一个问题，不断地在作决定，就像托尔斯泰笔下的将军一样，除了对命令的机械性需要，对下属甚至连做梦也不能怀疑上司的需要，实际上并没有什么决策的必要——这完全不同于正式完工前处理某些问题。首先，一个或多或少由机构的运作确定的预约日程，决定着经理的时间，甚至在事实上决定着他的生活内容和节奏。其次，他雇佣了一帮人，于是就必然认为这帮人的脑袋是他的，因为他知道如何去使用他们。就像门罗·施塔尔，那个斯科特·菲茨杰拉德
在《最后的大亨》(*The Last Tycoon*)中描写的英雄一样，他最初想成为 83
工厂的主管，成为“一个了解所有事情的人”，但是，当他成为主管以后，却“发现根本没有人知道任何事情”。

政府行政部门的主管和大公司及会社的负责人之间往往有着十分密切的关系。在以下情况下，他们之间可能会产生合作：他们分别是各自等级系统中的官员，或通过个人职位的变动成为其中的一员；劳工领袖接受政府的某项工作或成为某个公司的人事官员；大公司的高级职员成为象征性薪俸领取者；政府的专家接受一个其所在机构试图控制

的公司的职位。政府和企业官员间的相似性程度究竟如何，也许可以通过人们从一种等级制度跳到另一种等级制度时的难易程度及其频繁程度体现出来。在某个个人的生涯中，这种变化可能仅仅是一次偶然事件，但管理精英相互渗透的意义却超越了这种偶然性，它修正了上层社会的含义以及这些大型组织的客观功能。

政府的高级官员，正如莱因哈德·本迪克斯所指出的那样，大概大多数都来自农村和中等城镇，来自中产阶级和中下阶级家庭；他们兢兢业业读完大学，往往还攻读更高的学位。在接受政府工作以前，他们通常都具有从事法律、商业、新闻或在大学从教的职业经历。按一般的职业变动轨迹，过去一代的趋势一直是从农场来的官员逐渐减少，而从专业圈子来的则逐渐增多。也许除了最高层以外，同企业官员相比，这些人不会因为缺少刺激而受到影响。但是，他们却普遍受困于没有较高的收入、声望和安全感，在他们中的许多人看来，这些都是大企业中相同层次的官员可以享有的东西。

同层次相同的政府官员相比，商业公司的官员年龄稍大一些。大公司里还没有那种被高效率科层体系的专家们称之为合适的管理力量的招募系统。同联邦政府的各局相比，公司等级体系中的任免可能具
84 有更多的“政治性”。比如，在华盛顿政府的各局负责人中，1938 年大概只有 10%左右是单纯的政治任命。

当然，在这两种等级系统的管理位置的升迁中，年长者常常起着较大的作用。一个企业科层体系中的典型群体的任职期限大约为 20 年左右；大公司最高管理层的人事变动率一般都不大。但是，就像 A. W. 麦克马洪和 J. D. 米利特指出的那样，在联邦政府中，各局负责人的平均任职期却只有 11 年左右。当然，在联邦等级体系的更上层，各部的部长和副部长们的任期更短，平均只有 3～5 年。

美国商业部门的高层管理人员可以从以下渠道获得补充：(1)行政等级体系内的成员；(2)公司的金融或派系结构内的成员；(3)已经证明能够管理较小的商行，并因此被视为在管理市场上有前途的外来者；或

是(4)年轻的外来者，他们未受过技术或商业训练，往往因为人们认为他们的提升将不会受到阻碍和比较迅速而被吸纳到较低的领导岗位中。

从某种程度上说，由于后三种人员替补方法日渐被采用，中上层干部的晋升机会大为减少；这样，他们便普遍希望先来者优先成为一种政策，在这一点上大多数人事顾问也站在他们一边。这样中上阶层将以一种集体行为的方式，通过对公平和机会平等的保证，也即是说通过管理领域严格的科层化增进个人的安全和晋升。

在商业经营中，业主所有制企业向科层制企业转变的标志是经理的报酬方式。在小业主的世界里，所有者和管理者是一个人，纯利润就是报酬方式。在白领世界里，高层管理者是年薪 25 000～500 000 美元的雇员。随着不断增强的科层化，年金、退休金和各种退休计划都被考虑到了，而以利润为基础提取红利的方式却逐渐不再采用。

在企业主和科层制报酬模式之间存在着各种中间形式，其中有许 85
多方式设计的目的在于使激励最大限度化和逃避联邦的税收。在过去 25 年中，各种税收越来越大：举例说来，1947 年，年收入 25 000 美元的人拿回家的数目为 17 000 美元左右；年收入 50 000 美元的人为 26 000 美元左右；年收入 150 000 美元的人则为 45 000 美元左右——这是仅就薪水而论的，并未计算财产的利润。超过某个层次，严格说来钱已经失去了刺激的价值；它的声望价值和为了挣这些钱而获得的成功体验成了一种刺激。一个人做得越多，他的需要就越多；而一个人如果不再继续挣钱，他就会体验到失败。这场游戏没有极限，也无路可逃。同时它的危险性也毫无止境。他们在上等收入水平上爬得那样高，以致某个管理顾问在认真研究后坦率地宣称，和雇佣劳动者和工薪雇员一样，高收入的经理阶层，一般也将安全性置于理想生活的中心位置。根据埃尔莫·罗伯的一项调查，安全对管理者来说意味着：(1)一个享有尊严的地位；(2)一种对成就的彻底和干脆的承认；(3)一双可以通过自己的工作和公司做他想做的事情的自由之手；以及(4)充裕的闲暇。这些就是挣大钱的安全内容，这在公司经营的过渡期里也是适当的，它将企业家的自由与没有风险的科层制任期融合在一起。

大企业现在关心的首要问题是如何招募到忠心耿耿的管理人员，这导致了服务于单一大公司甚或整个行业的大部分公司的各种“文职人员”体系的形成。这种科层制程序在实践中的滞后性，引发了更为“进步的”公司官员的强烈不满。

巨大的管理差距，由此带来的第二次世界大战期间管理工作的负荷，以及经济的繁荣引发了许多正规的人员补充和培训计划的产生。入选者被送到工商管理学院进修管理课程。为主要管理人员还常常设置了各种轮训制度：这种制度允许经理们在日程安排的短时间里处理各种事务，使之既能适应综合的也能适应确定的管理领域。管理干部
86 通过观察具体的经营过程，以这种方式合理地扩大了获得安全的机会；通过确定的日程安排，可以对每一个干部的经验加以指导，并控制对提升者的培训。管理干部本身获得了类似军事化的理性塑造；事实上，一些与工商管理有关的非常优秀的思想就是来自具有高级军事经验的人——这些人就是战时商人们抱怨的“官老爷”。

然而，这种不断增加的科层化训练、人员招募和提升并未触及企业等级体系的最高层或最底层。尤其是在最高层，那些执掌公司和政府大权的人是行政人员中科层化程度最低的，因为超越了某种位置，“政治的”、“财产的”和“性格的”特质便介入了进来，并决定了谁将为整个等级体系制定政策。只是在中层管理者的层面上，科层制的程序和模式才最为显见。

这些处在中层管理位置上的经理们只能在有限的工作领域作出计划；他们传达上峰的指令，和他们的下属职员执行其中的一部分，再将另一些传给下面的人去执行。

虽然中间管理层往往包含着企业中技术最为精专的人，但是他们的技能已经越来越偏离实质性的技术，更多地转向对人的管理。真实的问题是，即使监督管理已获得强化并变得多样化，其中的许多任务还

是被丢给了从事人事工作的新的专业人员。在工程师接手工厂的新机器的维修和保养任务的同时,中层经理和领班们则承担起了对工人的更加“人事化”的控制,他们的光顾地更常见的是人事办公室而不是工程指挥部。

中层经理的出现标志着工人与所有者或高层经理间的进一步分离。但是,恰恰在创造出其职能的同时,中层经理们还是从手中剥离了自己的权力。权力的丧失一方面归诸于管理本身的理性化,另一方面则归诸于领班这样的低层管理者承担了专门化程度更高而权力更小的角色。

在超越其个人的科层系统之外的更大的世界中,中层管理者并没有举足轻重的地位。就与社会和经济变迁相关的权力而言,管理阶层 87
内部最重要的群体是高层经理人;就数量而言,重要的群体是领班,他们占了全部管理者的一半左右(虽然还不足全部劳动力的1%)。正像任何“中层”群体那样,中层管理者的境况在很大程度上要取决于其上层和下层的境况——换言之,取决于高层经理和领班的境况。中层管理工作的步调和特性越来越近似于管理等级体系中的较低层次。

3. 领班的情况

代表着底层管理阶层的领班,一度曾是工人的主宰,是其“生活和未来”的掌控者。工厂里的争端似乎常常是发生在不满的工人和粗暴的领班之间的争端;然而,工人们又对领班的位置虎视眈眈。这种小工厂和小城镇偏爱的密切关系有助于形成满足感,尽管领班把守着第一道管理防线。由于垄断着工作的满意度,领班们常常将所在班组的劳动可能产生的任何成就感窃为己有;他们为其手下解决问题并克服障碍。他曾经是熟练的工匠:他比自己管理的任何人都更了解工作程序。在批量生产之前,领班是工厂的管理者和监督者,生产的计划者和人事的决策者，他集各种权力于一身。

现在，在许多小工厂和某些还没有技术人员和很少办公室职员的工厂中，领班们依然如故。但是这种工厂从历史的角度说是落伍者，它们的领班则是现代技术和管理人员的前身。

事实上，在所有的职业阶层中，还没有谁像企业中的领班那样受到设备和组织理性化的严重影响。随着大工业的来临，领班的职能在上层为新的技术和人员以及高层管理部门的指令所削弱；在下层，他的权力则遭遇到不断成长的工会势力的破坏。

88 伴随着监督助理和各种新监督人员的大量出现，许多行业中半自动化机械获得了发展，它们可能更需要受过较好培训的技师而不是熟练的工匠。汉斯·斯派尔注意到，由于这类机械，领班们的技术胜任范围减小了，他的技能不再是熟练的工匠和工作指导性质的，而更多地成了一种人事代理和人员督查性质的。当工程师和经过学院训练的技师慢慢接手时，从等级上说更高的领班们只得学会接受技术方面的指令。在许多工厂里，真正成为车间的大佬的，是那些能够照应半自动化机器的人，而不是指挥工人班组的家伙。

最初得自领班并由他们传递的经验获得了系统化，尔后又被集中并获得了合理的再分配。领班的各种旧职能不再体现于任何一个人的经验之中，而是体现在一个小组和一本规章手册之中。职员们的每一次革新，人事专家、安全专家、工时研究工程师的革新，都削弱了领班的权力，降低了其手下人的尊敬和循规蹈矩。领班已不再是工人和高层管理部门之间的唯一纽带，虽然在双方的眼中，他在决策部门和车间之间由命令和技术构成的错综复杂的等级系统中仍然是最显见的连接者。

欧内斯特·戴尔评论道，权力“现在只有在和其他诸种权力的协商中才能由不同的领班来行使，而由此导致的交互关系则常常被误判和打乱”。领班在生产中行使权力，但他们不是这种权力的最终来源。他们行使的权力带有的往往是一种社会性优势而不是技术性胜任优势。

他们分享着权力，因此又偏离了权力，并走得更远：在一项抽样调查中，只有10%的公司里，领班具有任免的全权；只在14%的公司里，领班具有其所在车间的晋升的全权；只在10%的公司里，领班具有惩戒的全权。只有20%的公司会召集领班会议或展开任何形式的积极协商。全国战时劳动委员会(the National War Labor Board)的斯利克特小组总结道："领班更多情况下是被管理者而非管理者，他们成为他人决定的执行者的情况越来越多，自己做出决定的情况越来越少。"

从下面来看，对那些本身在工会中就有权有势的人，领班已经失去 89
了权威。那些过去常常去找领班发泄不满的人现在上工会去了。领班埋怨工会干事，他们为其下属干的事情往往要比他能干的多很多。领班们说这些干事在闹独立："我们无法指派这些干事做任何事情……他们甚至在向我们的有限权力挑战。"工会能够为其普通成员做一些事情；事实上，在有些车间里，工会已经为人们争得了过去只能由领班享用的利益，包括增加了工作的保险性。领班最初导源于劳工阶级，但现在从社会性和政治性方面来说已不再属于后者。他可能会嫉妒工会的野餐和舞会，同时又与较高的管理阶层有着社会性隔离。

领班的忧虑导源于工会对工人的照应；雇主能够自我照应；那么，谁会照应领班呢？

从劳工等级中爬上来的领班，往往无法期望能爬得更高，因为他没有受过学院训练。1910年，管理文献中曾提到，如果经理要找靠得住的部下，常常会瞩目于"先前的部下或同事，他将发现他们过于依附旧的管理制度，以致无法将工作做好。在这种进退维谷的情景下，他将转而寻找受过技术教育的青年人。(未受过技术教育的)雇主既瞧不上这些人，但又依然对他们怀有尊重"。今天，不到40岁的领班中只有21%的人，超过40岁的领班中只有17%的人，相信自己总会爬到比领班地位更高的阶层。领班不再属于劳工阶级，又没有"一个伙计在工会里"，在管理阶层中他享有不到丝毫的安全性，无论是在社会方面还是在教育方面。"最惹他恼火和抱怨的主要原因是行政管理部门的势利。”领班一般要年长于其手下的普通工人；他们常常已居有定所，并有较大家庭。这些事实限制了他们的流动性，在某些程度上也许还消磨了他们的勇气。以这些因素为基础，汉斯·斯派尔甚至断言，“政治机会主义”是“领班们的显著特征”。

在30年代后期和战争期间，由此位居中游，又作为工业关系的交通警，每一方都希望他打亮信号灯，领班因此成了工会和管理部门双方
90 的宣传对象。即使领班们已不再像过去那样是熟练的工匠和工作指导，他们仍被管理部门视为关键性的人物，但这不是因为他们在工作流程中扮演的技术角色，而是在工厂的社会组织中扮演的那些角色。正是通过与管理官员步调一致和改变领班作用的性质，他被带入了管理控制的各种路径之中。他要通过施展自己的人格力量作为规劝的主要工具，在工人中间发展规训和忠诚。

领班必须被训练成体现管理部门想法的忠实领导人物。“在现今的技术条件下，领班的挑选标准是其处理人事关系的技能——而不是其服务年限或对他所负责的特定工作的精通程度……现代领班80%的工作是与人打交道”。招募官员和人事负责人常被告知，要根据领班所受的正规教育和企业能力来考虑其未来的家庭和社会生活。首要的必备条件是一个全面发展的、调适良好的人格特征；在与人们的关系中，领班必须做到“始终如一”——这意味着“把你的个人烦恼丢在家里，在‘倒霉的日子’里要像在愉快的日子里一样和蔼可亲”。

应该温和地告诫领班，所有温文尔雅的个人品格和行为方式都是不可或缺的。“友好的首要品质是**诚挚**……他们应该从人事档案中记住车间成员的各种事情：姓名；如果已婚，究竟是丈夫还是妻子在厂里工作；子女的大致年龄和学校年级……”从当地报纸上，“他将了解到这样一些有价值的东西：如意外事故；出生；死亡；孩子的活动；参与红十字会、基督教青年会的情况……结婚周年纪念日；宴会；音乐演奏会”。“新的人员补充动向将为赢得新工人的友谊和忠诚提供现实的机会。”“哪怕是一次次要的谈话，领班的讲话方式都可能比他说了什么更重

要……必须养成好的聆听习惯……每次失礼，他都应该罚自己十美分……他需要有一个愉悦、清晰的嗓音(要介绍测试记录)……'肯定地'和'绝对地'这类词是忌讳的……他自己的偏见必须'撇'在工厂外边。"依然不能抓住要点的高层经理应该认识到，这种人事管理工程能 91
够"在18个月内，将装配起来的飞机从每磅1.2小时的直接劳动成本下降到每磅0.7小时"。

为了确保领班的忠诚，管理部门对其精心关照。反过来，管理部门在规章手册中为领班写道："能够做到与他的当然属于中间管理群体的阶级亲密无间，这都归功于他的每一个领班同伴。""需要证明的是，行政管理部门和监督管理部门是一回事。绝不能将它们的利益分开，它们的唯一区别只在于，在管理部门内部，它们各自的功能不同。"

当认识到管理部门在利用他们不断增长的不安全感时，年轻的具有联合意识的领班们已经尝试着将人们重新联合起来，并试图组织工会。1940年代，在瓦格纳令(the Wagner Act)出台后成立的那些工会，很快就发现自己处在有组织的劳工和冷漠的管理部门的对抗之中。大概有不到10万的领班直接加入了瓦格纳令出台后的工会。在第二次世界大战中，领班工会获得了触动，因为领班们要训练800万左右的新工人，他们感觉到了自己的勇气，并积极寻求一种能够体现这种勇气的手段。然而，据估计在美国的100万～150万领班中，1941年成立于底特律的领班协会在最高峰时也只有5万会员或只占领班数的5%。即使是这些微不足道的开始也受困于法律上的混乱，并且已被证明缺乏解决之道。

4. 新型企业家

巴尔扎克曾将科层制称之为"由侏儒把持着的巨大权力"，但事实上并非所有掌控科层权力的人都适合于这样称谓。那些缺乏第一手的或敏锐的科层制经验的现代观察者，首先倾向于从科层制的理想类型定义去判断科层制的类型，而不去检验其对扩大化的企业和集中化的
92 科室所具有的不同的行政适应性；其次，他们倾向于假定大企业在形式上总是严格科层化的。这类企业事实上常常是一种混合体，尤其涉及（科层制的或祖传的）人事制度和企业的组织形式时更是这样。简单说，这意味着“政治”（以及管理）因素在经理的选择和形成方式上有着举足轻重的作用。

在现代企业中，存在着一批将科层制的一套原则付诸实践的人；我们这里简单讨论的就是他们的外表和行为：

他们依循着明确界定的权力路径，每一条路径都与其他路径相关联，并且它们全都与该企业作为一个运作良好的商行应有的为人充分理解的目标联系在一起。他们的行动和情感没有越出行动的限定领域，它们是由其“专长”而产生的责任和要求确定的。他们的权力十分妥当地被置于他们占据的办公室之中，并且也只能从中派生而来；如此，他们在企业中的所有关系都是非人格化的，它产生于正规的等级结构。他们的期望建立在一个完全可预测的基础之上，并因现行的规则和明确的处罚而得到强化；他们的任命依据是考试，或至少是建立在胜任性训练的基础上的；他们具有职业性的安全感，它具有可预期的生活全程和规则化了的晋升程序。

当然，这样一种描述虽然具有观察指南的用途，但却是一种理性化的夸张描述。事实上，在个人适应性方面，存在着两种与“科层化”类型最为接近的管理者。在某些等级体系的最上层，人们常常可以看到一种安详、稳重和有条不紊，但却缺乏自信的人格。他们多半是一些郁郁寡欢的家伙，注重言谈举止，似乎无事可做，行动起来慎之又慎。他们循规蹈矩，由此来减少个人决策的风险；如果先前接受的规则不能适应新的决策，他们总是会显得忧心忡忡。他们小心翼翼地提防着身边的部下和秘书的眩目外表；这些人是为他们效力的人。他们喜欢玩弄权术，总是恪守着雇主或其他高层人物的目标；组织的目标成了他们自己

的目标。这是因为他们是由业主或政治老板挑选出来并为其服务的，作为可靠、稳重之士，他们怀抱适度志向，他们小心翼翼地沿着切实可 93
行并且能够计算的职业规划生涯亦步亦趋。这就是他们为什么能够置身于高层的原因所在，从而也是我们应该指出的要点所在：他们是为了代表企业的正式利益及其组织的完整性而被精心选拔出来的；他们服务于这个组织，而在这样做时，他们也就服务于其自身利益了。他们小心翼翼地端坐在各个机构之中，并在表现出认真的思考之后，常常会说“不”。

常常认同这种类型的官僚，但在安全的等级中地位较低的，是那些“老职员(the old veterans)”。他们经常会说，当公司规模还很小的时候他们就开始打天下了；或者说，他们起步的某个小公司现在已经成了大公司的一部分。他们听从指令，感到超出明确的秩序范围之外有危险，竭力在他人的视线之外，并常常推卸责任。他们通常会感到在其能力和经验之间存在着某种不对称，并且日渐感到竞争是没有收益的；为了获得极度渴求的尊敬，他们常常变得装模作样。他们十分注意和同事及公众之间的繁文缛节，力求通过顺从规则赢得额外的尊敬。他们对办公室的中规中矩的外表恋恋不舍，并且感到个人的安全遭到了会将他们从其现有的位置赶下来的某些因素的威胁。

然而，还有其他类型的管理者，科层制生活虽然对他们来说如鱼得水，但他们与世人心目中的官员形象相去甚远。科层制伦理不单单限于一种管理人格。尤为重要的是，在今天的美国，在依旧由企业伦理及其意识形态占主导地位的文化中，科层制度是林林总总的先锋生活方式。就年轻的管理者而言，有两种类型的人集企业家和官僚的特征于一身。一种是“活跃人士(live-wire)”，他们通常来自企业的销售和推销领域，并且对在等级体系中位居其上者尤其是那些老职员威胁极大，虽然对普通工人有时也有威胁。可能在某个适当的时候，这种“活跃人士”会定下心来；偶尔会有一两个不再蹦跶，并成为某个人的“红人”，也因为是其他什么人的“活跃人士”而得到他为之效力的那个人的喜爱和

94 关照。如果他的忠诚是无可怀疑的，同时他也能够谨慎地不因自己的咄咄逼人招人疑忌，那么他就踏上了通向人生顶峰的坦途。

不过，有些“活跃人士”并不乐意成为其他人的红人：他们成了我们所谓的新型企业家，对这种类型的人需要加以仔细的探讨。

新的企业环境中的主导事实，就是企业科层制度和管理者辅助甚至取代了所有者-经营者。但是，科层化并没有完全取代竞争精神。当新的竞争形式的代理人不完全像旧式的英雄时，旧式的竞争环境也不复存在。首创精神正被投入一场史无前例的试验之中。

一个如此晚近才脱胎于小业主时代的社会，仍然受着与那个时代的意识形态相吻合的成功典范的影响，合理的科层制类型不可能顺利地成为主流。然而，社会结构将不再会容忍传统的积聚个人财富的方式。在19世纪的竞争舞台上登场的是一种相对平等的权力，竞争是个体商人或商行间的游戏。而20世纪的舞台上充斥的是巨型的、权倾一时的单位，他们的竞争不是发生在彼此之间，而是作为一个整体和消费大众，有时甚至和政府的某些部门竞争。在新的环境里，新式企业家代表着旧有的积极进取的竞争。

这些新企业家的一般的社会环境常常属于那种尚未确定和常规化的领域。这些新企业家更经常的是待在那些比较含糊的“商业服务部门”——比如商业研究和公共关系、广告代理、劳工关系，以及大众传播媒介和娱乐性企业中。他们的头衔很可能是“董事长特别助理”、“总经理顾问”或“管理和工程顾问”。对于那些走红、年轻、受过教育的人来说，这些领域提供了意蕴无限的机会，只要他积极肯干和明了事理，同
95 时科层体系中的首脑人物也不怀疑他。新企业家们总有一天能够使这些领域成为惯例，但是，在完成这一任务的过程中，他也会嵌入其间。

新型企业家面对的通常以各种方式重叠在一起的那些领域，常常具有很大的不稳定性，并且是新近发端起来的：(1)在各种不同的企业科层组织之间，以及企业和政府之间的协调部门；(2)公共关系领域，它

涉及向潜在的局外人解释各种新权力的合法性；以及(3)在最近1/4个世纪中成长起来的新行业，尤其是那些出售无形服务的行业，如广告业。

老式企业家们通过建立新公司并拓展其业务来获取成功。官僚们则找到一个前景看好的工作，再在一个预先安排好的等级阶梯上一步步向上爬。在既定的科层制度之内及其之间，新型企业家们形成了一种向上爬的“之”字形模式。经典的小商人们生存于一个与小溪中任意排成行的牡蛎一样的世界中，和他们相比，新型企业家们则要在另一个世界中打拼——那里的珍宝全都被人攫取，并被严加看管。在那里，他能够施展其主动性的唯一途径就是为当局服务，以获其所得。通过在不同的大公司之间、在整个商业和公众之间“打点”，他来为他们效力。

他能够步步高升是因为：(1)当权者并不期待事情能够合法化地处理；(2)这些人知道恐惧和内疚；以及(3)他们的个人名声常常并不十分显赫。你很难用肯定的口气说，新型企业家们生活在这个世界上是靠他们自己的才智，还是靠他人缺少才智。然而，说到有什么忧虑的话，可以肯定的是，虽然他有可能依赖自我激励，但是如果没有权势倾城的委托人或客户的大量存在，他肯定一事无成。

巴尔扎克笔下那个被19世纪前25年法国政治事件的潮流抛出来的德·吕布发现，“权力孕育于清洁女工的需求之中”。像德·吕布一样，美国的新型企业家们也是“机敏的向上爬者……他的职业除了实用的帮助和斡旋以外还有第三项——即对权力的固有毛病提供无偿的劝告……他首当其冲地承受了最初爆发的失望和气愤；他以上司的乐为乐，以他的忧为忧……他的天职就是奉承和劝告，以奉承为掩饰提供劝告，以劝告的形式表现奉承”。 96

在新的社会中，与新型企业家身份相匹配的才能和智慧常常是危险的。具备才智但无权势的人举手投足必须做得好像那些当权者也具备同样的质素。他必须把好主意归功于上司，为糟糕的事情训斥自己。进行评判的经理和进行创造的脑力劳动者之间的分歧十分尖锐，并且很容易找到一个现成的理由："那么我是写一个广告作品，还是制作一个东西呢？"在近期有关新型企业家们的一个令人不太愉快的传言中，一位客户经理（AE）这样问道。"我对[那个]广告客户使了点颜色。接着他又问我，按你的判断，我是否应该在你创作的这个广告节目上每年投一百万美元呢？想一想，艺术大师？实际上，我根本无从判断。我不可能占着批评的位置。说简单一点，我不是经理。"

作为竞争者，新型企业家是其为之效力的科层体系的代理人，他竞争的目的是为了博取那些操纵着这一制度的人的好感和偏爱；他之所以有机会，是因为存在着若干盘根错节交织在一起的私人和公共的科层体系。与那些卑微的小白领职员不同，他们不常待在任何一个企业科层制中；他们的人生道路在科层系统的内部及系统之间，虽然步履艰难但却有着预定的节律。他在大企业和联邦政府的管理机构（尤其是其军事机构和政党）之间蹚出了一条驾轻就熟之路。

在较高的管理层中，权力、安全和升迁都建立在对其所属公司的忠诚和对其内部有价值的机密（这正是其他公司或政府想要了解的机密）了解的基础上，这种忠诚和了解交织在一起，而权力、安全和升迁三者之间则具有一种精致的平衡。虽然从任何天机不可泄的意义上说，这不是什么"机密"（尽管存在着纯粹的叛变行为），但对那些不在此范围内工作的人根本无法接近的意义上说，则是一种机密。在科层世界中，个人的经验常常受到控制；聪明的总经理都会利用他的正式权力地位垄断与重要客户的接触机会，以压抑企业家的趋向。设法通过摆脱控制来获取经验正是新企业家们的重要特征。

许多例子表明，那些对某个政府管理机构的机密和程序了如指掌
97 的人，从其职业生涯的意义上说，对政府机构并无忠诚可言。他们的忠诚更多地属于他们意欲归属的商业体系。这是一种20世纪的机遇结构。这些"政府里的商贾"的修业内容十分相似：他们自全美工业复兴协会（NIRA）成立以来，便频繁出入华府，供职于各种顾问委员会，挤进了商业部的各种委员会和战时生产委员会，与某个中型或大型工商

企业保持着密切的联系。在过去15年里，这个互为联系的世界真的出现过成就一番大业的机会。

在所有的层次中都不乏这种良机。在下层，一个物价管理局(OPA)所属部门的主管可能会为商行对付物价管理局提供某种商业服务——作为物价管理局的一种缓冲，逐渐地，这便可能发展成一项管理咨询服务。然而，在战时和战后，在中心地带却一直活跃着大规模的商业活动。比如，对剩余财产的处理弄得十分复杂，以致连“政府”都搞不清楚究竟是怎么回事。它的外壳仅仅是被擦破了，但公布证据时却说，从数千美元投资已经赚了数百万；材料供应商从政府手里买来剩余机械，反手再把它卖给政府；从海军手里买来再卖给陆军，不一而足。一些鸡鸣狗盗之徒被抓获了，而那些非法的掮客大鳄们(big fixers)却可能永远也抓不着，因为在战时他们不过和往常一样与政府做着生意。

在新型企业家们短暂的历史中，首屈一指的人物大概当属托马斯·加德纳·科克伦[“软木塞托米(Tommy-the-Cork)”]。他曾两次出任罗斯福总统的“首席顾问并且是……处理麻烦的快手……他的财产价值连城，不论在联邦政府的内部还是外部，他对整个华府机构错综复杂的运作机制了如指掌”。正如《纽约时报》的约翰·H.克赖德所说，一个为政府四处打探的天才观察员，“对联邦政府各个关键岗位上的人进行准确评价负有个人责任……同外界的其他任何人相比，他在政府里是通天的……他总是在幕后为总统效力，在受雇于政府时拥有诸多头衔，包括顾问……助理……特别助理，等等”。离开政府部门的岗位(每年仅付给他的一万美元)，他可以做律师或供应商，多挣十万美元。 98

那些“掮客们(fixers)”总是怀抱这样的想法，在科层世界里凡事都不会通过合法途径得到迅速的解决。对他们来说，讨价还价的权力和收入的来源源于无形的接触和“信息通道”，而非有形的财产。然而，就工作精神和作风而言，作为企业家他一点也不逊于小业主；他利用自己的主动性、欺诈和狡猾来创造前所未有的某些东西。当然，他不具有一度曾由财产所有权提供的安全；而这却是使犹太人东奔西忙的原因。

然而，就成功而言，风险是不能和收益相提并论的。

当然，有时新型企业家的确成了腰缠万贯的富人。为了分散风险，同时抓住成功的良机，他能够明智地将财产抽出放入各种股票债券之中。如果他不从事资本投资，其成功在相当程度上就是他的内在价值的度量，这意味着他的创造能力无可怀疑。像那些更富于英雄气概的老式商人一样，他努力在折腾点什么。和他们一样，他也从不放过任何赌博的机会。

老式工业大亨的权力据称有赖于其工程管理能力和精明的金融手段。理想型官僚们的权力则来源于他占用的办公室所赋予的权威。管理领袖的权力有赖于其对老式工业大亨积累起来的财富的控制程度，并通过一个有保证的纳贡理性系统而获得强化。起码在最初的时候，新型企业家的权力有赖于其人格及运用自己的人格来操控大亨们焦虑的技能。权力的集中就这样改变了竞争的特点和更为广泛的含义。新型企业家的成败更多地取决于他所熟知的垄断大亨的个人忧虑和决策，而不是非人格市场上的“供给与需求”。

无论新型企业家还是普通白领工人的职业生涯都受控于其他有权势的人。但在这两者之间还是有些区别：白领雇员的谄媚行为规模不大，而且往往缺乏想象；他们是稳定的科层集团中的一员，其主动性不受自己生活的掌控。而腐败的新型企业家们却出没于各种科层体系充
99 满欺诈的边界上。

由于出手大方，在公众的眼中，新型企业家们被视作“掮客”（与他效力的那些受到尊重的商人常常连在一起），甚或被视作暴发户或骗子：对于那些相同的崇拜创新精神的公众来说，当他们发现那个成功的巨头完全靠的是他们时，他们当然会激怒了。一个默里・加森会俘获多少人呢？加森利用印在信头上的公司头衔，从战争的承包合同中获利 7 800 万美元，这使得推崇胆量、成功和霍雷肖・阿尔杰传奇的那些相同的公众气愤不已。在一个不断扩张的体系中，收益似乎是与所有人的福利相契合的；而在一个封闭的体系中，收益则是通过让某人上当

攫取的。因为没人为新的环境制定规则，你就很难划清合法与非法之间的界限。进一步，这类道德问题注定要受到商业的规模和交往的稳定性及可信赖性的影响。

新型企业家们的迷狂大概部分应归咎于他们对自己的作用将会消失的忧虑。他们为大亨们做的许多工作现在已成为工商企业标准化的一部分，它不再需要企业家们的天分，并且可以交给价格更便宜也更可靠的白领职业者去完成。大公司逐渐地靠自己的才能打入那些由新型企业家们开辟的领域。就此而言，新型企业家们成了红人，而作为挣薪水的雇员，他们则成了管理干部中的稳定成员。

在更加严格的科层环境中，一个既定管理者具有的交往的价值以及他所了解的机密明显地减少了。管理等级体系的理性化降低了任何个人全面掌握全盘情况的机会。了解全盘情况，并通过告诉某些人有关的情况来为上司效力——在适当的情况下当然也为自己效力，恰是没有明确的科层角色的托米·科科伦所为。在萨默维尔将军似的经理类型中，经理控制的部门垄断了全面了解事物的机会，并每月向所有的经理报告一次进展。 100

理性化禁止洞悉全豹：通过将那些具备轮换系统和对分支部门控制的组织理性化，顶层的官僚可以控制下属的视野。那些不愿意参与游戏的“企业家类型”将可能会被排斥于内部情报系统之外。像它以前的日用品市场一样，人格市场的最高层次也完全可能成为被操纵的对象，而不是一场由狡猾的欺诈和史无前例的创造性等构成的自由力量间的博弈。

5. 管理者的权力

毫无疑问，大企业的管理者已取代工业界的大亨而成为现代资本主义显赫的核心人物。他们是新社会的经济精英；他们是想有什么就差不多能有的人；是负责人和事，并制定大规模计划的人。他们是高高在上的老板、大款，是一言九鼎的权威。但在事实上，现代商业的“顶端”极其复杂：与公司的高层经理们并驾齐驱的是分散的一群群所有者，在他们之下，则是上层管理雇员组成的层级。

随着现代企业日渐扩大，任何既定企业的所有权都在扩展，而“所有者”直接经营的权力则在减小。* 工厂、公司和国家经济内部的财产权常常会变成间接的，而工作则要通过一系列新的代理机构去做。财富的所有者并不自己向工人发号施令：工人太多，所有者也不够集中。进一步，即使从技术上说个人发布命令是可能的，为此目的雇佣他人还是要便当得多。甚至在“所有者责任”受到限制之前，亚当·斯密就通过写作宣称：“大多数所有者都很少会佯装懂得公司经营的各种事
101 情……这样，他们为自己少了许多麻烦，但每半年或一年却会欣然收受董事们认为该付给他们的红利。”

管理者和所有者分离的事实，以及所有者拥有权力的间接性，长期以来已广为人知。然而，至少从 20 世纪开始以来，这类事实却被广泛地和错误地视为已经和正在进行的“一场管理革命”，而大财主之后取而代之的大管理者们则被内定为下一个统治阶级。

当所有者和管理者不再集于一身时，管理者并没有剥夺所有者，拥财自重的企业对工人和市场的权力也一样没有减小。权力从没有和财产分离；财产权要比其所有权更为集中，如果这似乎是非民主的，那么民主的阙如就发生在有产阶级内部。范·斯韦林根兄弟凭 2 000 万美元就控制了价值 20 亿美元的 8 条铁路；这虽仍然需要 2 000 万美元，但他们行使的权力却是 20 亿美元才能够行使的权力。

财产所有权所带来的各种权力都是去个性化的、中介性的和隐匿的。但是它们并没有被缩小，也没有降低。何况任何已发生的革命，诸

---

* **所有者**是那些能够合法要求分享利润，并期望企业的经营者能够为他们的最大利益行动的人**管理者**则是那些对企业施以控制的人，是企业的经营者。

如管理革命或是其他什么革命，都涉及私有财产制度的立法措施。一个巨大而复杂的工商科层体系正在财产所有者之下形成。但是，支配这条命令链的权力，合法地通往支配这些科层体系的权威地位，本身又都是财产所有权的权力。股票持有者既不愿意也无能力对他的所有权进行运作控制，这是确凿的事实。而管理者的权力也不取决于他们自己的个人所有权，这同样千真万确。但是却不能由此推论，在所有权和对大公司的控制之间不存在功能关系。这样的推断瞩目于人事问题，而忽视了立法和制度。

作为一种经营兴盛的公司，财产意味着，如果有必要的话，所有者可以运用暴力胁迫那些没有财产但要使用它们的人。凭借合法的所有权，一个人可以借用政治势力去驱逐和惩治任何人，包括先前的所有者和他们的全部管理人员，以及那些欲图攫取财产控制权的非所有者。即使“所有者”的权力真的已被管理者剥夺了，也并不意味着他们的财 102
产被剥夺了。任何所有者如果能够提供证据说明其财产被管理者“剥夺”了，他都可以起诉后者并把他投入监狱。

在所有者和管理者之间发生的这类权力分配上的变化，无疑既没有摧毁有产阶级，也没有削减其权力。所有被假定奠基于“一场管理革命”的信念之上的那些结构性变化，可以更准确地理解为：(1)整个有产阶级内部在经营权力分配上的一种变化；以及(2)财产关系的一种总体性的科层化。

在工业有产阶级内部发生的变化是以这样一种方式来进行的，即将权力的实际行使托付给等级系统；企业家的职能被科层化了。但是，在科层体系中位居要职的是有产阶级的权势成员。他们从财产制度中获得了行动的权力；他们的确在尽可能地以这样一种方式举手投足，他们深信这种方式是符合私有财产体系的利益的；他们确实感到无论从政治上、从地位上，还是从经济上说，这都是与他们的阶级及其财富来源相和谐的。

观察者们常常会因为意识到这样一些事实而感到瞠目结舌，即财产赋予的直接权力或可以委托给他人，或在某些情况下也可能被高层雇员和少数所有者帮派所篡夺。当他们关注科层化的大型商业的庞杂和繁复的形式时，常常会忽略权力的来源和财产的含意。财产的“所有制”和“控制权”之间的分工并没有减少财产的权力；相反，这种分工甚至可能强化财产的权力。不过，它的确改变了这一权力的更为直接的行使者的人事构成、机构组织及其财产地位。

如果各种美国公司大权在握的官员们不像工厂里的老式所有者那样行动，不从个人的所有权中获取自己的权力，他们的权力就依然只能依其对财产的控制而定。他们是私有财产的管理者，而如果私有财产遭遇“废除”，他们如果还有任何权力的话，就将奠基于某种其他的基础之上，而他们也就会盯着其他权力来源了。虽然这些人中有许多可能
103 会继续担任工厂和矿山的经理，但这已成了一个新的政治问题。

我们说管理者是私有财产的管理者意味着，首先，他们欲图信奉的原则不是那些管理公共财产的人在预算时的考虑，而是如何在最大限度地实现利润的前提下使用权力的问题。其次，这意味着财产制度决定了管理者对谁负责：当前全美经济委员会（TNEC）的经济学家们总结道，“他们要对所有者中卓有成效的小集团负责”，同时也要“在总体上对有产者”负责。管理者蓄意反对大有产者的财产利益的事情闻所未闻。当他们照料财产时，其行动必须从这些财产的利益出发。这就是事实，无论他们的行动涉及工厂的工人，涉及有竞争关系的公司，涉及政府，或涉及其公司产品的消费者时都是如此。当然，许多拥有股票、债券和其他借据的人现在确实拥有十分充足的便利，对权力的分配产生影响。但是，这仅意味着管理者是巨额财产的所有者而不是小财产所有者的代理人。公司的管理者是那些拥有最为集中的财产的所有者的代理人；他们的权力源自那些奠基于作为一种良性运行体系的财产之上的各类组织。

人们常常将“管理者”视为具有某种自主目的的科技专家或管理专家。但是，他们并不是主管技术的专家；他们是财产的执行人。他们主

要关注的是资金和赢利，而这恰是所有者的主要兴趣。被认定取代了所有者职能的那些管理者们，在履行这种职能时怀有的热情实际上不亚于甚或要超过任何所有者。大财阀和他们的主事经理之间的个人关系当然不必成为“权威型”的，除非所有者及其董事会对利润盈余表发生了兴趣，并据此来评判他们的经理，就像事实上经理们也这样自我评判一样。当代理人将外部的权威加以内化后，其存在就不必要了。

工业和金融的管理者其行动必须与财产的利益相符，而不是与“独立的”目的相符，吞并和建立巨型企业的动机表露了这一点。到了19
世纪末，美国的工业合并在许多行业中已经十分普遍，足以实现大规模 104
生产的主要技术进步。第一次世界大战前触发托拉斯运动的主要原因不是对技术效能的需求，而是“金融和战略上的利益”。不断扩展的企业规模往往可以使内部的企业家和外部的金融家操纵资金和权力，以实现自己致富的目的——当然，还包括对竞争的抑制以及获取促销和保险的利润。在工业领域，那种为了提高生产率而进行的功能合并，主要发生在某个具体的企业内部，而非不同的企业之间。

这里的问题在，管理者是否能在改变了所有者实现其职能的情况下，实现企业家的职能。但是，当私有财产制度、财产的权力以及企业家的职能都还保留着的时候，他们怎样才能这样做呢？管理者，一如爱德温·诺斯所观察到的那样，依然被视为“在其管理下公司的经营赢利与否的证据……”确实，管理者个人并不拥有其所管理的财产。但是我们不能根据这一事实推断他们个人不属于有产阶级。相反，与大多数人口相比，他们确实成了非常有钱的那个小圈子中的一部分。年收入75 000美元以上的公司管理者，其收入起码有2/3来自他们掌管的财产。最高层的经理们（也许是最“有权势的”）无论在政治上还是在社会上都是与其他巨额财产的所有者相协调的。他们往上爬的想法就是进一步融入巨额财产所有者的圈子。通向财富的那条老路是兴办企业并把它张罗起来，随着它的扩张而晋升到较高的阶级地位上去；现在这条路几乎已被完全堵死了。在巨额财产的科层制度内部，通往有产者圈子的道路，更可能是通过谋求管理职位和(或)凭借适当的婚姻。

“管理者”中流行的公司间相互投资和兼职倾向使之作为一个阶层与有产阶级更为合拍。在其他企业拥有171个董事席位或其他职位的
105 美国电话电报公司，其一小撮官员和经理们拥有的并不单单是“荣誉性地位”；互兼董事的那些公司其业务也搅和在一起，他们相互关照；与财产利益有关的某种共同体，以及与尖锐的竞争性冲突有关的某种解决手段，便可能以这样的方式产生了。联合进一步促进了“与所有权而不是与工厂生产过程的和谐一致”。其目的进一步成了垄断全国市场以及财产的有利可图的合并。

作为杰出创业者和创利者的大商人形象，正如我们曾经提及的老式工业大亨，已不再吃香。高层经理和生产与工程的关系是财务性关系。就权力而言，他与工业管理者的关系，和政治家与政府官员的关系，或和当选的劳工领袖与其任命的专业骨干的关系没有什么两样。公司官员掌控着最后的决定权；因为在财产权利的科层化过程中，他代表着大财阀；在和主要所有者的关系上，他享有地位平等的待遇，属于他们的俱乐部，为他们的利益东奔西忙。

在政治领域中，没有一个美国经理人会站到作为一种制度的私有财产利益的对立面上去。作为这种制度的主要捍卫者，无论在语言上还是在实践上，管理者与派生出其权力的任何大私有者都有着类似的政治心态；而他目前的状态持续得也不会比作为一种制度的财产更长。如此，虽然财产的科层化涉及高层雇员的权力分配问题，现代美国公司的经理们却组成了一个完全可以依赖的委员会，来管理各种事务并推进整个大有产阶级的共同利益。

就人们可以按自己的意愿运用其财产或运用其为所有者管理的财产干点什么来说，他们确实拥有凌驾他人之上的权力。财产规模的变化和分配导致了某些人权力的增加，以及相应的另一些人权力的丧失。这一变更从分布广泛的企业财产直到范围狭窄的阶级财产。财产所有权现在所具有的含义要远远超过对拥有的东西具有某种权力；它意味

着对没有这些东西的人具有权力；它筛选出能够发号施令者和必须服 106
从命令者。

6. 三大趋势

管理官员们已经逐渐形成了越来越能体现其意义和状态的三大趋势。当管理官员们四处充塞时，(I)其较高的职能，当然也包括其等级体系中较低级的职能，获得了理性化；随着这一过程的发生，(II)企业和科室成了人们顶礼膜拜的对象；以及(III)从上到下，权力的行使形式都从明确的权力转变为一种控制。

I. 公司结构的理性化，甚至在高层，也不可能寄宿在某个活生生的人的大脑之中，相反它藏匿于一个由整打的经理、职员和专家为之效力的核算系统之中，不过这中间的任何一个人都无法了解其全貌或其可能含义。这个企业的创办人，如果曾有这么个人的话，可能也早已黄鹤一去。弗朗兹·卡夫卡曾经写道："……我们行政机构的一个独有特征。除了其精确性，它还有高度的灵敏性……突然在转瞬之间，在无法预料之处做出了这一决定，而且此后再也无法寻觅。这样一种处置问题的决定，即使在大部分情况下都是正确的，仍然具有专断任意性。似乎行政机构无法再忍受任何紧张，由同样的事务——可能是其自身的琐碎之事——引起的经年累月的烦躁，便在不借助官员帮助的情况下，由其自身碰巧找到了解决之道。当然，奇迹并没有发生，而且可以肯定地说，是某些职员碰巧发现了这些解决之道或未成文的决定，但在任何情况下，我们，至少是现在的我们，甚或最高层领导，都无法了解是哪个职员在这种情况下、依何种背景做出了决定……我们永远无法了解这点；而且，迄今为止它还很少引起人们的兴趣。"

不断增长的情况似乎是，所有的管理者都成了"中间的"管理者，他
们不是以一种允许他们担负集体责任的方式组织起来的。一如埃德 107

蒙·威尔逊观察到的那样，他们组成了“美国的资本主义社会”，一个巨大的推卸责任的系统。

在商业体系中，部门经理、楼层经理和推销员代替了批发商；在工业中，工厂的工程师和领班代替了制造业主；实际上，在经济领域的所有等级中，中间管理者都成了没有终极责任感和最后决断的常规化的一般职员。在总经理们中，劳动的社会和技术分工切断了独立的创造精神的神经。当决策被分解开来并由多人分担责任之时，以及当管理的整个职能得到扩展之日，档案柜及其随员便插入到决策者和他的执行手段中间。

有人开始为每一位管理干部制定了一种“存量管理（inventory control）”系统——就像美国航海学院所做的那样，并且“在公司中对担任监督工作的每一个人进行详细的一对一分析”；在面访“他、他的上司、他的下属，以及可能再做一些科学测验”的基础上，将每个人划分成“可提升的、令人满意的和不令人满意的”；为“每一个可提升者”和“应该剔除的无用者”制定出具体的时间表。因为高层经理不可能恰当地照应市场，同时管理他们的“庞大的科层体系”，他们将高层加以理性化，把自己分派到董事会、执委会、权力机构、监委会以及各个部门；这样，在从开放的职业市场向有效管理的人员选拔和控制的转化中，组织专家成了管理干部中的关键人物。这个行政官员，一种管理者的管理者，以及其他人事管理人员，接下来也被合理化，并获得了一支研究人际关系的工业心理学家和研究者队伍，后者擅长的领域包括个人特征、习惯以及技术能力。这些官员和技术人员体现了现代组织中大众生活的“个人误差（personal equation）”的真实含义：它的所有高级职能都经历了理性化的过程。

II. 在管理官员当中，资本主义精神本身被科层化，而企业则成为被崇拜的对象。亨利·福特说过，“人们对大企业具有某种神圣感。”1908年，沃尔特·拉斯诺写道，“企业家的工作对象，他的忧虑、自豪和
108 渴求的对象，正是他的企业……企业似乎形质同具，任何时候都与他同

在；而且凭借他的簿记、他的组织、他的分支机构，使他有了（就像它过去那样）一个独立的经济实体。企业家全心全意地献身于这样一项事业，即使自己的企业成为一个欣欣向荣、健康和生机勃勃的机体。”这就是他的活动的内在的、类似拜物教的含义。

沃纳·桑巴特曾经表明，大企业是如何以非个人的方式继承了在资本主义早期由企业家个人培育出来的那些审慎美德的。勤俭、节约、诚实，已不再是管理型企业家们必备的美德。这些美德一度存在于个人行使其意志力量的范围内；现在则成了企业机制的一部分；它们“已转化为商业利益”。它们过去是“人的特质”，现在则成了“商业方法的客观原则”。当“勤勉的商人抱着自觉的主人翁意识日复一日地工作”时，有必要在人们的意识中“灌输基础稳固的义务感”。但是，现在“由于不由自主地受到经济活动压力的裹挟，企业家们的工作陷入高压之中”。当企业家管理企业和其个人“持家”无法分开时，节俭是有必要的，但是现在“持家”已被严格地撇出，而节俭的企业也可能出现大手大脚的公司经理，只要他愿意挥霍。如此，“作为一个人时企业家的品行就可能与他作为一个从商者的品行迥然不同”。关乎宏旨的仅仅是公司的名声，而这名声与公司领导个人的企业家天分无涉，它有赖于企业的日常运作以及对恰当的公众形象的细心呵护。

无论业主、经理、职员或工人的个人动机可能是什么，企业自身终将成为具有自我动机的自主实体：为赢利而控制世界。但是这一动机体现在理性化了的企业身上，它追求的是安全与稳定的回报，而不是冒险取巧。

正如工人不再是机器的主人反被机器所控制一样，中产阶级也不再是企业的主人反受控于企业。老式企业家的恶习与美德都已经“被转化为商业利益”了。那些充满侵略性的商人——曾被赫尔曼·梅尔维尔视为行走于 19 世纪的扩张性社会边缘的贪婪、狡诈的动物——在 109
20 世纪的社会中却被白领管理者和职员所取代，后者作为个人可能既不贪婪也不具侵略性，但是他们却常常使那架机器按照“贪婪和侵略性”的方式运转。那架商业机器使贪婪常规化，使侵略性变成了组织的非个人原则，而这些人则不过是这架机器上的轮齿。

科层化企业本身为企业和政府官员以及整个职员和簿记员世界所确定的步调，甚至就像工人的行动必须完全与机器的转动和领班的命令合拍一样。既然它的每次活动的目的都必须和其内在的主要目的相关，企业的目的最终就将成为人们的动机，反之亦然。他们受制于规章的行为方式，也就是企业的行为方式。因为他们的权威并非源自他们个人，而是源自其办公室，他们的权威自然属于企业。他们的地位，以及他们由此与科层体系中的其他人的关系，本质上说都源自公司门楣上的名称：企业及其董事会是一切荣誉与权威的源泉。他们获自上级的安全感和他们对下属的权威均出自企业的规章制度。他们真实的自我形象，他们的所作与所欲，都派生于所在的企业。他们知道企业的某些（虽然不是全部）秘密，而他们的职业生涯将循着企业的规则、在其内部按照等级不同的轨道发展。他们与他人的竞争角逐，只能在这些规则内以非个人的方式展开。

III. 强制，这样一种权力的终极形式，涉及掌权者运用物质力量；那些不能用其他方法施以影响的人，需用物质手段加以处置，或以某种方式影响他们的意志。权威涉及权力较小者或多或少的自愿服从；权威的问题即在于找出谁服从谁、什么时候，以及为何原因。操纵则是对权力的隐秘或非人格方式的玩弄；受到左右的人并未被明确告知该做什么，但他仍然屈从于另一个人的意志。

强制在现代社会中受到民主国家的垄断，在十分罕见的情况下人
110 们还会持续不辍地需要它。但是那些掌权者往往会以隐秘的方式行使强制：他们已经并仍然还在将权威转化为操纵。这种转变不仅涉及现代社会的宏大科层结构——这些结构本身既是操纵也是权力的手段，而且还涉及大众传播的手段。管理官员已渗透到观念和感情之中，甚至卷入到既定的情绪和气氛之中。

在明白无误的权威体制下，在完满而稳固的19世纪，殉葬品们知

道自己正在受害，无权者的痛苦和不满表露无遗。在变化无常的20世纪中，操纵取代了权威，殉葬品们对自己的悲惨境遇茫然无知。由最新式的心理学设备承担的常规目标，就是将管理干部希望人们所做的一切内化到他们的言行之中，尽管他们仍然有自己的动机，但却意识不到。许多鞭子悬于人们的心里，但他们对它们是怎么进去的、甚至是否真有这些鞭子毫无察觉。从权威到操纵的转变过程中，权力从有形变为无形，从知名变为匿名。伴随着物质水平的提高，剥夺的物质性越来越弱，心理性却越来越强。

我们不能够再将权力问题简单地视为从强制过程向应允过程的转变。同意权威这项工程已经成了一种操纵，在那里掌权者是匿名的。非人格化的操纵比强制更为可怕，因为它是隐蔽的；你无法锁定敌人，也就无法向他们宣战。攻击的目标无法找到，人们失去了确定性。

在一个由庞大的抽象体系支配的世界里，管理者可能会因为条例而变得冷冰冰的，他们做的事，地方长官或顶头上司可能永远也不会做。他们与社会的隔膜导致他们无论面对下层社会的贫困生活还是上层社会的愚蠢时都无动于衷。我们所指的不仅是那些负责策划的科层体系和沟通机构的管理者（虽然确实有这种人，并且他们的意识形态确实是一种操纵的意识形态）；但我们更想指出的是，这个体系的社会控 111
制中灌入了种种无责任感的因素。

从与个人无涉的意义上说，这种经过组织的无责任感是任何一个现代工业社会的主要特征。个人无处不面对着一些似乎十分遥远的组织；面对着管理干部及其既操纵他人又受制于他人的下属，他感到自己像个侏儒，孤立无助。

公司中科层化了的财产权利，并没有减弱权利；事实上，科层制度增加了财产权的使用和保护。虽然国家意欲控制权力的均衡，但一个人必须检查其主要的人事招聘，并控制其政策对各个阶级的实际影响，以便理解它所具有的权力的来源。

科层制不仅有赖于各个阶级，它还组织了各个阶级之间的权力斗争。在企业公司内部，人事行政部门控制着聘用的条件（正如工会那样），在其中也应该存在着某种联盟：这些科层组织为谁应该干什么，应该得多少钱而明争暗斗。政府机关也越来越多地开始利用这种争斗。从更为一般的意义上说，政府是通过税收、价格和工资来管理整个阶级的，它控制着谁可以得到什么，在何时得到，以及怎样得到。现行的方式不是传统的子承父业式的继承，或是在一个开放市场上自由地选择职业，而是由教育机构和职业指导专家来训练并安排具有不同才能、阶级地位不一的人进入预设的等级体系。再者，在公司内部，作为大众民主的科层管理的一部分，高低不同的等级体系使得阶级状况不再铁板一块，就像通过精微的渐变将一大堆同质物体置放在金字塔基上一样。老式企业中传统的、常常是家长制的纽带，在新式企业中被理性的、有计划的联系所取代；而理性化的体系掩盖了它们的权力，使人无法看到其权威之来源，也无法了解它的计划。马克思在 1842 年写道，整个世界是科层制欲图操纵的目标。

第六章

旧职业和新技能 112

在美国,不同的职业阶层就像不同的智力那样,是获取收入的等次席位。在这些需要专门化、系统化而且往往是长期训练才能获得的职业内外,文理科的最高技能经历了全社会的组织和应用。它们最为鲜明地昭示了始终被视为西方文明的特殊标志和基本荣耀的理性主义精神。如此,其社会基础和社会构成上的任何变化都会通过这样或那样的方式,通过西方社会的技术、艺术和智力感觉的层面反映出来。

在 20 世纪的各个社会领域中,没有哪个领域像职业领域一样,在老式中产阶级向新式中产阶级状况的转换中,经历了如此明显的变化,而其中的每一个变化又都是那样的广袤和深远。大多数专业人士现在都是工薪雇员;许多专业工作互不搭界,它们经过标准化并被纳入到经过培训的技能和服务的新等级组织之中;深而窄的专业化已经取代了自我培育和广博的学识;助理们和其他辅助性专业人士承担了日常琐碎的尽管也常常是错综复杂的工作,而成功的专业人士则变得越来越精于管理。在某些领域,这种转变如此重要,以致理性化本身都似乎被从个人手中褫夺过来,作为一种新型的脑力被植入睿智的科层制度当中。

然而,老式的专业中产阶级仍在顽强地坚守着。当诸多工薪专业

113 人士极其鲜明地体现出科层制的存在方式时，许多仍然享有自由的其他专业人士，尤其是医生和律师，已经通过一种奇特的方式形成了私人实业实践的一种新模式。

科层制和商业化，这两个并存的主题将引导我们去洞悉今日美国职业领域的奥秘。

1. 专门职业和科层制

大多数老式专业人士长期以来一直是自主从业者；而大多数新型专业人士一开始就是工薪雇员。但是，诸如医学和法律领域的旧有职业，现在也被管理官员侵入，被辅助性专业人士和助理们所包围。旧式从业者的办公室就这样被医疗诊所和法律工厂所取代，与此同时，更新的职业和技能——如工程师行业和广告行业，则直接归并到由工薪脑力劳动者组成的新型社会组织之中。

在新社会中，老式中产阶级的自主专业人士还不至于完全被新的群体所包围和取代。事实上，在以往的两代人中，自主从业者在总的劳动力中一直占有相对稳定的比例(大约为 1%)，占中产阶级总数的 2%左右。然而，与此同时，工薪专业人士在总的劳动力中所占的比例则从 1%增长到 6%，在中产阶级中的比例更是从 4%增长到 14%左右。专业人士阶层的扩大无疑是其新中产阶级之翼的扩大。即使在 1870 年的老式中产阶级世界中，工薪专业人士(主要是护士和学校的教师)也构成了专业人士阶层的主体；仅有 35%的人是自主从业者。但是，到 1940 年，自主从业者下降到工薪专业人士的 16%。

新的专门职业技能的增长，是技术革命及科学在更为广泛的经济生活领域渗入的结果；也是需要专业人士来掌管那些为应对技术环境的复杂性而发展起来的复杂的制度化机构的结果。如此发展起来的新的专门职业技能，一方面集中于商业管理、大众传播媒介、控制和娱乐

机构，另一方面则集中于工业流程、工程公司和科学实验室。在技术和 114
人两个层面上，电视、电影、收音机、畅销杂志以及收集社会与技术有机体方方面面事实的研究机构的出现，带动了许多新的专门职业及更多的附属职业的兴起。

老式专业人士组成的中产阶级从来都不需要占有财产，但是无论其谋生手段是否归自己所有，他们的工作单位较小，便于个人管理，因此在日常的决策中，他们的工作具有高度的独立性。他们根据市场状况和个人意愿，自己决定收费或酬金的多寡，调整工作时间及工作条件。

当旧的职业与新的技能都渗入到新中产阶级的状况之中时，专业人士们开始更为依赖新的技术组织和大型机构，而这些人就存在于后者的日常运作之中。他们在某个部门工作，归属于某个经理的领导；同时，他们的薪水通常挺高，他们是工薪阶层，其工作条件是由规章决定的。即使他们有权决定一帮助手怎样干活，他们干点什么也是由他人决定的。如此，他们本身也成了管理官员的一部分。

当新老中产阶级的专业人士都开始依附于各式各样的机构时，他们配备了许多助手。与旧式的职业学徒相比，这些人不必，甚或通常也不需要被培训成自主的专业人士。这样，医生们能将自己的一部分工作交给受过训练的护士、实验室的技术员和理疗专家。政府的部长们，或情愿或不情愿地，将他们原有的一部分职能交给社会工作者、精神健康福利工作者和教师。法律合伙人将挑战性小的工作交给职员和工薪助手去干。在大学里，那些独立工作的学者成了研究的负责人，他们各自带着一批各司其职的工作人员；与此同时，剩下的那些独立工作的学
者则接受着人们对精通某个狭窄的专门领域的专家的尊敬和认可。与 115
研究生们在一起的是研究技术员，她们可能根本就没想过要成为独立工作的学者；她们脱离机构和组织就无法工作。在独立的作曲家和听众之间，存在着大型的交响乐团、无线电网络以及艺术界的老板，后者管理着日益昂贵的演奏手段。实际上，在每一个职业中，管理官员都致

力于建构各种由智力技能组成的灵巧的科层制度。

现在，科层制度渗入到所有的职业中，许多专业人士承担起了一部分管理官员的职能。但是，这并不意味着专业人士已不再是企业家了。事实上，与其说新技能群体中的许多人像科层制度的管理者，不如说他们更像企业家，而许多从事老式自由职业的人仍然是自主的从业者。科层制方式并未取代企业家作风；今天的专业人士阶层在相当程度上代表着这两者的丰富多彩的结合：在最底层，比较缺乏技术的职员——专业人士阶层的新成员们，已经开始并持续经历着科层化的历程；而在上层，自由职业者和工薪专业人士则在努力适应在工作中出现的各种新情况。

2. 医　学　界

医学领域的白领世界仍然由企业家式的医生控制着，同时，正如L. W. 琼斯所观察到的那样，“他的意识形态仍然占据着统治地位”。然而，一方面靠着正规集中起来使用的技术设备，另一方面靠着保障和维护医疗实践的非正规组织，企业家式的医生们在经济和意识形态方面的自给自足精神几乎消失殆尽。

医学技术理所当然地被集中于医院和诊所；在诊断和治疗方面，私人从业者必须依赖昂贵的设备以及专科医生和技术人员。他也必须依
116 赖与医学等级体系中地位不同的其他医生的关系，来开拓事业并保住自己的主顾。因为医学在技术方面已变得十分专业化，建立某种渠道使患者和能够帮助他们的医生接上关系就变得十分必要。由于缺乏这种送达的正式途径，医院内外的非正式的医生团伙就承担起了这一职能。

医学界的科层化趋势是通过昂贵和曲折的方式体现出来的，但是现在已经能够说的是，年纪大的全科医生如果不是小城市里的老式家

庭医生,就是缺乏资金、技术或关系实现成功的专业化的年轻医生。大众传播媒介中对老式乡村医生的赞美引发了人们的怀旧情绪。这类医生,以及各种私人全科医生,都已经被医学科学的进步远远抛在了后面。在这一进程中,专科医生在制度背景下仍然是一个自担风险的企业家,他还未学会接受这种背景,但在经济上却已经获益良多。

医学界的集中化趋势主要在已经成为医疗实践中心的医院,并不涉及私人合伙或"小组诊治(group practice)"的医生。内外科医生目前虽只占医务工作者总人数的1/5,但已经成为新型企业家的一种代表。因为作为享有特权的企业家,他们附属于另一种科层化的医院。在低于医生的职位上,明显出现了向技术水平不高的工薪职位转移的趋势;医学中的附属职业与这种体制休戚相关。

伯恩哈德·斯特恩和其他一些人已经表述得很清楚,医院现在是医学护理和教育上的"战略性因素";科学技术发展使其尤为如此。在这里,专科医生能够用他人提供资金购买的设备进行诊断和实验,并且能够接触到其他专科医生,而这一切对于科学进步和学习都是十分重要的。从经济学的角度说,医院逐渐获得的中心地位已经"增加了人口的医疗费用,而像目前这样的组织方式,使得低收入群体无法享受到充足的医疗"。

科学的进步及医院与诊所中的合作,在技术上使得老式全科医生落伍了。后者与医院之间的较量,情形与任何老式中产阶级企业家与 117
大规模的技术优势的较量如出一辙。新的专科医生,如果"受雇于"医院,其职位能够使他在经济上获利;如果"被排斥"在医院之外,一般说来其所受的训练使其无力作为全科医生开业。

在整个医学界,比例不断增加的是专科医生,他们要比全科医生享有更多的声望和更高的收入,而后者还要依靠他们。这些专科医生集中在大城市中,一般为富裕阶级服务,挣的钱大约为全科医生的两倍。在大多数城市中,他们已结成了奥斯瓦尔德·霍尔恰如其分地所称的医学职业的"内部兄弟会",就像霍尔教授指出的那样,他们控制着医学机构的任命，惩戒闯入者，在自己和其他医生之间分配病人——简言之，寻找一切可能控制竞争和医学生涯的每一阶段。他们形成了紧密组织起来的内群体，包括技术方面的劳动分工，以及严格组成的组织患者市场的途径。当年轻的医生们看到这种金字塔建构起来的方法，他们就会完全放弃作老式全科医生的尝试。

但是不管是否已实现专科化，医生的比例在其他各类医务人员的比例增加的同时却减少了；同时，除医生以外，所有医务人员都有成为这类或那类工薪雇员的趋势，但大多数医生仍然是独立的从业者。医生阶层比例的降低，事实上是因大量增加的专科和全科助手造成的。1900 年，11 名医生仅有 1 名学校毕业的护士；到了 1940 年，1 名医生就有了 2 名学校毕业的护士。在全科医生之上是专科医生，他们非正式地凝聚在内部兄弟会周围；而在全科医生之下则是数量日增的助手和附属专业人士，他们唯内部兄弟会马首是瞻，并且通常附属于医院。

在这个复杂机构中，护士的境遇最为奇特。大多数“培训学校”归属于医院并由医院运作；为了回报课堂教育、医院中的学徒训练、食宿、
118 洗衣和免费医疗，护士学员都期望能够全心全意地为医院服务；纽约州立医院研究室主任伊莱·金兹伯格最近宣称，许多医院办的学校其主要目的与其说是为了“教育”，不如说是为了获得廉价劳动力，因为他们发现培训学生比雇用学校毕业的护士要便宜得多。

独立从业医生的长期存在是今日医学界最具决定意义的因素之一。在所有职业中，内科医生、外科医生、骨科医生及牙科医生占了独立从业医生的最大比例：约为 80％～90％。他们仍然是个体行业中的一小部分人，但却围绕在大规模的制度化发展的周围。仅有 46％的药剂师、8％的护士——这是医学界最大的单个群体——是自主从业者，许多经验欠缺的附属性专业人士和医学技术人员毫无例外处于工薪阶层的位置上。附属性专业人士和助手们都集中在制度化的中心，医生们就像个体从业者一样使用着这些机构。

医院是一种带有许多传统累赘的科层组织，这些累赘是从它那非

科层化的过去沿袭而来的；正是这种科层制度训练了它的许多员工，虽然它可能使其中的某些人再度自立，但他们却仍然要依赖它。当医院取代医生的诊所成为医学界的中心时，年轻的医生就不再要给另一个医生当学徒了（这种情况可以追溯到1840年代），他们成了住院医生，成了医院这个机构的学徒。此后，作为私人从业医生，如果他运气好的话，他可以将医院的设备用于自己的患者。进一步，在他的整个医学生涯中，他在医院的职位对他的医学实践是至关重要的。奥斯瓦尔德·霍尔总结道："在医院担任的重要职位与高度专业化的医学实践有关，通常也和最赚钱的行当有关。这两者构成了一个互相关联的系统。"这一系统紧缩了全科从业医生的市场，同时（正确地）暗示全科从业医生无法处置很多种疾病。

专业化的并由工薪职员组成的大规模的医学机构，受控于一个与企业家类似的相互合作的内部医生群体。在这种情况下，那些具备管理才能并与内部小集团有关系的人，无疑已踏上晋升之途。谁担任医院院长、诊所主任、大企业医务所所长？医疗机构的官员和科学实验室的专家，首先是医学科层体系中那些具有企业天才的人，现在将老式全 119
科医生团团包围，后者曾一度在小范围内担当了这一切。但是，对医学专业化来说看起来十分重要的是，它并不是按照严格的科层制方式实现的；这些趋势，以及其他趋势都受到了商业动机的限制和塑造。

尽管两次世界大战带动了巨大的医疗需求，导致了医学需求的一般性增长，医学职业增长的相对匮乏却是美国职业结构的最为显著的事实之一。1900年，美国每578人拥有1名执业医生；1940年，每750人才拥有1名。而且，并不是所有握有执照的医生都在行医，所以，实际上1940年每935人才有1名医生。造成医学行业日益封闭的可能原因包括：(1)医学组织中医疗助理和附属性专门职业的大量增加，这使得企业家式的医生易于利用他们；(2)通过昂贵的教育途径提高社会地位的可能性降低了；(3)美国医学协会和某些主流医学院领导有意制定的一些政策。

在联邦和州政府、医学院、医院董事会及一般公众眼中，美国医学协会（AMA）这个由小商人式的医生组成的行业协会代表着他们的利益。在那些主流医学院，美国医学协会权倾一时。在公共医学和健康问题上医生们可能意见不一，他们中的许多人甚至晕头转向，但是美国医学协会的观点却表明，它实际上将全美制造商协会（NAM）的观点引入到了医学这样一个复杂和需求旺盛的领域。它声嘶力竭地反对“严格管制的恶果”和国民健康法案，而事实却是——该领域的大部分学者也都同意这一看法——“哪里需求越大，哪里满足越少”。美国医学协会推崇的原则是所有的医生应享有充分的自由——这里的医生，不论是职业的还是非职业的，准确地指的是所有中产阶级成员。作为总体
120 来说，这一职业对政治既无兴趣也近乎无知；他们很容易成为美国商人的个人主义心理的牺牲品和拥戴者。在这种个人主义看来，自由意味着除了严格的政府营业许可体系以外，不再受政府任何干涉。

虽然这一利益群体用来掩饰其商业动机的职业道德是一个过时的神话，但是它对于那些努力适应掠夺方式的人却不无益处。他们试图垄断这一行业等级，固化医生的不平等地位和全社会人口在医疗服务上的不平等待遇。甚至在第二次世界大战期间，一所主流医学院的院长还在坚持“为医生提供充足的供给”，并痛诉医生“陷于普遍的匮乏”之中。

在医学界，其他职业也在步美国医学协会的后尘。当向上流动变得普遍困难的时候，医学教育的费用日益昂贵，这一事实促成了医学界商业工联主义的企业式政策的形成。指责医学院对少数民族存在限制不无道理；除了肤色、宗教信仰、国籍以外，对那些想成为医生的人的双亲的阶级和职业地位也有限制。

从医学院毕业以后，年轻医生便要面对医院。他们发现，系科、等级和级别在这里也无处不在。在某个东部城市，一位医院行政人员告诉奥斯瓦尔德·霍尔，住院医生是如何挑选出来的：“在我看来，主要资

格是‘人格’。这是个难以确定的问题。在某种程度上它意味着与人打交道的能力，对资深医生谦卑有度，对病人则能保持适度距离。由于现在所有的医学院都是A级，因此没有必要举行竞争考试。……医学界有许多犹太人，这是不举行住院医生竞争考试的另一个原因。你知道这点吗？”另一位医院的行政人员说道：“在资深医生中有一些优秀的专家，他们通不过考试，但值得受到保护，在医院的职位上待下去。”在探讨了导致培训期延长以及阻碍穷人从他们的工作轨迹进入医学界的各种变动因素后，这位医生谈到医生职业的道德：“这意味着专科医生都选自那些在这一社群中已经确立地位的家庭，家庭及社群的种种联系 121
在使人遵守惯例这一点上举足轻重。”

遵守这些惯例的内在规则不仅控制着医院中的关键职位，而且实际上还控制着一个城市中的医学实践，而且它常常要比锅炉制造工和自动化工种的工人控制本行业的工作和报酬更为有效。私人从业者找到他们的角色并开业行医的关键，就是发展与这些勾搭密切的企业家的关系。今天，一个人很难再像一个自由骑士在老式中产阶级的世界中天马行空。在那个世界里，一个具有天赋之才或者具有强悍竞争力的人就能够出人头地。

3. 律 师

无论是19世纪初的托克维尔，还是19世纪末的布赖斯都认为，律师在美国享有崇高的声望；事实上，一如威拉德·赫斯特所说，他们认为律师是一种仿生贵族。然而，律师的公众形象总是模棱两可的——他们既高不可攀又狡猾无比。应该提醒人们的是，美国律师协会直至1908年才有自己的职业道德规则，而即使到了这时那里面也没有考虑律师的社会责任。

在大公司君临天下之前，律师行业的技能和雄辩筛选出了19世纪律师界的领袖人物；声望和财富是在法庭上创造出来并维持下去的，而在法庭内，官员正是律师。他是法律的代理人，法律规定并允许他处置普遍的社会利益；他的日常工作伴随着人类的活动和体验跌宕起伏。他是民意领袖，他的建议对社区来说价值连城，他处理的是家庭内部的义务和权利问题、生活问题，以及所有拥有自由和财产者的自由和财产问题；他以个人的身份告知法律过程，劝诫当事人谨防落入非法的陷阱。他的当事人遵从他的意愿，他则谨慎地展示着其所诉求的尊严。他由于襟怀坦白而受到称赞，带着道德的光环，被视为治国英才。他全心全意地为公众服务，其职业道德超乎任何商业动机之上。

122 但是，从外部来说，当这一职业的功能随着当事人利益的性质变化而变化时，或从内部来说，当这种职业的酬赏转向各种新型成就时，其技能和特点也会发生变化。现在，法律的功能是为由大公司组成的新经济制定合法的构架，这种新经济的特点是所有权和控制权的分离，以及经济权力的日益垄断。适应这一新的商业体制的法律构架从植根于小业主的土地财产之中的法律体系脱胎而来，并且已经逐渐适应商业、工业然后是投资经济。在这一变化中，在律师眼中，公众的形象变得和他们在律师的主要当事人眼中的形象一样——他们成了赢利的而不是责任的目标。

大约每 750 位美国人中就有 1 名律师，不过这位律师并不是平均地为 750 人中的每一位效力的。在农村和小城市里，大约每 1 200 人才有 1 名律师，而大城市里每 400 人或 500 人就有 1 名。更为直接的是，大多数钱不多或没钱的人是无力聘请律师的。除了一小撮上层阶级和金融利益集团，普通人、无组织的小投资商、一无所有的工人和消费者都不是律师服务的对象。除了医生以外，他们的收入比任何专业群体都高，这种高收入来自极少数高收入人群和机构。

为了实现自己的职能，成功的律师往往根据其为之效力和辩护的公司的形象来创建自己的事务所。因为法律业务的不断增多，以及成功案例向少数律师的集中，律师事务所的规模是 19 世纪的任何律师无法想象的。为了与法律的主要职能更好地吻合，这种法律才能的集中意味着大量个体开业律师靠边站了，而其他人则成为上流社会的领薪水的代理人。由于新的商业体系变得专门化，具有清晰的界限和特定的法律问题，律师也相应成了特定领域中、精于特殊问题的专家。他们推动的是各个部门的特殊利益，而不是站在商业体系之外，奉行使社会的各个部分相互协调的法律。

在大公司的势力范围内，杰出律师的挑选标准是他们处理棘手问 123
题的技能和灵活行使庭外解决办法的能力。他具有精心修饰的人格，其职业成就与律师事务所维系在一起，而后者的成功反过来又与大公司遇到的麻烦以及与事务所之外的人建立的关系休戚相关。在高级金融行业及其利润重组方面，他是一位技艺高超的法律谋士，能够用尽可能低廉的方式处置其领域内诸多银行和公司的事务；作为那些可以通过电话来传唤他们的大公司管理部门的助手，他会尽其所能利用这些外部机会；他以非个人的方式教会金融家如何在法律范围内为所欲为，劝导他们如何把握良机以及如何掩护自己。小 A. A. 伯利极富远见地指出：现代公司企业的复杂性及其在现代社会中所具有的统治地位，使律师成为各种“企业事务中的智力股票经纪人和承包商”。律师不仅是大企业的顾问，还是它的仆人、斗士，它的热情的辩护士，他们对企业充满了高度的敏感性。在现代公司周围，律师为管理官员们建立了法律构架。

随着大资本家企业成为社会和经济生活的主导，缺乏大量的初始资本而爬到社会上层的机会减少了。但是法律“依然是即使开始没有任何资本，一个人也可以获得影响力和财富的职业之一”。有法律作为其背景，律师常常自己成了生意人，成了一个机敏过人、训练有素、关系广泛而且判断力极强的企业家。凭自己的头衔，他也能够成为一所法律工厂的业主和总经理，管理 40 名毕业于哈佛、耶鲁、哥伦比亚的律师，以及协助他工作的 200 名职员、秘书和调查人员。他凭借着处理金钱关系的技能和非个人化的忠诚与其他法律工厂竞争，在批量生产的基础上制造合乎标准的文件、处理棘手的问题。这类事务所的运转需要巨额营业费，因此，它们必须得到稳定的源源不断的业务；这样，它们便成了"大商贾和投资银行"的附属品。他们现身法庭的时间还不如作为"金融专家和金融文件起草人"的时间多。

124 法律行当中的大量金钱聚集到三百或四百个大都市法律工厂中，这些法律工厂在公司法方面堪称行家里手，并构建了企业系统的脑库。一如费迪南德·伦德伯格所说，这些法律工厂是中等规模的科层体系。大概最大的法律工厂有大约75名律师以及一定数量的办公室人员。

上层人物的脱颖而出像电影明星一样，常常是因为他们所具有的个人魅力。在这些前台人士后面，站着的是那些身怀绝技的人，就像在好莱坞一样，他们总在寻找机会，有时找到了机会，但是工资却不高。在合伙人之下是领薪酬的律师组成的助理，他们通常都在专门的部门工作：诸如普通业务、诉讼、信托财产、遗嘱认证、房地产业以及税务。在助理们之下是法律职员学徒，再次是调查员、簿记员、速记员和秘书。在一些特殊情况下，还有注册会计师、投资顾问、税务专家、工程师、游说议员等，这些人也都分成三六九等。就每一合伙人而言，可能有2名领薪水的助理律师，每一律师又有2～3名办公室职员。如此一来，合伙经营的20名律师可能拥有40名助理和120名办公室职员。这类事务所，要与其咨询的质量和速度相匹配，就必须高度的组织化并且在管理上不受个人感情的左右。高额的运营费用，包括东方地毯、古董式的书桌、镶木墙壁和大部头的皮面图书，常常要占去所收费用的30%；这样的事务所必须收入稳定，其工作必须像其他地方的管理官员一样组织得井井有条。在某个合伙人的监督下，事务所主任（有时是一位很少从事法律业务的律师）必须照应这条生产流水线和这个组织顺利运行。他们会请效率专家来检查既定的工作如何能够卓有成效。在一些事务所里，每一个领薪水的律师就像大型汽车修配厂的机师一样，必须计算自己的时间，以便将费用分配给不同的案例，使工作顺利进行。

反过来，每个部门又都有自己的分支机构：它们的专业化程度通常很高。三五个律师，通常包括一位合伙人，组成一个小组，只为一家大客户工作，或只处理某一类问题。一些律师用全部时间来写案例梗概，另一些则只回答立宪问题；一些律师处理联盟商业委员会的诉讼，另一 125
些则只处理州际商业委员会的裁定。

这类工作多数是非个人性的，这损害了律师和当事人之间应该维持某种个人关系的职业准则。律师之间以及律师和当事人之间的个人交往，即相互间就工作进行的拜访，已经完全被匆忙的电话交谈所取代，内容仅限于手头的事并且与个人毫不相关。除了打过电话外，你可能根本不认识你的对手：你能分辨他的声音，但狭路相逢时却可能形同陌路。早些时候，即使和某个对手你都可能建立一种比较亲密的关系。一度不仅律师和当事人能够在事务所见面，而且很有可能开始并加强一种个人关系。现在常见的情况则是，虽然某位律师为一当事人积极效力，但却丝毫没有个人交往可言。

在这种专业化的趋势之下，年轻的领薪水的律师已无法通过个人经验成为在法律的各个分支领域中游刃有余的行家。事实上，他的经验可能恰恰构成了他适应全面业务的障碍。业内人士说，大律师事务所经常从那些刚毕业于名牌法学院的年轻人身上汲取新的思想，他们“榨取”这些年轻人，就好像兄弟会索取信物。大量工作是由这些能干的年轻人做的，但是成果却一定是以资深合伙人的名义发表的。

刚从法学院毕业、刚刚开始与法律专家和考官们过招的年轻律师，缺乏事业成功所必备的一种要素——关系。不仅通晓行业秘密，而且具有众多的关系，才是现代经营者的所谓经验的结晶。年轻人可能工作努力，为那些以年长者名义提交的产品贡献颇多，但年长者是接活的人：卡尔·卢埃林发现，通过这种关系，年长者能够签订的订单比他或 20 个像他这样的人签订的订单还要多。衡量这种人的标准是他能够完成的业务量；他为年轻的领薪水律师创造工作机会，然后在产品上贴上自己的标签。在事务所之外，资深合伙人靠年轻人的成功积累自己 126
的名望，而后者则为了被接纳为合伙人而开足马力，当他们结成的关系足够大并对继续留在领薪水者队伍中构成威胁时，这些年轻人就能够如愿以偿了。此间他玩命工作，而与此同时新的法学院毕业生年年接踵而至——他们形成了一个低薪市场；进一步，他们还受到那些从家族中继承了才华横溢的声望的年轻人的挤兑。强有力的关系、战略性联姻、有保障的社会生活，这些都是通向成功的明显途径。

不仅法律工厂为公司体系服务，而且律师也渗入到这一系统之中。在上层，他们参加到银行、铁路、工业企业以及主流教育机构的董事会里。萨利文-克伦威尔（Sullivall & Cromwell）公司——最大的法律工厂之一，占据了 65 个董事职位。在董事这一层次之下，当权的律师可能会担任公司的副总裁，其他律师可能领取年度定金，它赋予了作为道义上的律师以该公司的代理权。公司所有，公司所治，公司所享。他出席每一次高级董事会，公开陈述各种问题，他是无处不在的法律大脑，是法庭的官员，他协助公司、保护公司、照顾它的利益。

作为大财团的附庸，法律工厂在政治上介入了国家领域，但是它的政治利益通常只是实现其当事人的经济利益的手段。然而，凭其头衔取得政治成就的律师对他先前的当事人来说既重要又不无裨益，在从事政治生涯的间隙他总会回到他们的身边。在公司法律部门中，你能够发现前参议员、众议员、内阁官员、联邦检察官、州和联邦税务官、大使、部长以及其他对政府上层的内部工作了如指掌的人的身影。高级政府官员、内阁官员、大使、法官通常直接来自公司法律事务所，其合伙人对有为国家效劳的机会满怀欢心。自美国内战以来，公司法律部门为美国最高法院输入了许多法官；其现在的大部分成员就是过去的公
127 司法律顾问。自立宪时期以来，律师便介入到政治之中，但是今天来自法律工厂的律师们与其说是正大光明的政治英雄，不如说是阴暗角落里的游说者和贿赂者。当当代全国经济委员会（TNEC）的调查正在进行之时，为大公司效力的律师们在华盛顿特区包下了整整一家饭店。

当然，也有比法律工厂小一些的政治法律公司，他们从政界招徕顾客，而且常常投身于政界事务。因为正是通过政治，律师可能在法院中

谋得一席职务。一般而言,这些政治律师事务所只有地方性的政治利益。如果说企业法律工厂总是被具有盎格鲁-苏格兰血统的人所把持,那么,那些主要位于移民群体政治活动十分活跃的东北部和大城市的政治法律事务所,则往往受控于爱尔兰、波兰、犹太及意大利裔的美国人。这些小公司的机会主义倾向可能使他们表现出了更多的宽容和自由,而且许多这类公司的合伙人无疑是从下面爬上来的。

律师将政治法律事务所作为其法律生涯中的一环,而政治家则将法律训练和从业的机会作为自己政治生涯中的一环。辩护和谈判的技能可以迁移到政治领域;进一步,作为律师而施展这些技能,就有了获取政治知晓度的机遇。律师的职业和收入都有充足的弹性:他们比大多数人更容易做到在维持生计之外,投入时间从事政治活动。如此,不足为奇的是,在 1914 年、1920 年、1926 年的国会议员和 1920 年、1924 年的州长中,有 42%的人曾经担任过检察官;而且雷蒙德·莫利统计过,他们中的 94%在政治生涯中首先或其次获得的就是这一公职。另据威拉德·赫斯特统计,在 1790 年至 1930 年间,2/3 的美国总统及参议员、1/2 的众议员曾经做过律师。

在公司法律事务所和政治法律事务所之下是规模中等的法律事务所,其中有 3～20 名不等的合伙人和少量的助手。这类法律事务所,尤其是小城镇中的,植根于他们所在的商业社区的地方事务,时间主要用于地方政治事务和地方诉讼业务。最后,在这座法律金字塔的最底层 128
是纯粹的法律业主,即处理个人及小企业法律事务的私人执业律师。在这一阶层的外围,尤其在大城市,是那些"危险地与犯罪阶级毗邻而居"的律师。如此,法律这一职业的等级结构并不限于大律师事务所的内部;作为一种整体性的特点在各类城市以至全国都不鲜见。

在大多数城市里,银行、地方工业、大的阶层和富裕家庭的法律事务被少数几家主要的法律机构瓜分了,其成员在地方银行和公司的董事会中担任要职,领导着教堂、学院和福利事业。他们通过谨慎地选择合意的年轻人、通过裙带关系以使自己的影响能够持续下去。如此,亲戚、合伙人以及大当事人的儿子享有的特殊优待超过了陌生人，地方法学院的本地毕业生则超过了外地法学院的毕业生。在明尼苏达州的圣保罗，普林斯顿或耶鲁的毕业生常常在圣保罗法学院而非明尼苏达大学从事法律工作，以便能够结识作为指导者活跃于地方法律界的人士。处在这些重要的法律机构之下的小型律师事务所和私人执业律师，得到的是前者剩下的业务：富裕家庭的偶遇官司、原告的损害性诉讼、犯罪辩护案以及离婚案等等。在这些律师机构和个人之下还有法律行业中的游民资产阶级，他们一般是地方法学院的产儿，常常在法庭内外穿梭等着和当事人邂逅相遇；他们人数众多，收入低廉，生活在法律业务体系的缝隙之中，向大事务所纠缠要求工作，互相间激烈竞争，伺机制造事端进入中等规模的事务所，他们不是通过接受一个案子而相互交换恩惠，而是为争定金弄得行业内的高级人员没有面子。在上层人士向大公司首领谄媚之时，底层的那些小人物则在起劲地追逐救护车，哄骗受伤者。

1929 年以来，律师日益增多的麻烦之一就是，外行正不断地侵入到长期以来公认的律师地盘之中。契约和抵押贷款的起草工作由不动
129 产商接手了；各种服务性组织接手了税务难题、汽车事故和条件性销售；工人赔偿费现在解决了许多工业事故。由于公众对迅速解决争端抱有期待，诉诸法庭和诉讼方式来解决矛盾的现象也日益减少。传统的诉讼方式正让位于行政裁决，这使得律师和外行平起平坐。随着经济学等学科的专家越来越多地进入高层政府机关，法律行业的人逐渐失去了对政治事务的垄断。

然而，尽管法律工厂逐渐代替了私人执业律师，法律对许多年轻人仍然具有诱惑力。数千名学生年复一年从法学院里毕业。战争暂时解决了“拥挤”问题；自 20 世纪初以来，由于征兵的缘故入学人数大幅削减，这使得法学院第一次能够为它的每一名毕业生找到工作。但是，对那些年轻而无关系的律师来说，以及对整个美国社会来说，他们面临的问题的基础依然没有改变。

4. 教　授

学校教师，尤其是文法学校和高中的教师，在专业人士中是经济上的无产阶级。这些边缘性的学术雇员构成了职业金字塔中最为庞大的职业群体；在所有专业人士中大约31%是某类学校的教师。像其他白领群体一样，他们的人数在极度增长；此外，通过教育，他们成了造就其他各种白领群体诞生和发展的手段。

入学人数的增加，以及随之而来的批量生产的授课方式，使得学院中教授的地位不如先前显赫。虽然它的声望，尤其在较大的中心，被认为明显高于公立学校教师，但一般仍不能吸引有教养的上层阶级家庭的子女。为学院教育招募进来并为此目的通过研究生院培养的那类人，很可能有着浓厚的下层社会血统。他们文化素养不高，想象力十分有限。那些来自中下阶层的人也能够在这个领域中谋得职位，虽然这个阶层没有什么高尚的思想、多样而广博的文化以及丰富的想象力。 130
因此，这个职业中囊括了许多经历过阶级和地位升迁体验的人；一如洛根·威尔逊所说，这些向上攀登的人很可能掌握了“智力的而非社会的高雅”。这个职业中还有些人“具有专业领域之外的典型的下里巴人的文化趣味，而且他们的生活方式一般也很低俗”。

天资聪颖、精力充沛、富有想象力的人常常并没有被吸引到学院教育行列中来。就像哈佛大学校长所宣称的那样，文理学院的研究生院并没有“公平地分享最聪明的大脑，发展得最为充分、最有力量的健全人格”。在这方面，法学院和医学院的情况要好得多。成为一名教授易如反掌，出于惰性而继续从事这一职业也并非难事。法律和医学这类职业很少以奖学金的方式提供经济资助，而高等教育职业却提供了许多这样的资助。

研究生院常常组织得像一种“封建”制度：学生将自己的忠诚出卖

给某个教授，以免受其他教授的打压。风度翩翩、时刻准备快速学习他人的思维方法的年轻人，可能比那些与学界交往密切的真正创造性的天才同样甚至更易于获得成功。愿意与某位教授形成师徒关系的人对教授来说大有裨益。

在社会对高学历的大批量需求下，研究生院急速增长，常常发展到了机械地授予博士学位的地步。由于突出强调了既定的系科，系科间在人事和预算方面的障碍扩大了。因为既定目标是培养学院教师，研究生院自然会尽量使学生适应某一专门领域。培养人们满足技术的要求和技能，以立即适应工作之需要——这是整个教育职业化趋势的一部分。

要能够胜任学院教授之职位就必须接受专业化训练，而这种训练常常会使人无法在现代社会理解更高层次的文化。正如怀特海所指出的那样，现在存在一种智力的“独处(celibacy)”现象。教授所投身于其中的唯一“概括(generalization)”性工作，就是他在其专业领域中撰写
131 的教科书。他所从事的如此严肃的思考也仅限于一个专业、一个领域；而在生活的其他领域中，他只能浮光掠影地面对。比如，那些社会科学教授的智力结构很可能还不如顶尖的新闻记者更平衡，在学术圈里，你要写一本专业以外的著作通常被认为是无聊之举。知识的专门化就这样使教授的眼光日趋狭窄；他的成功进一步强化了这种趋势；加之，社会科学和人文科学模仿精密科学的企图，使得人们的心智局限于探究的微小领域，而不能包容作为整体的人和社会。为了博得名声，他必须专业化，或者说他受到鼓励对此深信不疑；于是，150 位学院教师被分为 30 或 40 个系，各行其是，各自受到已经站住脚，甚至更糟，受到几乎刚刚站住脚的那些人的庇护，这些人生怕自己的专业受到侵害或者被合并。

当一位教授在大学里站住脚后，他的环境和知识就不可能有利于、更不用说去创造独立性的思想了。他是一个微不足道的科层体系的一员，这个体系几乎完全被其中产阶级的环境和知识的隔离状态封闭起

来，脱离了社会生活。在这样的科层体系中，平庸制定了自己的规则，并塑造了自己的成功意象。而上升之路本身也可能会像创造性工作一样成为行政俗务。

但是学界力量对教授的塑造只是故事的一部分。美国的教育系统并不是自治的；其间发生的一切在相当程度上有赖于社会各个领域的变化。与其说学校是创造力的中心，还不如说是一种适应性的机构；同那些低工资的雇员相比，教师更缺乏独立意识。

外部环境和需求影响到中学和大学的招生、课程安排，以及教师的种类和他们在学界内外所起的作用。如果将知识界和经济系统作一类比，就可以清楚看到充斥于美国高等教育中心的那些学界人物究竟是些什么人。

生产者是那些制造思想的人，他首先提出思想，然后可能进行验 132
证，或者无论如何找机会写下来提供给市场中能看懂它的人。在这些生产者中有个体业主——这仍然是一种主要类型——和在各类研究机构中任职的公司经理，后者实际上是凌驾于生产单位之上的管理者。接着是**批发商**，他们不生产思想却用教科书将思想批发给其他学界中人，接下来这些人再将思想直接出售给学生消费者。就教师所教而言，并且唯其教，他们成了思想和材料的**零售商**。他们中好些的享受着初始生产者的服务，差一些的则由批发商提供服务。所有的学界中人，无论类型如何，都通过书本而成为他人产品的消费者、成为生产者和批发商的消费者；同时，他们还通过个人谈话在某种程度上成为本地市场上的零售商的消费者。但是，也有可能存在着一些专攻此道的人：他们不是书本的使用者，而是高人一筹的理解者；他们是文献方面的行家里手。

在大多数学院和大学中，上述各式各样的类型都有自己的代表，并且可能都很走红；但是，生产者（也许连带着教科书的批发商）却享有盛誉。

在一般的学院等级体系中，最高的是研究院的专职教授，他们课不多、以研究为主，最下层的是本科生教师，他们的教学工作量很大而研究工作很少或者不做什么研究。在学术上进步意味着能够吸引学生，同时有研究追求——最后，尤其对年轻人来说，学术成果比教学成就更举足轻重。虽然正常的学院生涯都涵盖在一所大学的等级体系之中，但是其中的成功非常需要凭借外部的努力。在本校的教学、研究成果的出版和其他院校的邀聘之间存在着密切的互动关系。

在 20 世纪，美国的学院生活总的来说不能使胸怀大志的人对简朴的学术生涯感到满意。由于经济方面的损失太大，教授的地位也不高；他们的收入及由此决定的生活方式常常是相对简朴的；有些学者清楚
133 自己的智力远胜于其他领域中那些握有权力和声望的人，他们的不满也就更加强烈。对这些郁郁寡欢的教授们来说，研究和管理领域的新发展提供了令人满意的机会，比如说，他们可以去当管理者而不是非得当系主任不可。

正如学院内部的力量促使一些教授成了零售商或管理者，外部的力量则使另一些人，特别是规模很大的大学中的人，开始了一种新型企业家的生涯。

战争期间的经验已经表明，教授们在政府计划和武装力量中能够发挥所长。但是，正是研究工作才最有可能使他们告别学院进入其他生活领域。也正是与研究工作的联系和它所需要的经费，使他们更加直接地成了管理官员的附庸；凭借他们的职业地位，他们能够以技术方式获得认可并提供服务。因为知识是可以直接出售的商品，某些教授精通如何出售他人制造的知识，另一些教授加工智力产品以直接适应市场的需要也许就是不可避免的了。正如药剂师出售成包药品比零售店主更具权威性，教授出售批量知识也比外行人更有影响力。他将自己的教职所具有的声望及“公正无私”的古老的学院传统带入了市场。公正无私的光环不止一次地转化成了购买教授的知识和其所在学校的声望的公司的利润。

当然，人们早就知道，经济学已经是“既得利益的瑞士卫兵”——不

过通常来说这两者间还有一段距离。然而，现在许多一流的职业经济学家都成了企业的直接代理人。工程师和律师，这些咨询服务业中最常见的职业行列中又加入了大学教师，他们和管理部门合作解决政策问题，为产品做市场调查，一般性地分析与商号或企业有关的意见。随着商业和行业联合的扩大，这种需求也不断增加，并开始承担起了整个经济生活的国务活动家的功能。因为这些组织也感到需要有人成为其新功能的发言人，随着公共关系成为首要的管理难题，单纯的夸夸其谈 134
让位于研究，以备内部和外部之需。这意味着必须聘请具有某种才能的研究人员，以及来自不同学校的教授，他们能够将自己学校的印章盖在研究发明之上。

在社会科学研究的全新的学术实践中，极少有人重视那些在社会发展进程中出现的人类不良后果，如坏孩子、荡妇、美国化不完善的移民等等。相反，这些研究工作却和社会上层尤其是精明的企业经营者有着千丝万缕的联系。比如，在其学科的历史上，社会学家们第一次通过专业工作和社会关系，将自己与公私领域中远远高于一般社会工作机构的权势人物联系到一起。现在，在老式研究者身旁，出现了新型的从业者，他们研究的对象是烦躁不安、士气低落的工人，以及不懂如何处理人际关系艺术的经理。

在三到四所名牌大学的社会科学和工商教授中，新的企业家型的成功模式正在形成。在这些学术中心，你经常能够听到“某教授除了教学以外什么都干”。他是大公司、不动产机构、劳力管理委员会的顾问；他建立了自己的研究室，由此出售研究服务和其所属学校的传统的公正声望。他成了一个掌握着工作班子和经费的人。正是这由既定工作的付费体系决定的高额经费，使他具有生意人一般的狂热。这样的学院企业家通常并不是唯利是图的，这一事实常常会给圈外人留下印象，以为教授在生意场上是逢场作戏，而他对名声的追逐则是因为他的怪癖和较低的个人收入。但是不论动机或后果如何，某些学术生涯已经变得越来越依赖工商业中的成功人士或公司经理所具有的那些特征了。

必须理解的是，所有这一切还只是一些例外，尤其是考虑到所涉及的教授人数时更是这样。一方面，这完全可以被视为一段插曲，因为如果这位教授企业家成功了，学校就会接手他成就的事业，将其变成学校
135 资助的工厂的一个部门，利用它的声望来获得更为可观和稳定的收入。另一方面，给予学徒的工作热身和技能培养可以使他们作为职业雇员进入公司和政府的科层机构。

与商人和其他外行人相比，教授们可能并不怎么关心资金、管理，或其实践能力的政治运用。对他们而言，这些结果主要是以他们的"职业生涯"为中心的那些目标的手段。毫无疑问，教授肯定欢迎因为研究活动而使薪水有所提高；帮助经理更有效地管理工厂，减少麻烦，可能会也可能不会使他们感到满意；为既定权势集团建立新的更能为理智接受的意识形态可能会提高其权力，也可能毫无帮助。但是，就学者而言，他们的非知识性目的集中在拓展自己的职业生涯上。

从这样的观点来看，教授参与新的意识形态和实际研究，部分原因是对新的工作机会做出的某种反应，这种机会来源于现代企业和政府的增长规模和日益强化的科层制特征，以及企业公司和社区的其他部分之间相互关系的制度化。科层化增加了对专家的需求，并形成了新的职业模式：社会科学家们响应这一需求，并或多或少兴高采烈地成了层级高低不等的商业和政府官员。针对外界对学者的需求，高等学术中心本身的反应是倾向产生非政治化的技术人员，而不是自由知识分子。这样，学院培养的劳动关系学者成了"专家"，并服务于战时劳动委员会(the War Labor Board)，而不是为激进或保守的公众，或为理论思想在公众中的传播进行写作和争辩。从这一点上，现代战争是专家的尤其是那些善用花言巧语为自由的正当性辩护的专家的强身剂。

对那些留在学院生活中的人，也可能获得新企业家的职业生涯。这类人可以通过维持声望和学院外部小范围的权力，进一步拓展他的大学生涯。在这一切之外，他还可以通过资助在学院内体面地建立一

个协会，将学院社区和分管外界事务的人联系在一起，这样做常常能够 136
获得那些与世隔绝的同事的羡慕，并指望通过他们的支持获得学院事务的领导权。

然而，也有证据表明，无论在哪里，甚至在最性急的年轻人中，这种新的职业生涯虽然一方面能使他们摆脱学院生活的窠臼，但也可能会使其落入另一种至少不怎么愉悦的境地。无论如何，新的学院企业家常常对自己的目标到底为何也不甚清楚：事实上，在他们的脑子里甚至没有确切界定的成功概念。

作为一个群体，美国的教授简直从不参与政治事务：承担技术人员角色的趋势加强了他们的非政治化的职业观念，降低了他们可能的政治参与，他们处理政治问题的能力也彻底萎缩。这就是人们为什么经常能够遇到比一流的社会学家、经济学家和政治学家更有政治可塑性的中层新闻记者的原因。

在美国，大学系统很少提供政治训练——即如何判断现代社会普遍的权力斗争态势。社会科学家同社区中存在的叛乱团伙很少或根本没有什么现实的接触；在其职业生涯中，一般的大学教师也无法真正接触到左翼报纸；支持政治知识分子或给予他们名望（更不用说给予他们工作）的运动也从未有过；在劳工圈子中，学术社团也没有什么影响。这种真空状态意味着，美国学者的境遇使其不必改变政治观念或有什么政治内疚，就可以转而从事新的实践活动——即在实际上成为政治工具。

5. 商业和专门职业

美国社会崇尚高技术的使用者，崇拜那些受过专业训练的人；无论从现实还是从象征的意义上说，它也崇尚金钱，崇拜那些有钱的人。因此，许多专业人士站在这两个价值体系的十字路口，同时许多商人则执

137 意要在金钱上面加上专业的色彩。当我们谈及专门职业的商业化，或是商业的专业化时，我们涉及技能和金钱的冲突与融合。由于融合，各种专门职业更像经商，而经商也更加职业化了。在许多方面它们之间的界限变得模糊不清，尤其当企业日益扩大，雇佣了确定的专业人士以后更是这样。

然而，就商业和专门职业都是通过科层结构组织起来的而言，它们的个体执业者之间的现存差别并不大。管理官员渗入到商界也渗入到各种专门职业中，同时正像其所作所为那样，每个人又是在特定的办公室里工作，除了为自己挣一份薪水外，也为所在组织赚钱。对于那些工薪代理人来说，做出一项卓有成效的决定不仅直接影响到自己的银行账户，而且也会影响到他所服务的公司的利润。

在美国，如果说越来越多的企业和职位能够被称为专门职业，或者说它的从业者努力像专门职业一样行事的话，那也像哈罗德·拉斯基所说，并不是因为整个国家或现存的专门职业中存在着“平等主义”的渴求。至关重要的原因在，随着商业规模的日益扩大和结构的日趋复杂，使得经商的技能通过学徒方式来获得变得十分困难。人们必须接受更高级的通常也是更专门化的训练。商业因此成了受过教育的劳动力的市场；这包括那些历史悠久的专门职业和新生的专门职业，同时在其运营过程中商业自身也在训练从业者。

就像现在正在做的那样，什么时候为商界选拔的经理建立起了专门的训练机构，什么时候这种训练成为雇佣的必备条件，我们就可以说商业和医学或法律一样，成了一种专门职业。现在情况还非常复杂，但是大企业正在朝着这个方向发展。

商业和各种专门职业都正在经历日益提升的合理化的组织过程，以致学校里出现了“商科(Science of Business)”，甚至出现了为医生和律师设置的“工商实践”课程。无论是商人还是专业人士都在努力实现其服务的社会机构的合理化，如果达到了这一点，他们就会受人尊敬。
138 他们都努力要使自己被视为或被判定为某个狭窄的特定领域的专家。

确实，无论是在商业活动中与顾客打交道，或是在专门职业中处理个案或应对当事人，他们都是抽象的人际关系方面的专家。

商业和专门职业的科层组织中出现的一个主要趋势是，它们正在将商人和专业人士转变成科层官员，转变成待在特定的办公室和适应特定工作的专业化人才。肯定不能根据“金钱/服务”或根据任何动机来区分商人和专业人士。

通常人们总是认为，商人自私自利、追求他们自己的利益，而专业人士则无私地为他人利益服务。这种区别确实存在，但是，正如塔尔科特·帕森斯正确指出的那样，区别其实并不是什么自私自利和利他主义。相反，区别在于各行业的要求不同，正如不同行业的专业训练要求不同；区别在于专业人士和商人群体的社会组织和控制方式不同；区别还在于制约各自群体成员的内外部关系的规则不同。

如果说专业人士没有四处做广告（虽然有人也做），如果说他们就像医学界或法律界那样，是根据需要接活而不考虑信誉（虽然在这一点上有很大的差别），如果说他们不准用价格来相互竞争顾客（虽然有人这样做），那也并不是因为他们比商人更无私，而是因为他们的组织系统和行会十分相像，所以他们的最大目标是追求长远的自我利益。至于作为一个个体，他们是否意识到这样一个社会事实，或仅仅将其理解为一个伦理问题，那都是无关紧要的。

专业人士的利他性服务观念是十分有效的，以致商人特别是某种类型的小商人，急切地期望能够建立起非竞争性的和准行会性的圈子。即便在那些并未直接涉足现代商业科层制度的商人中，也有人渴望在外表上看起来像专业人士，并享受专业人士的殊荣。这首先是由于他们对地位的渴慕：“专业人士”佩戴着一枚声望证章。任何“担负一定责任的和稳定的”职位，首先是那些有声望的职位，都可能被认为或起码被其成员推崇为一种专门职业。倒腾房屋的人成了不动产经纪人；火 139
葬场的人成了殡仪业人员；广告人和公共关系顾问、广播评论员和喜剧演员、内部装修工和特技专家也都努力使自己的举手投足像个“专业人士”。商业的作用及商人本身被抬得太高，以致他们可以从其他职业中“借用”附着的地位，这一事实默许或鼓励了（即使没有推波助澜的话）上述趋势。商人们推论，如果专门职业是高尚尊贵的，那么做生意也应该是一种专门职业。

获得这种地位以及增加收入和避免竞争的一种方法，就是将某种等级封闭起来，不组织工会，而是组织专业协会，凭此限制分享利润和酬金的人数。直到 1870 年代国家律师考试制度和医生执照制度才首次建立起来；会计、建筑师和工程师的执照则是在 20 世纪初才开始发放的。根据威拉德·赫斯特在有代表性的 18 个州里进行的统计，到了 1930 年前后，大约有 210 种职业或商业活动已经具有某种合法的封闭性组织。

例如，大多数经商的药剂师地位和小商人一样，然而作为专门人士，其间的差异性还是很大的。他们的专业诉求和声望促使顾客对他们销售的物品十分信任；正如一家商业杂志评论的那样，“作为专业药剂师享有的销售医药产品的合法特权，使他们能够延长开门时间，在其他商店关门的时候，如星期天、节假日或是夜里，出售非药品货物”。然而，药剂师的专业基础已开始出现裂隙，这是因为瓶装药品的销量大大增加，而处方药品的销量却下降了。

药剂师对专业人士的地位诉求其经济意义在于，除非法律严格限定只有注册药剂师能够销售药品，否则他们将失去许多售药的机会。药剂师希望成为专业人士的要求，至少部分可视为小商人们抗衡药品制造商的一种经济诉求，因为后者欲图扩大销售渠道。小医药商常常认为，正如医生所做的那样，根据零售保价商品的价格进行竞争是非常不道德的。他们也希望建立专业人士的小圈子，获得“专业人士的地
140 位”。在极端的情况下，他们甚至用排斥和开除的方式来维护行会的规则，因为在这个社会里盛行的就是获取和确保利益。在明智的约束和商业利益之间寻求平衡不很容易，两者的界线也不易划清。

那种集专业人士与商人为一体的人希望也确实常常成了能够利用

特权的人。特权之一就是既可以利用商业也可以利用专业科层体系。教授靠出售自己大学的声望来确保市场研究工作,从而建立一个研究单位;因为和大学的联系,他比商业代理机构享有更多的特权。那些和医院有关系的医生不愁没有患者,因为这种关系也可以利用医院的设备。那些往返于企业之间、企业和政府之间的律师,既能够从企业也能够从政府借用声望。

像其他特权集团一样,专业人士型的企业家和企业家型的专业人士,都欲图通过封闭他们的社会等级来垄断自己已经取得的地位;他们试图借助于法律、严格的教育和准入规则来实现这一点。只要感到机会正在减少,专业人士群体就会寻觅将自己的圈子封闭起来。现在,这一战略是专业协会以及试图取得专业地位的商人采取的许多制度和政策的基础。

专业人士中灵巧的科层系统,向他们提出了日益增多的工作量,管理官员和商业热忱的水乳交融,以及专业人士和商人群体为了封闭其职业等级采用的各种政策和做出的各种尝试——所有这些发展都导致了个体的异化,使很多白领专业人士毫无智慧可言。有时个体的思考被集中到最上层,但更多的是在次上层,因为那里的工作需要也垄断了大多数这种思考,而在下层白领职业中间,工作则不太需要或允许少些思考。

计划性思考的集中趋势以及由此产生的对个人理性的剥夺,是和整个白领等级体系的合理化并行不悖的。一个个体过去习惯做的事情,现在被分割成了决策和研究、指导和检验等不同方面的职能,每种职能都由一组个体来完成。因此,许多行政职能都不再需要多少自主
性,也不允许过于主动。思考的集中化导致了主动性的丧失:对他们来 141
说,决策成了对僵硬规则的应用。然而,这些发展并不必然意味着**上层人士**需要做的脑力工作减少了;正如亨利·德·曼指出的那样,它们更多意味着,智力程度不高的工作被分解了并移交给下层的半熟练白领雇员,而高层管理则变得更加智力化,同时,它的智力活动单位则成了

一套专门化的参谋机构。基层工作的智力内容丧失越多，高层工作的智力化要求就越高，或者起码变得对智力化技能越加依赖。

如果说在这一过程中某些专业人士被迫降了下去，那么大多数担当起新型的次要智力工作的人却来自社会的下层。专业技能的集中化和许多智力职能的工业化与其说缩小了整个专业人士阶层的规模，不如说扩展了半专门职业和准智力性的工作，同时又在这些人和真正的专业人士之间造成了更加醒目的分隔。这种扩展是如此显著，它使雇佣劳动者和职员的子女常常能够进入半专业性的阶层之中，同时专业人士世界中的顶尖人物则与商业活动结合在一起，并成为专业型的管理官员企业家。

第七章

智力有限公司 142

在所有中产阶级群体中，知识分子的分布最为广泛，而且他们的来源各有不同。和小商人、工人、小职员不同，知识分子相对而言一直不属于那个阶级；他们没有共同的出身，同样也没有经历共同的社会命运。他们的收入与地位差异悬殊：有些人生活和思考于郊外的贫民窟中；另一些人则受雇于遍及大陆的各国国家的宣传机构。许多知识分子都是老式中产阶级的成员；因为企业家将他们的教育和语言技巧当成资本来使用，他们形成了一个由编辑和业务经理组成的专业化市场。另一些人则是晚近出现的新中产阶级的成员：他们的生活和工作方式是由他们在白领金字塔中工薪雇员的地位决定的。

许多专业人士因为教育和闲暇获得了成为知识分子的良机，同时许多知识分子则通过从事专业工作来维持生计。进一步，拥有各种专业技能的人组成了知识分子大众的主体。所以，在专业和技术人员群体中发生的一切，也影响到知识分子的工作和生活条件。

知识分子不能够界定为一种单一的社会团体，确切地说，它是由分散的小群体组成的。界定知识分子不能根据他们的社会地位，必须依靠他们的职能及主观特征：像那些擅长于符号操作的人一样，知识分子生产、传播并保存着人类意识的独特形式。他们是艺术和思想的直接 143

携带者。他们可能对任何实践都不负有直接的责任；或者说，他们所以承担着各种制度化的角色，可能是因为他们牢牢地依附于某个现存的制度。他们可能是旁观者和局外人，也可能是监督者和当事人；但无论怎样，作为知识分子，他们是为思想活着但不是靠思想来供养的人。

在寻求培养独立意识的过程中，按他们的自我意象，他们已经超然于世俗的价值观和旧有的刻板印象，同时他们又不会有意识地为其信念的确立感激他人。威廉·菲利普斯研究现代文学时得出的观点完全适用于知识分子：他们一直“回避社会的实践和价值观，朝着某种形式的自我满足进发，只要合乎道义，合乎自然法则，或只要符合历史进程，当一个新的运动快要结束时，他们就会重新开始波希米亚人式的地下活动……”因此，他们“永远是一支反对功利和遵从制度的叛军……”所有这些“自由”的要素都是政治和艺术知识分子极力维护的。实际上，迄今为止，知识分子的全部工作都关注于符号，这一系统可以用来证实合理性、揭露错误，或转移对权威及其实施过程的注意。政治知识分子是操作这种符号系统、陈述政治意识的掮客；他们或制造、完善或批判那些或支持或抨击统治阶级、制度和政策的信念和观念；他们或转移人们对权力结构的关注，不再注意那些利用权力结构控制他人并从中渔利的人。

在西方历史上一个短暂的自由时期，许多知识分子在上述意义上说并没有受到束缚。他们处在多少有些特殊的历史环境中，正如小业主的环境也是特殊的一样：这是一个夹在两个高度组织化的时期之间的三明治似的历史时期。18 世纪的知识分子和小资产阶级实业家站在共同的立场上；他们都以自己的方式反抗封建主义的残余，作家试图摆脱高度控制的保护人，生意人则要打破特许企业的束缚。他们都在为一种新的自由而奋斗，作家希望赢得匿名的读者大众，商人则想获得一个属于普通人的、不受约束的市场。他们的胜利，正像菲利普·拉夫所描述的那样，“在资产阶级时代的伟大时期中……（艺术家）宁可与社
144 会疏离，也不愿自我异化”。但是，有可能为企业家或知识分子提供自

由的那些条件现在已不复存在，并且，没有任何地方像 20 世纪的美国那样，知识分子会出现如此明显的颓势。

1. 四大阶段

在 20 世纪的历史进程中，自由知识分子的生活实践经历了几番转变，并与几种相当独特的环境发生了矛盾。为了捕捉这些变化，我们有必要去检验人们思想和情绪的变动模式，探究其难以确定的影响。在 20 世纪中，已经形成了一种新型的自由知识分子的庇护系统，到了 20 世纪中叶，它似乎已开始影响到政治意愿甚至道德理想的丧失。

根据知识分子的主要兴趣以及他们重要的价值观，我们可以将美国自由的政治知识分子的简明历史划分为四个主要阶段。

Ⅰ. 第一次世界大战以前，自由主义的实用主义思想在那些堪称“扒粪者(muckrakers)”的新闻记者中广为流行，他们找出各种不公正的和腐败的现象，并披露给中产阶级。在 20 世纪前 15 年里，像“扒粪者”这样的知识分子在大众中有着坚实的基础；在诸如《麦克卢尔》(*McClure*)这样的杂志上，他们可以扮演自由撰稿人的角色，关注某些特定的城市或某些特定的生意。在这个不断延展的社会里，因为新的规则和群体不断涌现，这些知识分子有时会被彻底的描述性工作所吞噬，尽管他们是具有批判意识的新闻记者，但在以一种老式中产阶级社会道德簿记式的方式攻击现存的腐败方面，他们具有某种既得利益。

事实上，“扒粪式”的攻击被认为有着相当大的作用，或让人感到威力无比，以致作为一种流行方式，权势人物总要雇佣宣传代理人来维护自身的威势和他们的公众形象。有些宣传代言人起码一开始还算得上是知识分子：事实上，正是这种知识分子的特征，才使他们能够投身于捍卫和解释几乎任何社会利益的运动中去。到第一次世界大战时，许 145
多曾投身揭丑运动的人都开始转而维护一种新型的虚伪忠诚，一种为既得利益而制造的忠诚。威廉·米勒指出，揭丑的新闻记者曾为之撰稿的许多杂志，经过适当的加工，都转变成了有着巨大发行量并得到精心维护的广告媒介。

当然，这些参与揭丑运动的新闻记者并不能够代表知识分子的全部形象。在华盛顿特区的亨利·亚当斯俱乐部（Henry Adams' house）中，在西奥多·罗斯福那样的精力充沛的思想家周围，有一些保守的精英人士，他们也批评彻头彻尾的资本主义，但却是以温文尔雅的方式，从贵族投资者的立场出发的。"扒粪者们"和保守派并未长期保持自由或形成任何联合：准确地说，这是因为他们具有迥然不同的出身和利益，具有社会异质性。对他们来说，行动方向不同，加入不同的阶级和政党，并不是什么困难的事。

Ⅱ．埃德蒙·威尔逊出色地描述过20世纪知识分子的各种可能的类型，他们"试图将自己和经纪人的世界融为一体"，"这是一种孟肯式的绅士态度，充满了玩世不恭的、嗜酒如命的和'文绉绉的'色彩，像讽刺剧中描述的那样，他们的生活中明显有一种优越于经纪人的满足感，充分享受着美国生活的骄奢淫逸；这是一种美国旧式的志得意满态度……这是一种自由自在的态度，它对德怀特·莫洛和欧文·D. 扬怀有极大的兴趣，认为通过逐步地和适度地实现其自身的社会化，美国式的资本主义向整个世界献上了一个奇迹，而我们应该尊敬和喜爱这个美国；这是一种试图从美国企业的活力和规模中获得欣幸，却不管它们要达成什么目标的态度；这是一种可以堂而皇之地收回或陶冶细致情感的态度；这是一种让每个人的自我伴随着疯狂的喧嚣和爵士乐的悲鸣逝去的态度，这也是一种只为黑夜的存在而活着的态度"。

上述林林总总的态度反映出的是一种共同的不关心政治的倾向，或者说，高雅的轻松孕育了一种轻松的自由主义，它消解了人们的政治
146 紧张，钝化了人们的政治敏锐度。知识分子转移了公众对鲜明的政治符号的注意力，甚至还粉碎了文化和社会的偶像。许多人厌恶美国的

中西部，向往着东部城市，实际上所有的美国人都向往着欧洲。但是，他们的反叛还停留在美学和文学之中，并未明确诉诸于政治。这是一种充满激情的反叛，它反对“褊狭的”地方主义色彩，反对社会和意识形态中的陋习，反对各种形式的温文尔雅。

Ⅲ. 在 1930 年代，知识分子充当政治代言人曾一度风行一时。一些才华横溢的自由知识分子成了列宁主义者。他们或加入或支持一些四分五裂的小党派，先是第三国际，后又是第四国际；他们撰写了不少支持这些集团的一般主张和政策的文章，一时洛阳纸贵。

在 20 世纪前几十年中，实用主义是左翼思潮的中枢神经。到了 30 年代，随着作为自由主义公分母的实用主义本身开始式微，它的主导思想被流行的马克思主义赋予新的生命。在这两种意识形态之间有一共同的思想：即对人类理性的乐观主义态度。在实用主义哲学中，这种理性根植于个体之中；而在马克思主义那里则寓于由人组成的阶级之中。在这两种意识形态中，这一主题如此鲜明以致成了一种基本的哲学氛围。

在马克思主义理论的历史性变化中，正如列宁所作的修改那样，知识分子补充到无产阶级的队伍中来了。只有当这些富有思想的“牛虻们”作为勇敢的先驱加入到运动中来，工人们才能创造出一个崭新的世界——或者起码这就是许多美国知识分子对列宁主义的解释。

虽然几乎没有人抛弃知识分子的身份，坚定地将自己与劳工运动联系在一起，但还是有许多知识分子加入了工会组织，成为新闻记者或宣传代言人，忙于预测什么时候时机成熟。当时连小说家、文艺评论家、诗人、历史学家，无论是学院派还是自由作家——风头十足的那些知识分子——也都颇有政治色彩，靠向左倾了。无论是作为党员还是同路人，即使他们与共产党分道扬镳，仍然十分激进，就像托洛茨基知识分子和独立左派们一样。一度，几乎所有的有声有色的智力活动都源自左翼圈子，再不就是为了全力以赴抵御左派思潮之害。

147 Ⅳ. 战争爆发以后，一个沉思的时代接踵而至。知识分子抛弃了旧有的激进主义，在这种或那种程度上成为自由主义者和爱国主义者，或者干脆一股脑儿放弃了全部政治。德怀特·麦克唐纳注意到，回归前资本主义价值观的“宗教蒙昧主义者”和接受合理化进程、试图赋予其积极意义的“极权主义的自由主义”蜂拥而出，他们努力从各个方面使战争非政治化。此外，就像詹姆斯·法雷尔指出的那样，“战争的形而上学”是必需的：布鲁克斯、麦克利什和芒福德这些美国历史上代表性的人物，战争意识形态的官方发言人，都对此供认不讳。那些仍然留在自由主义阵营，对这种新的形而上学不屑一顾的知识分子，也受到它很大程度的影响，因为它具有积极的主动性，恰恰大公司都在战争机构中获得了这种主动性：对许多商人和知识分子来说，工程项目管理局（WPA）变成了战时生产委员会（WPB）。

为了探讨而不是勇敢地应对战时出现的现代社会的渎职和连绵不断的骗局，时事评论员号召人们向前看。但是，即使这种乌托邦式的东西似乎也被大公司的爪牙们控制和垄断着。这些机构在公众面前晃动那些华而不实的商品，设下技术陷阱，然而却不告诉这些物品是怎样批发的。政治评论家将人们对现实的注意力转向某些未来的计划方案，将其作为团结一致、同仇敌忾的源泉。强调技术奇迹正不断出现的“战后计划”，是美国战时宣传的主要的知识形式。

几乎没有知识分子从政治和道义的基础上去反对战争，而他们也分享了的战后繁荣是一个道德沦丧的时代。知识分子不再过问政治，左翼营垒门可罗雀，而新的一代则更是不愿沾边。人们的政治意愿日益淡薄；它已成了一个没有什么希望的领域。正如莱昂内尔·特里林所言，美国的知识界和世界各地一样，“他们的政治思考在行动和事件发生前都是消极的……我们都握在时事评论员的手掌心里”。

从战争年代起，乐观主义的理性信念就在与政治和个人生活中更
148 为悲观的看法的抗争中消磨殆尽。许多不久前刚刚读过杜威或马克思著作的人，会带着掩饰不住的自得，或像梭伦·克尔凯郭尔那样沉溺于

个人悲剧的分析，或像卡夫卡那样对没有希望反光的镜子感兴趣。美国知识分子并不想重弹人的智力能够控制自身命运的老调，现在刺激他们的是新的忧虑，而他们寻觅的也是新的上帝。当人们遭遇因失败而来的震颤时，他们感到焦虑不安、心烦意乱，一些人对自己的境遇一知半解，另一些人则非常痛苦地意识到，必须靠理性主义的忙碌工作和各种形式的自欺欺人来掩饰他们的知识。

如果不是疯癫傻笑或不是酸楚横生，他们就无法面对杜威的“每一个思想家都在将这个表面稳定的世界置于危险之中”的狂言，或伯特兰·罗素的“思想窥视地狱之面目然而并不可怕”的哲言，更不消说马克思的名言：哲学家的作用不在于解释世界，而在于改造世界。现在，他们正在聆听查尔斯·佩奇的教诲：“我们不必自我隐瞒这一点：我们失败了。这十年里，这十五年里，除了失去了自己的土地外，我们一无所获。在政治腐败、道德沦丧的今天，我们确实困难重重。我们陷入了重围，这还不仅仅是封锁，所有的良田沃土都落入到敌人手中”。现在的情况是，接受美国人生活的说法变得既苍白又浅薄，而与此同时反叛这样的字眼则变得粗俗不堪、不切题意。因此，美国知识分子的不适实际上是一种精神空虚的不适。

知识分子观念中的政治失败，并不是那种简单的违背情理的退却。知识分子中间流行的观念也并不仅仅是世界大战和大萧条时期的时髦货色。观念和情绪的创造与传播必须被理解成社会与历史现象。然而，激进党的政治失败与内部腐败不能解释眼前发生的一切。首先应该根据知识分子的自我意象来看待他们的意志丧失与思想匮乏，而这种自我意象反过来又取决于社会运动与政治潮流。为了理解在美国知识分子的生活中究竟发生了什么，我们必须将激进主义运动和马克思
主义的衰落作为一种经过包装的知识分子的选择加以超越，从而认识 149
到有哪些因素影响到知识分子生活中的某些深层载体，影响到现代社会和意识形态组织的长期趋势。

2. 科层制的社会背景

科层制渐渐奠定了知识分子的生活条件，并控制了其产品的主要市场。那些新的科层机构，无论是国家的、商业的，还是政党的或志愿者协会的，都已成为知识分子的主要雇主，成为他们工作的主要消费者。人们对技术与意识形态领域内的各类知识界人士的需求是那样高，以至我们甚至能够说，出现了一个全新的复杂的有时是间接的资助系统。不仅仅新政、好莱坞和卢斯企业，而且包括各种类型的商业公司，以及围绕着斯大林主义的各种稀奇古怪的机构，也都在知识分子的文化和市场生活中扮演着重要的角色。扬-罗必凯的精神世界已不再受制于扬和罗必凯；有许许多多的小集团成了市场上商人们之间的纽结，同时它们也展示了那些系统地从事销售活动的人们的管理智慧和风格。

埃利奥特·科恩已经注意到，“模塑观念的职业(opining-molding profession)是一个紧密无比的小小社区，它占据着无线电城周围四个街区宽、十个街区长的狭小区域，有着地理上和好莱坞、芝加哥一样狭窄的商业街区……”但是这个社区的触角却伸得很广：在上层，主要是主管信息交流方面的知识分子(谋士、技术人员和行政管理人员)，他们和具体的商业部门的管理人员和谐交往。事实上，知识分子和管理者的工作和生活类型，以及他们的主要兴趣，在许多方面都十分一致。在这些管理结构的内部及其周围，则是那些被赋予了现代支配权的知识分子，他们现在肯定会被视为强硬者。而在这两者之间，则存在着许多交流通道。

对于那些希望保持自身的自由，但也在寻求公众支持的知识分子来说，科层世界内组织化的不负责任现象的加重，表述个人异议越来越
150 困难，使得这样一种普遍趋势变得更加明晰。在知识分子和其潜在的

公众中间，横亘着属于他人并受他人操纵的技术、经济和社会结构。小册子这种媒介向汤姆·潘恩提供了直接与读者交流的渠道，而靠大量广告支撑的出版界可能却不会为异议人士提供听众。如果知识分子成了某一信息行业的雇员，他的主要目标当然得由他人的决定而非自己的良知来定。如果他为这样的行业工作就是为了"出活(putting-out)"，那么他自然离雇员的地位只差一步之遥，尽管在这里行使的可能是操纵而非权威。当他进入市场时，其自由职业者的自由受到削弱，而他如果真的进入了市场，他的自由便没有任何公共价值可言。

技艺对知识分子和艺术家的薪酬来说是至关重要的，它甚至构成了知识工匠人数增长的门槛，也使他们常常处在好莱坞作家的那种尴尬境地。当百老汇剧作家交出剧本，由演艺经理、导演或演员接手后，他们至少还可以对自己的作品保留某些权力；和他们不同，好莱坞的影剧作家则无法保证他们写的东西就能被演出来，即使是大家认同的形式。他的作品目的就是赢得大众影响，是卖给大众市场的；而且一如罗伯特·E. 舍伍德所指出的那样，他的主要怨言并不在于收入太少，而在于他没有真正的权力对自己的作品负起应有的责任。

因此，大众文学和大众娱乐，以及黄色刊物、庸俗读物、广播剧和电视剧的主题通常是由经理或编辑决定的。作家只是为了完成订货，没有订货他常常根本不会动笔，而订货自然有着内容、倾向和篇幅上的限制。甚至这些大众杂志的编辑与广播剧的导演们也逃脱不了出版业和娱乐界对他们的个性限制；他们也是某个商业企业的雇员，而不是一个有决断权的个人。大众杂志与广播剧与其说是由哪个人编的，不如说受着一个现成的套路的控制。

随着文学行业的全面铺开，一批进取心十足的人也出现在出版界，图书的出版风格为之一变。作者虽然或多或少地受到读者品位和心智的限制，但为了适应出版界发展，一定程度的变化和水准的提高却获得了相当大的自由空间。近来，在图书批销方面和电影生产与销售方面
出现的变化，可能表明社会需要更多的精心制作的作品。那种越来越 151

多的需要通过大规模的销售渠道才能到公众手中的书稿，看来很少有出版商再愿意经手了。

文学的理性化和艺术的商业化肇始于销售领域，现在它正步步深入逼近生产领域。1933 年，亨利·塞德尔·坎比写道："我们很少停下来想一想，多么奇怪，文学竟成了一种产业……一切都十分小心……在广泛分布的出版社组织和代理机构中……（作者的）名字没什么用了…… 外交部门也常常三天两头地把他们年轻的使节派到这里。他们现在也成了这类组织的一部分。"如此，图书编辑也日渐成了一种由常规而不是由有献身精神的专业人士来掌管的半自动机构的一员。

编辑寻找的是那些赫赫有名的姓氏，以及那些渴求更大名声的人；因为那些雄心勃勃的编辑和一心向上的显赫人物的存在，在我们这个特别的时代，才不可避免地会因对专家的依赖而产生大量的捉刀之作（ghost-writing）。一本由大名鼎鼎但非文化人署名的著作，实际上由他人代笔的几率在 50%以上。然而，这些捉刀人可能真的出自真正的文化人之中；他们与作品间的异化程度，已经达到了彻底失去公众责任感的地步。

虽然大学仍然是一个相对自由的工作场所，却也不乏对独立思维进行限制的种种倾向。教授毕竟是一介雇员，他受制于这一事实中涉及的各种因素，而各种制度化的因素挑选着人，并具体影响到他们怎样工作、何时工作以及干点什么。然而，对教师的自由来说最深层的原因还不在一位教授的偶然解聘，而在于一种说不清的普遍恐惧——有时可称之为"谨慎"和"准确判断"——它导致自我恐吓，而且最终会成为一种包括学者本人都无法察觉的习惯。真正的限制与其说是外在的禁令，不如说是通过学界大亨达成的协议来操纵性地控制那些反抗者。
152 当然，由于哈奇法（Hatch Act）的实行，由于政界和商界对教授的抨击，由于军事项目必然包含的对学院的限制，同时也由于商会建立的各种委员会——他们试图将既定学科的教学内容和效果标准化，这种控制得到了进一步的加强。社会科学的研究日益依赖基金会的基金资助，而后者显然不会青睐那些关注偏僻、“无建设性的”课题的学者。

美利坚合众国日益增多的国际纠纷对美国知识分子还产生了一些其他的、难以觉察的影响:对那些用拉丁美洲、亚洲或欧洲语言来授课和写作的年轻人来说,对那些并没有偏离为人接受的事实和政策的人来说,这些纠纷就会产生一种自愿的书报检查。他们希望获得研究、旅游和基金补贴的机会。在自己的工作中,这些学术知识分子,或明或暗地(通过缄默不语),常常认可那些拥戴权威而不是反对权威的幻想。在教学中,他可以通过仔细选择那些安全的、并冠以纯科学名义的问题而自我检查;或者为了除了自己以外的其他目的出卖学者的声望。

越来越多的人,其中也包括知识分子,正在成为非独立的工薪阶层,他们将生活中的最美好时光消耗在供人调遣之中。在我们这个时代,对快速行动的需求压倒了一切,包括自由知识分子在内的每一个人,都惶惶不可终日地感到了失落;这就是弥漫于当代生活中的挫折感。然而,这也非常深刻地、直接或间接地反映在知识分子的世界之中。他们依赖交流生活,而知识分子的有效交流手段却被人夺走了。

不交流的知识容易使思想变味,晦涩不堪,最终造成遗忘。因为发现者追求完善的缘故,他的发现必须获得有效的交流。这种交流是人们寻找清晰的理解,包括对其自身理解的必要手段。一个人,只有在自己的知识获得他所信赖的有足够资格的人的社会认可时,他才能够获得安全感。这样一种完善的基础只有通过活动才能够获得并不断刷
新,这种活动包括了无拘无束的沟通。当一个人兜售他人的谎言之时, 153
便是出卖自己之日。出卖自己,就是将自己作为某种商品。某种商品是控制不了市场的,它那徒有虚名的价值是由市场提供的因素所决定的。

3. 意识形态的需要

虽然毫无疑问这是一个买方市场，但它一直钱货两讫。科层系统不仅需要运行新的技术、编辑和传播设备的智力型专业人才，它还需要为这些科层系统所代表的新型的、大体上是私人的权势集团创造和传播新的符号防御系统。在我们这个时代，各种利益、仇恨和情感似乎都是由智力活动的方式组织起来的，无论这种组织的水平可能有多么低。莱昂内尔·特里林评论道，“意识的公式化倾向在不断增长”，而“依赖公式的某种意识也在不断增多”。围绕着每一种利益都建立起了某种系统，某种建立在科学基础之上的系统。此时必须确保，或者（如果还未形成的话）创造出一个研究联盟（Research Cartel），在其间小心翼翼的研究人员必须做出复杂翔实的研究，并在准确的时间里公布，支持某个利益集团，与对手抗争，将虔诚转化为神学，把激情打造成意识形态。在所有这些引发公众注意和轻信的努力中，在所有这些评价和诋毁中，都需要知识分子的参与。下述四种相互关联和渐进的过程为满足日益增长的新的辩护需求提供了便利：

Ⅰ．对传统的神圣化倾向已经在当代历史的进程中被打得粉碎；潜在的意义不再被人们含蓄地接受。凭借全新的、多种多样的和日益扩张的沟通手段，传统的符号体系已经被连根拔起，经受竞争的锤炼。在这个塌陷过程中，知识分子起到了重要的作用；而且由于都市社会需要新的英雄和新的意义，正是知识分子在挖掘它们，并将之在大众中间推广开来。

154　Ⅱ．每出现一种利益集团都必然会拥有相应的意识形态组织，因此也就可能获得新的交流方式。为了吸引公众的注意，各种用于辩护和转变的符号系统层出不穷，并且相互间激烈竞争。作为吸引并保持公众注意的新举措，符号系统始终是需要的，不过，只要它们稍有松懈很快就会迂腐不堪，即使是具有相当吸引力的符号系统也势必会转瞬即逝。每当一项新的成果出现时，以往那些设计再精当的研究也会瞬间即遭淘汰。如此，就要求不断地产生新思想——也就是说，产生人们易于接受的思想，产生吸引力非凡的有关利益、激情和仇恨的表述方式。

Ⅲ. 已经形成的规模巨大的私人权力必须为其行使找出新的合法性。显而易见的是，从 18、19 世纪继承而来的那种简陋的有关统治权力的民主理论，已无法轻而易举地为现代法人团体的权力提供合法依据。许多知识分子的高收入都来自于这一事实。意识形态工作的全面增加，基于入主新型权势中心的既得利益集团，希望自己的形象能在科层体系内外为他们工作的人眼中发生钝化、漂白、模糊甚至错觉。因为高度积累的财富和高度集中的权力，使得民意必须被积累和集中为一种善意，一种能够持续管理和维持的善意。这样，在管理机构工作的人便能够从他们的科层体系中获得自尊，并因此也需要知识分子为他们及他们工作的机构制造一些合适的神话。在与管理者的关系中，各式各样的新型企业家们都获得了他们最重要的机会；这些人中有许多就是发现并捕捉到这些机会的先前的知识分子。

在小业主的世界里，权力是分散的和匿名的；它不需要系统化的意识形态黏合剂。但是在新型的管理世界中，权力却是集中的，并且只有在被操纵时才是匿名的；其管理者承担的一件主要工作就是找出与之相应的意识形态。这一任务并不简单；他们寻找新的和使人不得不信的合法化依据的劲头几近疯狂。

Ⅳ. 伴随着传统习俗的破灭，从困扰着现代社会的战争和萧条的 155
周而复始中，不断滋生出各种相互竞争的符号体系，以及新的并未获得认可的权力，恐惧和不安四处流行。这使得每一个涉足其间的人都迫切地寻求充分的解释。无论是老中产阶级，还是新中产阶级，都被人视作新势力的堡垒，他们深怀焦虑，迫切需要为他们发现自己置身于其间或与之背离的这个新世界寻求新的解释。无论他们的焦虑如何，转变中间阶层的立场，使他们形成恰如其分的举止，已成了知识分子的分内之事。

当到处充斥着不负责任的决定，而价值的天平又明显有所偏向时，有决定权的人和执掌大部分价值的人就会为了自己广施骗术。在权倾一时的科层组织中为一小撮决策者工作的学富五车的男男女女不断增加。即使知识分子并没有直接受雇于这类组织，他们也会亦步亦趋地、以自欺欺人和心知肚明的方式，发表与这类组织及直接受雇于这类组织的人圈定的观点一致的看法。不管在哪种情况下，知识分子都成了他人的喉舌。在“直言相辩和逢迎拍马”之间，似乎并没有选择的余地。

在适当的时候，知识分子或许随时会站到公众智力或统治阶级的行列中，从而脱离被孤立的局面；但是在 20 世纪中叶的今天，不敢鹤立鸡群和合群站队似乎都更多地是由组织化因素决定的，是牢牢地植根于权力的高度集中和整个现代社会的理性化之中的。如果知识分子发现，和以往一样，他们工作于其间的那个非人格化的权力机器很难受自己的掌控的话，那么，不论它可能给他们造成怎样的焦灼不安，这种不安都更可能使他们去努力追求客观和完满。

156 4. 技术人员的崛起

以科层制兴起为主轴的社会发展和以对全新辩护的持续需要为主轴的意识形态的发展已经相得益彰：它们共同发展，日益决定着知识分子的社会地位和意识形态取向。

意识形态的席卷而来，促使知识分子承担起各种公民责任。在许多情况下，因为无法成为任何意义上的自由知识分子，他们加入了不断扩张的靠思想谋生的队伍之中，成为行政人员、谋士或技师。无论从阶级、地位，还是自我形象的意义上说，他们都已成为地位稳固的中产阶级，成了那种伏案而作，结婚生子，住在体面的郊外宅第中的人；他的人生生涯依其出售的思想而定，他的生活程式单调，中产阶级的大众文化取代了他们对自己的生活和世界的直接体验；尤为重要的是，他们正在成为金钱至上的社会里混口饭吃的人。

在这样的氛围下，与既定的金钱和权力无关的知识分子的活动似乎不再有较高的价值。在"精神的资本化"过程中，正如乔治·卢卡奇所说，智慧与意识形态已经成为商品。他们现在撰写的只是提示他人做什么的备忘录，而不是告诉人们事情是怎么回事的著作。文化和知识的产品或许有装饰品一样的价值，但却未给它们的制造者带来任何装饰价值。这种新的模式建立了一套令人担忧的经济价值和社会荣誉的标准，它使人愈发难以摆脱对管理官员的常规性的意识形态惊恐。

这些新发展态势的能量和范围，受约束的沟通的无所不在，以及科层系统的控制，已经改变了许多美国知识分子的地位。和某些欧洲国家，尤其是中欧和东欧的某些国家不同，美国并未形成规模可观的知识分子甚至专业人员阶层，他们失业的时间已经太长，这种状况引起了强
烈的挫折感。美国知识分子经受的失业是一种周期性现象，它不像在 157
某些欧洲国家那样似乎是一种持久状况。自由国家行政管理部门的膨胀，私人行业和信息科层系统的大规模扩张，事实上已经使各种就业机会成倍增长。到目前为止，不能说是知识分子引起了经济恐慌。事实上，前景光明的职业生涯在他们中间已经成为某种传说。由于缺乏两次世界大战期间许多欧洲知识分子圈子中曾出现过的那种不满和愤慨，当心怀不满的大众在政治上意识到他们的不满时，美国知识分子从未作为一个代言群体成为他们的领头人。他们或许会不时地感到茫然无措和内心的疏离，但却没有感到受到了剥夺。

在美国，同知识分子相比，技术人员的优势地位已变得越来越明显，而且这一过程似乎并没有引起什么震荡。事实上，美国的小说家、艺术家和政论性作家对其承担的工作都尽职尽责。埃德蒙·威尔逊写道："命中注定，美国作家只能在不光彩或二流的工作中建功立业……在和那种没受过什么教育的作家交谈时，你压根不可能谈好莱坞或卢斯曾经雇佣过他。"用马修·约瑟夫森的话说，知识分子不再具有"超然于直接获利的态度"，不再有"乏味感"，他们正在蜕变为技师和谋士，而不是与环境相抗争的、坚持个人风格并且永不随波逐流的人。

那些仍守着一份自由的知识分子可能会继续深入地了解现代社会，但是他们发现自己已经越来越难以主动接近政治的中心了。这产生了一种不健康的风气，对那些希望标新立异的知识分子来说尤为如此。今日之世界，一个人的知识越丰富，其思想的影响似乎就越少。如果一个人的知识越多，其所受的挫折也越大，那么这可能就意味着，知识产生不了什么力量。对自己能够预见的事情无力控制，就常常会使
158 人产生彻底的无助感。这不仅就他们的所欲所为来说是如此，就其所关注的权势人物的所为来说也是如此。

当然，这种挫折感仅仅会出现在那些感到有行动压力的人身上。"态度超然的旁观者"因为不想征服什么，所以也不会感到孤立无助。但是政治家们都懂得，当他们无力将事务玩弄于股掌之间时，他们就必须接受其结果。他们发现，甚至要表述自己的思想现在也越来越困难了。如果他想表达自己对公共问题的看法时，他是不能对碰巧掌权的那些政党提出的口号和造成的混乱过分认真的。因此，他感到自己与政治毫不相干。不过，如果他对公共问题采取"现实主义"的态度，也就是说，根据那些主流政党的看法来看问题的话，他就不可避免地要放弃自己的最初看法，以致无法再抱有从事任何政治活动和政治思考的热情。

如此而来，政治上的精神失败便与生活的悲剧感相伴而生，它可能被体验为一种个人的发现和负担，也可能成为客观环境的一种反映。

这种状况导源于以下事实，在公共决策的源头，有一批权势人物并不会因自己的决策自受其辱。在林林总总的由大型组织组成的社会里，权势人物的决策和草根民主间的界限已变得模糊不清，由此，上层人物不负责任的个人行为似乎受到了鼓励。行动需要促使他们将决策权牢牢掌握在自己手中，与此同时，他们作为大公司或其他大型组织行动的事实，却使其个人责任变得越来越难以辨认。他们的公共观点和政治行为，就这些词的客观意义来说，是不负责任的：他们的不负责任所造成的社会后果是，其他人必须依赖他们，并承受他们的无知、失误以及自欺欺人和偏见所带来的恶果。目睹了这一切的知识分子所产生的悲观情绪，是他们对政治和经济领域中的集体性渎职行为作出的一种个人反应。

人们生活于其中的社会形态及其在这一社会中的行为方式都越来越具有政治色彩。这一社会形态中曾经有过知识和个人道德的领地，
但现在一切也已成了组织的附庸。由于政治的触角无处不在，当人们 159
思考政治问题时，他们的所思所虑反映的正是他们自己的生活方式。

独立艺术家和知识分子是少数还能保持与陈规陋习相抗争的个性，并抵御死气沉沉的生活琐事的人。如今，要保持敏锐的洞察力，你就必须具备冲破和摆脱现代交流系统中缠绕着我们的那些刻板观念的能力。流行艺术和大众思想现在日益与权势阶级的要求相吻合。这就是为什么在政治活动中，某些知识分子感到需要团结和支点的原因。如果思想家在政治斗争中不能将自己付诸于真理，他就不会以负责任的态度来面对整个生活经验。

随着交流渠道越来越变得垄断化，依赖特定的哄骗运作的政党机构和经济压力集团，继续垄断着那些富有影响的政治组织的机遇，政治行动和沟通的机会被降低到最低点。政治知识分子日益成为靠传播交流机器为生的雇员，而这台机器的基础与他们所拥戴的东西南辕北辙。

正像前景远大的年轻技术人员和编辑们无法直面政治（除了新闻和娱乐之外），遗留下来的那些自由知识分子也越来越踌躇不前；最简

单的原因在于他们已失去了这方面的意愿。迫使他们远离政治的内外部力量过于强大；他们被卷进了这台技术机器，卷进了知识的直接的理性化过程，或者说他们踏上了个人悲剧的不归途。

今天，对自由知识分子来说逃避失败和无权无势的现实的途径五花八门，其中包括信奉疏离以及向现实低头。这两种做法都可以掩饰无权无势的事实，同时又可以使这一事实变得更易接受。

“疏离（alienation）”这个中产阶级圈子里常用的词，已不再是旧式的那种知识分子与通常的生活方式及其主流结构的脱离；它并不意味着与统治势力间的疏远；同样不是追求真理的必经阶段。它是一种不幸，是从精神崩溃跌入自我沉溺的一种形式。它是缺乏政治意愿的一
160 种个人托辞。它是被人征服的一种流行方式。从功能上看，它是那种和社会科学中屈从于客观性别无二致的文学样式。

客观性（objectivity）或科学主义常常是那些眼光短浅者的学术崇拜物，是技术工匠，或是那些对其置身于其间的大型组织及其政治含义负有职责的雄心勃勃的技术工匠的姿态。将已成惯例的生活和工作概括为“客观性”，这种无法想象的用法往往能使那些对政治不感兴趣的人获得一种满足；但是，这是一种特殊形式的退却，而不是知识分子的一种政治人的取向。

无论是疏离还是客观性，都与技术人员战胜知识分子的胜利紧密相连。在充斥着组织化渎职的时代里，对那些被管理官员战胜并受其控制的知识分子来说，它们是最普遍的情绪和观念；鲜明的“工作（the job）”一词，就像道德约束和潜在的压力一样，将知识分子牢牢拴住；战战兢兢的雇员们的政治心理与他们对工作的理解交织在一起。或者干脆去理解，或者选择悲哀的疏离——这就是那些无权无势、相互疏离但却没有被剥夺的技术人员的典型。这就是那些有认识真理的能力但缺乏机遇、技巧和耐力——就像在可能的情况下那样——去与政治力量打交道的人的典型。

自由知识分子的失败和自由智力的合理化都在某个无法加以明确限定的敌人的掌控之中。即使赋予其权力,这些自由知识分子也无法轻易地将自己的意志付诸实践,同样无法成功地排除环境对他们的处境、对他们的所作所为、对他们的欲求的影响。他们发现锁定外部敌人要比了解自身的内部状况更为困难。这些似乎是非个人的失败已经编织出一种个人的悲剧情节,而知识分子正是由其自身的弱点所出卖的。

第八章

161 大　卖　场

在小业主的世界里，销售只是范围、技术和方式都十分有限的诸多活动中的一种。在现在这个新的社会里，销售则是一种无处不在的活动，它的范围没有限制，而技术和手段的选择更是冷酷无情。

销售员的世界已成为每一个人的世界，因此，从某种意义上说，每一个人都已经成了销售员。扩大了的市场已经变得既没有什么个人色彩，又十分私人化。还有什么东西能不经过市场？是科学和爱情，道德和良心，还是友谊、精心培育的技术和仇视？这是一个充满贿赂的时代。今天，市场已经渗透进每一个机构和每一种关系之中。讨价还价的做派，强行推销的架势，令人过目不忘的煽情神话，对个人特征的商业化评价，充斥于我们的生活之中；在公共和私人领域中，到处充满了销售的味道和感觉。

1. 销售员的种类

美国的销售员经历了几个主要的不同时期，每一个时期都对应于企业系统组织化的不同阶段。企业系统是一个范围广泛而结构复杂的机构网络，每个网络结构中都充满了这种或那种类型的销售员。这一系统中的任何变化及其与作为一个整体的社会的关系，都将在不同的销售员种类的更替变化和某种销售艺术的盛衰中反映出来。

当需求大大超过生产之时，销售基本上会倾向卖方市场，因此在某时某地获得订单一般就不是什么需要费力的事情。当需求与供给平衡 162
之时，销售员作为推销的工具也只是提供信息而已。但是，当来自生产者的销售压力大大超过消费者的购买力时，销售员的作用便开始突显出来。自 20 世纪起，随着剩余产品越来越多，面向全国性市场的推销需求日渐高涨；同时，随着全国性广告的推广，协同扩张的销售机构也就需要全力以赴赚钱了。

当企业能够在一个不断扩大的市场里提高自己的产量时，它们就会轻而易举地竞相削价；但是在一个不断缩小和封闭的市场里，它们就并不倾向进行价格竞争。像许多经济学家认为的那样，低价可能“……比……‘咄咄逼人’但成本与日俱增的推销方法更为有效”。但是，强力销售成为需求的替代性刺激，靠的不是降低价格，而是创造新的需要和更强烈的欲望。凡勃伦写道：“企业把自己当成了一辆销售车辆，其运行全靠你争我夺的销售员们的相对能力。”在美国，销售事实上已经变成了仅仅依赖意志的自主力量，它保持了经济的高速运转。

在旧的小业主社会里，尽管也有店主，但几乎没有销售员。在革命战争之后，开始出现了行商，他们的市场不大，但分布很广。到 19 世纪中叶，批发商——那是当时主要的业主类型——开始雇佣旅行销售员，这些人的工作就是到位于城市商业中心的旅馆和沙龙里去接触零售商和小批发商。后来，这些人开始将触角伸到了地方市场。再往后，随着制造商取代批发商成为商界的统治力量，他们的旅行代理人便加入到批发商的队伍之中。

工厂里制造出的产品被运到城市消费中心；货物在那里存放，然后再分散到该城市所辐射的市场上去。如果没有大规模生产，商品就不

163 可能积攒起来满足大商店的需求。如果没有大城市，就不可能有足够大、足够集中的市场来支撑这样的商店。而如果没有运输网络，生产出的商品也不可能从如此分散的地点运送出去，再置放于繁华的城市中心去。上述每一方面都是企业和社会的现代网络上的一个中心。

另一方面，同样的条件也使那些只卖手套或领带的小型专卖店得以生存。N. S. B. 格拉斯注意到，在现代贸易史上，在专业化和综合化之间似乎总是有一种交替运动。一个企业既可以按其掌控的商品实行专业化，也可以按照它在经济网络中承担的作用实行专业化。它可以经营多种商品，也可以经营少数几种商品；它既可以集零售商、批发商与制造商于一身，也可以仅仅承担其中一项功能。现代企业在专门性和综合性之间的交替既牵涉到商品，也涉及经济功能。就美国的商店来说，企业的历史节奏能够简化为：(1)在 18 世纪，市场规模很小，进入市场的方式也很原始。此时还没有什么专门化的商店，占主导地位的是小型综合商店。(2)在 19 世纪上半叶，专门化流行开来；到 19 世纪中叶，城市里到处是专卖店，每个店的主营范围都集中在不断扩大着的市场上的有限部分。这些商店主要从事零售，根据当时的商业信条，它们被告知恪守自己的经济职能。(3)在最近的 100 年中，融合、综合的趋势变得越发明显，于是百货商店便成了主要的商业形式。

现在，集市贸易点和综合性的小商店还存在于边远地区。经营单一系列商品的商店或专卖店在数量上仍然是美国零售业的主流。但是，百货商店、连锁店和邮购商店——这些 20 世纪中最主要的商业类型——因为与新的社会合拍而随处可见。

因为经济有赖于市场的替换和快速周转，产品的生产必须考虑到淘汰因素，市场技术加快了淘汰的速度。如此，甚至商品的设计也要与
164 销售方面的要求相契合；工业设计师、整体包装师的主要关心所在，是商品的外观，改变色彩、形状和名称。不仅服装、汽车和家具，事实上所有的商品，其整个时尚的精心设计目的都是占有更大的市场份额。时

尚已经成了一种开发高档市场以加速商品周转的理性企图。在 1948 年美国消费者购买的价值 1 260.3 亿美元商品的背后，隐含着的不仅是需求和交换方面的经济因素，同时还有这样一个社会事实，即美国社会在许多重要的方面已经成了一个轮番上演的时装展览。

经济的中心从生产向销售的转移，既意味着城市老式中产阶级的延续——他们现在定位于销售，也意味着新中产阶级队伍的可观扩大。19%的老式中产阶级直接与零售和批发业有关。他们不是工业界的领袖，而是零售业的排头兵。与此同时，大零售业的黄金岁月还涌现出了 300 多万现在直接参与销售活动的白领人士；1940 年，他们占到全部劳动力的 6%，中产阶级总数的 14%，全部白领人士的 25%。

根据所涉及的技术来划分，销售人员中既包括负责创造和满足新需求的销售人员，也包括不必创造需求或招徕顾客而坐等人上门的售货员，直至那些仅仅负责收款、调换货物和包装卖出品的负责提货人员。有些销售员必须了解复杂商品及其维修的技术细节；而另一些销售员则不必知道他们销售的那些简单商品的任何情况。

根据社会地位来划分，居于销售等级体系最上层的是公司的第一副总经理，他们常常声称自己只是一个销售员，而居于这一体系最底层的则是在五分一角小店工作的姑娘们，她们在离开劳动力市场嫁人前会做几个月的半天工作。与这一体系的上层最接近的是销售经理，他负责设计、组织和指导销售员们销售技术。与他们最靠近的是外派销售员，他们负责策划口号和形象，通过大众媒介远距离地刺激销售。

根据销售地点来划分，销售人员可分为坐商型、流动型和外派型三 165
种。占白领销售人员 60%的坐商型销售员，是在商店里柜台后做生意的。占 38%的流动型售货员，奔走于消费者的住处和办公室之间。他们中包括挨户推销的销售员和那些按照几星期前的事先预约飞来飞去的“商务旅行者”。最后，外派型销售员，包括拉广告的人，现在占到整个销售队伍的 2%，他们管理着销售和广告业务，自己并不到销售点去，但却为那些在销售点忙碌的销售员们提供无处不在的帮助。

全国性市场已经成为许多白领技术人员瞩目的目标：专业市场研究人员在全面细致地调查它；为了扩大市场，人事干部在挑选和培训数以千计的不同类型的销售员；经理则在研究促进人们去“放进囊中”的购买艺术。随着有限的市场竞争的不断强化，以及买方市场越来越占主导地位，销售员直接具有的压力也越来越大。心理学家殚精竭虑，以图改善劝说人们做出购物决定的技术。在高压销售技术应用之前，强调的是销售员的商品知识，这是通过日积月累逐步获得的；但是在高压推销技术问世之后，重点则转向让人们对所期待的商品着迷，这是一种由心理学提供的推销艺术。

销售员将商业社会中的不同单位连接在一起；推销则与现代世界的现金交易关系同步扩张。它不仅是一种市场技术，而且是一种无处不在的设定一个人的生活方式的劝说装置。对所有类型的市场型企业家和白领销售人员来说，无论他们是在店内还是在店外工作，无论他们是在路上奔驰还是在蓝天遨游，他们都只是推销网络上的不同焦点。他们的渗透是如此之深，影响是如此之大，以致可以将他们视为一群无孔不入的人。这就是我们如果仅仅研究销售人员，却无法把握整个推销的原因所在。从《巴比特》(*Babbitt*)一书中我们得知，美国人崇尚的并不是“为什么特别的人或向什么特别的人推销了什么特别的东西，而是推销本身”。对一个已经成了巨大无比的卖场
166 或世界最大的百货商店的美国社会来说，今天，销售已成为一种抽象的价值观，一种科学，一种意识形态，或者成了一种生活方式。

2. 世界最大的百货商店*

50年前,这家大百货商店向城镇非商业区挺进,成了这座都市的中心之一。它所到之处,使32座建筑物里的占地不大、独立性较差的那些小公司很快被挤垮。人人都说它是世界上最大、最好的商店。

它的营业楼面有23英亩之大,每英亩又自成一方,其间建有连接上下左右前后各区的通道。单单自动扶梯每小时便可上下运载40 000人。从早到晚,叠得整整齐齐的钱钞和单据通过18英里长的铜质管道输送到最后的严密组织起来的中枢系统——这家大百货商店的决策中心。

其后,沿着第一个方区,他们建了再建,后来耸立起来的建筑使最初的建筑相形见绌。现在,它的楼面有近50英亩,而且在曼哈顿岛的那边,还另有30多英亩的地方,在那里人员和商品都在等着进入这家世界上最大的商场。

现在,这里有58部自动扶梯,29部电梯,105条运送带;26部运货电梯则将满载的卡车送到不同的楼层;75英里长的管道输送着有关的记录——谁买了什么,谁卖了什么,交易的是什么东西,付了多少钱,这一切什么时候发生的。

但是这么大的地方还是嫌小:它还向外延伸到俄亥俄和旧金山,延伸到阿拉巴马、芝加哥和罗切斯特;它是许多连锁商店中的一个。在它的核心机构,有1个专业机构和10名职员,他们每天坐在那里讨论这个可怕的问题:下一个商店该开在哪里?

180部接入电话使100个电话接线员穷于应付。如果你不能来,

---

* 第二和第三段的类型学表述,是以大城市里那些大的中产阶级百货商场为模型的,主要选自拉尔夫·M.豪威尔的优秀著作《纽约梅西的历史:1859～1919》(*History of Macy's of New York*, 1859～1919, Cambridge: Harvard University Press, 1943)。

那么请打电话；我们也能送货。在商场周围方圆 50 英里内，我们的 410 辆货车可以将商场开到你的家里，卸下一块，成全你的梦想。

167 你是否认为，家庭对社会而言非常重要？但是这家大百货商场向你提供食物、衣服和娱乐；除了生物学上的繁衍这一单项之外，百货商场全方位取代了家庭。从出生到撒手西归，它都无微不至地照顾你，为你提供必需品并创造有待满足的需求。追溯到 19 个世纪 90 年代，这家大商场就开始用全球供给商的口气说话了："跟上大众吧，它总会带/你到/（我们的大商场中）……/我们的商场应有尽有……/骑我们的车，/读我们的书，烹饪用我们的锅，/就餐用我们的瓷具，穿我们的绸缎，/盖我们的毯子，抽我们的雪茄，/喝我们的好酒……/你的生活开支将减少，而你会过得更舒服/你做梦也想不到能有多好。"

你认为你对工厂了如指掌吗？不过，这大商场便是一家工厂：它已经承担了经济环线中若干阶段的任务，而如今它囊括了所有阶段。而且它也是一座微笑和憧憬的工厂，是生活的浮华和梦想的工厂，它供给人民其生活所依赖的商品，向他们提供他们为之奋斗的目标。有哪个工厂能和人们的所需和所欲这样高度而直接的吻合？无论以面积还是以金额论，它都是这个世界上最大的商店：它是一个世界，一个由委员会执掌、楼面巡视员经营的为商品服务的世界。

说谁拥有这家大商场是十分困难的。一开始，它属于一个小资本家，他为了从事批发业离开了先前的捕鲸船。后来它成了一家家族企业；再往后来了一些合伙人，并且接管了企业；现在它是一家股份公司，没有哪个人掌握的股份超过 10%。用金融业的行话来说，它从独家占有变成了所谓公共企业。虽然长子的长子对它的经营有很大的发言权，但是如果他逝世了，没有人会怀疑商店肯定还将办下去：它是一个自主创新、自我生长的企业，没有人能够独占它。

但是谁来运作它呢？总得有人运作。最初一个人管这些事——他对一切了如指掌，商店归他所有，自然归他经营。每周一次，这个老板站在店堂中央，声情并茂地大声念着上周销售最多的店员的名字。从他站着的地方，可以看到自己的店里每节柜台的全部业务。但是，现在早没了这样的老板，也没了他立足的地方，现在有 100 个人在做他过去做的事。他们中的一个人在做什么，另一个人常常并不知情。商店上 168
上下下都变得如此非人格化，以至于如何使它再度变得人情化，同时又能生意兴隆、财源不断成了一个大问题。

商店里有这样那样的经理，有专门管理经理的经理，但是如果他们当中有任何人去世或离开，商店的运作都丝毫不会有什么变化。商店的运作照常不误。商店是人办起来的，但是创办人并不知道他们在做什么；现在它创造了人，但这些人反过来也并不知道自己在干什么。每日每时，它都在创造、毁灭、再创造着自身，没人知道它的全貌，但一些人却对它的每一个单独的部分了如指掌。

如此，你看到的混乱只是表面现象：这里不会有任何偶然的事情发生。一切都在掌控之中；一切都有详尽的说明；任何事情都归档管理，有了解这些文件的委员会，当然还有了解这些委员会的其他委员会。

在教堂里，礼拜是有组织的；而在大商场这个教堂中，则陈列着 394 000 种各式各样的神(还不包括不同的颜色和型号)。在这被组织起来的芸芸众生中，大商场已经将他们训练得能够更迅速和更有效的参拜。它的卓有成效的祈祷已经成为无数遍操演的仪式，既有严肃虔诚的祷告，又有马戏班子中的喧哗。

人们参拜的神决定着他们怎样生活。各种各样的神在不断变化，但是他们的变化从来没有像现在这样美妙，这样井然有序；以前的参拜也没有这样普遍和虔诚。为了将商品拜物教组织化，这家大商场源源不断地制造出各种商品神灵。过去时髦是城里贵族们的事，而且主要是侍奉服装之神的。但是现在这家大商场却将时尚的观念赋予所有的商品，赋予所有的膜拜者。时髦意味着快速周转，因为你如果喜新自然就会厌旧。这家大商场以仁慈之心，将对时尚的有节律的崇拜融入到

都市大众的习俗、仪表和情感之中：它建构了形象本身。通过打扮人
169 们，改变人们在街头或卧室中的生活景象，大商场培育了人们对外表的极度迷信。

在这家大商场的时代到来之前，这些神灵并没有这么多的信徒。老式的商场和小铺子无所事事地坐等着顾客上门。以前也有过毫不起眼的告示，很像那些生死告示，满纸密密麻麻，沉闷无趣地说有什么东西可卖。但是，现在这家大商场却有数不尽的信徒，他们对 394 000 种商品膜拜不已；每天它都会诱惑137 000名妇女；与此同时，还有 11 000 名雇员对着她们的耳朵念咒，在她们的眼前晃动着各种景象。

3. 进货员和巡视员

百货公司不是旧的百货店的延续，而是百货店和专卖店二者的结合。西方中世纪的集市和东方的市场都是在一个棚子下面挤着许多家小铺子，各家自主经营，但在整体上却组成了一种临时性的综合市场。老式的百货店规模小，而且没有不同的商品部；沿街叫卖的小贩壮大了成为沃尔沃斯式的商店，但不会成为梅西式的商店。这些综合性商场的雏形没有一个像今天的百货公司那样提供“丰富的服务”：如免费送货、赊账、退货、设立免费休息室以及提供信息服务等。

现代百货商场是一种小型的等级团体的集合体，这些等级团体反过来又组成了作为整体的百货商店。它是权力分散的组织和复杂的集中神经系统的奇妙结合。商店是按照商品类别组织起来的，每个商品部都配有自己的经理，所有的部门都通过财政和人事网络牢固地组合在一起。通过观察进出的动态平衡，会计系统对各部门的工作保持着高度的警觉。大商店按商品设立不同的部门，再通过会计核算将它们集中管理。

在19世纪的最后1/4个世纪里，店主或商店的总管已开始通过一名总负责人进行管理，他负责给雇员分派工作，调动货物，以及日常管理。在他和他的办公系统之下，各个部门经理按商品类别独立负责，并进行单独核算。

在每个部门的领导层中，设有一名进货员，他的职责是供给任何既 170
定时间内售出的物品、决定它们的售出方式、货物的时令和周转，以及最终的利润。

和负责货物及钱款的进货员平行的，是管理顾客和售货员的巡视员。他的语言是服务式的语言，其目的是协调顾客和职员的利益。巡视经理，现在常常担任客户部或商品部的经理，照看职员和出纳小姐的工作，或作为记时员，稽查雇员进出商店的时间，要求他们礼貌待客，或作为平息抱怨的行家，他们还负责决定是否同意顾客的退款或换货。

进货员和巡视员之间的关系并不总是和睦的。巡视员必须一直“注意不要惹翻了那些大权在握并因此常常脾气暴躁的进货员”。在一般情况下，高层管理者负责雇佣或解雇售货人员，巡视员则负责“使他们井然有序地工作”。但是事实上，“进货员常常是一言九鼎”。因为他负责商品的周转赢利，他直接控制了其所在部门的销售业务。进货员是科层制度的规则和非理性市场的随机选择之间的交叉节点。

到了1900年，随着商店里部门越来越多，商号里开始实行一种全新的认识制度，男男女女的员工们不再在小零售商店里而在学院里接受训练；簿记不仅仅是一种历史记录，而成了对业务活动进行系统分析的工具。委员会开始成为协商式的，业务活动变得标准化，所有一切都受到来自上层的控制。在这种集权化趋势下，进货员的权力，虽然不是他的责任，已经被削弱了。结果，进货员常常变得焦灼不安，“只要上面对各部门的业务不满意，即使麻烦实际上与进货员无关”，他也常常会受到责备。

到了第一次世界大战时，百货商店几乎完全受到集中化的计划管理，这些计划管理工作的具体运作受到商店高层代理人的检查督促。

进货员的管理是通过一个社交性俱乐部——“经理联谊会”来进行的；
171 而囊括了所有高层人员的“经营董事会”和“顾问委员会”，则进一步完善了科层体系的重组，“以致它可以不依赖于任何个人的存在而继续运转”。经过一系列小的改进，管理办公室开始直接或间接地将开支分配给进货员和不同的商品部，取得了越来越多的决策权。进货员受到委员会和董事会的监督、指导和指令；他们对商品的决策权被剥夺了。进货员已不再是封建时代的小地主，他们成了科层制度中的高薪雇员。

巡视员也像工业部门的工头一样，其作用在多方面开始减弱，尤其在训练新售货员方面。到了 1915 年，独立的培训部筹建起来，负责教授商店的规章和买卖商品。巡视员不再主持每一个商品部员工的小型周会，这类会议讨论“有关商店纪律、礼貌待客，以及其他相关问题”。1911 年，经营董事会分析了有关统计数字后，决定“给予那些发现巡视员的账目有误的职员 10 美分的奖励”。

在 1890 年代，进货员、巡视员和其他小经理等中层管理人员似乎常常是些“没受过什么教育，但受过挫折苦难磨砺的人”。根据当时的一些观察者说，甚至“他们丝毫得不到任何信任，不断地从一家商店转到另一家商店，以寻找对他们根本不现实的‘真正的机会’，他们经常借酒浇愁。事实上，这一时期的管理中存在的问题之一就是，进货员和巡视员可能在中午出去吃饭后就不见踪影了，再不就是喝得酩酊大醉地回来了。至少年轻的职员可以通过在这种情况下作为替补人员显示其才干而获得提升”，这样品行和成功之间的联系获得了巩固。

但是到了 20 世纪，随着商店开始系统地“为它们正在建设的组织寻找学院毕业生”，他们便不再随意雇佣人手，而代之以“科学地选拔和培养人才”；同时，商店也扩大了对雇员的培训计划，以便能从他们自己精心挑选的普通人员中提拔高级人才。第一次世界大战之后，这种新
172 的人事计划取代了旧有的通常从其他小商店雇佣经理人员的方式，他们在那里获得从商的经验。以前，“经理工作的主要资格是从商的经历”；如今的首要条件则是“正规的训练和普遍的文化背景”。进商店时

比较年轻的大学毕业生，可以获得就任高层职务所必需的经验。今天，“大部分经理人员……在15年或20年前就被挑选出来为他们现在担任的各种职务接受培训了”。

由此，百货商店形成了自己的职业模式；它在不同的层次上精心挑选人才；然后用它的升降机把他们慢慢提升上去，人员的死亡、调整使得升迁成为可能，同时个人的雄心也在推动升迁。人事经理的卷宗和管理办公室的账目已经代替了从此店到彼店的跳槽模式和在开放市场上碰运气的做法。

4. 售货小姐

在过去的10年中，售货小姐工作发生的最根本的变化体现在她们与顾客的关系上。将(Ⅰ)中小城市的售货员和(Ⅱ)大城市商店的售货小姐相比较，就能判断出发生了什么变化。

Ⅰ. 小城市里的售货员以及商人常常会骄傲地说，他们非常了解自己的大部分顾客。他们的工作满意度直接源于个人对市场了解的体验，源于和顾客的交往而不是同上司或雇主的交往。

在小城镇里，售货员感到他们是通过闲聊圈子来了解人生的。一位在中等规模的珠宝店工作的近60岁的女售货员说：“我喜欢和公众打交道；它拓宽了我的生活视野。通过当售货员的广泛接触，我获得的有关人性的知识是干其他工作无法得到的。”这种“对人性的了解”和市场规模小、人际相识的特点密切相关。再有，一家小杂货店的40岁的
职员也说：“通过和人见面，我确实在一家街区商店交了一些朋友，因为 173
我了解他们的家庭，还了解他们的喜爱与厌恶”，而且“我也从顾客那里获得了……信任，它带给我因助人而产生的某种程度的满足”。

无论是商店的售货小姐还是小杂货店里的女老板，都要从顾客那

里借得声望。一家中等规模的百货商店的女售货员说："我最喜欢和人打交道，并和那些我接触的人保持联系。我的大部分顾客都是上流社会的人，他们都是文雅谦和的君子。"一些售货员也借助他们工作的商店来提高自己的声望，有些甚至借助他们经销的商品。"我喜欢展示和接触精美的瓷器和银器。"

有能力去改变他人——这可以视为某种与从顾客那里借用声望相反的态度——也能够使人产生满足感。一位40岁左右的化妆品柜台的妇女说："我喜欢通过我的工作改变了顾客的装束时获得的那份满足。我有一些就身体相貌来说非常一般的顾客，现在我已经把她们打扮成迷人的妇女。"

许多销售员试图从"服务"这个观念的表达中获得他们工作的人性意义。这种观念常常固着在这样几个方面：(1)价值感："为他人服务是令人愉悦的。它使你感到自身存在的必要性，以及工作的价值"；(2)从顾客当中借用声望；(3)能够获得有关人性的各种知识；(4)形成和商店或店主之间的心照不宣的但积极的认同感。这些因素形成了生活在小城里的售货员的职业意识；其中每种因素都有赖于小规模的、相互熟识的市场——这些观念基本上是由其工作的特点决定的。因为对"与人打交道"的强调，给工头们带来了一种雇佣劳动者和工厂工人完全没有的经验。

Ⅱ. 在大城市的大型百货公司工作的售货小姐也常常试图从顾客那里借用声望，但是在陌生人接踵而至的大商场里，这种努力经常归于失败。实际上，它有时还会反过来产生一种无能为力的沮丧感。对顾
174 客的仇视是常见的结果之一，它经常表现为一种激烈的形式；顾客成了主要的泄愤目标；因为她们是激怒人的外在原因，同时又常常是一些安全的靶子。

大城市商店里的售货小姐们可能对她们自己的"老主顾"有一种占有感，同时妒忌其他小姐的老主顾，但是当那些有钱的主顾离开商店

后，她们又常常会对其大肆“贬损”，流露出明显的嫉妒。一位售货小姐说：“我们主要的谈论内容是顾客。他们前脚走，后脚我们就模仿他们。”售货小姐经常试图和顾客取得认同，但往往遭受挫折。必须说她们只是“试图”认同，这是因为(1)大多数顾客都是陌生人，以致接触十分有限。(2)家庭和商店、顾客或日用品之间尖锐和令人沮丧的对比，常常强化了阶级差别。“你的工作置身于那些可爱的但你却买不起的东西中，那些富裕舒适的能够买得起它们的人整天在你眼前晃荡。当你带着那点(可怜的工资)回家时，你除了耻辱外什么也感觉不到。你不是半饥半饱地待在家里，就是像我这样，回妈妈家里蹭饭。”(3)“为他们服务”，“侍候他们”，无助于产生轻松和令人满意的认同。驻足于大商场和都市大众之间的交汇点上，售货小姐经常将顾客视为心理上的敌人，却不将商场视为经济上的敌人。

今天，大商场的售货小姐是从成千上万的候选人中挑选出来的，她们主要是 18 岁到 30 岁之间的妇女。有些人在等着结婚；另一些人则是没有结婚希望的年岁较大的妇女；有些人是长期的全职雇员；另一些人则是短期的或兼职的雇员。作为一个不断变动的劳动力市场，百货商店对那些全职的正式雇员来说并不十分保险，放假的女大学生、家庭妇女、只有高中文凭还在家闲着的姑娘都会闯入这一市场，她们并不非得找个固定的工作。

由于这些妇女中什么人都有，也由于个人和商店之间、和往来不断的顾客之间的相互作用，产生了一大批人格迥异的售货员。根据詹姆斯·B. 盖尔对大商场的长期深入的观察，存在着下述人格类型学。

“贪婪型”，这种人到处寻找和准备扑向潜在的顾客：“我要拉顾客…… 我为什么非得坐等他们到来呢？我为何不能走出柜台叫住他 175
们？顾客似乎也喜欢我这样做；这样可以给他们一种十分重要的感觉。我也喜欢这样做；它可以使我保持主动，增加我的销售业绩……进货员也喜欢我这样做……每一位衣冠楚楚的顾客，无论脾气好坏，对我来说都像一张5美元的钞票。”

经过进一步的强化，“贪婪型”成了“拼命型”，他们一心要控制所有的顾客。在接待一个顾客的同时，她回答着第二位顾客的问题，让第三位顾客耐心等候，同时还招呼着远处的第四位顾客。有时她会准确地用胳膊肘将自己的同事拱开。她总能十分老到地区分看客以及大小买主。“在这里，我必须掌握一种泼辣的技术，以便能够获得必要的佣金。我简直无法和那些并不想买东西只在消磨时间的家伙费工夫。而且，说一千道一万，我为什么要浪费时间呢？我为什么要受小气鬼的麻烦呢？让那些新来乍到者和他们去费口舌吧。我为什么要浪费做生意的大好时光，去和那些下不了决心的人，那些想向你诉说他们的生活经历的人，那些讨价还价的高手，那些来向你讨主意的人，以及那些‘找乐子’的人纠缠不休呢？我希望遇上那种一次买三双鞋，再配上袜子，可能还要拖鞋的妇女。我相信我能同时侍候5名顾客并让他们个个满意！所以，我在等着他们进场！看看我的销售记录，想想今天前5个小时我总共卖了多少东西。生意真不错……”

再一类是“漂亮妞”，她们让顾客注意的与其说是商品，不如说是她们自己。她们凭借温婉的嗓音、时髦的装束和优美的姿态吸引了顾客。“在这个世界上，你凭着线条流畅的身材和迷人的微笑确实可以创造奇迹。人们乐意为我做事，尤其是当我对那些男人微笑、瞄他们几眼时更是这样。对此我早就开窍了，既然这一项技巧就管用了，我为什么还要学习其他销售技巧？我将大部分工资用在服饰上，借以突出我的各种优点。一个女孩子的投资毕竟应该只投向她自己拥有的东西上，她为什么不这样？看看我每周全部收入，你就可以找到答案。”

常常为人所忽视的是“傻妞型”的售货小姐；自我封闭的行为方式是造成这种忽视的原因部分。她们多少仍然有些不适，常常想家，不知道如何运用刚刚学到的规则来应对明显混乱的场面，她们找到的方法
176 只是像孩子那样将自己托付给那些能够提供帮助的人。“这里的所有事情都是重大的。有这么多令人眼花缭乱的规章……许多顾客都使我

感到害怕。他们期望少花钱多办事。如果不是因为B小姐，我早就走人了。……当我犯了错误时，她就会笑着帮我改过来；她告诉我怎样进行现金登记；昨天她还板着脸斥责了一个欺侮我的顾客……经手这么多钱，这么多买卖单据，还要记住这么规则；还不能穿任何漂亮的衣服，只能穿蓝的、灰的、黑的和褐色的——所有这一切使我沮丧万分。每天下来，我的神经都要崩溃了。噢，真怀念高中时代的惬意日子……”

“学生娃”通常是来自附近大学校园的从事兼职工作的姑娘，她们的多少有些冲动的进取精神弥补了职业训练上的缺陷。一般说来，她们对工作满怀热情和新鲜感，灵巧中充满了自信。

除了在该在的岗位上找不到她们，“游荡者”几乎可以在任何地方看到她们；这些人是流言蜚语的中心，她们对自己同事的兴趣远远超过对顾客或商品的兴趣。当其工作方式受到批评时，她会反驳说：“我和这里的大部分职员不同，什么时候都有使不完的劲！我不能像被拴在柱子上的大象那样整天待在柜台里。我喜欢人；我在楼层里的各个地方都有朋友；偶尔我想去和她们诉说我的所为、所思和所虑，也想听听她们的看法。我卖了我的那份，不是吗？我的销售额也不错，不是吗？我必须四处逛逛，不然我就要发疯了。”

“社会性冒牌者”在售货小姐中名闻遐迩，她们企图制造一种与自己的工作不一样的形象，通常做法是虚构某种社会或家庭背景。她说她暂时来这里卖东西只是为了体验一下，很快就要远走高飞，开始更加绚丽的人生。这可能只会使那些年长的女售货员觉得好笑，但却常常使进货员欣喜不已，他们可能知道这种社会性的冒牌货有时能够招徕有钱的顾客。一位衣着朴素的男人在大商店里说：“那姑娘真逗，因为她不但口齿伶俐，还能装假……她装得像大家闺秀似的，来这里是为了有足够的时间习得经商意识，然后再做助理进货员，以便有足够的时间
养成优美的风度，然后便回到自己的金窝，与豪富结亲。今天上午，她 177
告诉店里的一个同伴说：‘她并不需要钱；这里的一切对她来说只是一种令人激奋的无产者体验。’你看，她居然说要的是体验！要是我没猜

错的话，她就是缺钱，而且奇缺。虽然她模仿那些娇滴滴的公园大街的姑娘时像模像样……盯紧这些假冒分子；你在哪个商品部都可以找到几个。”

“元老型”的售货员因为已经在商店里待了10年或更长的时间，她们不是变得桀骜不驯，就是变得唯命是从。无论是哪种情况，她们都是销售队伍的脊梁，是商店的中坚。作为一个桀骜不驯者，“元老型”售货员似乎既不会在意自己也不会在意自己所卖的商品，她们关心的是商店：她们反对商店的政策，反对其他同事，而且还经常嘲弄和埋怨顾客。许多售货小姐嚷嚷仇恨商店和顾客；桀骜不驯的售货员乐意仇视顾客，她生活在仇视之中，虽然她也能在顾客面前维护商店的利益。这种类型的售货员大部分都是年长的妇女，她们不断地从一个商品部调到另一个商品部。“那时候的顾客几乎都是太太和先生，和现在四处涌来的这些冒牌货完全不同。后者大声嚷嚷着要买东西，要你好好服务，我不会给他们好脸色，瞟上几眼，不搭理他们。当我心情好时，我会侍候他们。我不愿听他们谈话，我也懒得听人谈什么规章制度；我甚至懒得吃自助食堂里扔给我的半生不熟的饭菜——那还是排了20分钟的队，一边排一边听人议论是买点苜蓿还是甘蓝下饭才弄到的。是的，这里是有许多变化，但确实没什么东西是新的：还是那套规则、同样老套的销售说辞和那类顾客——我说，还是老一套，不过用了点新词，诡计更多了，换了新老板而已。我在这里遇到的每个老板都支使上这上那，弄得我现在见怪不怪。”“进货员就恨我，但是我在这里待了这么长时间，他也不能把我怎样。只要我的销售额能保持下去——它还一直真是不错——他顶多能在一些小事上挑挑毛病。进货员和我一向不和，他们
178 这种人来来去去我见得多了。他们一会儿要这，一会儿要那，总是对这事那事吹毛求疵。我经常疑惑，他们是否真的相信他们自己说的话？……他们经常拿他们的‘新销售技术’以及其他什么废话打扰我。在这里待了17年了，我不需要别人再教我什么销售方法。他们蒙不了我；这么多年他们这样的人我见得多了。现在这些进货员根本蒙不了

我，他也就追追年轻漂亮、身材俊俏的傻妞……让这些家伙都见鬼去吧——我只为自己工作，现在，将来，永远；而且顾客和商店可以认可也喜欢这点。你问我那么为什么我还留在这儿，我不知道我还能做其他什么事。我起床，梳洗，打扮，吃早餐，接着拿上东西，就到了梅西商店。这一切几乎都是自动的行为。事实上好多次我连星期天都忘了，一直到火车开了很远我才意识到今天是星期天。我就像一匹等着铃声响起的救火队的老马。哈，这就是我。”

适应了商业工作的“元老型”售货员会变得既文质彬彬又自鸣得意。“我来这里的时候干的是兼职工作，那时正是圣诞节季节的 11 月份。在这里，我一直过得很快活，从来没有想过要离开这里或到其他商店去……去年，我得到了 25 年俱乐部的徽章；这使我感到自己像是成了什么大人物，另外，徽章配这件蓝衣服也挺好看，是不是？……对一个要供儿女上学的年纪大了的妇女来说，这里的一切真不错，不是吗？这家商店和我的女儿就是我的生活的全部。看看那边的那位年轻的姑娘……她是新来的，她使我想起我的珍妮。我一直支持她；你知道，教她做人的规矩，教她该怎么工作。我喜欢这样做；商品部里每个新来的姑娘我几乎都帮过。我告诫她们，我们是在优秀商店的优秀的商品部工作，我们的顾客是重要的，因为，说到底，如果没有顾客，我们谁都不会有现在这么好的工作。”

5. 销售的集中化

销售似乎是一件充满灵性和活力的令人振奋的事情；而管理官员则是一台冰冷的计算和规划机器。不过，它们之间的矛盾只是表面的：在新的社会里，销售的地位十分重要，因此不能让它自生自灭或仅仅依靠单个销售员的个人品质。从 20 世纪的头十年开始，科层体系的主要注意力都放在了大规模生产和个人消费之间的差距上。销售就是为了 179

弥合这个差距。同物质制造领域一样，在销售领域也已经形成了大规模的生产，它的形成有赖于一支能够信赖的销售队伍和有购买欲的顾客。它的主要发展动力一直就是降低人均销售成本；而它的占主导地位的技术，则是实现销售过程的标准化和理性化——不仅在百货商场的大规模零售业这一显而易见的领域，而且在随处可见的销售技术和组织方面都是这样。

和其他任何领域一样，销售领域的集中化意味着先前在那些有创造性的销售人员身上发现的品质已遭剥夺，现在这些品质由一架机器编制起来，再由它控制着每一个销售员掌握和展现这些品质。以大众传播媒介为基础的不在销售（absented selling）的兴起，大大推动了这种集中化和合理化的趋向。从一开始，由于花费巨大，不在销售就被掌控在高层经理手中，它的用途被广泛研究，其细致程度可能超过了对现代社会任何其他活动的研究。

1850 年代，费城的一家大商店开始按字母顺序排列所有的商品部，并且为每一货架的每一排都编了号。输送管道从业主的办公室通往每一个商品部：机械的小听差带着包裹、现金和账单从各个商品部汇总到出纳那里，然后再返回柜台。任何一个售货员都不需要离开自己的岗位；一位当时的观察家说，业主可以从他所处的中央位置，在任何时间“对每个售货员提供的服务与其薪水的相对价值做出公平的判断”，从而“令人信服地说出其任何雇员的能力和企业素质”。大约在同一时期，纽约的一位业主写道：“商品上除了一个商标外什么都没有，这就是销售标签，除了这个标签外我店里的职员没人认得其他任何商标。”这意味着不论职员还是顾客都被剥夺了讨价还价的权力。

与此相伴，售货员的中间商作用也被理性化的劳动分工取代了。如果业主本人不卖东西，他就得定个价；他不可能相信售货员能够成功
180 地讨价还价。单一价格是销售科层化的组成部分。这对同样也已经科层化、同样无法讨价还价的顾客来说也是公平的。在这架销售机器面前人人平等，一切都在掌控之下。

那种独行侠式的、有创见的销售员正在消失，取而代之的是那种按老眼光看既不独立又无创见的家伙。当然，小规模的零售业还在继续使用手工方式招揽和维持顾客，但是在大商店里，甚或在大街上，单个销售员的作用在各种可能的方面都被严格规定下来并加以标准化，这样一来，销售人员就有了高度的可替代性。原来的卖东西给零售商和批发商的“制造商代表”很少受什么监督，以什么方式卖、甚至在什么地方卖，都由他说了算。新的旅行销售员则是精心打造的市场组织的一部分。在他的销售手册上，他该说什么、不该说什么都为他写得清清楚楚。虽然他觉得自己是一个手里有生意四处兜售的人，但是他的生意、产品以及自我越是被赋予自己管理，就越是要标准化并要经过检验。体现销售活动集中化和理性化力量的销售经理们，已经蹿升到大公司的高级管理层次上。销售的才智和个人的特色已经从单个的销售员那里被整合起来，现在交由那些负责对学习和应用它们的售货员的表现进行标准化和测试的人来管理。

过去是这样，而如今在许多情况下也还是这样，商海中的人完全可能成为一家公司实际上的第一小提琴手：企业的功败垂成最终有赖于他，而如果他手上抓着一批重要的客户，没准还会以跳槽和带顾客到其他公司相要挟。理性化的部分原因就在欲图解除这种威胁。某大公司的副经理在谈到这种销售员的地位和权力，以及他们对公司可能有的威胁时说：“我要做的第一件事就是用清楚的图表和告知口号作一次产品介绍。它可能是一本对折的小册子，甚至也可能是一部有声电影。然后我就花钱雇些员工，教会他们如何进行演示。他仍然可以以自己
的方式适应之，以应对不同的顾客，但是将竭力按照我的意图来介绍， 181
而今后也不会再有任何高价的尖端销售员了。我会付一大笔钱来制作和检验这份产品介绍；我会请来专家，并付给他们专家的薪水，但是每一个销售员不会再按专家来付酬。”

当然，正是凭着这种产品“介绍”，广告得以和个人的推销艺术相结合。但是每一种广告也是销售员的副产品，有时它会产生淘汰销售员

的各种技术的威胁。销售变成了普遍的过程，每一个销售员只是其中的一环，虽然有可能是关键的一环。

如果将销售划分为几个组成步骤，那么显而易见的是，接触、引发兴趣、创造偏好这前三个步骤现在都是由广告完成的。后两个步骤留给了销售员：这就是做出具体建议和结账。不在销售员将前三项工作做得越好，销售员就越能够集中精力完成后两项盈利性工作。但是随着销售展示和影视广告的介入，销售员的个人特征甚至在工作中也被替代了。进一步，在被挑选和培训的过程中，销售员本人也成为标准化的对象，以使销售员的个人发展受到集中化的控制。

销售一度曾是工匠或农民角色的一部分；它是整个行业或工作中不可缺少但并又不是关键性的部分。伴随着专业化的发展，一些人开始专司销售工作，虽然他们凭借所有权仍然与经营的商品保持着联系。他们判定市场，商定价格，并自行决定销售或不销售商品。

随着市场组织的发展日渐完善，销售员丧失了自主性。他出售他人的商品，而且定价和他无关。他从价格制定和商品挑选中分离出来。最后，销售活动的最后一个自主特征，即说服艺术及其涉及的销售员的人格特征，也从销售员个人身上消失了。无论是在商店里，还是在商旅中，这都成了一般的趋势和潮流。

6. 人格市场

182 在小业主的世界里，人们互相之间进行交易；而在新的雇员社会里，人们首先出卖的是自己的服务。需要体力服务的雇主购买工人的劳动、精力和技术；而需要诸多白领服务尤其是销售的雇主，则购买雇员的社会人格(social personality)。为了工资工作，你就得将个人的财富包括时间、体力和能量贡献给雇主；而作为一名工薪雇员，你常常还得把你的自我献给林林总总的“消费者”、顾客或经理。人格特征和经常性的单调工作之间的关联是“职业性无能”的主要根源，这要求任何研究“不断增加的痛苦”的理论要将自己的关注中心投向白领工作中的心理因素。

在一个雇员社会里，因为市场心理占据着主导地位，某种人格市场的出现是在所难免的。因为在从手工技术向“处理”艺术、销售、为他人提供服务的巨大转变中，雇员的个人的甚至是模仿的品质进入了交换领域，并成为和商业相关的活动，成为劳动力市场上的商品。无论何时，只要存在因价格的因素将对个人素质的控制转让给另一个人，而素质的出售又影响着一个人给他人留下的印象时，人格市场便形成了。

从使用物的技术向使用人的技术的转变；从小的、非正规的商号转变为大型的、有组织的商场；进一步，从熟知的地方市场向大都市地区的大型陌生人市场的转变——所有这一切对白领阶层产生了深远的影响。

人们不再将售货员当作某个人，而是视为一种商业面孔、一种对光临的顾客的刻板性问候和感激。你不必对现代洗衣店的工人表示善意，你只需付给他钱；反过来，他只需要神清气爽和手脚麻利就行了。善意和友谊也成为人格化服务的组成部分，或者成了大商场公共关系的组成部分，为了进一步的销售，它们也都理性化了。通过匿名化的伪善，成功者就这样将自己的仪表和人格作为一种工具来使用了。

对一个稳定的人格市场来说需要三个条件：第一，雇员必须是一科 183
层制企业的一部分，他们由更高一级的权威进行选拔、训练和监督；第二，从这个科层系统内部出发，他的日常事务必须和公众打交道，以便向所有的来客传颂公司的美名；第三，公众的大部分必须是匿名的，是一群都市里的陌生人。

销售的扩张，独立的小商人比重的下降，以及匿名化的城市市场的兴起，都意味着越来越多的人处在这一位置上。大商场里的销售人员自然要受制于各种规章制度，后者塑造着售货员和顾客的关系。销售人员只能陈列已经定好价格的货物，并说服顾客接受。在完成这一工作的过程中，她要利用自己的“人格”。她必须记住，她“代表”着“管理”；而对那个匿名的组织的忠诚要求她在任何时间里都要友善、助人、机敏和礼貌。巡视员的任务之一便是督促职员礼貌待客，而且大多数商店还会雇佣一些“人事顾客(personnel shopper)”，他们的任务就是检查职员们的“人格”并写出相关的报告。

许多售货小姐都非常清楚，她们对顾客的真实想法和她们怎样对待顾客是迥然不同的。柜台后面的微笑是商业化的诱惑。就雇员这方来说，其所表现出来的个人的漫不经心是企业管理上的一种疏忽形式。“自我控制”是有酬赏的。直到在销售和经营的规则成为一个人自己的“真正”品质之前，“真诚”对于一个人的工作来说是不利的。圆滑是一系列有关一个人感情的小谎言，直到一个人不再有这种感情。“尊严”可能只被用来使顾客感到她不应该这么快地问价钱，或者她应该买东西。狄克逊·韦克特写道：“可以公正地说，加油站的加油员们对于提高整个美国的礼貌水准所起的作用，要胜过所有的礼貌手册”，但不能认为这是一种不受个人情感影响的礼仪，在心理学意义上说，它和老式的“关心他人(feeling for another)”关系不大。

在“人事专家”的方案中，男人和女人都要被打造成“全面的、受欢
184 迎的、有效率的人格”。正像小业主那样，样品销售员相互间在服务和“人格”方面都存在竞争；但是和小业主不同的是，他们不能讨价还价，价格是既定的；他们也无法“判定市场”并据此精明地买卖。判断市场的是专家，进行买卖的也是专家。售货小姐不可能像古典自由主义的英雄或新企业家那样，通过促销上的算计和自我管理来形成自己的性格。她过去可以“自由行动”的职业生涯领域之一，即她自己的人格领域，现在也必须进行管理，她必须成为机敏的而又驯服的商品销售工具。

在售货小姐的日常工作过程中，因为其人格已成为服务于异己目标的工具，她们自然会发生自我异化。在一家大百货商场里，一位长驻观察员这样评价一位姑娘：“我至今已经注意她三天了。她那张化过妆

的脸上总是挂着固定的微笑，无论她和谁说话都不会有任何变化。我从来没听见她由衷或自发的笑声。她不是皱着眉头，就是一脸漠然。当顾客走过来时，她立即会露出僵硬勉强的微笑。我非常惊讶，因为虽然我知道大部分售货小姐的微笑都不是真实的，但我从来没看到过对微笑时机这样准确的算计。我自己试图复制这种表情，但是如果不是发自内心和诚挚的，我无法保持这样的微笑。”

人格市场受制于供求法则：一旦出现“卖方市场”，买到劳动力十分困难，销售人员就自然会流露出咄咄逼人的气势，伤害买东西的消费者的感情。当出现“买方市场”，不容易找工作时，销售人员就必须再度满脸堆笑。这样，就像在资本主义早期那样，供求法则继续支配着个人的生命生涯，支配着人们可能形成和展现出来的人格类型。

最接近人格市场上层的是新型企业家和科层系统中的掮客；而处在底层的则是销售人员。新企业家和销售人员的人格都在为科层制度服务，他们按照自己的方式实践着出售自己的创造性艺术。在受限制 185
的市场经济中，销售确实是一种受到赏识的创造性活动，但是就像警觉的大亨们早就意识到的那样，这是非常严重的事情，以致无法单单相信创造力。合理化和剥夺个人自由的真正机会就寓于人类的人格之中。竞争和性格的命运将取决于垄断者在这一领域的冒险及其成败。

大规模的生产使将出售的商品标准化，大规模销售则使待售商品的价格标准化，但是消费者仍然没有整个标准化。必须在大规模生产和个人消费之间建立某种联系，销售员企图联结的正是这一环节。一方面，别人为他制定了销售技术；而另一方面，他必须卖东西给个人。因为消费者常常是一个陌生人，所以销售员必须是精湛的“性格分析者”。而且他被告知人有哪些类型，以及怎样去接近某类人：如果一个人十分冷静，就必须审慎对待之；如果一个人比较敏感，就不用和他绕弯子；如果一个人自以为是，那就多尊重他一点；如果一个人心胸开阔，就对他开诚布公；如果一个人谨小慎微，就向他提供证据。但是由于有些品质是人类共有的，因此便有一些普遍的方法应对任何一种类型的人："在这里，我们所指的是博爱、礼貌和利他主义的精神。"

为销售员的创造力和人格留下的那片天地，正是现在销售经理和心理学家开始进入的领域。虽然他们强调个人的差异（personal equation），但是它所强调的是，个人的差异已经被理性化为强有力的销售人格（sales personality）。20 年代中期就有人写道："销售员自身必须获得更有效发展的时代已经到来。"那些有着进取精神的人必须得到发展。他们的思想必须被"化为行动"。"退却者的想法总有某些消极的因素。"强有力的销售人格是那种"事必躬亲"的人。"如果你不想产生完成任务的动力，就千万不要惦记着它……没有人能够防止这样的念头从脑袋里冒出来。它们是自己冒出来的。但是，我们不必抱有这样的想法……干脆拒绝它们……""这仅仅意味着一种祥和坚定的选择，
186 选择积极思考，并照此行动……弗里茨·克赖斯勒为了保持小提琴技术不退化，每天练习 6 个小时。销售员为了获得成功，就不值得每天练习那个最奇妙的工具——大脑吗？"强有力的人格先在自己的意识中形成积极健康的观念，然后调整自己以便使这些观念能够转化为潜意识："……当一个人独自置身于恬静安逸的环境之时……也许正好在入睡之前……进入潜意识的……大门，似乎比其他任何时候开得都大。如果此时一个人不断地反复念叨健康、活力、能量和成功的话，那么这些想法最终将留在你的潜意识之中……"

雇主一遍遍地强调要挑选有性格的人。某大学完成的对聘用机构的调查表明，"品格优秀的大学毕业生……被企业雇佣的机遇最大……而且，除了在科学技术领域，对所有职位来说，人格都比高学历更为重要"。人事档案中认定的最重要的品质是："与人相处的能力和与人合作的能力，轻松地与人相识和交谈的能力，以及有吸引力的仪表。"

在职业指南文献中，人格作为一种要求实际上常常取代技能：在成功或晋升方面，对个人外表的强调比经验或技能再或智力更重要。"要雇个姑娘卖颈部服饰，个人的仪表被认为要比以前的经验重要得多。""对普通人来说，人格可以带来的红利，是努力工作或超群智力都无法

单独带来的。”一项最近进行的有关普渡大学(Purdue University)毕业生的研究表明，“较好的智力一年能够带来的奖金不过 150 美元，但是在同样的时间，就同样的人而言，人格却能够带来 6 倍以上的收入”。

拥有人格市场的企业成了具有更高效人格的职员的训练营。例如，申利(Schenley)蒸馏器公司的数百名白领选修了一门人格课程，以便学会“更友好……更彬彬有礼……更诚心实意地帮助服务台前有需求的人”。随着需求的增加，公立学校增加了课程，试图满足企业“对温 187
文尔雅的工人”的需求。既然企业领导人认为“因为人格障碍而丢掉工作的人比效率低的人多得多”，这些课程便以“训练彬彬有礼、体贴入微、和蔼友善的举止为特点，同时传授控制嗓音的技巧”。密尔沃基市(Milwaukee)最近为城市雇员建了一所“魅力学校”，在 8 种每周 1 学时的课程中，教授学员“提供愉快的、彬彬有礼的、迅速和有效的服务的艺术”。每一种公众交往中的每一步都涉及了，雇员们并且还被告知该如何善意迎人以及如何学会倾听。

这样，精心建立起来的各种机构便十分合理地企图帮助人们为人格市场做好准备，并保证他们在这一市场上能够纵横驰骋。同时，来自销售领域本身对人格市场的各种需求已经扩散为一种生活方式。作为企业的公共和商业关系而生发出的东西已经和个人交织在一起：所有的私人关系甚至包括自身的关系，都包含着公共关系的侧面。这种新方式是通过魅力学校、成功学校和畅销读物传播的。在人格市场上操练并得到维护的销售人格，已经成为占主流地位的人格，成为销售领域内外芸芸众生模仿的扭曲楷模。有关自我完善的书籍已经为所有人概括出了销售的特点和策略。根据这类书的说法，所有的人都可以成为领导。如果不是因为自己的愚蠢举动，简直不会有什么穷人和失败者。

“在今天这个世界上，一个新的贵族阶层，一个富有个人魅力的贵族阶层正在形成”，它的每一个成员都将任何人视为自己的上司，同时又反复对自己说，他是这个世界上最优秀和最重要的人。这是一个魅力十足的社会，在这个社会里，每一个人不但是自己的主宰，而且在暗底下也是他人的主宰。*

人格市场，这个巨大卖场的最炫目的结果和象征，构成了非常普遍
188 的不信任和自我异化这种大都市人独有的个性。由于缺乏共同的价值观和彼此间的信任，在瞬时的交易中将人们联结起来的金钱关系已经被各种方式弄得很微妙，同时无一例外地渗入到人们的生活和关系的各个领域。按销售员的伦理习惯，为了操纵他人，要求一个人流露出对他人的浓厚兴趣。在时间的流逝之中，随着这种道德遍及开来，也戳穿了它的真实面目。然而，这种虚伪已经成了人们工作和生活方式的一部分，但是现在人们还是视而不见，因为他知道操纵是人与人交往中固有的成分。因为每个人都企图暗中将他人作为工具来使用，人们的疏远就无法避免，但是一旦疏远成为一种循环关系：一个人便会将自己也当成工具，并和它也日渐疏远。

---

* 这些论述的基础奠基于对 7～8 本充满激情的著作进行的主题检索，其中包括戴尔·卡内基的经典名著《如何赢得友谊和影响他人》。

第九章

巨大的文件堆 189

随着摩天大楼取代了一排排的小店铺，办公室则取代了自由市场。摩天大楼中的每一间办公室都是巨大的文件堆的一部分，是生产数十亿计的纸片以使现代社会契合其日常形态的符号工业的一部分。从经理的套房到工厂的庭院，文牍之网绵延四处；成千的你从未见过、也不想见的人，要你遵循成千的你从未参与制定、也弄不懂的规则。办公室是那只看不见的手，因为有一排排职员和一整套的 IBM 生产的设备，一组录音电话的抄录员，以及 60 名坐在每层电梯入口处前的接待员，这只手变得清晰可见。

办公室也是一个工作地点。每天早晨，不规则的人群进入大厦这个办公室文化的纪念碑中。一天中，他们作为商业系统、政府系统、战争系统、货币系统的一颗螺丝钉，协调着整部机器的运转，互相指令，说服其他领域中的人，记录当日全国的工作活动。他们将打印出来的文化传递给明天那代人。到了晚上，人们离大厦而去之后，大街空旷而寂静，那只手又看不见了。

办公室可能只是放在某人汽车后厢里提包中的一卷纸；或它可能是一个方形的街区广场，每层都像是一间间由玻璃隔开的养兔房，整个建筑则是统辖其他办公室，以及工厂、矿山甚至农场的全国性组织的总 190

部。它也可能附属于某个部、处或单位，后者又将它和另一个作为全行业所有办公室的指挥部联系在一起。而另一些靠近管理经济档案的行政中心的企业，实际上就是办公室。

但是，无论面积大小，也无论形状如何，一个办公室起码具有指导和协调一家企业活动的功能。因为每家商业企业、每家工厂都和一些办公室相连接，再通过这里的一切与其他企业和其他人发生联系。在政治经济领域中办公室随处可见，每间办公室都位于一座工作、金钱和决策金字塔的顶端。

一位诚实的总经理助理说："我们不时地在脑子里盘算通过掌握一些表格……那些最重要的项目……企业生命之流赖以运行的脉络……绝对控制繁杂的个人的办公室工作……在每个部门工作的男男女女的每一种职能都必须通过一间办公室或工厂的表格才能完成，或者说它们必须记录在案。"

1. 旧式办公室

就在不久以前，费城的第一位打字员去世了，享年 80 岁，她在一家企业里工作了 60 年。在生前的最后一段日子里，她回忆起早年生活的种种往事。1882 年，她从雇主办的星期日学校毕业进入办公室。她记得当时的办公室是一间非常暗的房子，窗户上总是蒙着外面的灰尘，从房间中央的大肚火炉里冒出来的烟常常烟雾腾腾。她记得那绿色的眼罩和现金账簿，记得办公桌头放着的皮面账簿和订书钉、流水账、鹅毛笔、镇纸和文件盒。

一开始，办公室里只有 3 个人：在高高的统辖全屋的盖板办公桌后面坐着雇主；在高高的斜面细腿的办公桌前的长凳上弓背坐着簿记员；在靠近门的地方，在一张放着新设备的桌子前，坐着的则是这位白领姑娘。

小诺丁最近告诉全国办公室经理协会说，那位簿记员是一位“少年 191
老成、肩膀略略有些塌陷的人，他面带菜色，经常是一副郁郁寡欢的表情，他戴着黑袖套和一副绿眼罩……不论从事什么营生，也不论年龄长幼，他们看上去都差不多……”他似乎很疲倦，而且“从来没有快活过，因为……他的脸色表现出他的工作压力已接近本月劳作的顶点。虽说他通常是一位干干净净的文秘，但令他真正骄傲的是他能够快速而准确地填写一行数字。尽管有这种本事，但是他简直从来都没有离开自己的账册另觅高就。毁灭性的繁重单调的工作使他心力交瘁。他只是一架用心记住无止境的各种数字组合的机器。他的技艺就是记忆的技艺”。

当然，早在1880年代之前，就有簿记员了；狄更斯就曾经描写过这类人；同时，正如汤姆斯·科克伦和威廉·米勒观察到的那样，早在1820年，纽约州便担忧这些新的穿着驼羊毛外套的人将会和工厂主甚至工厂工人一道挤垮土地贵族。

但是1880年代和1890年代的办公室姑娘们却看到，簿记员坐在办公室的正中央。他将一切交易都记在日记账、现金账和分类账上；所有当前的订单和备忘录都用订书机装订好；在他的办公桌上或低矮的保险柜里，或两排敞口书架里，以及装着文件夹的抽屉里，都放满了办公室及其职员要处理的文件。

那位办公室里的与早期的打字机打交道的姑娘，每天早晨要花15分钟时间擦拭、润滑她那台庞大但既不方便又娇气的机器。开始打字时工作极其枯燥，因为她不把机器往上卷上三格，就无法看清她刚才在双键盘打字机上打了些什么，但过了一阵后就很少再需要这样查看了。她还要削铅笔，摆弄书信复印机。人们在1893年的芝加哥世界博览会上惊讶地看到了这台奇妙的机器，它可以从原信的墨迹上引出一张模模糊糊的复印件来。

白天，那个坐在大大的盖板写字台前的人经常不在办公室里，尽管
他的雪茄烟雾袅绕在空气中间。后来，雇了个办事员当听差，但是在前 192

电话时代，雇主经常还是要自己出马谈买卖。这种雇主与外部世界的个人接触与办公室内部的关系是并行不悖的，办公室的中心人物处在与周围环境密切接触的个人关系之中，并受到“来自周围环境的刺激”。就像巴尔扎克所描绘的早期办公室那样，“在那里，奉献和信任共存”。随着周边的人不断地受到训练，其中一些人便可以了解商业进展的全面情况，并在适当的时候晋升到责任更大的职位上去。

2. 权势和发展

这种老式办公室延续了很长时间；在美国，它的形式一直到 1890 年代都没有发生什么变化。从那时开始，出现了许多重大的变化，但这些变化并不平衡：仍然保留下来的办公室从根本上来说和老式办公室别无二样，但是其他一些办公室和 19 世纪的架构似乎很少有相似之处。可以将这种不平衡归咎为，办公室附属于不同类型的企业，其中有许多小型企业，也有许多大型企业。新型办公室已经出现，尤其体现在保险公司、银行和金融企业等“办公室行业”的大型办公室中。按照 W. H. 莱芬韦尔的说法，可以将办公室的晚近历史分为以下发展阶段：

Ⅰ. 在集中化的企业和金融业的刺激下，20 世纪的头 10 年中办公室的规模不断扩大，出现了对商业活动进行系统安排的需要。以字母排序的数据文件被设计出来，并获得了广泛的应用。与簿记员和速记员一道，职员也进入办公室，组成了更为复杂的“系统”。伴随着职员队伍的扩大，他们被分到不同的部门中去，并承担起专门化的职能，如此，在机器进入各个领域之前，先行实现了社会的理性化。人们的工作以系统和分工的形式获得了重组。

Ⅱ. 在工作负担、高成本以及对文件和数字需求的刺激下，正是这

种社会性的重组使得各种办公机械的广泛运用得以可能。一直到20 193
世纪20年代，这些机器才开始广泛使用。早在1874年便发明了一种实用的打字机，但直到1900年后它才获得实际的应用；1880年代后期，发明了一种不必列表的计算器，但直到20世纪初它才得到广泛的应用。如此，不是机器推动了发展，而是办公室的发展需要机器，许多机器实际上都是专门为由社会创造出的那些工作发明的。

第一次世界大战时期，办公机械变得越来越重要。人们已经认识到需要一种系统的方法，同时由于受到越来越多的数字统计的压力，经理们开始越来越频繁地使用机器应对现存体系。在弗里德里克·泰勒的科学管理思想的指导下，1919年全国办公室经理协会成立。在1921年以前的6～7年时间里，每年起码有百余种新的办公机械上市。到1920年代后期，许多规模不等的办公室都配备了各式各样的机器；根据一份政府的调查，到1930年，在办公室工作的30％的妇女至少要在她的一部分工作中，使用打字机以外的机器。8年以后，这样的办公室工作人员远远超过了一百万。现在，人们反复提及，起码80％的办公室工作需要使用机械。

但是，必须承认，在第二次世界大战前的20年里，在办公室的工业革命中存在着差距：办公室雇员的增长远远快于机器的使用。办公室科员的数量自1900年以来一直稳步增长，但办公机械的销售一直保持在一个相对较低的水平。第二次世界大战给予办公技术以现实的刺激：战前办公机械的销售额大约为2.7亿美元；而1948年其销售额增加到10亿美元。战前，人们曾严肃地谈及办公室分权以降低其费用的问题；现在，正如一份商业杂志所指出的那样，各种新式办公机械的出现使规模化办公有了可能。

在1940年代后期的商业展览会上，每年都要展出3 000种机器设备。有一种机械配页机，它以适当的顺序用金属手从5堆纸里抓起一
张张纸片，再将它们摞起来便于分发。还有点票机和点钞机，机械擦除 194
器和自动签字机，这些机器使办公室的生产效率增加了25％～300％。

这些新发明能够同时进行加、减、乘、除和复写；能够用51种语言打字，开启和封住信封，贴邮票，撰写地址。有一种制表机，从一头装入白纸，然后裁剪成所需的尺寸，打孔，在上面印制双色表格，印制账目金额和地址，将它们叠整齐，交邮递员投递。还有一种电视设备，你打开开关便可以观察办公室或工厂里任何地方的某个工人的情况。还有一种非常灵巧的机器，将卡片送进去以后，它可以对各种事先想到的抱怨和询问做出特定的书面回答。

最令人惊讶的也许要算新式的电子计算机，它可以将1 000单位的信息储存在1/4英寸大小的磁带上。在一家保险公司，这架机器"可以根据递交的保单查验数据，核对现金数量，插入即刻为止付出的保费，乘以保费总额，汇总所有的贷款，计算每笔贷款的利息并予以汇总，把累积红利和提前支付的保费记入贷方，并打印出支付给该保单净额的票据"。

当然，这种机器仅仅在大的办公场所才有实用价值。但是，即使是简单或便宜的新玩意也会带来时间和成本的结余，并提高其准确性：例如，使用可以自动将表格插入或提出的打字机进纸机，每小时可处理75份单据，而手工每小时只能处理25份。一种专门为开启信件而特制的桌子可以提高30%的工作效率。使用一种标准的打字机，一位姑娘一天可打出600份应付保费的通知书，而如果使用电动打字机和不间断表格，同一位姑娘则能够打出700份。听写机能够使秘书写信的时间缩短一半。小商人们也可以利用IBM公司遍及全国的80家服务站，这些服务站可以通过在卡片上打孔的机器处理他的全部工资单据。

现在，工业革命波及办公室的速度要远远快于它波及工厂的速度，
195 因为它已经可以拿工厂作为样板。美国庞大的工业规模带来了文字工作量令人难以置信的增长，并使美国办公室不断扩大和复杂。办公室里的机器需要跟上工厂里的机器的效率和管理。尤其在20年代里，日益高涨的公司兼并浪潮进一步扩大了商业的组织结构，也需要更大范围内的协调。恰逢此时，政府也需要更多的商业记录：在第一次世界大

战期间，制定了全国性的所得税法；通过社会保险、小时-工资法案、从工资单上扣除税款等等，新政大大增加了文字工作量；第二次世界大战不仅增加了文字的工作量，而且因为劳动市场的紧缩，要找到能够处理橱柜里文件工作的具有大学水平的劳力变得愈加困难。办公室工作人员的收入也增加了；工会不断地发出威胁，而办公室的效率又非常低。答案是显而易见：这就是办公室里使用的机械。

然而，我们仍然处在办公机械化的初始时代。只有当办公室的机械和社会组织在单位成本效率最大化的前提下充分融合，这一时代才会最终到来。今天，产业工人的人均机器投资从化工工业的 19 375 美金到纺织工业的 2 659 美金不等；而办公室工作人员的人均机器投入还不到 1 000 美金。

Ⅲ. 伴随着机械的普及，引发了那些最初只不过配备了机械的部门出现了新的劳动分工。新机器，尤其是那些更为复杂和昂贵的机器，对集中控制先前分散在企业里的各个办公室提出了要求。这一推动了新的、进一步的劳动分工的集中化趋势，又因为一次次的萧条和一次次的战争而一再增强：前者需要削减开支；后者则使办公室的工作量不断增加。虽然自 20 世纪 20 年代早期以来办公室集中化的趋势已十分明显，但其发展程度尚未获得准确的度量；机器和社会组织的相互影响自那时开始就已出现，并且已成为“办公室科学管理时代”到来的真正标志。尽管这一时代仍然处在幼年期，但未来的雏形已经显现。

直到“各个办公室里一群群未加控制的速记员”未被整合进一个 196
“速记中心”之前，无论是办公机械还是其他工业型的技术都不可能获得有效的应用。那些分散的办公单位经常重复相互间的工作，因此必须将其纳入一个办公中心。为了最大限度地利用这些昂贵的机器，人们制定了新的工作和职业程序。像制造业的设备一样，办公室机械也要尽量不发生闲置。因此，必须把机器做的工作集中到一起。

一个又一个公司实行了机械化和集中化的完美结合：这种结合增

加了产量，降低了单位成本。这种结合还开辟了在工厂组织和技术领域全面推进的途径：工作能够被简化并专业化；能够为每一种操作制定工作标准，并将其应用到每一个工人身上。一位办公室经理说，“我们确信，只要获得个人生产的适当记录……就能够确定精确的单位工作成本……”，通过“测量每一个雇员的工作……我们就可以在一个坚实的基础上……提高操作的经济效益”。

任何可以衡量的工作都可以实现标准化，并且往往可以被分解为一些简单操作。然后这一工作便能够按照标准的速度进行，经过“科学调查确定的这一标准速度，可以被一名一流的工人在规定时间内达到”。对这种标准的测量促使更复杂的工作进一步分化，并进而提高了专业化的程度。专业化、自上而下的控制，以及标准化，这三者相辅相成。当公司按照每个人的能力制定标准时，这个标准的确立就能够给予办公室一个新的甚至更高的速度。

当然，许多保险公司和银行对时间和动作的研究闻名遐迩。在1920年代，有16％的公司进行了时间和动作方面的测量；1942年，进行这类研究的公司则达到了28％。例如，有一家据此规定了其标准的公司，削减了1/3的雇员；另一家公司削减了39％的雇员，同时却增加了40％的工作量。

成本的降低是通过取消某些工作同时简化其他工作实现的。要做
197 到这一点，必须对工作操作过程和人的能力进行功能性分解，然后按照一种新的简化了的工作程序重新搭配两组分解因素。与此同时，只要费用允许，就要尽可能地按照工作过程的所有可能特征使用机器。如此，这些类工厂的程序对办公室科员的影响便可以获得理性化，同时制定强制性的休假期以解除疲劳。

这一进程甚至推广到雇员来办公室工作之前的生活之中。一流的办公室科员早已知道理性化训练必须始自学校：“办公室经理需要与地方学校取得联系，说明自己的要求，并请学校训练商科学生，以使其符合办公室的要求。学校的课程可以方便地加以改变，以使毕业生能够

具备符合办公室需要的素质。”

甚至办公室的陈设和外观也变得更加像工厂了。办公室建筑和陈设的发展趋向这样两个目的：私人办公室的废除，以及安排直线式的工作流程。一家办公室搬进新的场所，在那里有由原来的200间私人办公室合并而成的17间办公室。这一改变提供了既简单又有效的监督。“当负责人能够经常性地查看职员的活动时，他们确实可以更好地工作。”在这同一间办公室里，“为了使工作流程更加便捷，专门安排了一系列活动。工作不仅涉及从一层楼到另一层楼的垂直型联系，也包括了一层楼内的水平性联系。当人们规划工厂时，通常都会考虑各部门彼此间在垂直距离的靠近；但在安排职员的工作场合时，并不一定会考虑这种垂直的‘接近性’”。仅仅是重新安排一下办公桌，便可以在标准时间单位内节约15%的时间。

下一步是显而易见的：那就是用传送“带”取代办公桌。早在1929年，格雷斯·科伊尔就在一家大工厂中注意到：“订单是通过传送带和信号灯从主管发往每个职员和打字员的，后者每人只负责一项工作。在传送带起始处的姑娘说明订单，记下号码，写明商业折扣；第二位姑娘计算订单价格，扣除折扣，算上运费，合计总数；第三位姑娘给定单排号，并完成当日的记录；第四位姑娘将这一信息记入以字母排序的索引之中；第五位在订单上敲上时间印戳：接下来，这订单通过传送带送给 198
某位打字员，她复制一式六份，再贴上地址标签；第七位检查一下单据并将其送进仓库。”

今天，一架机器便可以完成25年前这条传送带上的姑娘们所做的一切。但是，艾伯特·H. 斯特里克注意到，即使使用机器，“在任何生产过程中，各种精良的机器也不会比它们之间既存的联系更重要。要想使一条生产线形成最大的效率，就必须合理地排列机器，使部件或产品能够畅通无阻地从这条流水线的一端送到另一端。作为文字工作生产的关键工具，打字机和计算机、制表机和簿记机、家具和所有办公设备，可以被放在合适的地方，综合利用，以形成一条高效率的办公生产线”。

在办公管理领域内，早已运用这些技术和合理化的方式了，而且其运用的理由和工厂管理领域完全相似。不过，办公室里的这些进展仍然很不平衡，它首先可能受制于办公室的规模。1930年，大约只有一半的美国文员在50人以上的办公室工作；但是办公室的规模还在继续扩大，并且随着这种扩大，变化出现了：私人电话、在办公时间抽烟、接待私人朋友来访，以及处理私人信件等都受到了限制，与此同时，机械化以及包括制定作息时间、建立休息室和医院计划等在内的社会理性化的步伐却加快了。

3. 白领姑娘

在残存的老式办公室和完全理性化的新型办公室之间，广泛存在着大量的中间类型的办公室。恰在第一次世界大战前夕，辛克莱·刘易斯在《工作》一书中描写过这样一家办公室，虽然它被漫画化了，但却十分典型：

在上层是主任、部门头头和公司的官员，“身材高大，面色红润，长着大大的下巴，胡子刮得精光，侃侃而谈……午饭时开一会儿会以‘交换政策’……当他们愉快地一块儿进了电梯之后，几个神经过敏的速记员便会跑到一名年长些的妇女那里，哭哭啼啼，寻求安抚……”

199 在这些人之下，是由“那些说不定哪天有机会成为头儿的聪明伶俐的年轻人组成的阶层”，看上去他们对头儿十分忠诚，“崇拜公司的政策”，他们“穿着丝绸衬衣，打着崭新的领带，坐在一排排擦得锃亮的平面写字台后面”，以“一种自命不凡的派头”接听着电话。

和他们混在一起的是些小头头，办公室经理和簿记员，他们对上司“彬彬有礼”，但对下属则“百般挑剔”。如果自己混得不好，他们便会酸溜溜地盯着那些恨不得每周加两个美元的速记员，私下向她们保证，他非常乐意帮助她们加薪，尽管这“对其他姑娘有些不公平”。

在主要的等级之外的是一些私人秘书，她们每人都是“一位头儿的知己”。不过，这些知己们已无法和头儿“交往”，也无法“在衣帽间、休息室或电梯里，与那群素昧平生只负责复写或记录自己的前程远大的年轻上司指示的姑娘们友好相处”。

“不论她们私下曾如何互不恭敬，现在这些普通的姑娘们称那些秘书为‘小姐’。派系对抗把她们弄得四分五裂。她们必须干净利落，行动敏捷；除了这一点以外，她们对办公室政治的主要方面就像造访避暑旅馆的青蛙一样无足轻重。只是出纳员的卡片索引上可能还记着她们的名字。”她们有几类人，包括“五六十岁的白发纤指的妇女……老处女和寡妇，对她们来说生活只不过是一张办公桌和琐碎的工作——发通知、分信件、查表格”。也有“刚刚 22 岁就开始感到厌倦的姑娘，干瘪僵硬的 28 岁的女人，胸部饱满结实、独居的还是老姑娘的 35 岁的妇女，以及一些或满足、或恶毒、或悲惨的老年妇女……”

正是从这种办公室而不是那种肮脏狭小的老式办公室或弄得像工厂一样的新式办公室里，形成了有关办公室世界、它的居民尤其是白领姑娘的共同印象。最主要的印象大概是办公室里到处是妇女。当然，任何地方都有美国妇女工作；她们在工厂和服务业已经有了两代人的经验。但是，除了短暂的战争期间外，她们在这方面的经验并不像白领 200
姑娘的经验那样普遍和弥漫。

正因为她们是秘书、职员，是女商人或职业妇女，这些白领姑娘才左右了我们头脑中的办公室概念。她“就是”办公室，《财富》杂志的编辑写道：“男人是门上的名字，衣架上的帽子，是拐角小屋里的烟雾。但是，男人不是办公室。办公室不过是坐在他的电话另一头的那位能干的妇女；是对着那种用古塔胶笼头做成的送话器单调地念着他的名字的两位年轻的太太；是坐在玻璃隔间里用粉红色的指甲在四台不断作响的机器的键盘上打出他姓名的第一个字母的四位姑娘；是在它的信件箱前摇曳晃动的6条五色斑斓的裙子；是那位在接待室里用令人愉悦的语调、总统夫人般的漠然眼神接待来客、打发他不想见的人的优雅小姐。”

主要在1920年代面市的关于白领姑娘的小说十分流行。凯蒂·弗伊尔的年代始于1911年至于1930年代中期；明妮·赫茨勒，莫利在《人》(*Human Being*)一书中描写的另一个角色则属于1889年到1929年这段时间；多斯·帕索斯的《美利坚合众国》(*USA*)一书中的珍妮·威廉斯的故事发生在1900年到1920年之间；塔金顿笔下的艾丽斯·亚当斯和辛克莱·刘易斯笔下的尤纳·戈尔登生活在第一次世界大战之前。第一次世界大战前后的10年是文学家对白领姑娘兴趣最浓的时期。各类形象都和这一时期的白领工作场景密切相关，而且许多人物形象都十分酷似。

辛克莱·刘易斯笔下的尤纳·戈尔登，布恩·塔金顿笔下的艾丽斯·亚当斯，以及克里斯托弗·莫利笔下的凯蒂·弗伊尔——他们中的每一个都是在父亲死后或遭受失败后投身于白领工作的，在每一个案例中，主人公的父亲都属于老式中产阶级，并且混得都不太好。

小镇上的戈尔登一家“太受人尊敬，以致不能让她出外工作；但是家里又太穷了，也无法送她上大学”。她的父亲是“小镇”上的律师，在她24岁的时候撒手西归，只留下她和母亲两人，没有任何遗产。她们
201 开始了标准的孤儿寡母式的生活，“艰难度日”。对于这对孤儿寡母来说，小城的生活有三种可能的情况：“如果她们富甲一方，女儿可以收地租，聘请律师，加入某个俱乐部，并想方设法在各种聚会中抛头露面。如果她们属于中产阶级，女儿几乎无一例外地在学校教书。如果她们是穷人，母亲会给人洗衣服，女儿则出去收衣服。如此，尤纳注定了要去教书。”但是她并不想做教师；另一个可能的职位是到布店工作，但这有损门第；加之所有精力充沛的年轻男子都涌向了大城市，因此她孤注一掷，和母亲一起去了纽约。在那里她上了一家“商学院”，然后成了一

名“办公室女性”。

从社会学的眼光来看，在这些小说中艾丽斯·亚当斯的故事是最敏锐的，它是一个适合白领阶级的口味、充满抱负的故事。故事一开头，艾丽斯到一个上流阶级的家庭参加聚会；而结尾则是在她饱受爱情和社会抱负的双重挫折之后，像一个修女一样，爬上商学院阴暗的楼梯。纵观全书，在艾丽斯那“茫然无措的眼中”，商学院“沾满煤灰的楼梯”，就像金色的海滩衬映下的贫民窟一样，是一条通向“可怕的黑暗世界”的道路。当艾丽斯想到这一点时，她脑海里浮现的是那些“在打字机前工作，不知不觉人老珠黄的漂亮姑娘”；老姑娘们的工作就是将那些脑满肠肥者的话记录下来，而“作这样记录”的老姑娘们各式各样。办公室是老姑娘的制造厂，是现代修女院。在商学院和辉煌的人生舞台之间存在着鲜明的对比，或者说商学院和有利可图的、尽早到来的美满婚姻失之千里。

商学院“对她来说还有一种不大愉快的神秘感，以及一种连她自己也不想深究的莫名的屈辱感”。最后，她认为这沾满煤灰的楼梯便是“青春和希望的尽头”。当她去商学院的时候，她没有作任何装饰（涂脂抹粉），即使她那不知道她要去那里的野心勃勃的母亲，告诉她出去时应打扮得光鲜一些。

《艾丽斯·亚当斯》是一部描写艾丽斯的父亲和艾丽斯本人的职业遭遇的小说。她的父亲是一家药品批发仓库“杂品部”的经理，他对企
业、业主和高层管理人员忠心耿耿。但是他妻子的那点野心使他辞去 202
了薪水微薄的雇员职位，投身市场，自己开了一家企业。他失败了。无论艾丽斯还是她的父亲最终都得面对现代社会的现实；最后，艾丽斯的父亲从职员变成破产业主，进而又变成了寄人篱下的“女房东”的丈夫；而艾丽斯则成了白领姑娘。

在美国的民间传说中，白领姑娘通常生于小城镇的下层中产阶级家庭。高中在她的坚强性格的形成中起了重要的作用。她可能在高中

修过商业课程，而且也可能上了一年或两年的商学院。毕业时的她既聪明又漂亮，在自己的镇上找到了工作。但是，她渴望摆脱家庭和其他地缘束缚，她想到大城市去，最想去的当然是纽约。她离乡背井，家庭成了次要的东西，因为它代表着一种对独立的地位束缚。返乡探亲是一件不得已的事，所以她迫不及待地要返回大城市。为了在纽约扬起生活的风帆，她甚至向银行借钱，而不是向父母要钱。

大城市的白领姑娘经常回顾她们在小镇上度过的高中时代，将其视为某些从未发生过的事情的彩排。高中时代个人的小团体并没有被办公室里的非人格化的单位所取代；青春期的平等地位也没有被城里的等级体系所取代；高中时代挤在一起的那种激动也不会被阴暗的电影院里相互感染的距离所取代；实现了白领世界的生活梦想同样也未能取代高中时代那种在交往中形成的友爱。

白领姑娘会有一位密友，有时这密友来自同一个家乡，而且通常对大城市有着更为丰富的经验。她们合租公寓，共用衣柜，联手开支，分享各自的约会和烦恼。密友是大城市生活的基本心理需求，是白领姑娘摆脱孤独和枯燥的唯一办法。

作为速记员或打字员，这第一份工作是她所受教育的延续。虽然工资很低，但她熟悉了办公室的常规，整洁、活泼、新鲜、高效忙碌。她
203 也学会了如何和办公室里的男同事周旋，她开始意识到普天下的男人追求的都只有一件事。她和其他姑娘会拿头天晚上或当天晚上约会中的琐碎小事逗乐。一位对速记姑娘的心理了如指掌的推销员为她点了第一杯鸡尾酒等等。

第一份工作常常是件苦差使，所以她定下来干一种工作之前——如果那算是定下来的话，常常要换好几种工作。当然，在新旧工作交替之间，她常常度日如年。虽然办公室最初并不是一个令人愉快的地方，但她逐渐了解了它，并且能够很快将那里的所有人分门别类了。排在最前面的是老板，她希望有朝一日能够成为他的私人秘书。接下来是一般的经理和销售员，和他们结婚、约会，或至少吃顿晚饭挺合适的。

"除非有人付账，否则当你和那些小姑娘一样每周挣 18 美元时，晚上是不可能外出吃饭的。你待在家里，嚼柠檬，洗袜子，烫衣服，轮流买晚报，拨好闹钟，以便早上留有充分的时间步行上班。"最后，还会有一个不是职员便是会计的老家伙，以及一些"新来乍到"的办事员。

白领姑娘的爱情故事常常少不了屡交男朋友屡败的经历。凯蒂·弗伊尔有温；明妮有理查德·罗；珍妮则有她的杰里。当白领姑娘屡屡得不到她的心上人时，这一经历便会使她心如磐石，便会将她从一个来自小城的单纯姑娘，变成冷漠、文雅的城市职业妇女或单身女子。如果她对那家伙"有足够的兴趣"，她并不拒绝风流韵事，但是她无法克服对婚姻的渴望。

但是，在第一次挫折体验之后，爱情就让位于事业，成为次要的东西。因为她开始体会职位带来的快乐，并且获得了升迁；在最开始的一段停滞之后，她总是一点点获得提升。随着她慢慢成了一位成功的职业妇女，想找一位上流阶级男性的想法与日俱增，她已经"十分成熟，不会再对她认识的普通男人有什么兴趣"。通常，她更喜欢那些年长于她的男人。30 岁以后，她会以一种多多少少近似母亲的方式，打量那些无忧无虑的年轻姑娘的不经意的爱情生活。现在，她是成熟的女性，对自己的工作得心应手，她压抑着对自己的已婚老板的爱情——她已成了他不可缺少的左臂右膀，为他的公司竭尽所能。这消除了非人性化的企业氛围，缓解了老板和雇员之间的紧张；但是，因为她可能会感到 204
来自年轻女人情欲的威胁，这使得情况错综复杂。

在两次世界大战之间，她这样说道："莫利和我曾谈论过一次白领妇女——她们有好几百万人，也许每周挣 15～30 美金——她们必须全身上下穿戴整齐，自然，她们渴望取悦于社会，希望成为具有全部女人的心满意得的完美女性，需要有机会创造点什么或做点什么。和她们同龄的男人无法为她们做什么，而这些姑娘成长得又太快，因为她们善于吸收其为之工作的那些年长者的观点。她们自己的私生活变得忙碌不堪。耶稣基督，我知道拓荒时代的妇女、生活在黄沙蔽日的荒原上的妇女以及那些坐在大篷车上系着花格头巾的妇女们的英雄事迹。但是这些整日趴在打字机上的妇女怎样呢！可怜的孩子们，当她离开办公室时能得到什么呢？……你知道我们是什么？我们是小佃农。我们的工作就像在棉花地里干活的黑人农工，我们向帕尔默贡献的脑力劳动比他知道的要多得多，但我们得到了什么？我猜，也就是 8 小时睡眠，因为这大概就是我们能够胜任的一切……如果有人确信作物的价格会涨，我猜想不会有人乐意就这样当佃农了事。但是感受着你出力流汗属于你的土地的气味，那一定是件令人惬意的事。”

虽然她总是想着自己家庭的前途，但却不得不适应这劳役般的枯燥无味的办公室工作。无论怎样，这工作毕竟使她能够维持生机。事实上，明妮是在反抗婚姻制度；而凯蒂则流了产，以便肚子里的孩子不会影响其工作职务。至此，职业取代了婚姻；白领姑娘的冲突化解了；她爬上了那个阶梯；她生活在修道院之中。

4. 新式办公室

现代的办公室占地达上万英尺，有着类工厂式的工作流水线，但它并不是一个自由无拘和友爱亲善的地方。工作的延续和节奏，“生产单位”的步调，要求你对除了手头工作之外花费的所有时间做出解释和说
205 明。笔录曾经是经理和秘书间的私人会晤，现在经理则通过电话向一群他从未见过面的记录员发号施令，而这些人熟悉的也只是他的声音。原有的各色人等许多都成了机器操作员，而许多新来乍到者则一开始就是机器操作员。

Ⅰ. 办公室经理的地位上升，从一名“总管”变成了直接向公司财务主管或副总裁汇报的经理，这是办公室扩大以及作为整个企业的集中化服务部门的办公室地位上升的鲜明标志。正是在他的领导下，类

工厂式的办公室得到了发展。因为他在办公室职能的理性有效的设计和服务方面十分在行,所以办公室经理比过去分散在不同部门的小头头们显然要干得更好。

20 年代后期,办公室经理的身影便出现在许多大公司里。许多早期的办公室经理都是兼任其他职务的“当班”,也许在财务部兼职,但同时也负责“掌管”办公室大权。但是,随着办公室的重要性不断上升,开支越来越大,逐渐成为一个自治单位,办公室经理的地位也水涨船高。他必须了解所有部门的文书工作和日常程序;他必须有能力制定和适应新的行政计划和安排;他必须培训新雇员,并对原有雇员给予再培训。他的工作范围遍及整个公司,这为他的知识和声望的提升留下了相当的空间,起码和“其他部门的头头”相比,他对声望的诉求更为强烈。到了 1929 年,在一大群办公室经理中,大约 1/3 的人来自非办公室的高级岗位,但有一半人是从办公室的岗位上升上来的,另外 17%的人是从其他办公室升上来的,由此可以认为这一职位已经取得了公认的地位。

Ⅱ. 随着办公机械的引进,日常工作的数量大大增加,与此相应“需要创造精神的职位”却减少了。战时人力委员会注意到,“机械化导致了管理人员和操作人员之间的界限宛如鸿沟。灵巧的手指常常比创造性的思维更为重要。结果,晋升变得相对困难了……某些大办公室
的经理事实上更倾向于雇佣姑娘们,她们满足于维持简单的文职工作, 206
对进一步的升迁兴趣不大”。

当我们将新旧办公室的工作人员加以比较时,正是那一大群办公机械的文职操作员给我们留下了最深刻的印象。他们是白领世界中与工厂操作员最为酷似的人群。需要学技术的时代似乎逐渐成为过去;事实上,如果耗资引进机器和新的标准的专业化分工确实有道理的话,这当然就是一种趋势。因为大多数机械化和集中化的办公室设备的最重要进步就是,一方面它提高了速度和准确性,另一方面也增加了对单

位成本较低、训练较少、专业程度较差从而可替换性较高的雇员的需求。

这些可以相互替换的职员常常要打卡上班，工作时间里不许闲谈，任职期一般只有一周，有时为一个月。除了被监督外，他们和上司没有任何接触。虽然在庞大的办公室里，这些人是本系统的主要环节，但是在他们自己和他们经理的脑海里，很少有人认真地想过要熟悉整个系统，并在其中获得升迁。甚至在1920年代中期进行的一项调查中，有88％的被调查经理表示，他们的确需要那种"没想过要爬上高层地位的"人；60％的人表示，在他们的办公室里"很少有什么机会去学习"，因此，提升也少之又少。

一方面，办公室的理性化吸引和造就了一大批新的职员和机器操作员，他们的工作越发接近轻工业企业中的操作工；另一方面，这种新型的办公室又需要它的管理者，需要能够操作人这台机器的专业化经理。

Ⅲ. 过去半个世纪中办公室里发生的变化对簿记员产生了严重的影响：他们原有的中心位置被办公室经理取代了，即使是最有经验的、佩有钢笔的簿记员也无法与高中毕业、受过三四个月的机器使用训练的姑娘相匹敌。这就好像是用锄头或铁锹和电铲较量。

207 簿记或记账机可以计入分类账、登录、汇总和计算余额；通过累积的记账能够对账目进行控制。这种机器是一种简单的设备，虽然它在今天的办公室里重要性仍然仅次于打字机。其他新设备一次就可以代替十种旧设备及其操作人员。正像女高中生加机器取代了手执钢笔的簿记员那样，在一定时间内，这些新的大型机器又有望取代这些女高中生。位于新的"簿记"世界顶端的是专业会计师和电子技术员。但是他们要支配任何实际的标准仍需时日。与此同时，原来的簿记员地位已经落到和普通职员无异。

"当我们为这一业务招聘新雇员时，"一家大公司的簿记业务经理说,“我们找的是不低于17岁、至少读过两年高中或具有同等学力的姑娘,她们没有企业工作的经验,但是有良好的个人素质。我们喜欢经验不足的姑娘和那些出于经济动机求职的人,因为我们发现她们能够成为比较稳定的员工;所以我们从应征者中挑选那些具有半依赖性或完全依赖性的候选人。”

Ⅳ. 对许多办公室姑娘来说,秘书是她们理想的工作模式。当然,打字机是妇女的机器,就其本身而言并没有产生与工厂相似的效果。在办公室天地内外,它一直是令人高度重视的机器。它的装备着速记簿的操作者,总要设法从她与经理的亲密私人的接触中借用声望。

办公室中标准的姑娘等级是这样围绕着打字机形成的:(1)私人秘书,作为某些人的可以信赖的助手,在许多情况下,她实际上可以代表他处理许多(尽管不是全部)日常事务。她帮他拟定约会,安排日常计划,处理支票簿——简言之,你可以无可置疑地称她为办公室夫人。如果老板的办公室授权的话,她甚至还可以指派速记员和打字员为她干活。(2)那些既是打字员,同时也从事记录的速记员。(3)那些只和机 208
器打交道的打字员;因为她的工作就是简单的复制,她最重要的特质就是体现在键盘上的速度和准确性。她通常会受到严格的监督,在这一点上不如秘书,也比不上速记员。

在新型的理性化的办公室中,这种按收入、技术、监控的程度,以及与重要人物的可接近性来划分的等级制度,已经开始面临崩溃。如今,出现了强烈的限制秘书人数的趋势;许多年薪15 000美元的经理都没有私人秘书,也从来不找速记员。取而代之的是他们对着录音机口授,再将机器的滚筒交给一帮打字员整理。虽然在口授设备使用之前,许多大办公室里已经将速记工作汇总完成,但在通常情况下这两者还是同时并行的。系统的研究清楚地表明,个人配备速记员是一种浪费,因为速记工作忙一阵闲一阵,而不是平稳有效的。

发端于1920年代的速记业务的集中化获得了持续的推广,它的阻碍只是办公室的规模和人的惰性。流行的趋势是只有高层经理才能够有私人秘书，而速记员和打字员则集中在一起成了整理录音的打字员。在一家大型保险公司的总部办公室，只有不到 2%的雇员是配给部门经理以上的人当秘书的。下级经理人员备有放在办公桌上的铁盒子里的速记器，或者也可以通过内部办公电话直接向抄录汇总机进行口授。

集中管理的抄录汇总机还有其他的便利之处：对于“差劲的口授者”来说，这机器可以调整清晰度；它们还能够消除下午快下班时进行笔录造成的加班加点，以及快读打印符号形成的压力。一本管理学方面的文献说，“它们自动听写口授，并且你只需按按键钮就可以得到结果”。这样，“快而准的姑娘”成了新型办公室的所需之人。

速记技术过时了；白领姑娘几乎都成了即刻替换品；办公室的工作日渐乏味。新来乍到的白领姑娘无法熟知办公室或企业的某些部门的情况，也失去了原先的秘书甚至速记员那样的进行私人接触的可能。
209 工作是有条不紊的，以致非经理人员也可以加快工作速度，并对其进行有效的监督。简言之，为妇女提供的白领职位越来越像工厂中的操作工从事的工作。在 1930 年代初期，埃米·休斯就注意到，“文职工作和工厂的**非熟练**工种之间的那道隐隐的界限正在变得越来越模糊”。

新式办公室是理性化的：它使用机器，而雇员则成了机器的附庸；就像在工厂里一样，工作不是个体性的而是集体性的；就互换即职员的替换而言，工作是标准化的；工作的专业化程度达到了自动的程度。雇员群体已经转变成了一群在寂静的场合里工作的无差异的芸芸众生，而时光本身则受控于非人格化的时间程序。目睹那规模巨大的办公空间，一排排整齐划一的办公桌，人们自然会想起赫尔曼·梅尔维尔笔下 19 世纪的工厂：“在一排排毫无生气的柜台后面，坐着一排排面无表情的姑娘，她们苍白无力的手上拿着文件夹，索然无味地叠着一张张白纸。”

5. 白领等级

新型办公室一出现，就立即形成了等级制度和人事层级。等级制度的基础是管理干部拥有的权力和权威，而不是技术水准。每个雇员都是权威和纪律的行政等级制度中的一员，但面对这一等级制度，他和其他许多雇员的地位又是平等的。在这个等级体系和人群中，每个人都是按其发挥的职能分门别类的，但是有时候也有对地位、职位尤其是头衔的"人为的"区分。卡尔·德赖弗斯提请人们注意，一方面，这些区分导源于雇员为自己划出一块独特领地的需要；另一方面，这些区分可能会受到管理的激励，以提高士气，并瓦解雇员的"团结"。

在这个巨大的体系中，许多小的等级制度顺应较大的等级制度，并以各种方式相互联结在一起。有用头衔表示的正式的等级体系，在此之下，还有以地位和级别体现出来的差别。级别并不总是和技术或薪
资水平相一致的；一般说来，级别体现为发号施令的权威。渗透进所有 210
部门和单位的那些管理干部是这个等级制度中的骨干。在这里，一个人的地位首先取决于他参与干部权力结构的程度，其次取决于他和其他成员关系的密切程度。如此，一部门的高层经理的私人秘书其级别和地位可能高于下属部门的助理经理。教育水准和经验自然可以提升地位，但它们只是次要因素。正是管理干部成了产生尊敬和借用地位的来源。

就像在军队中一样，如果白领等级制度是纯粹科层式的，那么它的基础就是纯粹的正式权威；但是，在任何地方组织的科层制原则事实上都没有获得严格的实施。在办公室内部和办公室之间，通常存在着一种小集团制度，而办公室常常会超越权威和工作的常规程序。通过它们"深谙内情者"能够摒弃官僚主义，而上层领导的秘书——就像在华

盛顿那样他们被称为“行政助理”——可以给其他秘书打电话，以加速那些通过常规途径需要耗时多日的事件尽快完成。

一个人在这一等级制度内的地位，并不总是和其正式参与管理的程度相一致；和权威人物虚假的亲热也能够带来声望。私人秘书，以及经理们的其他亲信助手常常这样哄抬自己。虽然仅仅在非常罕见的情况下他们才会真正彰显或拥有权力，但是他们的位置要求他们与权威人士密切接触，并因此能够利用甚至会刻意造就这种神秘感。通过内在的自居作用，他们常常会有一种强烈的大权在握的幻觉；而通过外在的举止，他们又会给他人留下这样的印象。这种做法从来不会受到经理们的打击，因为亲信雇员和“那些姑娘们”之间的距离是忠诚的保证，而且它还能够对提高经理本人的声望产生交互影响。一个人可利用的相貌水准和阶级因素一样，可能会影响到选拔——比如，具有盎格鲁-撒克逊人血统的中上阶级的姑娘就常常具有较好的机遇。

那些与权威人士有着密切联系的人围绕着权威人士形成了某种帷幕，以确保其神秘，并因此提高他的声望。今天，在无数的办公室和商店里普通员工从无机会见到“高层人士”，他们见到的只是被称作“老
211 板”的自己的顶头上司。埋怨和不满都是冲着“老板”来的；如果说存在着“高层人士”的话，那也只存在于心理学的视野之中，或者说仅存在于幻象之中：“如果我能够接触他们，我想我的机会就来了”。

头衔及其附属物，与正式权力之间有着十分复杂的关系，它们是地位的外部的和重要的标志。在某人的办公桌上安一台电话，专用一间卫生间或其他什么东西，在门上挂上某人的姓名，甚或在办公桌上放上一个人的席卡——所有这些都能够而且确实形成了雇员的主观努力和希冀的内容。这种区隔被大量地制造出来。卡尔·德赖弗斯断言，这些区隔形成了“一个人为的等级系统”，并受到那些不希望见到雇员团结的雇主的鼓励和利用。当地位方面存在许多小差别时，雇员便常常会产生自己“是个人物”并获得了提升的错觉。经常的状况是“等级差别超过了工资差别，从技术观点来看，甚至后者也超过了实际需要的数

量”。

但是，基于这种区隔的基础不是人们所从事的工作，它最终会在降低成本的管理驱力和工会组织的平等追求面前逐步消失，因为管理部门和工会组织都欲图对工作进行更加系统的划分。根据这种观点，“真正的”等级规范是技术的和经济的，也就是说，严格说起来是科层制的；但是，地位因素的人为性实际上并不比技术和经济因素的人为性更大。当然，差别确实是因地位因素引发的，而且这些因素在白领等级中还常常具有举足轻重的甚至是无与伦比的意义。但是，总的趋势与此恰恰相反。即使雇主可能试图利用差别来瓦解雇员间的团结，但是如果工会要打破这种分工状态，并争取相应的收入等级时，雇主通常都乐于为了降低成本而消除地位差别。

只有那些受着工会运动强烈困扰的干练的雇主，才有可能了解有意识地使用声望等级的缘由。但是，这似乎不是他可能做出的最理性的选择；而且，雇主其实一直是引领工作描述和人事安排，从而降低复杂功能的数量、分解工作、降低薪酬的领袖人物。机器实现了并推动着这种严格的技术和科层制度的等级分化。能够确定的是，即使人为的 212
等级制度一直被用作某种控制手段，理性化和机械化现在却正在以自己的方式摧毁这种构架。

机械化和标准化的工作，雇员了解和掌握整个业务过程的机会的减少，除了极少数人以外，与权威人士私人接触机会的丧失——这一切形成了未来的模式。现在，办公室和商店内部错综复杂的地位，在雇员的心理上常常仍具有十分重要的意义；但是，从主流来看，技术、经济因素和权威的阵营将会取代这些地位因素，因为后者阻碍了白领等级制度的合理化进程。

第三部

生活方式

“如果我也曾经有过生机勃勃的生活，那么在我16岁时它便烟消云散了，”乔治·奥维尔的《自由之盼》一书的主人公波林先生说道，“我得到了工作，而……工作也得到了我……所有对我来说真实的事情都发生在这一天之前……好呀，他们说幸福的人是不会怀旧的，保险公司的那些笨蛋也没有这种嗜好。”

第十章

工　作

215

工作可能仅仅是一种生计来源，或是一个人内心生活中最重要的组成部分；工作可以被体验为一种赎罪，或体验为极其丰富的自我表达；它可以体验为一种沉重的负担，或是人类共同本性的发展。对于工作无论爱憎，既不内在于人，也不内在于任何一种既定的工作中。工作本身并没有固有的含义。

有关工作的内在含义至今缺乏充分的历史描述。然而，我们可以追寻有关工作的各种哲理所产生的影响，这些人生哲理浸入到现代工人的心灵之中，并深深地塑造着他们的工作和闲暇。

虽然现代白领工人并没有任何清晰的工作哲学，但是他们对工作的感觉和体验却影响着他们的满足感和挫折感，影响着他们的生活基调。不论其工作的结果是什么，也不论他是否了解，它们都是作为一种活动的工作加之他们赋予工作的意义，再加上其他人的观点交互作用的最终产物。

1. 工作的意义

对古希腊人来说，他们社会里的机械劳动是由奴隶完成的，工作摧残了人的心灵，使其无法适应道德实践。* 工作曾是不可缺少的物质
216 恶魔，精英们在追寻永恒不变的理想时，应该回避工作。希伯来人也将工作视为“痛苦的劳役”，他们认为人是因为有罪而被罚劳役。无论工作有怎样的价值，工作毕竟是为了赎罪，例如《圣经》就断言：“人的体力劳动并不能慰藉心灵。”后来，犹太法师的教义对工作有所推崇，将其视为有价值的操演，而不是对灵魂的鞭笞，但是他们仍然强调，即将来临的王国将是无所事事的王国。

在早期的基督教教义中，工作被视为对罪恶的惩罚，但也被视为服务于仁慈、陶冶身心以及摒弃无所事事思想这些远大目标的手段。但是，在这个世界上，工作本身毫无价值。在受到来自教会的组织化问题的压力时，圣·奥古斯丁将这一论点进一步加以发挥：对修道士们来说，虽然要轮番完成工作和祷告，但工作本身是义务性的，并且只要足以满足修道院的真实需要，就要鼓励修道士们努力工作。教会神父把对上帝的苦思冥想看得比读写经文的智力工作更为重要。从 11 世纪到 14 世纪，在欧洲四处漂流的异教徒们要求人们工作，但是他们这样做同样有深远的用意：人们应该积极地从事那些痛苦而卑贱的工作，以作为“对傲视万物者的鞭挞”。

自路德开始，工作才第一次作为“人生的基础和关键”被确立在现代人的观念之中。路德援引保罗的话补充道，对堕落者来说工作是天赐自然，但他同时也认为所有能够劳作者都不应该闲着。无所事事是

---

* 在这段有关工作哲学的历史概述中，我参考了阿德利安诺·蒂尔弗的《工作：在不同时代对人类的意义》(Adriano Tilgher, *Work: What It Has Meant to Men Through the Ages*, New York: Harcourt, Brace, 1930)一书。

反自然的和罪恶的逃避。通过工作来养活自己是服务上帝的一种方式。由此，宗教虔诚和世俗活动之间的巨大沟壑得以弥合；职业成了“天职(calling)”，而工作则被珍视为通向救赎的宗教之途。

加尔文的新教思想，在实践中远离无所事事的冷漠情绪，它鼓励人们进一步适应现代工作节拍。在这个世界上，人们必须理性地、有条不紊地、不懈地努力工作，仿佛他就是人类的选民。人人都必须工作正是上帝的旨意，但是贪求工作成果，即便是自己的劳动成果，也不符合上帝的旨意；这些成果必须再投入使用，以刺激人们更勤勉地劳作。只有建立在宗教信仰基础之上的那种意志顽强、自我克制、艰苦卓绝的工作，而不是默默地祷告，才能够减轻罪恶并通向良善和虔诚的生活。 217

早期新教的这种“现世苦行主义(this-worldly asceticism)”，鼓励并肯定现代资本主义要求其代理人具有的那种行为和感情模式。不同的新教派别都鼓励和肯定那种能够坚持不懈从事井然有序工作的人获得社会发展。就像马克斯·韦伯所揭示的那样，宗教人和经济人的心理就这样获得了和谐，而严肃的资产阶级企业主们也以工作为生并经由工作达到了这种和谐的境地。

亚当·斯密精心阐释了洛克的观点，肯定劳动是个人所有制和所有经济价值的来源，并成了自由经济制度的奠基石：工作现在成了国家财富的决定性因素，但它是一项无情的事业，对于19世纪艰辛劳作的大众和那些为钱财所驱使而工作的经济人来说，它具有一种残酷的正当性。

不过，还有另一种在文艺复兴时期发展起来的工作观念；在这个非凡的时代里一些人意识到，工作能够促进而不是延缓人们作为人的发展。通过自己的活动，人可以实现一切；通过工作，人可以成为造物主。一个人如何能够更好地消磨自己的时光？利奥纳多·达·芬奇喜欢创造性的劳作；布鲁诺则颂扬工作是克服逆境的武器，是征服的工具。

在19世纪中，人们开始凭借文艺复兴时期的思想，反对古典经济学赋予工作的功利主义含义。像托尔斯泰、卡莱尔、拉斯金和威廉·莫里斯这类人在向后转；而马克思和恩格斯则目光远大。但是这两类人都吸取了文艺复兴时期有关人是工具的使用者的观点。劳动分工及其产品的分配，以及工作作为有目的人类行动的内在意义，是19世纪人们思考的焦点。拉斯金对抗资本主义工作组织的理论观点，奠基于自由工匠的前资本主义社会，他们的工作一度基于生活的需要，是那种能够带来内心平和的艺术活动。他美化自己所主张的理想存在于中世纪
218 的工匠工作之中；他相信所有的工作产品都应归工人所有。资本的利润是非正义的，而且，为了利润本身的逐利行为还会玷污人的灵魂，使人陷入万劫不复的疯狂境地。

在马克思那里，我们看到了一种对工作在人类发展中的意义，以及在资本主义社会中这种发展如何受到扭曲的全面分析。在这里，人类的本质取决于他的工作："他们(个人)……同他们的生产是一致的——既和他们生产什么一致，又和他们怎样生产一致。因而，个人是什么样的，这取决于他们进行生产的物质条件。"马克思接受了德国古典唯心主义关于人格全面发展的人道主义理想，他认为资本主义生产使人陷入异化状态，人经由专门化成了动物般的没有个性的行尸走肉。

从历史的角度说，绝大多数有关工作的观点都赋予其一个外在的涵义。R. H. 托尼曾提及"由古希腊罗马经典哲学家在自由和奴隶职业间做出的区分，中世纪哲学家则坚持财富为人而不是人为财富而存在。拉斯金的著名断言'生命是唯一的财富'，以及那些提倡为服务而不是为利润组织生产的社会主义者的观点，不过是通过不同的方式来强调经济活动的工具性质，而这些活动与表达真实的人性理想有关"。但是，也还有另外一些人曾赋予工作内在的价值。所有关于工作的哲学都可以归入这两类观点，虽然卡莱尔曾尝试以一种奇妙的方式将二者合而为一。

Ⅰ. 各种形式的新教主义(和古典经济学一起)都是当今时代最有

影响的信条，它们将工作活动视为对宗教约束来说秘而不宣的东西；来自工作的满足感对活动和经验来说不是固有的，而是宗教性的酬赏。人们通过工作获得宗教地位，并确保自己在选民的行列之中。如果工作是被迫的，那就可以将其归咎于某人因好逸恶劳所引发的痛苦的罪恶感。

Ⅱ. 文艺复兴时期的工作观认定工作具有内在的意义，它关注于
工作过程本身的手工艺技能——体力和脑力的运用；它从工作本身而 219
不是从其他不相干的领域或后果中寻找工作的原因。给人们带来满足的不是收入、不是解脱之途、不是地位、也不是凌驾他人之上的权力，而是技术过程本身。

然而，这些观点中的任何一种——无论是将工作视为强制的世俗信条，还是将工作视为工艺活动的人文主义观点——都没有对当代人产生太大的影响。对大多数雇员来说，工作有一种普遍的不愉快特质。如果说，加尔文主义者对两手空空的工人和文职雇员没有产生什么强制性的影响的话，那么文艺复兴时期的观点对保险业职员、货运员和百货公司女售货员的影响也微乎其微。如果说鞋店的销售员或纺织业的经理很少会去思考其劳动的宗教意义的话，那么也不会有哪位电话接线员、接待员或学校的教师从他们的工作中体悟到拉斯金式的内心平静。创造性工作可能带来的这种享受越来越限于极少数人。对白领大众来说，就像对普通的雇佣劳动者一样，工作似乎既不是为上帝服务，也无法使他们体验到神圣的感觉。他们既没有严肃的工作愿望，也很少能够从日复一日的工作中获得积极的满足。

对工作的信奉一直就是美国的历史传统、它的自我形象以及外部世界有关美国形象的核心内容。这一信念遭遇的危机和衰落具有广泛而深远的意义。比如，我们到处可以听到韦德·肖特利夫的语言，“作为其他几代人之象征的进取精神和热情正在消退，我们发现取而代之的是这样一种哲学，获得或保有一份工作不再是一种挑战，而是一种无

奈的不幸。如果工作仅仅是工作，而与之相关的活动也只是为了养家糊口的话，那么使我们的民族成长为当今这般燎原之势的精神之火也就剩下最后这点灰烬了。这种不祥的冷漠感掩饰了未来的管理者心中淤积的不满和不安”。

为了理解这种信念及其衰落的含义，我们必须理解 20 世纪真正的美国精神。历史上流传下来的老式中产阶级企业家的工作道德并没有
220 深深地感染新社会中的人，这是老式中产阶级结构性衰落的最为关键的心理含义。尽管新中产阶级的许多成员源自老中产阶级，但他们从未被深深地卷入老式的工作伦理，而在这一点上，他们从一开始在心理上便是非布尔乔亚的。

与此同时，手工艺这第二种在历史上重要的富有意义的工作和满足模式，无论在传统上还是工作的性质上，都从来没有为新中产阶级所有。然而，不管多么模糊，人们都能够在关于工人不满的诸多当代严肃研究中发现手工业模式；同样也能从拉斯金、托尔斯泰到伯格森和索雷尔有关工人满足的诸多正面描述中窥见一斑。因此，它值得详细地加以思考，以便我们能够公平地判定，对现代白领工人而言它究竟在哪些方面是难以实现的。

2. 手工艺人的理想

作为一种完全理想化的工作满足模式，手工艺包括 6 个主要的特点：除了制造的产品和其创作过程以外，其工作中没有什么深远的动机。日常工作的细节是有意义的，因为它们在工人心中并没有和产品分离。工人自由地从事着自己的活动。这样手工艺人们能够从自己的工作中获益；并在工作过程中运用和发展自己的能力和技艺。工作和消遣，或者说工作和文化之间天衣无缝。手工艺人的谋生方式决定并且充实了他的整个生活模式。

Ⅰ. 威廉・莫里斯曾评论道，对良好工作的希望是对产品的希望，对工作本身乐趣的希望；高度关切、全神贯注和产品的质量及其制造技能交织在一起。从手工艺人最初形成的产品形象直到最终完成的产品，在他和他制造的产品之间有着某种内在的联系，这种联系超越了财产的单纯法律关系，并使手工艺人产生了自愿的甚至是强烈的工作动机。

金钱、名誉和拯救，这其他的动机和结果都是次要的。对于手工艺实践的伦理来说，最为根本的就是人必须改善自己在宗教社区或普通 221
社区中的地位。工作的满足就是这样一种感觉，即一个人能够生活在一种“单单为自己工作”的宁静氛围之中。

Ⅱ. 在大多数有关手工艺的论述中，常常会发生将工人及其产品的技术、审美状态与法律(财产)组织相混淆的现象。然而，对于以手工业为业的工作来说，真正需要的是在产品和生产者之间建立联系的心理可能性；如果生产者在法律上对某一产品没有拥有权，他就必须在心理上拥有它，这意味着他知道什么东西经过技术、汗水和材料进入了产品，同时他自己的技术和汗水对他来说是可视的。当然，如果法定条件使得工作和工人的物质优势之间的关系变得十分明朗的话，满意程度就会更高；但是，同即便没有报酬也要按自己的意志延续下去的工艺精神相比，这毕竟只是次要的。

手工艺人会对完成的产品有一个意象，即使他没有把它全部制成，他也能知道完成的部分在整个产品中的分量，并因此了解同整体相比其努力的意义。他对最终结果的满意体现在他完成产品时使用的各种手段中，这样，他的工作不仅对他有意义，而且本身也分享了他对产品的极度满意。如果在某些阶段的工作中出现了剧痛、烦恼或机械单调之感，手工艺人仍会怀着强烈的愿望冲过这些紧要关头。他甚至可能会从遭遇的抗性和征服抗性的过程中获得积极的满足，在全力克服物质世界的抵抗和恶性事件的过程中感受自己的工作和意志。确实，如果没有遇到这些棘手之事，在最终克服这些一开始就顽强地抗拒他的意志的困难时，他获得的满足也会大打折扣。

乔治·米德将这种美学体验表述为一种“捕捉因完成某项任务并臻于完满而带来的乐趣，并将其赋予工作的对象和所使用的工具，赋予由充溢于任务的整个完成过程之中的愉悦和满足构成的各种活动之中”的力量。

222 Ⅲ. 工匠可以根据自己的计划自由无拘地着手工作，而且在塑造产品的活动中，他可以自由地修改其形状和方式。亨利·德·曼注意到，从这两方面的意义上讲，“计划和操作是一回事”，而且工匠在这一过程中既是活动也是他自己的主人。计划和活动的持续结合带来了工作的完成和其制作活动间更为牢固的结合，完成工作的快乐充溢于制造产品的过程之中。这也意味着，对他来说有着既广泛又理性的独立行动的空间。他对工作的结果负责，而且也可以免于承担这种责任。就他期待的最终成果的形状来说，他必须自己去解决面对的问题和困难。

Ⅳ. 如此，手工艺人的工作既是发展他自己的技能的一种手段，也是发展作为人的其自身的一种手段。虽然自我发展并不是什么遥不可及的目的，但是它是通过贡献和实践自己的技能获得的累进结果。因为他赋予其成果以心智和技能的品质，他也就进一步发展了自己的本性；从这样简单的意义上说，工作是他的生活附着和经由之地，而反过来又将他引渡和展现给了外部世界。

Ⅴ. 在手工艺人的生活方式中，不存在工作和游戏、工作和文化间的隔阂。如果把游戏视为一种为了消遣而进行的活动，除了能使行动者满足外别无他求，那么工作就应被视为一种能够创造经济价值或实现某些其他更久远目的的活动。游戏是你确实乐意去从事的事情，但是如果工作能使你愉快，那么它也是游戏，虽然它也是严肃的，就像游戏对孩子的意义一样。马克思曾经论及傅立叶的工作和游戏的看法：“真正自由的工作，比如作曲家的工作，是非常严肃而又充满内心紧张的工作。”在像手工艺一类的工作中，游戏的质朴的自我表现和工作的未来价值的创造是融合在一起的。手工艺人或艺术家在创造价值的同时，以同一行动表现了自身。他的工作就像写作的诗人一样，那同一活动既是写作，又是游戏。

223 “工作”和“文化”并不像金泰尔所认为的那样是两个互不相干的领域，前者涉及手段，后者涉及自身的目的；正如蒂尔弗、索雷尔及其他人指出的那样，工作和文化都有可能有其自身的目的和手段，也可能既包含目的也包含手段的成分在内。在活动的手工艺模式中，“消费”和“生产”是融合在同一个行动之中的；那既是游戏也是工作的积极的工艺活动，是文化的媒介；手工艺人的文化和工作世界是没有裂隙的。

Ⅵ．手工艺人的工作是他了解的唯一生活的发条；他并不逃避工作以求进入单独的闲暇领域；他将工作时间里发展和运用的价值和才能带到了非工作时间之中。他的闲聊是铺子里的杂说；他的朋友圈子是由他的工作决定的，他们分享一种相似的情感和思想。威廉·莫尔斯提倡的那种闲暇，就是“想着我们的工作，想着那些忠实的生活伙伴的闲暇……”

为了赋予自己的工作以创造性的新鲜感，手工艺人必须时时使自己关注那些只有当我们的注意力松弛时才会对我们起作用的影响。因此，对手工艺人来说，除了单纯的肉体性休息以外，他的闲暇也可能出现在那种断断续续的工作间歇之中，这对其工作的个体性来说是必需的。正如他将自己的能力和工作中的问题带到闲暇中一样，他也将在连续性的高度紧张中（这对持续性的工作来说是必需的）无法获得的那种敏锐带到了工作中去。

保罗·布尔盖特谈及美国时写道：“艺术世界并不需要什么自我意

识——它是一种忘却自身的生命冲动，是梦幻的闲适与激烈的迸发的相互交替。"亨利·詹姆斯在谈论巴尔扎克时表达了同样的观点，他评论说，我们在实际上已经丧失了注意的能力，即"生产或欣赏艺术作品时所需要的那种冷静和沉思的专注"。即使休息和那种作为创作之前提的工作本身并没有什么直接的联系，它也会因为工作的完成而使人感到安全并摆脱焦虑——用蒂尔弗的话来说，这是"一种通过安宁和满足的心境完成所有妥善安排的工作后喷涌而出的一种恬静之感"。

224 在建立这一手工艺的生活模式时，我们并不是说真的存在过这样一个工作承载了所有这些意义的人群共同体。我们不知道，是否中世纪的匠人像有些作家似乎认为的那样，十分接近于这个模式；但我们对此抱有十分的怀疑，我们缺乏足够的有关中世纪人的心理学知识去做出合适的判断。无论如何，就我们的目的而言，只要知道在不同的时间和不同的职业中，工匠们确实具有一种或数种手工艺工作的特点就足够了。

脑海里有了这样一个模式，再看一眼当代工人的职业领域便足以清楚地了解，上述各个方面现在实际上都与现代的工作经验无关。手工艺模式已经变得不合时宜了。我们将这一模式作为一种确切的理想来使用，据此就能够总结出在现代工作世界里，特别是对白领人士来说，工作条件究竟如何，工作又具有哪些个人意义。

3. 现代工作条件

就实践而言，手工艺在很大程度上已经被降为一种"爱好"，是闲暇而不是工作的一部分；如果是工作的话——一种可以出售的活动——则是手工艺行业中分散的机械工作，是仍然保持着自由的专业人员的工作。就伦理而言，手工艺现在只局限于由富有声望的专业人员和知识分子组成的极小的群体中。

从小业主的乡土社会向独立雇员组成的都市社会的全面转变，已经形成了与产品和工作过程相疏离的财产条件。当然，独立性的职业对自主性的允许和要求程度各不相同，而许多自雇企业家既不像通常想象的那样具有独立性，也缺乏积极的进取精神。尽管如此，在几乎任何工作中，雇员都要出卖一定程度的独立性；他的工作生活处在他人的左右之中；他使用的技术的水准和他做出独立决策的领域都受制于他人的管理。1930 年代，可能至少有 1 000 万或 1 200 万人，他们所从事的工作在技术上低于他们能够轻易达到的水平；而随着入学人数的增 225
加和更多的工作已经惯例化，必须从事低于他们所能的工作的人数也增加了。

在工作中能够自由表达自我的人，是那些确实拥有自己的工作所使用的财产的人，或是那些不需要财产权便具有工作自由的人，这样说具有相当的真实性。查尔斯·佩吉写道："那些没有钱的人消极怠工，懒洋洋地工作；而那些有钱的人同样懒洋洋地工作，只是以一种相反的、迥然不同的懒散，一种极尽奢华般的懒散。这样一来，文化便缺少了赖以渗透的介质。在所有的古代社会里，生产者和购买者都一样了解和热爱文化，而现在这种奇迹般的统一的真实性早已不复存在。"

人与产品和工作过程的客观的异化，是由现代资本主义的法律构架和现代社会的劳动分工决定的。工人不占有产品或其生产工具。在劳动合同中，他向其他权势者出卖自己的时间、精力和技术。为了理解自我异化，我们不必接受形而上学的观点，认为工作活动是人的自我的最重要的表达。在所有涉及人格市场的工作中，一如我们所看到的那样，一个人的人格和他的个人素质成了生产手段的一部分。在这一意义上，一个人使其个人的内在特点和性格倾向工具化和外在化了。在某些白领领域中，人格市场的兴起已经使自我和社会的异化达到了无以复加的程度。

19 世纪中叶，为小企业家说话的索罗曾公开反对"劳动分工，因为它不单将工作区分开来，还将工人区分开来，把他们从人还原到操作工，它以大多数人为代价养肥了极少数人”。F. O. 马西森写道：“它摧毁了他的（索洛的）农耕社会的潜在平衡，而农耕社会的主要理想之一就是劳动和文化的统一。”

当然，劳动的具体分工意味着个人不再担负着直到终端产品完成的整个工作过程；但是它也意味着在许多现代条件下，这一过程本身对某个劳动者本身说来是不可见的。作为其工作目标的产品，无论在法
226 律上还是在心理上都和他分离开来了，而且这一分离还切断了这一工作原本可能从其技术过程获得意义的神经。毋庸说雇佣劳动者和低级白领的工作了，即使在专业性白领工作的水平上，发展和运用个人理性的机会也常常被决策的集中化和科层制度需要的正规理性摧毁了。由此，现代工作组织所形成的剥夺远远超过了对所有权的剥夺，工作及其对工作过程的全面观察和了解中所具有的那种理性本身也难以幸免。个人不再能够自由地规划自己的工作，更遑论修改他所从属的规划，在相当大的程度上他是受制于他人的管理和操纵的。

世界市场，这种马克思所说的凌驾于人之上的异化力量，在许多领域已经被科层化的企业所取代。不是这样的市场，而是集中化的行政决策决定着人们何时工作以及以何种速度工作。然而，人们工作得越多越努力，他们制造出来的作为异化力量支配其工作的商品也就越多；同理，白领人士工作得越多越努力，他建构的外在于他的企业就越多，就像我们已经看到的那样，到适当的时候，这企业就会成为一个偶像并由此间接地合法化。企业并不是大人物们的制度化的化身，就像在旧式的工业巨头支配下的那样；它也不是人们在工作中自我实现的工具，就像在小生产时代那样。企业是非人格化和异化的代名词，对企业的给予越多，对人的给予就越少。

随着人们劳动的工具为机器所取代，人也与自身的智力潜能和工作面貌日益疏离；因为单位生产率不断提高、成本不断降低，每一个个人都惯例化了。总的时间单位和意义也发生了改变；马克思写道，人的“生命时间”转变成了“工作时间”。通过使每个人去适应专门的任务和

工作，劳动分工“打下了使人专业化和分工化的无所不包制度的基础，在以牺牲一个人的其他能力为代价的前提下，使其某一单项能力获得了发展，以致亚当·斯密的老师A.弗格森惊呼，‘我们缔造了一个赫洛特式的民族，同时失去了自由的公民’”。*

办公机器和销售手段的应用，使办公室和卖场实现了机械化，这是白领工人工作的两个主要场所。自从1920年代以来，机械化促进了白 227
领劳动者的分工和人事重组，并降低了技能水平。经过细致分工的组织中的常规操作已经取代了彼此相熟的小组中的工作乐趣。即使在管理和专业的层次，理性化的科层组织的成长也已使工作更像工厂里的生产了。管理官员在持续不断地推进这一切趋势：机械化，更细致的劳动分工，以及使用低技能的、便宜的工人等等。

在早期阶段，一种新的劳动分工可以使人以这样一种方式专业化，从而提高他的技术水平；但是到了后期，尤其当全部操作都实现了分工和机械化之后，这种分工促进了某些才能的发展，但它是以另一些才能的牺牲和全部才能的狭隘化为代价的。而当分工进一步处于机械化和集中化管理的控制之下时，它便再度使人像机器人一样均质化了。现在出现的是少数专家和大批机器人一样的人；这两者经权威的整合，使之互相依赖并各自恪守其本分。这样，在劳动分工中，开放性的发展和技术的自由发挥便受到了控制和扼杀。

当下，现代工作的异化状况不仅涉及雇佣劳动者，也包括了薪金雇员。除了重体力劳动者以外（它在雇佣劳动者中的分量也在不断减弱），很少有什么（如果有的话）雇佣劳动者的特征是与白领工作者毫不相干的。在这里，人类的个体才能，从体格特征到心理倾向，都成了管理者的职能化理性核算的单位。无论在办公室还是在卖场中，手工艺者的工作特点已经难觅踪迹；此外，同雇佣劳动的异化状况相比，白领工作所独有的某些特征——如人格市场等——早已有过之而无不及。

---

* 赫洛特(Helots)，古代斯巴达的奴隶。

然而，正如亨利·德·曼指出的那样，我们无法假定，雇员们对手工艺的工作理想和他们自己的工作经验作过比较。我们无法将手工艺人的理想形象和自动生产线上工人的理想形象加以比较，也无法在此基础上概括自动生产线上工人的任何心理状况。我们无法将老式商铺
228 帮工的心理状况和现代女售货员的心理状况加以成功的比较，同样也无法将老式簿记员的心理状况和 IMB 设备操作工的心理状况加以成功的比较。因为现代雇佣劳动者或白领雇员都没有思考过手工艺人和老式办公室的历史性毁灭；前者很少将后者的消失视为一种危机，如果在他们的上一代人的生涯中，即他们的父亲、母亲曾从事过手工业职业的话，这倒有可能形成危机——但是，统计表明，他们又很少这样。这是一个缓慢的历史事实，在它产生任何戏剧性的结果之前便已消逝，而且也没有给现今的一代留下什么心理影响。只有凭借历史学家的心理学想象才有可能做出这种比较，好像它们确实具有心理上的重要性。现代雇员只有在其生命历程中体验过从一种条件向另一条件的转变，或者将手工艺生涯视为一种理想的工作模式，手工艺生涯才会立即成为他们意识的组成部分；但是，他们既没有经历过上述转变，也没有将手工艺生涯视为自己理想的工作模式。

但是，如果白领人士从事的工作和其最终的产品之间没有什么联系，如果工作和他们生活的其余部分也没有什么内在的联系，那他们就必须接受他们的工作本身是没有意义的现实，多多少少带着某种怨气去从事自己的工作，到其他地方去寻找生活的意义。他们的工作，就像我们生活中的一切那样，可以切实地用亨利·柏格森的话表述为："在大部分时间里，我们是生活在自身之外的，除了我们自己的幽灵、毫无色彩的身影外，很难感受到自身的存在。……因此，我们是为外部世界而不是为自己活着的；我们说话，但没有思考；我们受人驱使而行动，但却缺少特立独行。自由自在地行动才能重新拥有自我……"

如果白领人士不能自由地控制自己的工作行为，他们就会最终习惯于服从他人的指令，如果他们试图自由地行动，也只能在其他领域寻

找这种机会。如果他们没有从工作中学会这一切，或者没有发展自己这样做的能力，他们就会最终放弃尝试，甚至在其他领域也往往不会有自我发展的兴趣。他们的工作和游戏、他们的工作和文化之间如果存在裂隙，他们就会将这种裂隙视为一种常识性的存在事实。如果他们的谋生手段还未侵入其生活模式之中，他们就会尝试着在工作之外建构真正的生活。工作就成了一种时间的牺牲，这对在工作之外建构生活是必需的。

4. 接受的构架 229

实际上，当今所有的工作体验下面都潜藏着一种宿命的感觉，即工作本身是不愉快的。一种工作，或某种特定的工作，都是和当今工作世界的另一种或经验过的或想象的工作相比照的；但是很少有人将工作世界中目前的组织方式和某种其他组织方式进行过比较；同理，工作的满足也只能通过与从事其他工作获得的满足相比较而感受到。

美国的白领阶层究竟有多少人"满意"自己的工作尚不得而知；而更重要的是，我们不知道对他们而言满意意味着什么。但是，我们有可能对这些问题进行充分的推测。

虽然少不了有些粗糙，我们确实对某些与现今工作感受有关的问题有所了解。正像在几乎所有的领域中一样，当在全国范围内从事跨阶层的调查时，文职和销售雇员等白领人士对那些弹性很大的问题的回答总是处于中间状态的。他们的观点接近全国的平均水平（64%的人承认，他们的工作有意思，并且"总是"非常愉快），而专业人员和经理阶层认为工作有趣和愉快的较多（85%），但是工厂工人这样想的却较少（41%）。

在白领阶层中，工作满意度似乎是循着等级水平的不同而变化的；比如，在一项研究中，总体上感到满意的人依次为：专业人员 86%，管理人员74%，以及商业雇员42%。它和雇佣劳动者的技术水平也有类似的关系：感到满意的技术工人为56%，半技术工人则为48%。

这些数字告诉我们的东西极其有限，因为我们不知道这些问题对于回答问题的人来说意味着什么，也不知道这些问题对不同的阶层来说意义是否相同。但是，满意度和收入是有关联的，如果我们进行测量的话，还可发现它和地位以及权力也有关联。这类问题所测量的可能是对与其他人有关的个人地位的消极判断。就这种比较而言，我们必须对工作的各个方面深入了解。

230 在现代条件下，工作的直接的技术过程对雇员大众的意义一直在下降，但包括收入、权力和地位等在内的工作的其他方面的意义却凸现出来。除了所涉及的技术性操作和技术之外，工作是收入的来源；报酬的数量、水平、可靠性以及一个人的收入历史从来就是工作意义的组成部分。工作也是获取一个人在工作场所和普通社区中地位的一种手段。不同种类的工作和不同的职业水准赋予人们不同的地位价值。这些同样也是工作的一部分意义。工作还会带来各种操纵材料、工具和机器的权力，但最关键的还是操纵他人的权力。

Ⅰ．收入：就工作而言，经济动机现在是其唯一坚实的理性基础。虽然肯定存在与工作相关的其他满足与怨愤，但它现在却没有其他合法的象征。劳动分工和许多工作领域的惯例将工作还原为一种商品，金钱则成了其唯一的共同标准。对那些无法从自己的工作中获得技术满足的工人来说，其所有的一切只是工作的市场价值。在美国，工会这一唯一重要的职业运动，对异化的工作具有一种纯粹简单的观念：工作少之愈少，金钱多之愈多。当然，还会有其他要求，但它们可能只是一种“修饰”，以降低对金钱的进一步要求。对金钱的切实关注是工作逐渐缺乏内在意义的表现之一。

对工作的最为基本的现代态度似乎是某种模糊的感觉，即“一个人应该自食其力”，这是一种顺应世俗惯例的新教潜流。正如一位关于工作问题的心理学家 H. A. 奥弗斯特里特谈到萧条时所说，“当工作失去之时，我们就会明白其悲剧远远大于经济范畴，它是心理的，因为它击中了我们人格的要害之处。它剥夺了本应属于我们每个自尊的人所应有的一切”。但是，对失业或不充分就业的恐惧，也就是收入的安全性对人们说来则更为重要。对疾病、事故及年老的潜在忧虑一定会推动对工作的渴望，而满足则可能奠基于通过努力工作来释放忧虑的冲动之上。当焦灼不安的失业者随处可见之时，无所不在的失业或对失业 231
的恐惧，甚至会使一名在职的雇员对任何工作都满怀谢意，并对从事任何工作都心满意足。如果满足有赖于相对的地位，那在这里就存在某个可以提高满意度的招人怨恨的因素。正是通过这种常规和恐惧的基调——它们是围绕着作为收入来源的工作形成的，其他工作动机和满意因素才能够存在。

Ⅱ. 地位：收入和收入的安全性引发了其他的一些东西，地位就位于其间。随着技术满意度的下降，雇员常常会试图将这种意义视为在劳动中发现的工作的其他特征。工作的满意度常常有赖于来自工作关系的地位的满意度。作为一种在与其他人的关系中扮演的社会角色，劳动在工作之中可以成为在同事、上级、下属、雇主以及其他人那里获得自尊的来源；在工作之外同样可以成为在朋友、家庭和整个社区中获得自尊的来源。从事一种而不是另一种工作，以及敏捷而得心应手地完成一个人的工作也可能成为自尊的来源。对城市中孤独的男男女女来说，单单是在工作场合与人打交道这一事实本身就可能成为一个积极的事件。甚至在大型企业中匿名的工作接触也可能会获得那些受到家庭和邻里过于紧密的纠缠的人们的高度评价。在大城市的市中心或小城镇的中心工作可以产生一种满足感；一种附属于某些企业的荣耀感。

满意或屈辱的最常见的主要来源正是与既定的技术和收入水平相关的地位。一种具体的劳动分工所具有的心理影响取决于这位工人是否会降级，也取决于他的同事是否也会降级。技术的自豪感与他过去使用的技术相关，也与其他人使用的技术相关；进一步它因此还和那些一言九鼎的人对其技术的评价相关。同样，他获得的金钱数量也可以被雇员和其他人视为其价值的最好量度。

当这些关系日益“客观化”从而不需要密切的了解时，情况更可能
232 是这样。因为那时可能会担忧要保密挣钱的数量，甚至还会暗示别人某人挣的钱更多。埃里克·恩格尔哈德问道：“谁挣的钱最多呢？这是一个重要的问题，它是一切差别的标尺，也是有产阶级的标准。我们不希望表明我们是怎样工作的，因为在大多数情况下，别人都会很快识破我们的伎俩。这就解释了所有的夸耀。当一个雇员只有三封信要写时，他会大声嚷嚷：‘这是我必须干的活！’……可以认为这种夸耀受到了这样一种动力的驱使，它使某些人将自己的工作和其智力水平相比时，往往会低估前者；但将自己的工作和他人的工作相比时，又会高估前者。”

Ⅲ. 权力：个人对工作的技术层面的权力首先受到了市场的发展的剥夺；其次受到了工作领域的科层化的剥夺。前者决定了一个人如何及何时工作，后者则使工作过程服从于规范。由于这样两种异化力量，使得个人丧失了对自己的工作生活加以技术运作的权力。

但是，对他人的控制权力的行使却十分精到。就现代工作组织来说，其规模是巨大的，它们是一个权力的等级体系，林林总总的职业对应其间。一个人既发布命令同时也接受命令这一事实，并不必然会降低他通过在工作中行使权力而获得的积极满足。

作为工作满意的特征，地位和权力常常会被混淆；自尊可能奠基于工作过程中行使的社会权力之上；战胜他人的意志可能会大大地扩展一个人的自我评价。但是完全相反的现象也是可能的：在工作中屈人之下也可能给有些人带来满足，这几乎是一种受虐狂式的满足。我们已经看到，在权力体系中地位较低的女办公室人员是怎样希望认同于

身居高位的男人的，她们从先前的家庭关系或规划中转移到未来的家庭关系中去。

为了理解工作的意义及其满足的来源，必须考虑到职业的所有四个方面——技术、权力、收入和地位。它们中的任何一个都可能成为工作的重中之重，而在它们的林林总总的组合中，每一种因素通常都会在 233
雇员的意识中获得反映。为了获取和行使高收入所需要的权力和地位，可能就要充分界定工作中的满足，不过这种满足可能与作为人类活动的内在需要和充分发展的手工艺经验是毫不相干的。

5. 愉悦的机器人士气

组织现代工作的各种制度既是潮流使然——许多小的计划累加在一起造成了不可预见的结果，也是计划使然——按照预期付出了诸多努力。首先，个人与其产品和工作过程的疏离是现代资本主义大潮的自然结果。接着，弗雷德里克·泰勒和其他科学管理人员又将劳动分工提高到了计划管理的层面。通过集中计划，以及导入进一步的技术分工，他们使工作更加常规化；通过在工厂和办公室中有意识地顺应这一潮流，他们进一步推进了资本主义的某些效率特征。

20 年前，一位考察美国工业的名叫 H. 杜布吕尔的外国观察家写道，当泰勒逐步接近"蕴含在工人灵魂之中的内在力量"时，他的"不足"便暴露无遗。现在，早已今非昔比。新的(社会)科学管理恰恰始于泰勒止步或不完善之处；"工业中的人际关系"的研究者们关心的并不是窗明几净的盥洗室，而是社会群体和良好的士气。就高效平稳的生产所涉及的人的因素来说，管理官员必须将他们置于自己的掌控之下。因此，在工厂和办公室中，逐步受到管理的这一世界包括了社会环境、人事和工人的人格。

管理人员努力去提高工作的热情，反映了雇员们并不情愿自发地去从事那些日复一日的工作；它表明，人们已经认识到工人们缺乏为了遥遥无期的目的去工作的自发性；它也表明，当获得技术和社会等级的
234 机会十分鲜见时，你就无法使雇员们感到幸福。这就是新教的工作伦理被人事部门创造士气的有意识努力所替代的主要原因。但是，除了诸多现代工作的无意义特性外，目前对雇员士气和工作热情的关注还有其他原因。它也是对美国社会尤其是高层商业圈子里的若干决定性变化的某种反应：这些变化包括现代商业的巨大规模和复杂性；它的十分广泛而集中的权力；在过去十多年里成功地赢得工人忠诚的机构——工会——的兴起，它们不可避免地会对与工作相关的权力高度关注；在政治上成功的新政掌控之下的自由的行政政府权力的扩大；以及大萧条时期工商界中弥漫的敌对气氛。

上述发展导致了部分实业界人士的观点转变，在《新权贵》(*The New Men of Power*)一书中，我将其称之为从实际的保守主义向成熟的保守主义的转变。寻求新的正当性的需要，加之扩大了的权力还未获得广泛的认可的事实，在见多识广的实业界发言人中引发了寻求更具说服力的正当性象征的需求，他们感到自己待在一个孤零零的小岛上，四周是由没有财产的雇员的政治敌视所组成的汪洋大海。有关“工业中的人际关系”的研究就是这一寻求的一种意识形态组成。经理们所以会对这一研究感兴趣，其原因就在于他们希望降低生产成本，冲淡他们所在工厂的紧张，并找到新的象征以证明他们在现代社会中行使的高度集中的权力是正当的。

为了确保和提高人们的工作愿望，就需要一种新的伦理，它能够赋予工作的不单单是一种经济激励。战时，经理们求助于民族主义；他们的求助借助的是企业、办公室或工厂的名义，欲图使工人对工作地点和工具产生灵性的认同，从而加强他们与公司的认同。他们一遍遍写道：“工作热情是好事”；“工作热情是美国之路的标志”。但是他们仍然没有找到一种真正健全的意识形态。

他们追求的是“蕴藏于雇员之中的某种东西”，它体现在一种“必须

准确投递信件”的态度中，体现在“这是‘我们’的态度”中，体现在“自律的原则”中，也体现在“雇员的微笑和欢乐”中。例如，他们希望向银行 235
雇员挑明，“他们之于银行的重要性，以及银行之于整个经济的重要性”。在管理协会的会议上(1947 年)能够听到：“人体还有这样一种奇妙之处。将小玻璃瓶中的化学物质稍稍改变一下，你就有了一个忠诚之士。他喜欢你，而当不幸发生时他会为你和公司担当很多，因为你一直对他很好；你已经改变了他的血液结构。你必须向他的工作和环境投入某种能够改变激发行动的化学成分的东西，以致他变得既忠诚又能干……我手下的一些人不知道为什么，但是……当他们被问及在那里工作以及为什么在那里工作时，他们会说，‘我在这家公司工作。我喜欢在这里工作，我的老板确实是一个可以共事的人’。”

“工业中的人际关系”的全新意识形态所包含的总体设想就是为了实现这样的效果：要使工人愉快、有效率并善于合作，你就必须使经理们聪明、明理、知识广博。这是在工程师们伪装客观的语言掩饰下道出的一位管理精英的观点。它建议人事经理放下他们的权威身架，通过更好地理解雇员来拓宽对他们的操控，消解他们为反对管理而组成的非正式团结，并利用这种团结实现更加平稳和更少麻烦的管理目标。

目前为了激发工作热情、为了理解马克思对蒲鲁东的批判而进行的种种管理尝试，都是在工作异化的范围里克服工作异化的尝试。与此同时，异化的人不论从工作中获得怎样的满足，它也总是发生在异化的前提下；而他们不论从生活中获得怎样的满足，它却发生在工作的范围之外；在这里，工作和生活是截然分开的。

6. 巨大的裂隙

仅仅在过去半个世纪里，闲暇才成为大城市里劳累不堪的芸芸众生得以普遍享受的东西。在此之前，闲暇仅仅属于那些经过社会训练

236 来利用和享用它的少数人；其他人则被置于感觉、趣味和情感的较为低劣的层面上。随后，随着越来越多的人赢得了闲暇，就像原先在工作领域中一样，大规模生产技术也被引进到娱乐领域之中。当代美国社会生活最为显著也最为疯狂的特点之一，就是它的大规模闲暇活动。所有这些活动最重要的特点是，它们使人惊奇、兴奋、疯狂，但是它们并不能培育人的理性和感情，也不会允许自发的情绪获得创造性的宣泄。

向大规模闲暇转变的心理重要性在于，老式中产阶级的工作伦理——工作主义——已经被雇员社会的闲暇伦理所取代了，这一取代涉及工作和闲暇间明显的几乎是彻底的分裂。现在，连工作本身也要依据闲暇的价值来判定。闲暇的范围提供了评判工作的标准；它导致工作具有了一些似乎其原本就具有的意义。

工作中出现的异化意味着一个人生命中最活跃的时光被贡献给了挣钱“生活”。异化意味着无趣，意味着在潜在的创造性努力和人格的生产性层面上的挫折。它意味着，人们必须在工作之外寻找对他们来说有价值的东西，同时在工作中又必须十分严肃：不能欢笑，不能唱歌，甚至不能交谈，他们必须循规蹈矩，不能冒犯“企业”这个偶像。简言之，他们必须严肃地和始终如一地对待那些对他们来说毫无意义的东西，而且还是在他们的一天中甚至生命中的最好时光里如此行事。如此，闲暇时光便因此具有了从工作的专制性严肃中解脱出来的轻松的自由感。

工作和闲暇的分离，以及闲暇在现代人的奋斗意识中具有的较强的重要性，贯穿于 20 世纪美国的全部经纬之中，它影响到人们对工作的有意义的体验，并确立了大众的目标和幻想。正如利奥·洛温塔尔所说，在过去 40 多年的时间里，随着“工作偶像”的衰落，“闲暇偶像”已经升起。今天，出现在大众杂志通俗传记榜上的英雄已经从实业、专业
237 和政治人物——生产领域的成功人士——转向了娱乐、闲暇和消费领域中的佼佼者。工业巨头和政治人物已经被电影明星和棒球手取而代之。如今，公众偶像所展示出的特点“完全可以概括为消费者这样一个

概念”。而反思、想象、梦想和希冀的能力，就其现实而言，现在已经无法落入具体和实际的工作经验之中了。

工作和生活的其他部分相脱节，尤其和有意识的享受相脱节；然而不论如何，大多数的男人和许多女人却必须工作。如此，工作成了通往闲暇领域中遥远目标的令人不满的手段。工作的必要性及其异化使其变得枯燥乏味，越是枯燥乏味，就越需要在现代闲暇所赋予的欢乐和梦幻模式中找到解脱。闲暇包括了梦想着并实际追逐着的所有美好事物和目标。R. H. 托尼说得好，生活中最让人心烦的是在哪工作和何时工作，而最令人兴奋的则是在哪消费和何时消费。

为了用钱买回每夜和周末的“快乐”，人们每一天都在一小块一小块地出售自己。凭借娱乐、爱情、电影，以及替代性的亲切感，人们可以使自己再度成为某种形式的完人，但现在他们已经面目全非。这样，工作和闲暇的循环便产生了两种截然相反的自我形象：以工作为基础的日常形象，以及以闲暇为基础的假日形象。假日形象常常具有浓郁的渴望和梦想特征，而且毫无疑问是通过大众媒介的人物和故事塑造出来的。司各特·菲茨杰拉德写道：“周末的节律，它的开场，它的策划周密的欢乐场景，以及众所周知的谢幕，与生活的节律相呼应，并成为它的一种替代。”和忙碌的一周迥然不同的周末，使男男女女们能够摆脱日常工作生活中那种灰暗的基调，并形成了一种能够与工作生活相对照的标准。

随着工作领域意义的丧失，它对生活已经无法给予内在的指导并决定其节律，社区和亲属圈子作为“定位人们于社会之中”的手段的作用也同样降低了。在旧有的手工艺模式中，工作领域和家庭是相互契合的；在工业革命之前，家庭就是工作坊。今天，仅仅在某些小资产阶级家庭中还能见到这种模式，而且它也常常被年轻人视为一种压抑。 238
劳动分工的成就之一就是它将养家糊口的人拖出了家庭，使工作生活和家庭生活一分为二。这通常意味着工作成了维持家庭的手段，而家庭则成了使劳动者获得调整重返工作岗位的手段。但是，随着家作为心理生活中心的地位下降，以及工时的缩短，闲暇与娱乐领域取代了家的职能。

人们生活的框架不再受制于传统的制度。作为一种生活框架，大众传播取代了传统。如此随波逐流，大城市的人在竞技体育、大众媒介的偶像以及其他娱乐机器中找到了新的寄托。

就这样，闲暇领域——以及现时组建起来的那架娱乐机器——就成了影响性格塑造和认同模式的核心因素：这就是人们相互间的共性所在；这是一种经久不衰的兴趣。亨利·杜兰特评论道，这架娱乐机器将人们的注意力和欲望集中到了“我们生活中与工作不沾边的那些方面，集中到了那些不是凭借成就而是凭借金钱和闲暇而闻名遐迩的人身上”。

空虚者的娱乐奠基于他们自身的空虚和无法填补空虚；这种娱乐并不能够像老式中产阶级的娱乐和欢宴那样，使人们趋于平静和放松；它也不能像手工艺者的生活模式那样，重新孕育出人们的工作自觉性。他们通过闲暇来摆脱工作中永无休止的折磨，凭借消极的奢侈享受和尖叫销蚀生活的枯燥。对现代人而言，闲暇是花钱的手段，一如工作则是挣钱的手段。当二者狭路相逢之时，闲暇轻而易举地赢得了胜利。

第十一章

地位恐慌

声望至少与两个人有关:一个要求声望;另一个承认声望。各色人等赖以提出声望要求的基础,以及他人承认其声望的原因不胜枚举,包括财产、门第、职业、教育、收入、权力——事实上包括几乎一切能将人们相区分的因素。在某一社会的地位系统中,上述要求构成了各种准则和期望,它们控制着谁能成功地获得声望,向谁要求声望,以何种方式,以及凭借的依据。既定的个体享有的自尊程度或多或少是由这一地位系统决定的。

声望要求获得承认的程度,以及承认这些声望的人可能大不相同。一个人向他人要求声望,一部分人会承认他的要求,另一部分则可能不会;有些尊敬可能出于由衷的敬重之情,另一些则是因为另有他图而表现出的万全之策。事实上,一个社会可以包含许许多多的声望等级体系,其每一个都有自己特定的使他人尊敬的基础和范围;也可能它只有一个等级体系,其间的每一个人无一例外都“知道自己的地位所在”,并且永远不会改变。在后一种社会中,不同的声望群体最有可能始终不变并持之以恒。

设想存在着一个每个人的声望都被严格限定、明白无误的社会:每个人对声望的要求与他人给予的声望相吻合;而且,无论是他表达的对声望的要求，还是这些要求获得他人承认的方式都受到约定俗成的规则的制约。进一步，提出声望要求的依据和此要求获得承认的原因相
240 吻合：那些依据特定的财产或门第而提出声望要求的人会因为其财产或门第而获得承认。如此，任何两个人间可预期的尊敬的程度和类型都总是已知的、可预料的和既定的；而每个人自尊的水平和类型也是其个人内心生活的稳定特征。

再设想另一种对立的社会，在这种社会里声望极度不稳定并且含糊不清：个人对声望的要求常常获得不了他人的承认，其所表达声望要求的方式不为他期待给予尊敬的人所理解或认可；并且，当他人确实表达敬意时，又表达得十分含糊。有人凭收入而要求尊敬，但是即使他获得尊敬可能也不是因为收入，而是因为其他原因，比如说教育或容貌。控制尊敬程度和类型的所有手法互不关联，或干脆不存在。如此，声望体系不成其为体系，它不过是一条布满了误会、意外的挫折或放纵的迷津。个体，比如说其自尊的波动，总处在压力之中，充满了忧虑。

20 世纪中叶的美国社会与上述两种设想绝对不符，不过，它似乎更接近那种不稳定和模糊的模式。这不是说美国没有声望体系；既定的职业层次，无论其地位如何矛盾，总是享有一定的声望。但是，需要指出的是，享有的声望常常要受到干扰，并总令人担忧；而声望的基础、声望要求的表达方式和承认方式现在都面临着很大的压力，这使得世间的男男女女们常常处在一种实际的地位恐慌之中。

1. 白领的声望

白领雇员的声望状况一向是能否将其视为一个阶层的争论最多的要点之一，也是那些想把他们置于现代社会结构之中的人反复辩解的主要问题。虽然只从某个侧面来进行分层远远不够，但白领雇员已经成功获得的社会尊重却的确是界定他们的最重要的特征之一。事实

上，常常可以将白领阶级的心理学理解为追求声望的心理学。将此视为他们的象征性特点，很可能反映着一种我们赞赏的努力，即克服那种单一的社会分层的经济学观点；它也可能反映着一种我们反对的愿望，即用一句口号就能够概括一群人的特征。 241

白领人士对声望的要求，一如他们的名称体现的那样，是通过其外表的风格体现的。他们的职业允许也要求他们在工作中穿上街时穿的服装，虽然其职业可能期待他们上班时穿得稍稍严肃一些，但他们的工作服装毕竟不是制服，或者说与适于上街穿的服装区别不大。时装的标准化和批量生产已经消除了许多直到 20 世纪还举足轻重的服饰差异，但它没能消灭白领与雇佣劳动者的区别。雇佣劳动者在工余之时也许穿戴整齐，但白领工人即便在工作时也是一样。雇佣劳动者和白领人士的服饰开支揭示出这种差别，而这又以女性最为突出。同相同收入的雇佣女工相比，自青春期后期起，女职员们的服装开支要远远胜出；男性也是如此，虽然差别不那么大。

雇员们的阶级状况取决于他们在劳动力市场上的机遇；他们的地位状况则取决于其在商品市场上的机遇。提出声望要求的依据是消费；但是，既然消费受制于收入，阶级状况和地位状况就会相互交叉。在这里，就白领阶层体现的穿着方式和生活方式而言，服装的开支只是一个指标，虽然是一个非常重要的指标。

对声望的要求，无论怎样表达，都必须得到他人的认可；并且，最终必须或多或少地具有公认的基础，这是将某一社会阶层与其他阶层相区别的前提。当然，任何阶层的声望都奠基于与其他阶层之间相互认可的关系之上。埃米尔·莱德勒在 1912 年写道，白领人士处于独立雇主和雇佣劳动者之间的“中间状态”，“这样一种消极的特点——而不是 242
一种确定的技术性功能，建构了工薪雇员的社会标志，同时在其自我意识和社区评价的基础上确立了他们的社会性格”。*

工薪雇员一直和企业主有瓜葛，后来又和管理集团的上层有了联系，他们从这两部分人身上借用声望。19世纪后半叶，领班、店员和办公室文员普遍被视为(他们自己也认为)老式中产阶级人士的徒弟或助手。怀着有朝一日跻身中产阶级行列的希望，他们能够向其为之工作的、有紧密常常又是私人联系的人们借用声望。白领人士和老式中产阶级成员通婚，参与共同的社会活动；在很多场合，白领工薪人士在公众面前代表着企业主，他们和企业主一样从同样的社会阶层中——主要是老式农村中产阶级——招募新的成员。门第、关系与期待，所有这些使得早期的工薪雇员借用老式中产阶级的地位成为可能。

今天，在大城市和小城镇里，白领员工继续在借用这类声望。确实，在大康采恩中，与老式中产阶级企业主间的私人关系已经被与新的低层管理人员间的非人格化关系所取代。所有的白领人士还不都缺乏与雇主间的私人交往；并非所有的人都是通过大规模的公开招聘雇来的，在许多地方这种招聘还只是未来的模式而非今日的现实。白领人士赖以兑现声望要求的一般声誉源自今日之现实。而且，即使在等级森严的大机构中，同工厂工人相比，白领人士也往往和上层人士有更多的联系，他们的感觉也是如此。

“车间”和“办公楼”之间在声望方面的差异，似乎常常与大多办公室工作的低收入、琐碎性和车间工作的高收入、技术性没有什么关系。
243 因为行政指令和薪水支票来自办公室，并且和办公室联系在一起，因此，与其有某种关联的人，也就获得了某种在雇佣劳动者生活中也起作用的声望。白领人士向各种高级因素借用地位的倾向非常突出，以致在所有的社会交往和工作地点的特征中都能见到这一现象。

---

* 根据最近一项全国性民意研究的评估——量表范围从得分为90.8的政府官员、得分为80.6的专业和半专业人士(包括自由职业和薪水阶层)，直到得分为45.8的非农业劳工——“职员、推销员和其他类似职业的工作人员”得分为68.2，大约与“工匠、领班及其他类似职业的工作人员”相等。

就像我们已经看到的那样，百货商店的售货员频繁地欲图通过和顾客的接触来借用声望（虽然经常并不成功），并在同事和工作以外的朋友间兑换这种声望。在纽约第 34 大街工作的姑娘，其声望就不如在第 5 大街或第 57 大街工作的姑娘。一位观察家写道：“邦维特·泰勒(Bonwit Teller)商店的女售货员……其举手投足和自我感觉都和梅西(Macy)商店的不一样。她更优雅、更乐于助人、更加妩媚……但是，她同时也更加清高，更令人无法接近，具有与众不同的神情，这一些都意味着：‘我比你更加举足轻重，因为我的顾客来自派克大街。’”

通常情况下，我们还可以从百货商店售货员经手的商品了解他们的声望，商品的档次依特定购买者的“身价”而定。声望可以直接从商品本身借用，虽然更为可能的是向某类顾客借用。

如果白领与管理者和上司、顾客或主顾间的关系具有了极其严格的非人格性，就会限制声望的借用。此时，更为常见的是向商号或公司本身借用声望。像经理们一样，白领雇员们也都崇拜自己的公司，认同自己的商号。当作为一整套活动的工作本身并不能为外部声望要求和内在个人自尊提供较多的机会时，这种认同便更为加强。如此，一个人的工作便为公司的名誉所遮蔽。打字员或女售货员并不根据自己干什么来打量自己，而是想到自己“在塞克斯上班”或“在《时代周刊》工作”。在无线电城一间用铬金和红木装饰起来的办公室里工作的周薪 38 美元的职员，比受雇于第 7 大街狭小肮脏的办公室的周薪 50 美元的速记员，常常更易提出较高的声望要求。诸如“位于洛克菲勒中心富丽堂皇 244
的办公室”、“全国性的大公司”、“办公室坐落于帝国大厦第 32 层”之类的招聘广告，诉诸的正是办公室职员对地位的追求。这些职位通常都容易找到人，这倒不是因为薪水高、提升快，而是因为公司的声望或地理位置。

在与一个公司取得认同时，年轻的经理有时能够将自己的职业期望同公司联系起来，这等于将公司的未来视为自己的未来。但是职位越低，这种认同就越与安全感和声望有关，而与对成功的期望无关。当然，在任何一种情况下，这种感情都可以被用于培养对公司商业的忠诚。

在非人格化的白领等级系统中，雇员们经常企图使周围环境个性化，以便与之取得更密切的认同，并从中获取声望。在人事档案中，有许多为某种重要意义而动感情的事例——比如，某个小姐的椅子被拿走了，换给她的是一张对她的工作更为便利的椅子，但她的效率降低了。当问及其原因时，她反问道："你们干吗找我的茬？"她还解释说，这把旧椅子她已经用了五年，上面还有她的金属铭牌。当把铭牌摘下换到新椅子上后，事情解释清楚了，她的态度也就改变了，工作效率也复归正常。对办公室中桌子的排列也进行过类似的观察，管理部门不知道原有的排列是有尊卑秩序的。同男性相比，女性可能更敏感于这类声望借用。许多求职妇女的首要考虑都与"办公室环境"、设备的状况、工作地点的外观、在那里工作的"人的层次级别"有关，薪水的定期升级和起薪数目则位居上述考虑之后。当然，这些声望问题常常和能够在婚姻市场上找到更理想的男子的期望有关，然而，地位环境的物质性标志本身对白领的重要性也是不言自明的。

同雇佣劳动相比，白领工作需要的是脑力而不是体力，这一直是声
245 望要求的一个标准的、历史性的依据。正如我们看到的那样，办公室中白领的技术设备及社会理性化已经大大缩小了白领工作与工厂工作的技术差异。现在，许多白领人士也在以与轻工业相似的速度和条件操纵轻型机器，尽管他们此时穿着上街的装束而不是工作服。不过，操作的多样性和自主性的程度仍被视为获得白领声望的基础。事实也是这样，在成千上万间办公室和营业厅里，接待员、女售货员、秘书长，甚至包括打字员，似乎都是以自己的节律并按照自己的决定来完成各式各样的操作的。

掌握白领的技能所需要的时间和怎样学会这些技能，是白领人士声望的一个重要依据，尽管随着白领工作的理性化程度的提高，掌握必

要技能所需要的时间已经大为减少。根据通常的估计，现在大约80%的工作人员上手工作时间不会超过三个月。伴随着工作过程的理性化，一个具有高度技能的专家阶层已经出现。在全社会范围内，这一阶层一般都和“白领”工作相联系，而半技术工人则和雇佣劳动相联系，尽管这种看法不乏误解。如此，那些事实上不学无术只会处理日常杂务的白领工人，也会向有技能者借用声望。

也许，比技能的类别更关键的事实是，许多白领职业的技能仍然是在学校而不是在工作中获得的。在学习工作技能方面，有两种途径带来的声望最高，它们一向与许多白领行业联系紧密，但在雇佣劳动者中都已不盛行。师徒相传的方式涉及和企业主或经理阶层的密切联系，在雇佣劳动者中这一方式已销声匿迹，但在白领职业中却相传至今；另外，中学和“职业学校”的正规教育成了典型的白领之路。

从独立的小产业向非独立性职业的转变大大提高了正规教育在决定生活条件中的分量。对新中产阶级而言，教育已经代替了财产成为社会地位的保障。新中产阶级节衣缩食是为了保证孩子能够享有“良好教育”，不像老式中产阶级节衣缩食是为了让孩子能够继承一份赖以谋生的“好财产”。在这里，职业进取心的继承——教育的继承是其条件，取代了财产的继承。 246

为了掌握某些白领技能，需要接受20多年代价昂贵的正规教育；其他一些技能可能一天就能学会，而让没受过多少教育的人掌握这些技能更有效率。有些白领工作不需要文法学校水准以上的人，因为害怕乏味的工作会使人沮丧，不思进取；而另一些工作则非博士莫属。不过，白领世界环绕的教育中心却是高中。

1890年，每100名14～17岁的男女孩子被高中录取的只有7名；1940年，每100名已升至73名。在这50年期间，该年龄段的青少年总数增加了82%，而高中录取的学生数却增加了1 888%。作为美国青年中高中文化最大的储存器的白领人士，平均接受的教育年限达

12.4年，相比之下，自由企业家是8.4年，雇佣劳动者为8.2年。* 在所有职业层次中，白领男女所受的教育都是最好的，除了自由职业者是例外，当然他们在受教育方面居领先地位，平均受教育的年数是16.4年。许多小公司的职员都有一位经验丰富但受教育不多的老板；许多小商店的售货员都受着文化程度不如她们的上司的指手画脚。当然，白领人士的教育水平较高，在某些方面是由于他们年轻；因为年轻，就有更多的机会接受教育。不过，他们也正利用了这一点；因为在白领的金字塔上，受教育是"物有所值"；它是财富的源泉和晋升的阶梯。在这里，"知识"（即使不是权力）已成为声望的某种基础。**

247 即使在今天，从事白领职业的人仍然具有最高的平均教育水准；不过25年前的情况可能比现在好得多；当时白领人士在相当大的范围上垄断了中等和高等教育。再过25年，情况就说不定了；事实上，现在的趋势是，白领员工和雇佣劳动者在教育方面的差距正在不断缩小。

50年前，普通劳工市场几乎全部是清一色的小学毕业生；如今则是高中毕业生；到1950年代初，950万受过大学教育的青年将涌向劳工市场。他们的大多数人将从事白领工作，不过许多人将会发现，常规的白领工作十分缺乏。因为就像H. K. 图特尔为一家办公室管理协会所作的预测那样："受过教育的青年正像潮涌一样进入实业界，但工作的满意程度却大为落后……在不久的将来，我们会看到，饥蝗般的大学生在我们面前接踵而至，而能令人满意的工作又不多，他们将不得不干些只有高中毕业生满意、甚至现在连他们都不满意的工作"。

随着一般教育水平的提高，许多白领职业所需的或恰当的教育水

---

* 各类群体的具体统计分析为（1940年的平均学年数）：农场主，7.6年；商人，9.9年；自由职业者，16.4年；经理，10.8年；工薪职业者，14.9年；售货员，12.1年；办公室工作人员，12.3年；熟练工人，8.5年；半熟练工人，8.4年；非熟练工人，8.2年；农业工人，7.3年。

** 毫无疑问，年轻为白领人士带来了某些声望。首先，以美国人的价值观，如果你年轻，就有望获得更多的成功机会；其次，年轻本身也具备了某种声望，这种声望在广告中一再通过展示模特和对效率的期待广为传播。

平反倒降低了。20年代初期，人事部门说：“我认为，这应该成为我们积极进取的办公科室的一条规矩，即不许那些连起码的高中教育都未受过的人踏进半步。”但是不久之后他们就改口说，受教育太多对许多白领工作未必合适。事实上，受过教育的知识分子在找常规工作时处在不利地位，这样的工作寻找的是不会轻易烦躁因而效率更高的人。一位人事主管说：“你如果想雇2 600名职员，千万别都要大学生。我倒更喜欢那些刚从高中或师范学校出来的小伙子。他们精力旺盛，志向远大，渴望飞黄腾达。在我们的许多岗位上，大学生根本派不上用场。”简言之，教育开始被视为是一种令人烦恼的陷阱。

办公室和商店的理性化损害了奠基于经验和教育的特殊技能。通
过缩短雇员所必需的训练，使得人员替换更加容易；这样削弱的不仅是 248
雇员讨价还价的能力，而且包括了他的声望。向那些教育程度不高的人敞开白领职业的大门，破坏了白领工作的教育声望，因为在任何工作上本来就没有附着什么天生的声望。正如汉斯·斯皮尔所说的那样，从事某项工作的人享有的尊重为工作本身赢得了声望。如果白领人士继续将受教育获得的技能作为外部声望和自尊的基础，他们就将卷入一种不确定的精神生活之中。

在美国，白领人士因为种族原因一直比雇佣劳动者享有更高的声望，不过，在这方面作用更大也更为直接的是国籍因素。

从事白领工作的黑人人数可以忽略不计，不过，尤其自第一次世界大战以来，相当数量的黑人一直在从事非技术和半技术性的工厂工作。新中产阶级中白人的比重高于其他任何职业阶层：1940年，白人占白领总数的99.5%，而只占自由企业主的90%，城镇雇佣劳动者的87%，农业工人的74%。

白领员工和雇佣劳动者在出生地和移民方面的差异很可能构成了白领声望的更为直接的基础。当“种族危险”的论调泛滥时，教科书里有关新移民品质低下的神话也曾广为流传。爱德华·萨弗斯总结道，

1872～1925年间的美国历史学家都带有挑衅地宣称了“盎格鲁-撒克逊”移民具有优越性。作为旧移民中的一群，他们的“移民观在某种程度上反映了这样一种感觉，即新来乍到者无论从意识形态上还是实质上都多少会对他们珍视的一切构成威胁……”大众舆论和学术宣传反映扩展了当地人与移民间的声望差别。

如果“美国人”的群体声望能够通过其土生土长的成员的比例来判定的话，那么白领在所有职业阶层中就是最地道的美国人。1930年，
249 当大规模的移民停止后，新中产阶级中的白人只有9%生于国外，相比之下，在自由企业主中有16%，而在雇佣劳动者中则达21%。不过，既然现在已不存在大规模的移民，那么，不久的将来绝大多数美国人都将和他们的父母一样，成为在美国出生的美国人。时间虽然不会自动消除由出生形成的声望差别，但是对大多数白领工人和雇佣劳动者来说，随着他们国籍差别的逐渐消失，这种可能也不是没有。与此同时，出生地的差别仍将构成不同的白领群体的声望要求依据。

白领雇员的声望要求所赖以存在的那些历史基础，在稳定性和坚固性方面都在逐步削弱：工作操作的理性化与简化本身，使得在获取白领技能方面教育和经验的重要性降低了；白领和雇佣劳动者在收入上的此消彼长，使得他们曾经有过的差异大大消减；随着更多的社会底层的人接受高中教育，白领劳动力市场的规模也在扩大，以致对这些工作所需的正规训练作任何垄断都不太可能；移民人口比例的消减，带来了白领与雇佣劳动者之间出生地方面的差异的缩小；越来越多的白领人士，和雇佣劳动者一道，加入到失业大军的洪流之中；进一步，与白领工人相比，雇佣劳动者通过工会的力量，增加了自己的经济和社会权力。

白领职业的声望降低趋势基于两方面的原因：白领阶层人数的扩大和雇佣劳动者享有的声望上升。如果每个人都隶属于同一群体，这种归属就不会给任何人带来声望。随着白领阶层的扩大，它吸收了更多出身于雇佣劳动者家庭的子弟；况且，迄今为止，白领的声望基于他

们对企业管理人员权威的分享，而因为受到参加工会的雇佣劳动者的成功挑战，这种权威本身在很多方面已经一落千丈。

尽管趋势不能和事实混为一谈，但十分清楚的一点是，白领阶层正在经历一种"地位的无产阶级化"。

2. 小 城 市 250

要理解白领人士的声望，我们必须考察他们从中成功地求得了声望的各色人等。不同的群体给予白领声望要求的承认程度是不同的；事实上，他们的评价往往互相冲突，以致白领的声望常常十分混乱。

白领工人是城里人；在小城市里，他们住在非贫民区，并且在"非闹市区（uptown）"工作；在大城市里，他们常常住在郊区，在"市中心（downtown）"工作。城市是他们生活于其间的社会环境，它从各个方面塑造着他们。随着城市的扩大，越来越多的居民成为白领人士。也正是在大小不等的城市里，他们提出了自己的声望要求。

在小城市里，下层阶级的人有时用"白领"来指所有地位高于自己的人。他们有时认为，白领人士是"耍笔杆子的"，他们"坐着不干活，想方设法压低雇佣劳动者的工资"；但有时又认为"职员是不可缺少的，只有他们才能让球玩得转，没了他们我们都荡然无存"。另一方面，上层阶级从来不承认白领人士也属于他们中的一员，有时甚至将他们视为"扛活的"。比如，在一个 6 万人的小城中，一位上层人物说："在我的排行中，零售商之后，要数警察、消防队员、普通的工厂工人，以及白领职员……我在这个镇上住了一辈子，除了星期天，天天要上银行，可我连 5 个在市中心工作的职员的名字也叫不上来。"

在小城市里，白领的声望状况部分归咎于这样一个事实，即根据有可能求得声望的各种因素——如社会背景、职业历史、收入、教育等等，可以将白领职业作高下之分。如此，上层阶级群体持有的白领人士的意象，在相当程度上来源于这些职业的较低层次，如“职员”和“卖东西的”。而当上层阶级人士将目光投向收入较高的销售人员或专业人员、
251 管理人员时，则把他们视为“实业家”的组成部分，而不是“白领”。另一方面，下层阶级的成员则倾向于将白领人士（不论是高级还是低级）统统归于实业家，不在他们之间做什么区分。

上层群体不承认下层群体归诸于白领人士的“权力”，这在某种程度上说明了在这些小城市里小商人的声望为什么会模棱两可。仅就我们讨论的权力而言，白领工人模糊的地位状况与其说是由于他们权力状况的复杂性，不如说是由于他们根本没有任何权力。白领雇员没有任何领袖作为他们在城市发展方面的代表，他们在市议会里并不代表着某个社会阶层，没有为了争取政治与市政目的而建立的自治组织，也极少（即使有的话）成为舆论关注的中心。没有任何有头脑的领袖人物直接为他们仗义执言，或者从他们的支持中获得力量。在中等城市组织化的权力中，根本没有自治的白领组织。

白领雇员有时居于主导地位的为数不多的组织，如商业与职业妇女俱乐部（the Business and Professional Women's Clubs）、初级商会（the Junior Chamber of Commerce）和基督教女青年会（YWCA），与商业集团有着千丝万缕的联系，以致它们几乎没有什么自治权。社交方面，低等白领人士常常处在“麋鹿俱乐部”的水准，较高等的则加入二、三流社交俱乐部；这两者都是“中产阶级交际”模式的一部分。如果说他们也受什么人“引导”的话，那么就受那些高收入的销售人员和其他“交际人士”的引导，这些人自认是“实业家”，因此他们的活动只能给实业家而不是白领人士带来声望。

这样，即使在小城市里也缺乏使得白领的声望能够获得一致承认的单一的社会环境；在大城市里，这一事实是了解白领声望特点的关键所在。

3. 大　都　市

大城市的兴起已经改变了现代社会的声望结构：它极大地拓展了与声望诉求有关的社会领域；它将个人与其能够方便地获得认同的群体相分离，在这些群体中他可能提出也可能满足声望诉求；它形成了许多各不相同并互相隔离的区域，其间每个人都可以提出声望诉求；进一 252
步，它还使得这些领域非人格化。大城市的声望市场常常是一个陌生人的市场，这种与声望关联的交际场所往往是短暂的、稍纵即逝的。

在小城市里，邻居大体上知道一个人的基本情况。而大城市里的人偶然才会成为不同圈子里萍水相逢的人的关注中心，他们远不会成为某些熟悉群体的固定的焦点。如此，爱打听私事的毛病就被客气的冷漠所取代；一个人有的只是短暂的接触，而不是长久的关系，这些接触是短暂而肤浅的。"一个人认识的人越多，就越容易忘记。"

大都市人的生平往往不为人知，只有非常有限的群体才了解他的底细。因此，他的地位基础常常很神秘和模糊，只能从他快速变化的不确定和匿名的生活中窥见一斑。亲近和个人接触已不再是他的生活方式的内在组成，而成了无情操纵他人的一种虚饰手段。没有和谐，只剩千篇一律；没有门第和传统，只剩利益。鸡犬之声相闻，老死不相往来。人类的关系一旦变得紧张、无情，最终就沦为金钱关系。

除了教育机会以外，大多数中产阶级和工人阶级成员的地位变得非常个性化，一代与另一代不同。那些没有财产的人，每一代都必须重新赢得地位。小商人或农场主的儿子们可能还能指望多少继承一份保险的财产，以作为地位之基础；商铺巡视员或经理助理的儿子则别指望去继承这类家庭地位。

小城市人较为透明的生活，允许人们将诸如家庭背景这样的地位基础轻松地转移到各种职业层次上去。大城市生活不透明的交际特征则很难做到这一点：虽然某一职业层次上的人可以见到甚至接触其他职业成员，但这常常是一种惯例而不是个人方式的交流。相逢无感情
253 可言，随后又缩进与社会隔绝的个人生活之中。在小城市和小企业中，白领和雇佣劳动者的地位界线也许划得最清。在大都市地区，白领和雇佣劳动者极少接触；城市的空间布局，不同职业者交通路线的分野，往往把人们孤立在不同的熟人圈子里。

电影和广播等大众传播媒介进一步扩大了声望的范围，也增加了地位的表现手段。通过这些媒介，上层阶级的生活方式以前所未有的路径和程度呈现在下层阶级面前。

要覆盖任何声望区域，总需要某种沟通系统；同时在现代，伴随着声望区域的扩大，在正规大众媒介中"露脸(being seen)"已不仅被视为地位诉求的基础，而且也是地位的一种兑现。当全国性的声望主要局限于地域社会时，地方报纸曾一度是与地方社会里的贵妇人们的声望有关的主要媒介。但是自 1920 年代以来，广播尤其是电影和电视已经取代了报纸，创造了一个全国性的地位市场。在这个市场上，电影明星们一夜暴富的地位类型和纸醉金迷的生活方式早已取代了地方上贵妇人的地位。最高级时装和生活方式的决策人与始作俑者肯定已与波士顿、费城、巴尔的摩和纽波特的古老家庭无涉，而成了好莱坞和无线电城的电影明星们。

劳埃德·莫里斯曾经观察到，"对纽波特和第 5 大街上为赢得社会权力而奋斗的人来说，财富是一件不可或缺的武器。在好莱坞，社会声望则是那些决意赢得财富的人的一件基本工具"。报道东海岸城市社会新闻的记者全部加起来也比不上云集好莱坞的数百名记者。有两打以上的杂志是为这个电影中心服务的；洛埃拉·帕森斯拥有 3 000 多万读者。每周有 9 000 万人光顾 18 000 家影院。对好莱坞影星的风流韵事，不同的人都表现出了极大的兴趣。而造就了这些影星的电影则

一部接着一部不断地推出他们的新形象。不是社会上的贵妇，而是电影明星成了办公室姑娘们的偶像。

先前有钱人的生活不太容易为人所知晓，他们的生活方式只能通
过道听途说和窥头于牖的方式略知一二。但是到了20年代的美国，在 254
地位形象的表现方面也开始十分民主，声望波及的区域确实成了全国性的；现在，底层阶级能够了解上层社会的生活，至少能够了解他们在荧屏上展现的情景。即使这种上层生活有时是编造的、虚饰的也无大碍；即使真正的上层生活比先前更为隐秘、更不为人知也无妨。对于底层阶级的人来说，荧屏呈现出来的上层生活就是真的，它使人目不暇接。

上层阶级声望的扩展、他们光怪陆离的生活表现、匿名化和转瞬即逝、快速的变动和不断增加的透明度，所有这一切就像一连串特写镜头呈现在人们眼前——与这一切相伴随的还有一些同样巨大但又不太引人注目的变化，这就是中产阶级和低等阶级的声望变化。

4. 地位恐慌

白领声望的历史基础现在已不是很牢固的了；白领人士孜孜以求以使声望诉求获得承认的领域也被搅乱了。这种两面夹攻的局势逼迫他们更看重声望，并为获得声望符号投入更大的精力。在这里，起作用的似乎有以下三种机制：

Ⅰ. 正如我们已经看到的那样，在白领等级体系中，个人往往因琐碎的等级划分而四分五裂，同时，个人的技能也弄得支离破碎。这种科层体制打碎了声望的职业基础。因为个人都抱住与众不同的琐碎特征不放，作为地位的基础，这些琐碎特征就会与大多数职员的地位稳固性相抵触，并导致同僚间的地位疏离，加剧地位竞争。如此，雇员们对工

作会产生进一步的异化感。因为在向上爬的过程中，他们常常会期待着与上一级形成认同，以致他们现在**确实**不在其位。像金钱一样，地位一旦外在于一个人的本职工作，就不会产生内在的工作满足感。只有通过技术的改进使得本职工作达到预期的目标，本职工作才能具有意
255 义，地位抱负（state aspirations）才不会使工人发生异化。在科层制体系内地位的提高常常只是一种虚幻的成功，因为它并不一定能够提高收入，也不一定能够增加掌握更高级技术的机会。尤为重要的是，这一等级体系往往仅因其权威的外表就能使人对地位产生某种癫狂：一如卡尔·曼海姆注意到的那样，那些包括自我形象在内什么都依赖在权威体系内的地位来谋求的家伙，会更加疯狂地产生地位诉求。

居住地远离工作地点，自工业革命以来一直是城市生活的特点，这在大城市郊区表现得尤为明显，在那里同僚很少作邻居。这意味着低层职员能够在两个地位世界里进行竞争：其一是大城市里的工作地，其二是郊区的居住地。

在工作地点，即使在大企业里，也很难提高现实的职业地位，虽然那里充满了更大的地位紧张。但是，对工作之外遇到的那些人来说，他们并不清楚实际的工作状况。在某种程度上，可能正是因为地位抱负和诉求在工作中受挫，人们才会转而在工作之外更强烈地实现它。如果一个人在工作的等级体系中地位竞争失败了，在工作领域以外的地位斗争中就会改变方式：诸如隐瞒实际职业、从自己的头衔或公司借用声望，或者虚构工作、头衔或公司。在大都市叫不出姓名的人群中，任何人都可以虚报自己的职业或其他声望依据，这可以缩小或夸大自己的真实的职业地位。

居住地点是一个人的收入和生活方式的指标，它限制了地位的浮夸程度；邻居一如同僚，不会痛快地兑现过高的声望诉求。不过，还有其他地方可以一试。那些不能很快地识别一个人“地位”的不知姓名的人或刚认识的陌生人，或许会使此人的诉求兑现。在这些人中，第一印象往往也是唯一的一点印象，就可能使人顺利实现声望诉求，有时，这

还是一种互惠行为。

Ⅱ. 凡勃伦写道，“在现代条件下，颇值得庆幸的是，生存竞争已在很大程度上转变为一场维护体面的斗争”。在现代社会中，个人价值和诚实可能还有某些价值，但是“一个人的生活环境十分宽广，他在这方面的好名声不可能传播到方方面面，甚至连最起码的声望需求都满足 256
不了。在那些与自己在社会生活中不熟悉的人眼中，一个人要保持自己的尊严——同时保持其自尊——他就必须展示能体现自己经济价值的东西，这实际上是和……经济上的成功相吻合的”。

许多中产阶级人士的闲暇时间都被用于满足他们的地位诉求了。正如异化过程使工作失去了意义，追求地位和竞相消费也使闲暇变得空洞化。当内心空虚或出于地位考虑而不沾那些便宜或免费娱乐的边时，在工余时间想玩得痛快就少不了要花钱。随着城市中紧凑的社会群体瓦解成破碎的人群集合体，声望关系也变得非人格化；在大都市中，当工作成了声望的一种不稳定的基础甚至是消极因素时，闲暇和体面对地位来说就变得更为至关重要了。

凡勃伦继续写道，“在你所见到的大多数人的眼中，除非你能够不停地显示自己的支付能力，否则你就是‘不怎么起眼’的。要想让那些陌生的但我们乐意听其恭维的人注意到我们的名望，这是唯一可行的办法。如此，人们对成功的外表非常渴望，在许多情况下它甚至超过了对物质利益的渴望……现代工业化的社会组织实际上已经将竞争的领域缩小到很窄的一个范围，与此同时，它还使人能够轻易地获得物质利益和舒适，借以拓展人类活动的领域，而这一切都可能用于竞争目的。”

在谈及 18 世纪的贵族时，狄更斯曾写道，“衣着打扮是使万事万物各守本分的灵符”。但是，在一个没有稳固的地位系统的大众社会，因为快捷、便宜的模仿，衣着已经不再具有灵符的作用。在电影里或大街上看到衣着华丽的妇女的某个职员，只要她努力工作，午饭只喝可乐，不吃香喷喷的汉堡包，就能够模仿打扮起来。尽管她的模仿可能很容 257

易被人识破，但不能说她不会感到快活。自我体面完全不同于自尊。在人格市场上，情绪已经从一种内在感受异化为实现地位诉求的仪式性举动。因此，对体面的崇拜必然会导致自我的疏离。

Ⅲ. 白领工人个人享有的声望并非是由那些强大的势力规定，因为他们的声望并非一成不变。许多人的声望都存在着周期性的变化，这就像汤姆·哈里森注意到的那样，它常常按某种有节奏的模式出现。这些周期性变化使阶级和地位水平较低的人能像上层人士那样行事，并暂时不被发现。

在每个周日，白领雇员能够从一系列既定的人那里获得一定程度的尊敬，这些人包括同事、朋友、家庭成员，以及在交通干线和大街上遇到的投来匆匆一瞥的陌生人。但是每个周末，或者在每个月的某个周末，他们都可能有计划地提高自己的地位：比如，换换衣服，换换餐馆或改变一下常吃的食品，到剧院看戏时买最好的座位。虽然一个人不可能每到周末都变换住所，但是大城市的人却可以离开它，而小城镇的人则可以到附近的城市去旅行。人们提出的地位诉求可能会提高，而更重要的是，你可以换些人提出自己的地位诉求——即使他们是来自其他地方的陌生人也无妨。每一位白领姑娘都知道，通过约定特别的日期来严格使自己的男朋友们相互隔离有什么好处（不然他们每一天晚上都可能在公寓门口转圈），她总是为了这些人打扮得花枝招展，和他们一起出去。

也有可能存在着一个戏剧性的年度地位周期，度假就是它的高潮。城里人盼望度假不只是“求个变化”，也不只是为了“脱离工作休息一下”——这些说法背后的含义常常是地位诉求的成功升级。因为在度假的时候，即使时间不长，人们也可以**花钱买到**高地位的感觉。比如，在昂贵的度假胜地——那里你谁也不认识的；在豪华的旅馆——哪怕只住三昼夜；在游船的一等舱——只包一个星期。大多数度假地都和这种地位周期相配合；职员和顾客像戏班一样共同做戏，似乎大家相互

同意成为这种虚幻的成功的一部分。为了每年一度的这种体验，往往 258
要在漫无边际的工作日里做出诸多牺牲。这两星期阳光普照的生活为枯燥乏味的日子带来了梦想。

从心理方面来说，地位周期为人们提供了一个短暂的自我假日形象，它与日常生活中现实的自我形象恰成对照。它为人们孤芳自赏的自我形象提供了短暂的满足，也使他抱住虚假的地位意识牢牢不放。它正是那种理性化的并能够使生活变得更加容易接受的力量，它通过暂时满足消费的愿望来补偿经济上的自卑感。

从社会方面来说，地位周期通过使人暂时摆脱阶级和声望差别，模糊了这一差别现实。人们津津乐道的"美国生活中的地位流动性"，往往指的就是地位周期，即使从社会的角度看，这种上层生活的周期性扮演和度假的满足感并不能改变地位难以变更的长远现实。

进一步，地位周期还具有使人们的经济抱负分散化、碎片化，暂时满足于消费品和炫耀的趋势。储蓄与开支、工作与消费的潮起潮落，可能都与地位周期紧密相连。就像那些饿着肚子等着鳟鱼被浪冲上海滩，然后狼吞虎咽的土著那样，白领工人也可能在每月的月底或者年底之前忍受长期的地位匮乏，然后尽情地挥霍自己的声望和消费。

地位周期的高潮与娱乐机器之间有一点是合拍的：两者都能派生出一个人的度假形象。看电影时，白领姑娘对她想扮演的角色感同身受，她所诉求的尊重获得兑现。在地位周期的浪尖，她直接扮演上层人物，因为她相信自己将永远如此。娱乐机器与地位周期维系着这样一个虚幻世界，现在许多白领人士就沉溺于其中。

第十二章

259

成　　功

在美国，“成功”一直是一个普遍的事实，是一种迷人的形象、一种强烈的动力和一种生活方式。到了20世纪中叶，这种情况已经风光不再：作为事实，已经不那么普遍；作为形象，已经模糊不清；作为动机，已经不那么牢靠；作为一种生活方式，已经令人感到失望。

没有任何国内的变化对美国社会的氛围如此至关重要，对个人内心的生活如此模棱两可，也没有任何东西会如此深刻地卷入旧中产阶级向新中产阶级的转变过程之中。虽然其他阶层无疑也会受到影响，但是受到全新的成功内涵和不断增加的失败机遇重塑程度最大的是中产阶级。

要理解这一转变的意义，我们首先必须理解美国人的主要成功模式，每一种模式的意识形态特点；理解作为一种职业提升机的教育系统的不断变化的作用；理解各种长期力量，以及萧条-战争-繁荣的周期性影响，是它们决定着向上运动的速率。

1. 模式与意识形态

在经济繁荣时期，对一个个美国人来说，成功就像社会进步一样切实可感，并且成功肯定有赖于个人品格，也体现了个人品格。美国的成功信念已经成为中产阶级的进步信念的一种具体体现：在南北战争后 260
崛起的那些自我造就的大人物眼中，进步似乎充溢着整个社会。追逐成功的勃勃雄心毫不含糊，它的金钱目标也清晰可见；而成功之路，即使崎岖不平，也已鲜明地标出方向；中产阶级人士对自己的生活之路信心十足。

那些成功者的观念和不断扩张中的资本主义的自由意识形态紧密相连。自由主义的社会学，假设社会分成不同的等级，在其中每个人凭借自己的能力和努力而获得报酬；它较少注意群体或阶级的命运，却对除了自身优势外一无所有的个人极为关注。在开放市场上全力开辟自己的人生之路的企业家们，就最为突出地体现了这一意义上的成功。

根据自由主义的经典模式，向上之路就是建立一个小的企业，并在和其他企业的竞争中扩展自己的企业。从工人成为一个工头，并进而成为一位工业家；职员成为一名簿记员或旅行推销员，并进而成为一名当家做主的商人。农场主的儿子凭自己所能购置土地，远远用不了到年老之时就能赢利、自主。与这条向上之路密切相连的竞争和努力，造就了自立人格的摇篮，并为经济和政治民主本身提供了保证。

成功和不断扩展的财产而不是前景远大的工作紧密联系在一起。年轻人所谈论的“前景”大小指的恰恰是财产。然而，在这一理想中，成功仍然主要靠白手起家而不是继承遗产；因为人们认定，“事业早已和遗产问题无关，现在智慧和毅力成了人生之财富”。

根据老一辈企业家的观点，成功总是和朴实的个人美德相联系的，包括意志力、精明、秩序、干练，以及决不轻易放弃的气概。* 这些品德一方面是成功的条件，另一方面则是成功的标志。没有这些品德，就不
261 可能获得成功；有了它们，一切都有可能；所有成功者的生活奇迹都清楚地表明，他们以巨大的魄力和勇往直前的意志体现了这些品德，因为“只有一条陡峭崎岖的小路通向财富的殿堂，你必须奋力攀登”。

追求成功的人应该襟怀坦白、严谨守时、品德高尚；他应该远离烟、酒、赌、嫖之恶习。“无节制的狂笑会损害人的智力，应该避免之。”他应该永远从容不迫，认真仔细地做好“每一件营生”，由此“掌控一切事情”。他应该明白，“方法能够节省时间”；勤于注意细节就能“及时抓住每一个小小的机会”。他应该落落大度，富有自信，因为凡事依赖自我就能够保证明辨事理。另外，“一个人的自尊，以及他的妻子儿女对他和对他们自己的尊敬，都会随着他的积蓄的增长而不断增长”。

除了诚实以外，他还应该“高度地谨慎小心”；诚实除了对未来大有裨益外，即使在此时此地也是“通往世间的繁荣昌盛的最可靠之路”。他应当逐渐明白，“宗教和生意……都没有什么过错，从根本上来说它们可以相辅相成”；他应当逐渐明白“宗教是经济的强大同盟……恶行的代价远远超过德行……很多年轻的烟民抽掉了未来 5 万美元的事业”；在更广泛的意义上，他还应该明白，宗教能够培育“人的诚实，而这是一个人最好的‘储备股’”。

这种灵感论的意识形态常常并不关心非人格的机会结构，不关心经济为个人美德实践设定的限制；即使它会考虑这些，个人的美德仍然会无往而不胜：“微不足道的挫折会使环境造就的人夭折，而驾驭环境的人则会轻松地向运气甩响指”。然而，在讲述成功的具体含义时，上述意识形态的文献揭示的也主要是成功的社会条件。它似乎直接关注

* 本节有关成功观点的表述基础是对大约 20 本著作的主题分析，这些著作是从纽约公共图书馆中随意选出的，年代从 1856 年弗里曼·汉特的《价值与财富》（纽约：斯特林格和霍华德公司）直至 1947 年劳伊尔·布罗菲的《上面还有不少空间》（纽约：西蒙和舒斯特公司）。

的是农村和小城镇的青年。如果说城市青年接受的教育更好，那么乡下孩子在“杰出的体魄和道德”方面则更胜一筹。通过提供如何“举止优雅”的指导，它具体告诫这些“乡巴佬”在乡镇和大城市里必须自我克制，以免受到城里地痞们的嘲笑。那些有志青年还被告诫，不要“大声喧哗”，也不要“自由散漫……彬彬有礼的绅士风度是一张可靠的通向 262
成功的通行证”。在他们的文献中，城市被想象成一个目标，但更为重要的是杰弗逊式的对城市罪恶的警告，以及现实的劝诫：“实业家……不会从宁愿在城里饿死也不愿在乡下独立的头发梳得锃亮的职员大军中自然产生。”

就职业而论，想象中的成功之路始于职员，接着是乡村零售店的簿记员，然后是行销商(drummer)或旅行推销员，最后通过成为一名商人而成就自己的事业。“一个想成为未来的商人的人，今天必须从职员干起”，但是中间步骤是非常重要的，并且值得重视。对职员来说，行销商的经历是为新店铺选址和择机提供建议的前提；行销商可以为自己寻找机会，了解各式各样的商品“线索”。他还能学会如何迅速准确地判断他人，“以便能够知道自己的话在听者头脑里产生了怎样的效果，准备着在适当的时候或戛然而止或滔滔不绝”。事实上，“在旅行推销员的道路上，成为一个优秀商人所需要的一切都必不可少”。

在人生之路上，能够想象到的岔路口常常是选择“商业生涯”还是选择农场或工厂生活。但是，无论职业选择的内容是什么，它都与道德的选择不谋而合：或“走正道”，或“迷失方向”。那些一直当职员的人，自然就是失败者，就是“迷失了方向”、“毁了”、“废了”。无论是走得太快还是太慢，都可能遇到这样的结局，而少数几个杰出人物的“轻易成功”不应“使人迷惑而惨遭毁灭”。

成功的企业主模式及其灵感论意识形态的基础是小业主的经济。在集中化的企业系统下，成功的模式成了在预设的等级体系内或等级体系间向上攀爬的模式。无论机会水平如何，如今获得独立的资产并不是典型的向上之路。今天，只有那些已经拥有资产的人才能获得以其为基础的成功。

从小产业的自由资本主义向公司体制的垄断资本主义的转变，是
263 成功的道路和内容转变的基础。在旧的模式中，白领工作只是通往独立产业的康庄大道上的一步；而在新的模式中，白领道路则涉及科层体系内部的升迁。当总人口中只有 1/5 的人是自由业主时（其中不少人的地位并不那么稳固），独立企业不可能顺利成为个人经济生活的主要目标。论述企业主成功的那些灵感论文献一向是那些个人的保证，它们极力为这一体制辩护。现在，它的辩护性更强，而保险性却差了很多。

对于约占城市中产阶级 3/4 的薪水雇员们来说，职业诉求取代了开放性竞争市场上的英雄举动。虽然薪水雇员相互间也可能发生竞争，但竞争的范围已经受到科层规则的限制，以致他们间的竞争不过是相互挖挖墙脚、背后中伤而已。巨大的机遇如今已经成了一系列鸡零狗碎的算计，并且散见在一个人的终生工作阶段里：科层体制不是英雄的演武场。

随着成功模式的变化，有关成功的论述也发生了变化。虽然个人的德行仍然受到关注，但它早已不是曾经强加在成功的企业家身上的那种严肃的德行了。现在人们强调的是灵活而不是能力，是和同事、上司和规则“打交道”的能力，而不是在开放市场中“开拓”的劲头；是你认识谁，而不是你懂什么；是自我展示的技巧和利用他人的基本窍门，而不是道德的完整性、真实的成就和个人的可靠程度；是对自己公司的忠诚甚至物我合一的精神，而不是创业的能力。最好的赌注是卓有成效的行政人员的举止，而不是创业者的驱力。

“环境、人格、气质、机遇”，以及刻苦耐劳，现在已经成为决定成败的关键因素。在既定的领域内，一个人应该“在其选定的领域内追求经验和责任”，“少想或忘却金钱”。特殊技能和“行政能力”，尤其是天分，是从日常工作起步向上攀爬的途径。但是，最重要的单一因素是“人

格”，它能“凭其魅力……性格的力量……或者……举止风度……吸引人们的注意。……没有……人格的成功是不幸的，……没有勤奋…… 264
人格也……不会受人欢迎”。

礼貌“将帮助你进步……你会获得更多的乐趣……晚上也不必疲惫不堪……你的声名远播，朋友遍天下”。因此，“要学会让自己微笑……展现身心两方面的灵活……洋溢出自信……笑口常开，真诚常在”。“你的所言所行都在他人心中塑造着你的形象……从摇篮到坟墓，你都不得不与他人相处。运用切实可行的推销原则，你就能更好地推销你的商品、你的思想和你自己。”

在一个雇员社会里，机会的基本要义就是超越一项工作的本分为大公司服务，由此才能使你自己受到那些控制着升迁的人的关注。这意味着要具备小题大做时的沉稳和热情。“性格……包含着……对微不足道的小事具有发自内心的忠诚，以及对手头工作充满热情和兴趣……简言之，就是要完全值得信赖，一般还要有乐观的、助人为乐的态度。”

“进步”成了“一种连续出售的工作……不论你是否正在寻找一种新的职位或正在寻找一份工作。无论在哪种情况下，你都必须出售自己并且一直出售下去……你有一件产品，这件产品就是你自己”。娴熟的个人手腕，相互间或组织间交往时的政治策略，有意识地给上司留下良好的印象，已经成了一种小人物们的马基雅维利主义，它将自己变成了一件工具，运用它为了成功的目的去操纵他人。“要变得对他人具有发自内心的兴趣……微笑……成为一个好的听众……谈论他人感兴趣的事情……让他人感到他很重要——而这样做时要表现出十二万分的诚挚……我在这里讲的一切，”戴尔·卡内基说，“是一种新的生活方式。”

美国人的成功勋章一向是绿色的美钞；即使在灵感论作家们强调灵感至上之时，也总是可以看到大笔的钱财。无论是企业主模式还是白领模式，两者都牵涉到为金钱的目的而重塑人格的问题；但是在企业主模式中，金钱方面的成功涉及美德本身的养成：金钱是用来做善事
265 的，因为只有美德和善行才能证明财富的正当性。在白领模式中，不存在这种从道德上对成功手段的神圣化；人只是被迫成了一种成功的工具，要获得的是手段而不是美德；金钱上的成功被视为是一件显而易见的好事，为了它做任何牺牲都微不足道。

企业主式的和白领式的两种成功之路，虽然出现在不同的历史时段，但并不是截然分离的两个阶段。这两种成功之路都寄托过美国人的希望和努力。现在，它们同时并存，每一个都和不同的经济领域与经济周期的不同时期有不同的关联。各自也都遇到了自己的困难，并因此限制了它们促人奋进的作用。在由大企业的雇员组成的社会里，只有为数不多的人能够采取企业主的模式；在一个已经将自己转变成一间巨大的售货场的社会里，售货员的成功之路似乎具有更大的竞争性，同时，它的理性化过程也造成了它最终的消亡；在一个下层阶级的教育水准不断上升、工作持续理性化的社会里，奋力向上攀登的白领可能遇到的竞争在受到教育水准较大限制的领域中是十分鲜见的。

2. 教育的提升机

美国人对全民教育价值的信奉已经成为民主意识形态的一个显著特征；事实上，自杰克逊时代以来，全民教育事实上常常和真正的民主社会的运作联系在一起。而且，人们要求受更多教育的愿望已经慢慢获得了实现。80 年前，进入公立中小学校学习的适龄儿童只有一半多一点，今天已经超过了 4/5。

招生规模的巨大扩张强化了地位的平等感，在那些所有的孩子不论其社会或职业地位如何都能够在同样的高中上学的小城市里尤为如此。这极大地推进了移民的美国化进程。同时，它还传播并且普遍加

强了老式中产阶级的意识形态，因为教师们讲授和强化了中产阶级的态度、价值观、行为方式和技能。然而，尽管强化的是老式中产阶级的 266 道德观，大众教育也已经成为新式中产阶级职业兴起的主要社会机制之一，因为这些职业需要教育系统提供的各种技能。

在实现上述职能尤其是最后一项职能的过程中，美国的教育转而更加明确地强调职业，它在两代人的职业流动方面起到了桥梁作用。高中以及学院和大学都适应商界和政府部门的人事需要进行了改革。学校在追求实用性的过程中，使自己适应不断变化的需求，同时公众也乐意自己的孩子受到容易谋求职业的训练。

任何教育系统都会面临这些最基本的问题，它的行政领导希望培养什么样的人才？为什么样的社会培养？在19世纪，答案是“民主共和国”的“优秀公民”。在20世纪中叶，答案则是“在具有稳定职业的专业人员组成的社会中”做一名“成功人士”。

在小业主的世界里，成功几乎或者根本不要教育的准备，更不用说混日子了:它需要的是一个人坚定或勇敢，具备常识，勤奋努力。教育可能会被视为通往社会平等和政治自由的坦途，它有助于一个人把握机遇以使能力和天分能够获得适当酬赏。但是，对普通大众来说，教育并不是经济腾飞的康庄大道。

在这个新的社会中，教育的意义已经从地位和政治领域转向经济和职业领域。在白领的生活及其成功模式中，其个人生涯中教育的成分成了决定一个人全部职业命运的关键因素。

进入不同职业的那些正规要求以及升迁的希望，是由一个人的教育水准决定的。在较高的层次上，学院是专业人士和半专业人士的摇篮，同时也是较高职位所必需的地位标志。因为企业主的美德和天分为受过教育的专家的技能和声望所取代，正规教育自然成了社会和经济成功的关键所在。比亲代受过更好教育的子代们，更有可能占据较 267 高的职业位置:在一项由理查德中心(Richard Centers)进行的对城市男性的调查中，所受教育高于父亲的男子有 46％的人职位也高于父亲；而在所受教育低于父亲的男子中，则只有 16％的人地位高于父亲。第二次世界大战期间，教育环节在美军中尤为重要：64％的军官上过大学，而士兵中只有 11％的人上过大学。

今天，大学生尤其是名牌大学生们的目标，是在大公司里找到一个前途无量的工作。这样一种工作不仅涉及职业技能的训练，还涉及社交举止的训练。撒拉·劳伦斯的总裁哈罗德·泰勒写道："目前，在工业管理人员的雇佣市场上，理想的毕业生是大学生联谊会的成员，非犹太白种人、橄榄球运动员，他们公开声明对政治或社会事务缺乏兴趣；他的各门功课成绩总是 A，人缘广泛，在校园里名闻遐迩，同时是各种社交俱乐部的成员——这样的男人可以想象 20 年后将是凯尔弗特(Calvert)广告的主角。那些规模较大且十分成功的大学通过安排学生的校园社交活动及其通过自身组织体现的价值观肯定了这种刻板看法。……甚至文科院校似乎也一心一意地想成为保守的工业管理者的训练营。"

虽然中产阶级对高中教育的垄断已经被打破，但教育机会的平等仍然遥遥无期；由于经济条件的限制，许多年轻人还不能完成他们的高中学业。瓦尔特·科奇尼格总结道："一般来说，在最低收入区域的大家庭中的孩子们，很少有机会读完高中。为了帮助家庭，他们不得不早早离开学校。他们中的绝大多数人除了去当报酬低廉的非技术工人外别无选择，原因很简单……教育已经成为通向经济与社会成功的快车
268 道。学院一级的情况要更糟……"能够找到的最详尽的研究表明，在很多情况下，父亲的收入而不是孩子们的大脑决定了一个人是否能够接受高等教育。

父母的阶级地位也反映在课程的选择方面。法律、医学和文科学生的家庭年收入是护理、教育和商科专业的学生的一倍。劳埃德·沃纳及其助手写道："在 1 000 名高中三年级的学生中，580 名男女学生中

约有一半选修了一门大学课程。150 名进入大学，70 名毕业。这些就是整个国家的平均数。……每1 000名年轻人中平均有 200 人无法顺利实现他们开始高中生活时的理想。”

在大学教育中，主要的职业转变已经从老式中产阶级的父母换成了新式中产阶级的子女；而通过高中教育实现的主要职业转变则从技术工人的父母换成了新中产阶级的子女。学院和大学已经成为社会地位的提升机，它将小商人和农场主的孩子输送到专业工作的较低层次上。比如，在芝加哥大学 1893 年到 1931 年间的毕业生（获学士学位）中，父亲从事工商业或小产业的占 40%，从事专业工作的只有 25%左右，但是他们的子女却分别有 62%和 73%的人成了专业工作者。

在萧条时期，从老式中产阶级到新中产阶级的代际流动可能有所增加，在中上阶级中尤为如此，因为父母们希望保护他们的子女免受市场的影响。许多受过教育训练的男孩子没有继承父业，而是在父辈做出牺牲的情况下，去为大公司系统的某个部门提供帮助，而其父亲的业务正是被前者毁掉的。

随着老式中产阶级对自己的小产业现状感到苦恼和不安，他们就开始困惑自己是否有能力使子女获得与自己同样或更好的职位。同时，雇佣劳动者也希望自己的子女能够获得更高的地位。这两个阶级都尤为强调“教育机会”，同时为了给子女们创造更好（或更多）的教育机会，他们都做出了自我牺牲。

35 年前，约翰·科宾以受过教育的白领人士的名义大声疾呼，教 269
育和财产一样，都对民族财富的贡献良多；教育是白领雇员的“资本”，是他的声望诉求的主要依据，是他提升自己地位的主要手段。然而，作为一种“资本”，教育又具有某种农场和实业所不具备的局限性：它的运作依赖于控制和管理工作的那些人。如今，根据《财富》(*Fortune*)杂志的一项调查，自己办实业的想法“在大学毕业生中已经极为鲜见，好像这是一件不合时宜的事情”。

一方面，存在着人人享有“平等的教育机会”的要求，这一度明白无误地意味着人人都需要更好和更安全的职位；另一方面，现在出现了很可能继续发展下去的强大趋势：许多白领职位对教育的要求降低了，但是为获得这些职位所进行的竞争则加剧了。结果，人们开始对全民教育神圣不可侵犯的信念表示怀疑。这种怀疑始于第一次世界大战时期，在1930年代成蔓延之势，到第二次世界大战以后则成为关注的焦点，借用佩里·米勒的话来说，它表明“一个基本的传统已经断裂”。

民主党的理论家们现在指出，几乎有80%的中学五年级学生，虽然具备接受大学教育的智力，却永远也上不了大学。按美国教育专员E. J. 麦格拉斯的说法，数百万公民“过着低于他们的潜能的生活”。这无疑是实情，但是统计学家、职业预测人员以及越来越多的教育官员却开始怀疑，我们的职业结构是否能够为大学毕业生们提供他们期待的职业。

过去半个世纪里，大学毕业生的增长速度是总人口增长速度的4倍，他们进入了扩大了的高级白领职业领域。因此，教育在以往是划算的：10年前，大学毕业生的收入比美国平均收入高1/3。但是今天，大学毕业生的收入只比美国平均收入高1/10；而且，根据西摩·E. 海利
270 斯所作的颇有见地的预测，20年后，“受教育将是桩赔本的买卖”。那时，大学毕业生将不是1930年的300万，而是1 000万～1 400万。为了满足他们的期望，白领职业必须吸收其中的800万到1 100万人，而1910～1940年间，白领职业的增加数不到200万。一些教育理论家已经发出警告，注意“失意的知识分子在欧洲法西斯主义的兴起”中所起的作用；而学校管理者中出现的种种言论和动向也表明，教育在美国式成功神话中所起的作用已经发生了变化。

纽约州评议会主席威廉·J. 沃林公开反对所有的人都享有高等教育，他断言，“这个国家可能培养出一批‘剩余的大学生’，他们对挫折深怀不满，并可能‘转而攻击社会和政府’，我们给予他们的教育将使他们的破坏性愤怒更加有效、装备得更好”。哈佛大学校长科南特最近谈到，“机会均等是这个国家的基本原则之一……然而，与此同时，不应鼓

励或怂恿任何青年男女都去接受高等教育训练，因为后者有可能引导人们走向一种受挫的经济生活。”“对大多数年轻的美国人来说，四年大学教育不仅‘浪费昂贵’，而且也‘不为社会所欢迎’。”

现已提出的最普遍的解决办法之一是建立多级教育阶梯，不同台阶通向不同的职业等级层次。这种想法如今虽然尚未正式地，但已相当广泛地在美国高中付诸实践。一所高级中学的校长说：“对我们的城市而言，现有的教育体系是金钱和时间上的极大浪费，因为有机会成为白领阶级成员的人寥寥无几，大多数人必须选择某种普通职业道路……令人惊讶的是，8C 班有那么多人渴求白领工作的声望。于是，我告诉他们收入将是如何之低，我还千方百计地想使他们明白，要想适应那种工作并取得成功要付出怎样的努力；他们中的大多数人是不适合干那种工作的……我正在给 A、B、C 各班讲话，向他们大家解释白领工作的缺点。”收集以上引文的社会学家劳埃德·沃纳评论道：“充分的证据 271
表明，目前我们的教育制度允许过多的人上高中和大学，以谋求难以获得的白领和经理职位，其结果是失败和挫折丛生，社会丧失了稳定。”

只有当一个社会的职业需要不断向教育提出需求之时，教育才能够作为成功的手段发挥作用。用科奇尼格的话来说，认识到职业需求不可能实现给予“广大的青年人与其能力相配的普通和专门的教育，同时让他们准备充任‘不同层次的精英’领导的想法，打破了对知识性生涯的片面重视”。面对这种想法，“进步的”教育理论家们在其之上增加了一个设想，那就是测验、考核、人事服务部门和职业指导机构应该能够尽早地决定，哪些人能够通过教育到达较高的职位，哪些人应在较低层次就结束教育，从而结束其职业升迁的机会。

从简单地将“教育机会均等”信奉为美国式成功模式的一部分，我们已经走过了很长一段路。在第一阶段，因为教育是为高阶层精英服务的高度专门化的渠道，飞黄腾达的快车道与教育无涉：那些“自我造就”的独立性很强的人们靠着在开放市场上的逐鹿中原，找到了自己的位置。

在第二阶段，伴随着作为政治上的要求和经济上的需求的教育民主化，职业结构也需要文化和某些技能，一个通过教育获得成功的时代由此而生。无人质疑这是唯一的阶梯，机会均等的观念意味着，那些有能力爬上教育阶梯的人都有资格竞争所有的高级职位。

到了第三阶段，几乎所有职业流动都需要教育，但是，因为人才的供过于求，通过测验和考核将年轻人分门别类，教育被划分为科层制度的不同等级。规划教育-职业结构并对其加以引导的趋势有所增强；环境万能的想法被抛弃。因为受过教育的人供大于求，因为白领职业不断分化和理性化，因为学校录取的人数不断扩大，受过较多教育的人和
272 受过较少教育的大众之间的收入和声望差别便缩小了。在那些未能运用他们通过教育获得的技能的人中间，厌烦情绪在不断增长，对成功的期望蜕变为失望，无法偿还的牺牲导致了理想的幻灭。

3. 出身和流动

无论是在业主的成功模式还是在白领的成功模式中，其向上的升迁在 20 世纪都遇到了巨大的障碍。没有人能够确切地知道，向上的流动率即从一种职业水平上升到另一职业水平的人的比例，究竟是没变，还是降低或升高了。但是，这个速率有赖于一系列因素，后者在既定时期内决定着某一水平上的人的升降或保持原状的机遇。

过去，在业主模式中，某些众所周知的趋势支撑着向上流动。其中最显著的趋势包括：一个财产分散化的社会中经济的整体扩张；市场的有形扩张和产量的上升；工业化，以及在稳定上升的市场上对自然资源的前所未有的私人开采，这是工业化的基础。总之，在 19 世纪的美国，那时业主的成功模式看起来几乎是自动的。

但是，到 19 世纪 90 年代，尤其是 20 世纪，财产的集中减少了较低阶层的人上升为业主的机会，以及维护与扩充自己财产的机会。只拥

有少量生产资料的人更难获得资源；要想获得企业所需的充足资本更加困难；许多市场被垄断，由于出生率的降低和移民的减少，全国的市场增长率开始降低。

然而，就在作为大众成功之路的业主模式每况愈下之时，白领模式却在蒸蒸日上。从几个普通数字就很容易了解 1890 年到 1930 年间所发生的一切。

当然，上升的机会受到高层职位数与低层求职者比率的影响。雇
佣劳动者阶层缩小，而白领阶层扩大，这使得从雇佣劳动者上升到白领 273
地位的机会增加了。1870 到 1930 年间，据埃尔德里奇·西布利统计，每年大约平均有 150 000 名工人和农场主“爬到”白领的行列中去。但是业主阶层在在职人员总数中的比例却急剧下降。因此，我们可以假定白领雇员来自老式中产阶级或雇佣劳动者。当然，我们可能永远也无法弄清一代人之中或两三代人之间美国人职业变动的个人模式，这是现今职业分化的结果。我们只零散地了解到（其中大多数还是最新的资料），子女是如何偏离他们父辈的职业的。

从家庭背景上说，目前这一代白领工人中的大多数——办公室工作人员与销售员——不是老式中产阶级就是雇佣劳动者阶层；父亲是自由业主的占 40%，父亲是雇佣劳动者的也占 40%。在过去的三代人中，低级白领工人的出身很可能发生了变化，雇佣劳动者的子女占到了较大的比例。* 新中产阶级本身就是在最近才发展起来的，因此可以估计目前这代白领中家庭出身白领的比例很小。

高级白领人士、领薪水的专业人士和经理雇员，出生于雇佣劳动者

---

* 1930 年代中期，珀西·戴维森和杜威·安德森在加州一个小镇中的研究表明，46%的职员出生在业主家庭，41%的职员出生在雇佣劳动者家庭。但是，在本身也是职员的父亲中，55%出生在业主家庭，只有 29%出生在雇佣劳动者家庭。当然，这些数字可能不但反映了白领工人的出身变化，同时也反映了总的职业变化。

家庭的可能性要小一些，他们更多地来自较高的阶层或来自同一阶层。*

随着白领阶层的扩大，他们开始和职业结构的总的历史格局相协
274 调：面对中低阶层的向上流动，上层阶级变得更为刻板。事实上，白领的职业升迁保证了美国式流动的历史延续性。因为，当出生于雇佣劳动者家庭的人爬到事业地位顶端的机会自 20 世纪初被完全剥夺以后，新的白领等级体系的形成才使雇佣劳动者的向上流动有了继续的可能。

在新中产阶级取代老中产阶级的同时，其每一阶层的高端却正在为出生于本阶层的人所取代：今天，有 1/3 以上的实业界人士、经理和专业人士来源于相同的职业类别。这种不变性可能比目前劳动力统计表上显示的还要大，因为统计表只能表明某位大商人的女儿现在是办公室文员；但它并不能说明，她年轻的时候曾在某个中小城市工作，为她父亲的某个朋友做秘书或接待员，一年后离去，嫁给了城里一家大公司的一位前景看好的经理，这迥然有别于在城里百货商店的地下廉价部当销售员的木匠女儿，后者胆战心惊地瞄着每天光临两次的楼面巡视员。不过，如今雇佣劳动者的儿子中，向上流动仍然是很普遍的事，他们可以进入白领或实业领域。在现在的小业主中，雇佣劳动者的儿子可能要占到 1/3 左右。

较高的社会阶层出生率低经常被解释成是代际间向上流动的原因。出生率上的差异主要被归结为晚婚，以及避孕工具在高收入群体中广泛而有效的运用。今天，随着生活水平的提高和生育控制手段的广泛使用，建立在不同出生率基础上的向上流动究竟还能维持多长时间，已经成了一个公开的问题。另外，伴随着教育环节在成功模式中的重要性的增加，父亲的地位对子女的地位来说也变得至关重要。进一

---

* 比如，1945 年，在中西部的一个中等城市里，我们发现，这类人的 43%出生于自由业主，而在销售员和办公室文员等低层白领中只有 36%出生于业主家庭。在这两类人中，出生于雇佣劳动者家庭的分别占到 37%和 46%。

步，如前所述，当教育的作用变得不那么保险时，认为中产阶级的生活有问题的看法就将广为流传。

在一个人个人生涯中，上升的机会始终受到白领工作具体发展的影响。白领工作向较大单位的集中和专业化制造了许多死胡同，减少 275
了人们了解“其他部门”或整个行业的机会。白领工作的合理化，意味着可替代性职位增加的数目远远超过了更高级职位增加的数目，向上升迁的机会减少了。另外，由于较高级职位的技术性越来越强，它常常是由本等级体系以外的人来替补了。如此，那种期望一个台阶、一个台阶向上爬的升迁观似乎已不牢靠。据战时人力委员会报告，在一项大规模的职员样本调查中，多达 80%的人根本不指望升迁。

然而，有一个因素——即底层人员的大量流动——仍然有可能使许多在大型白领机构中工作的人获得提升。一家雇佣了 14 000 名职员的保险公司的人事经理说：“我对我们的流动实情是非常满意的。流动当然是因时而异的，同时它还和其他公司的情况有关。不过，在我们的文件管理员中——这是最低级的文职工作，你找不到一个工作时间超过一年的人。我们直接从高中生中录取这些人，我们要的是年轻的姑娘。一年以后，她们要么提升了，要么就走人了。另一方面，你也找不到在这里只干了两三年就当秘书的人；所有这些较好的工作，都在那些在这里干了 6～8 年的人手上。”大多数留在这里的人都提升了，底层人员的大量流动使上述事实成为可能：相对而言，较高级职位数与竞争这些职位的人数之比对升迁说来是有利的。

如果有人要升入白领行列，那他一定来自雇佣劳动者阶层。那么，就雇佣劳动者而言上升到白领地位的机会究竟怎样呢？假设我们讨论这样一位非熟练工人，每年挣 500 美元，经济不景气时丢掉了自己不像样的工作，又找不到其他工作，只能靠救济金度日。曾有许多人处于这样的境地；30 年代中期，起码有 1/3 的非熟练工人失了业。

同年收入3 000美金的较高级的白领人士相比，这个人生病的可
276 能性要高57%；而且，据全国健康调查表明，他的患病期也比前者长63%。如果那位白领人士也生了病，他得到的医疗照顾也将比非熟练工人多46%。

假设这位工人又回到了他原先的工作岗位，或是找到了相似的工作，而他的妻子生了个孩子。据罗伯特·伍德伯里统计，同年收入稍多于1 250美金的白领人士的孩子相比，这位工人的孩子一岁以前死亡的可能性要高3倍。但是，如果这个孩子能够活下来，而这位工人仍然是个非熟练的劳力，那么他的孩子向上爬的机会又怎样呢？

虽然许多工人阶级父母希望自己的孩子摆脱体力劳动，但很少有人知道在较高层次上有什么工作，这些工作又需要哪些准备。孩子自己一般很少相信学校的价值，对他来说学校只是他成人之前的必经之路；他需要花的钱也比家里能给他的多。如果他确实连高中都读不完，那他摆脱体力劳动的机会实际上就微乎其微了，但是他并不知道这一点，或是对此想得不多。*

一个非熟练工的儿子只有6%的机会进入大学；而专业人员的儿子上大学的机会则高于5∶5对开。但是在1940年，整个成年人口中仅有10%的人上过大学。工人的儿子上学上到8年级以上的机会有多少？在1930年代要小于14%。

雇佣劳动者的子女离开学校的原因有许多，或是因为家里需要钱，或是因为从高中或职业中学毕业了，或是因为他们根本就“不喜欢学校”。大约一半左右的孩子没有具体的职业计划或志向，许多父母的愿望也仅限于希望看到孩子“出人头地”，或尽可能多受学校教育。通常情况下，他们随意申请一个工作单位或通过熟人或亲戚来找自己的第一份工作。在开始上班之前，他们对自己工作的唯一可能的了解就是

---

* 在下面的描述中，我广泛运用了L. G. 雷诺和罗斯福·希斯特的《工作地平线》(*Job Horizons*, New York: Harper, 1949)一书中的内容。

初始工资，而这些工作的大多数，可能 2/3 吧，是没有前途的。

当第一份工作结束以后，或工人离职以后，他们只有再回市场，因为受教育的机会很少，因而找到一份更好的工作的机会也很少。在加利福尼亚的圣荷塞市，58％的非熟练工人的儿子将成为非熟练或半熟练工人。大多数工人可能在第二个工作有着落前就失去了第一个工作，他们没有机会去比较不同的工作，唯一的选择是，要么当时就接受那份工作，要么等一等，看看是否还有更好的工作出现。 277

因为雇佣劳动者结婚较早，所以就必须挣钱养家，在其职业生涯最关键的头几年里，他根本不可能严肃地思考接受训练以找到技术性工作的问题。到了 25 岁，“他未来的人生轨道已经牢固地铺设好了”。他感兴趣的是“如何工作得惬意”以及如何挣钱；而且，他对自己收入的评判是在周围其他工人工资的比较框架内做出的。当他考虑收入的同时，头脑中也会考虑工作的地位价值，但是随着他供养的未成年子女越来越多，钱也会变得越来越重要。他开始明白，一份好工作来之不易，而他也掌握了一种靠朋友的“信息”来找到这种好工作的技巧。对较为稳定的中产阶级人士来说，换份工作可能意味着事业上的发展，但对他来说则完全不是如此；这也许意味着短期歇业或长期失业。

大约有 1/3 的雇佣劳动者宁愿待在目前的工作岗位上；大约 1/4 的人向往并且期待能够在目前的等级系统中晋升；其他人虽然也想晋升，但却不抱希望：他们找不到空缺的职位，认为自己缺乏必要的资格，或者感到自己太老了。在幻想自己真正想做的工作时，工人们关心的是工作的多样性、技术的运用，以及和其他人的关系；想从事白领工作的人和想从事熟练工种的人平分秋色，而想从事小型实业的人则不到 1/5。我们已经了解，那些占成年人口 0.2％的想开拓自己的小型实业、想自己当老板的人命运究竟会如何；我们也知道，农业现在是一桩在经济上过于拥挤的买卖。这两个行当都充满了风险，现在卷入的人口都非常少了。

工人们的目的并不是当工头，想来这曾是他们的经典志向。通常 278

他们会认为，这样一项工作有可能会“破坏他们和其他工人的友好关系”。“如果你是一个工头，你就必须逼着工人多干活；如果你知道有人不买账，你就要逼他就范。你这样做，在别人眼里自然不是好东西。”“监工无朋友。”其他人不想当工头，因为这位子“责任太大”，或者“无法提供工作乐趣”。“如今的工头和40年前的可不好比。”

如今，工人的阶梯并不是通往白领阶层的一般阶梯上的最低一档；这是一截缩短了的阶梯，它爬不出雇佣劳动者的阶层之外。但是这并不意味着，工人们没有能力遵循“向前看”的箴言，就会像学界和没有经验的人预料的那样行动和感受。雇佣劳动者会限制自己的期望，并使其更为具体：比如，在这项工作上多挣点钱，促使工会改善这件事情或那个条件，改变一下下周的轮班等等。同时，对向上流动抱有期待的人则主要是那些起步就高于雇佣劳动者的人。

4. 艰难岁月

有一些有利或不利于向上流动的因素是长期的，但也有许多因素和经济的周期性起伏相关。旧式的成功观念认为机会结构总是不断在扩展中：从一代人到下一代人，以及在一个人的一生之中，将要获得的高位和获得高位的机会似乎都在不断增加。而且，并没有人感到这些机会受制于周期性的波动影响。事实上每一个人都可能感到无论是收入还是地位都有了提高，因为实际的收入普遍增长，还因为新的移民群体不断涌入基层，他们抬高了捷足先登者的声望和工作。新的成功观念则认为，机会结构在一个萧条—战争—繁荣的经济周期中有涨有缩。即使在升迁机会较多的战争和繁荣时期，你也会注意到鲜明的萧条痕迹。

279 从一种按直线进化的理论运作的经济向另一种按周期性运动的理论运作的经济的转变，在两条直接的经济轨道上影响到白领阶层：(1)

他们的收入水平，尤其是和雇佣劳动者相比而言的收入水平；(2) 就业的稳定性，比较的对象还是雇佣劳动者。

Ⅰ. 就像我们已经注意到的那样，1890 年时，薪金雇员的平均收入大约是雇佣劳动者的两倍。从那时起直到第一次世界大战止，薪金雇员的收入不断增长，而雇佣劳动者的收入由于受到 19 世纪末大萧条的影响一直增长缓慢，这种影响一直持续到第一次世界大战前。因此，在 20 世纪初叶，与雇佣劳动者相比，薪金雇员的优越是建立在坚实的经济事实之上的。此时，白领世界刚刚开始扩张，所以新产生的大量就业机会对垄断了高中教育的白领雇员来说唾手可得。白领工人的数量不多，作为一个阶层，他们因此占据了受到严格筛选的教育和职业位置。

第一次世界大战既提高雇佣劳动者也提高了薪金雇员的收入；但是可能是因为与战时生产更为接近，因为工会化，因为得到了加班费福利，雇佣劳动者收入的增长要超过薪金雇员。到了 1920 年，雇佣劳动者和薪水雇员之间的差距已有所缩小：在制造业中，薪金工作人员的收入仅仅比雇佣劳动者高 65%，相比之下在 1900 年要高出 140%。

1921 年，这是 1930 年代以前就业率最低的年份，经济的恶化使雇佣劳动者所受的打击要大于薪金雇员。在制造业中，平均工资降低了 13%，而薪金雇员工资的下降则不到 3‰。白领工人在就业与收入方面的优越状况依然存在，制造业中薪金雇员的平均收入很快再度上升，1924 年已经反超 1920 年的水平。然而，在整个 1920 年代里，雇佣劳动者的收入再也没能重返 1920 年的水平。因此，薪金工人的收入要多于雇佣劳动者，虽然前者的优势已经不如 20 世纪初。 280

1929 到 1933 年间，在一些工业部门工人的平均工资下降了 33%，而白领雇员的薪水只降低了 20%。萧条对雇佣劳动者的打击比对白领雇员要严重得多，二者之间的收入差距又略有增加。1929 年，薪水雇员的工资比雇佣劳动者高 82%，到了 1933 年则上升到 118%。但是，萧条的威胁、失业的耻辱，以及围绕失业产生的忧虑，确实侵入到白领世界之中。在失业的高峰期，白领雇员的薪水优势已不复存在。

在第二次世界大战中，雇佣劳动者的获利情况要好于薪金雇员，他们在平均收入上的差距缩小了。但是，战争的结束意味着工厂用不着再加班，薪金雇员的获利情况又开始好于雇佣劳动者。1939 年和 1948 年的数字颇为有趣，因为它们显示了受战争影响造成的长期变化，而不是战时条件的暂时错位。在这些年中，包括办公室人员和售货员在内的白领大众的收入低于城市的熟练工人。不过，这些低级白领工人的收入却略略优于半熟练工人，虽然差距也明显缩小了。* 白领高于雇佣劳动者的收入优势已经减少，在未来的 10 年里，无论他们作为一个群体仍将占有怎样的优势，这种优势极有可能会进一步降低。究其原因在于，通货膨胀时期，薪金往往比工资更具有刚性的一面，这使白领收入水平的降低在所难免。

Ⅱ. 虽然有关美国失业状况的历史资料残缺不全、互为矛盾，并且
281 不易获得，但是似乎直到 1930 年代以前(可能 1921 年是个例外)，失业波及的人口远远少于总劳力的 10%。就业率在 1933 年降到了最低点，1 280 万工人即 25%的劳动力失业或靠救济金生活。到了 1936 年，17%的劳动力仍然处在失业状态，直到第二次世界大战爆发，失业率都徘徊在这一水平。此后每年失业率都急剧下降，1944 年达到战时的最低点，仅为 1%。

虽然白领雇员不再像从前那样能够免于失业的危机了，但到目前为止雇佣劳动者的失业率一直就比较高。1930 年，约有 4%的新中产

---

* 比如，1939 年，办公室男性职员的收入比半熟练的男性工人高 40%；而到了 1948 年，仅仅高 9.5%了。1939 年，男售货员的收入比那些半熟练的男性工人高 19%；而到了 1948 年，仅仅高 4%了。就妇女而言，1939 年，办公室雇员的收入比半熟练工人高 68%，但到了 1948 年不过高 22%了；无论怎样，到了 1948 年，女售货员亲眼目睹了自己的工资水平落到半熟练工人之后。

阶级失业，相比之下，熟练与半熟练工人的失业率超过 10%，城市非熟练工人的失业率则达到 13%。这些数字仅仅反映了萧条初期的情况；到了 1937 年，虽然最糟糕的时期已经过去，* 但这一年仍有 11%的办公室人员和售货员失业或干临时工，与此相比，城市雇佣劳动者的失业率在 16%～27%之间。所以，在第二次世界大战前的 10 年中，白领的工作稳定性优势可能有所降低。

然而，从历史上来看，同雇佣劳动者相比，白领雇员失业的可能性要小得多。从很大程度上说，这可能要归于白领工作的特殊性：《商业周刊》(*Business Week*)的编辑们注意到，“生产下降时，文秘工作的量并不自动减少，有时甚至还会上升——因为公司对获得新订单施加了更大的销售压力”。但是无论怎样，许多曾给白领工人以保障的因素，现在的力度可能降低了。1930 年代期间，白领工作的办公室和营业厅的机械化程度比今天要低；随着办公室的扩大，它们已成为工商企业的“不断增加的一笔开支”。因此，在未来的萧条中，更有可能通过提高机械化程度和解雇白领工人来降低办公费用。况且，同现在相比，过去许多白领工作需要更多的培训，所以雇主一直不愿意解雇训练有素的人。而在将来，随着越来越多的白领工作常规化，从事这些工作的人更容易 282
被替换，雇主也就不会不愿解雇白领工人。另外，白领工作所需要接受的普通教育也越来越容易获得。因此，能够从事较为简单的工作的人越来越多，失业的可能也就越来越大。在白领世界的内部，目前的状况还在继续并强化着这种历史潮流，因此雇佣劳动者和白领雇员间的就业保障差异将进一步缩小。

---

* 无法找到确凿的 1933 年和 1934 年的全国性数据。

5. 黯淡的形象

在最近20年里，与一种新的追求有关，在美国兴起了一种新的圣灵论文学(Literature of inspiration)。虽然这种文学既不向它的广大读者提供任何培育老式中产阶级美德的技巧，也不提供任何推销自己的技巧，但它和其他圣灵派文献一样，对个人的关注都远远大于对社会的关注。它强调心灵的平静和各式各样的修身养性之道，反对为了外在的和众所周知的志向而激发内在的激情。作为一种随遇而安的文学，它力求通过降低人们的志向来控制生活目标和生活道路，用更加令人满意的内在目标代替旧有的目标。

这种文学通过使旧有的成功形象黯然失色，从反面达到了自己的目的。在《商贩》(*The Hucksters*)、《浮华灵车》(*The Gilded Hearse*)、《推销员之死》(*Death of a Salesman*)、《大人物》(*The Big Wheel*)等作品中，外在的成功者被描写成内心的失败者，他们面目可憎、愧疚难当、良心不安、腐败不堪，与旧式生活中所有令人祥和的美德发生摩擦，更和饱受折磨的自我频频冲突。在《飞蛾》(*The Moth*)一书中，男主角詹姆斯·M.凯恩说："我真想摆脱这一切，我想要的东西都有了，梦幻般的工作、大把的钞票、我所从事的行业所拥有的尊敬。我有车，一辆开起来就像飞似的帕卡德(Packard)。我有一套面朝大海的公寓……我有风华绝代的女人……然而，如果这就是我之所求，那它从来就没有清晰过，确实解渴，但里面都是泡泡，就像……香槟酒……我感到生活只
283 是一长串圣诞节的下午……我自大、冷酷、淡漠，背负着一大堆沉重的所谓成功的负担。"

新圣灵派文学公开提倡的内在美德，和悠然自得的消费者生活是协调的，但和紧张的生产者生活却不无冲突。《读者文摘》(*Reader's Digest*)或《心之宁静》(*Peace of Mind*)所代表的哲学是一种人人都唾

手可得的精神价值，哪怕你的物质非常匮乏。它们不是那种旧式的节俭勤奋的朴素美德，也不是内在的驱力和人格的展示风范，同样不是通过教育获得的科层制下的职业技能。它们是一种与世无争的美德，而这种与世无争的文学想证明志向的降低和旧式激情的消退是合理的。

如果人们应该对他们的成功负责，那也应该对他们的失败负责；如果成功是社会进步的个体表现，那么失败就是不断减少的机会的个体表现。但是，在描写成功的文学中，往往不论真实原因是什么，失败都被视为一种主观行为而强加于个人，而个人也常常将失败内化为负疚，内化为一种因竞争而生的失意。继续努力、永不松懈，必然会导致焦虑不堪。但是在这种与世无争的文学中，通过对成功目标本身的内化，而不是通过实现外在的成功（这被认为是个人不幸的来源），此类焦虑却获得了排遣。电视连续剧的制片人弗兰克·赫默特说："我们描写不成功者的成功故事，这就是说，我们的角色在生活的物质方面很不成功，但在精神上却非常成功。"

描写人们的内在宁静的文学，是与人从关心生产转而关心消费的异化过程相伴而生的。旧的成功模式申明机会面前人人平等，力图促进人们将欲望付诸行动，同时关注实现自我目的的各种个人手段。如果人们接受《宝石之地》（*Acres of Diamonds*）的结局，那他们就会把这些矿场或视为艰苦而卓有成效的劳动的自然结果，或视为卑鄙的阴谋的自然结果：无论怎样，它总是个人的所作所为，或个人自身的变化。但是现在，伴随着许多人的志向坚定不移地转向不假思索地当一个好雇员，或是迷失在消费者的梦幻中，在电影和小说中志向经常被表现为一种污染人的心灵、引导他们误入歧途的驱动力。成功就是金钱、衣 284
饰、汽车，以及风情万种的女人，但它无疑也意味丧失诚信，极端的甚至会精神错乱。因为雄心万丈的人骚动不安，这样的人对成功如痴如狂。我们越来越多地目睹了成功者最终的结局是崩溃，至少是内心的崩溃。成功是捷径的死胡同。当我们目睹了人们获得成功的手段时，就能了解它们完全就像先前靠个人努力或牺牲换来的成果一样奇妙无比；这也许可以归为鸿运当道，就像可以归为个人的美德或智慧一样，顷刻间化死路一条为大道通途。

正是“走运”的想法奇妙地滋生着人们对越来越有限的机会结构抱有的希望，而“倒霉”的念头则淡化了个人的失败感。生活是一场博彩，是一种头彩将从天而降的抽奖兄弟会——这些观点是社会分层的紧缩以及下层阶级向上攀爬越来越困难的必然结果。成功对许多人而言已经“成了一件没有理性的偶然事件”；作为一种目标，成功已经变得如此令人眩目，以致人人醉心于成功，从他人的成功中获得替代性的满足。

利奥·洛温塔尔观察到，“既然普通人能够做到的一切与控制他生死存亡的权势之间有着天壤之别，认同于常人甚至与宵小之徒为伍就十分自然地成了远离尘世的王道乐土。对那些早已和霍雷肖·阿尔杰式的美梦无缘，无法穿越由种种政治和商业计谋组成的丛林的小人物来说，当他目睹心目中的英雄像他一样，和芸芸众生的差别只在喜欢或不喜欢威士忌酒、香烟、番茄酱、高尔夫球和社交聚会，这多少是一种慰藉。而在消费领域，他懂得如何逆水行舟，在这里他不会出什么错。”

前资本主义时代，人们依赖传统和继承找到自己的职业；子承父业，恪守本分；再或像封建主义时代或农民社会里一样，人人都干着相同的工作。在自由资本主义社会里，人们通过在公开市场上的竞争在
285 劳动分工中找到自己的位置。他们向市场投入自己的技术和努力，以便获得企业或找到工作，没有任何正式的或传统的限制会阻挡其上升的空间。现在，市场开始趋向封闭，而人们也开始受制于各种限制。经济的僵化限制了人们的升迁，财产的继承或教育训练成为职业成功的必要条件。人们越来越企图通过考试和咨询去指导就业，而专业协会、工会以及国家的执照颁发系统也渐渐控制了各种职业市场。

职业指导以个人和工作为研究对象，目的在使两者相互协调。从某种程度上说，一个人成功的职业选择依赖于他的研究及由此提出的建议，而不是个人的随机意愿或“盲目的”愿望。在那些强调远大志向

和主动性的地方，仍然有许多人被大材小用，挫折感的问题自然就非常普遍。这是因为众人之所望，只有少数人之所及。教育家和开办教育机构的人开始关注此事；他们必须帮助孩子们去确立一个“现实的志向”，他们必须为人们的远大志向装上刹车，根据现代社会的可能性来调节年轻人的人生计划——对志向实行一种无微不至的、更加集中的管理。

在今日美国，人们对成功的认识存在一种奇怪的矛盾。一方面，要奋斗、要“添砖加瓦”的压力依然故我；另一方面，向上的欲望愈加贫乏，而成功的形象也早就腐朽不堪。

那种与世无争的文学，寻求人的内心宁静，它与所有制度化的变化相适应，而这些变化涉及保障的目标以及获得保障的集体方式。因为危机越来越普遍，而危机之源又超出了个人的控制，又因为这种危机已成为集体性的危机，使得人们正在寻找重新获得个人保障的集体手段。虽然最引人注目的手段是工会，但向政府提出的要求在社会保障方面已经有了结果。政府逐渐介入机会结构的重塑。较之标准的美国梦，政府养老金显然是另一种社会的东西。以往的人生目标是拥有一份独立的财富，儿孙绕膝；现在人们的期望是不必依赖儿孙，而靠养老金保障。当人们为养老金而奋斗之时，他们认定群体必须提供这种保障。 286
一个工作了25年、年薪5 000美元的人，退休后不再能单单靠3 000美元生活。

当然，政府总是通过财产法、土地政策和税收来提供和调整各阶级的机会；但是，现在的新政与福利国家的趋势是通过最低工资法、累进所得税和社会保障，使下层阶级的机会通过调整有所增加，而上层阶级的机会有所减少；由此，除非遇见战争，不管你的阶级地位如何，都会获得最起码的生活机会。如此，政府的干预的确保证了人人更为平等。

第四部

权力的路径

第十三章

新中产阶级：Ⅱ

自从新中产阶级在人数上开始代替老中产阶级之后，它的政治角色就一直是人们怀疑和争执的对象。与政治上的疑问密切相关的另一个问题是，在现代社会分层中，新中产阶级职业到底占有什么样的位置。

作为一种社会学的创造，白领人士是马克思主义理论家在为无产阶级运动寻找新兵的过程中首先发现的，因此上述政治和社会分层上的联系就被报以极大的期望。他们设想，社会将两极化为具有阶级意识的无产阶级和资产阶级，而中间阶层的普遍衰落会使他们投向某一方——或起码不会阻挡主要阶级的前行之路。但是，到20世纪初上述设想没有一项能够实现，于是社会主义理论家和政党领袖开始着手修正那些经典观点。

在试图将新的人口划分为支持无产阶级革命的可靠分子和不可靠分子时，党的统计学家直接面对的就是薪金白领人数的上升。作为向马克思主义者提出的一个难题，这些群体的出现标志着简单的有产与无产的二分法开始转向无产阶级内部的分化。它所关注的焦点是职业结构。进一步，在考察白领群体以及持续至今的城乡小业主的过程中，他们进一步发现，虽然新中产阶级是没有财产的，而小业主们也经常饱

290 受经济恶化之苦，但是这些阶层的成员却不愿接受社会主义的意识形态。他们的政治归属和他们的经济地位并不吻合，和对他们的期待更是大相径庭。他们标志了具有虚假意识的人数在增加，因此是既定的革命过程中的拦路虎。

1. 理论与困境

要对这些发现和思考引发的所有理论进行详细的叙述，除了单调乏味外不会有任何新意；到 1920 年代中期，这些理论已经发展得十分完善，至今并没有增加什么新的内容。有不少作者在细节上又作了进一步的研究，有些十分关键，也有人将主要的观点以不同的方式综合起来，其中一些观点比其他观点获得了更多的支持。不过，从新中产阶级的现实存在来看，其政治方向大致可以归纳为四种主要的可能性：

Ⅰ. 就其总体或某些关键部分而言，新中产阶级在人数和权力方面将继续增长；最终，它将发展成为一个在政治上独立的阶级。它将取代其他阶级，发挥推动现代社会运转的中枢功能，它已被提名为下一任统治阶级。历史降大任于新中产阶级：下一个时代是属于他们的。

Ⅱ. 无论是在人数上还是在权力上，新中产阶级都在继续成长，虽然他们不可能成为一支独立的力量，但仍然是不同阶级间总体平衡的一支主要的稳定力量。作为阶级平衡的重要因素，他们将使自由资本主义社会得以延续。他们的扩展将阻止不断增长的无产阶级化；他们是劳资之间的缓冲器。由于他们继承了老式中产阶级的某些功能，同时又和雇佣劳动者有着广泛的联系，他们也将能够和这两个阶级合作；从而成为跨越阶级对立、减少阶级冲突的桥梁。他们是阶级利益的平
291 衡轮和稳定器，是社会和谐的创造者。他们是终止阶级争吵、达到新型

社会团结的协调人。这就是为什么无论是走选举道路或是诉诸革命的阵营或运动都投其所好的原因所在。

Ⅲ. 就其社会特性和政治面貌而言，新中产阶级成员事实上属于并且仍将属于资产阶级。这一点在那些不仅希望成为经济阶级还想成为地位集团的群体中，表现得尤为明显。就像纳粹德国一样，他们将是保守、反动甚至是法西斯运动的主要人力资源。他们是大资产阶级势力的天然盟友和突击队。

Ⅳ. 新中产阶级将沿着马克思主义的经典构架发展：在所有主要方面，他们都将以既定的方式和无产阶级融为一体，接受社会主义的政策。与此同时，由于种种原因——这些原因在其危机和衰落的过程中将被冲刷殆尽——它将表现为一种延宕反应。因为在历史的现实中，“新中产阶级”不过是一种特殊类型的无产阶级，它与后者有着相似的根本利益。伴随着资本主义社会各种现实阶级间的阶级斗争的加剧，它必将滑入无产阶级的行列之中。其极少数上层人物可能会成为资产阶级，但是无论在人数上还是力量上这都将无足轻重。

要对这些各不相同的观点进行比较是非常困难的。首先，在时髦的词汇“新中产阶级”中所包含的职业并不相同。我们只要想到白领世界模糊不清的边界，就很容易理解为什么这份职业拼盘会吸收了如此众多的互相冲突的理论，而它的一般形象又何以大相径庭。他们缺乏一个公认的名称，白领、薪金雇员，或新中产阶级是可以交替使用的。在这些林林总总的理论发展的历史阶段中，构成这些阶层的职业群体已经发生了变化；在不同的特定阶段，在收集支持自己理论的资料时，不同的理论家们考察的是构成总体的这部分或那部分群体。所以有关白领人士的政治作用的互为矛盾的形象能够相互共存(甚至也许两者 292
都是对的)。例如，那些深信白领人士是现代社会的前卫阶层，已经被提名为下一任统治阶级的人，脑子里想的并不是小杂货店的职员、保险的代理人或速记员，而是高级技术人员、工程师、领薪水的商业卡特尔经理，或是联邦政府的高级官员。另一方面，那些确信白领正在无产阶级化的人，关注的则是普通职员和售货员；而那些认为白领具有居间协调作用的人，则很可能包括了上下两层。无论怎样，在第二部的论述中我们已经将整个白领阶层起码划分为四个亚层次或包括不同层次在内的金字塔，当我们将白领人士置于我们的政治期望之中时，必须注意这一划分。

大多数与新中产阶级及其政治作用相关的著述，都涉及资本主义发展道路的一般理论。这就是为什么很难简洁而系统地梳理特定的作家们对白领人士的确切看法的原因。他们的观点并不是以对这个阶层的考察为基础的，其依据首先是他们碰巧遵循的政治纲领；其次是他们已经接受的涉及阶级的政治划分的理论立场；再次则是他们对 20 世纪工业社会的主要进程的判断。

纯粹的无产阶级拒绝接纳白领人士；联合阵线的拥戴者起码会将部分白领和工人团结在一起，为某些具体问题而斗争，同时又注意保持组织上尤其是宗旨上的独立性；人民阵线分子会通过改变雇佣劳动者的意识形态和纲领来迎合白领，以便将这两者联合起来；而信奉某种教条主义的多元论、具有“民粹派”倾向的自由派，则号召白领人士和小商人、小农场主以及各种等级的雇佣劳动者联合起来。每一派别，如果存在的时间长得足以让它自己的知识分子写本著作出来，都会提出与白领特征和其能够扮演的角色相关的理论。

就政治学说而言，有关白领问题的各种定义通常都假设存在着一
293 种与命中注定要出现的这些阶级相关的多多少少刚性的框架。坚信白领工人在未来大资本和劳工的任何斗争都具有举足轻重的地位，就是假定在资本和劳工之间未来一定有一场公开的斗争。而关于白领是否将成为无产阶级或资产阶级，从而或放弃他们已有的自我认同，或走自己的独立自主之路的问题，就是假定存在着这些左派或右派，而他们的

斗争——实际的而非意识上的——建构了真正的政治角斗场。然而，与此同时，随着新中产阶级的崛起而出现的那些理论，将无产阶级和资产阶级划分成各种各样的独立部分，这说明分析单位以往一直是过于简单的。现在，只有在这样的背景下才能提出新中产阶级的问题，那就是不能仅仅假定阶级营垒是同质的。

有关白领工人的政治争论一直在国际范围内进行着。虽然现代国家确实有许多共同的趋势——在这些国家中白领工人的统计数目确实在增长——但是各国也有自己独有的特征。在回答美国白领人士的政治作用时，我们必须尽自己所能从其他国家尤其是魏玛共和国关于中产阶级的讨论中吸取经验。但是，在进行这种学习时，我们必须将一切都视为假说，然后用美国的事实和趋势对其进行检验。

就像我们已经注意到的那样，在大多数争论中，各种理论和预期都没有对时间跨度做出严格而详尽的说明。无论是那些认为白领工人事实上只是无产阶级的一个附加部分，并且最终将按后者的方式行动的人，还是那种认为新中产阶级已被提名为下一任统治阶级的人，他们提出的时间表都是语焉不详甚至相互矛盾的。

在这些理论中争论不休的问题，反映了新中产阶级在现代社会各阶层内部和各阶层之间的客观地位，及其意识的政治内涵和方向。只有明确地界定充分的社会分层和政治心态概念，才能用观察性的答案并按照事实的要求对上述问题所涉及的疑问做出回答。

2. 心　态 294

在有关白领人士的各种理论中，常常有人断言美国不存在阶级，因为“心理学是阶级的本质”，或者如艾尔弗雷德·宾厄姆所说的那样，“阶级群体总是朦胧不清的，而分析到最后，只剩下所谓阶级意识的模糊东西了”。有人说，美国人并未意识到自己是某些阶级的成员，并未认同于与自己相应的经济水平，也不会按这种阵营组织起来，或按它们提供的思路投票。据此，美国是由“中产阶级的个体”组成的一盘散沙。

但是，这种说法混淆了心理感受和其他社会经济现实的关系。因为人们无时无处都没有“阶级意识”并不意味着“不存在阶级”或“在美国人人都是中产阶级”。经济与社会事实是一回事；而心理感受也许能、也许不能以某种期待的方式和经济社会现实联系在一起。两者都很重要，如果心理感受与政治面貌和经济地位不相一致，我们必须努力找出这是为什么，而不是把经济这个婴儿连同心理学的洗澡水一起倒掉，这样是无法理解这两者怎样才能适应美国这个浴缸的。无论人们相信什么，作为一种经济安排的阶级结构根据一个人在其间所处的位置影响到他们的生活机遇。如果他们把握不住自己行动的原因，并不意味着社会分析家就应该忽略甚至否定这些原因。

如果政治心态和客观界定的阶层不相符，这种不符就成了一个需要解释的问题，它也是社会阶层心理学的主要问题。社会分层和政治心态的一般问题都涉及客观界定的阶层成员在政治警觉、政治面目和政治忠诚上具有何种程度的同质性，涉及他们的政治心态和行动与由他们的客观位置及价值观共同决定的利益要求具有何种程度的一致性。

要了解一部分人的职业、阶级和地位，并不必要知道他们是否：(1)
295 形成了阶级意识，感到他们同属一体，或感到只有联合起来才能实现他们的理性利益；(2) 将组织自己的协会、运动、政党，或向其他组织开放；(3) 具有包括对他们自己、他们共同的处境在内的任何“集体态度”；(4) 仇视或反对其他阶层。在相似的客观情景中，可能出现也可能不出现这些社会的、政治的和心理学的特征。在任何既定的情况下，都应该探讨这种可能性，而不应该将“主观”特征作为阶级归属的标准，反之，应当像马克斯·韦伯明白无误地论述过的那样，将其作为一种在客观界定的情景基础上的可能性。

以这种方式表述分层问题，是以一种社会运动和政治动力学模式为基础的。人们之间的重要差异正是塑造他们的不同生活经历和观念的差异；在任何既定的阶层内部，个人当然是有差别的，但是如果我们充分了解了这些阶层，就能够预言某些心理学特征将会重复出现。人们在阶级、职业和声望方面的同质性越强，具有相似的心态、意识形态和联合行动的可能性就越大。当然，其他因素确实影响着意识形态、组织和意识在具有客观相似性的阶层中出现的可能性。但是，心理学因素很可能和阶层有关，而阶层是由带有阶级、职业、地位和权力这些我们常常使用的不同维度共同决定的特征的人群组成的。我们的任务就是以系统的方式厘清分层的这些维度，先分门别类地研究，再探讨这些维度相互间的关系。

白领工人是“新中产阶级”，或是“新工人阶级”，再或什么都不是，这一问题并不只是定义问题，但是只有通过明确的定义才有可能从经验上解决这个问题。前述各种主要的理论都是以“无产阶级化”这个术语为中心的，但是它的意义仍然很不清晰。在我们使用这一定义时，无论如何，无产阶级化可能指的是从中产阶级职业转变为雇佣劳动者，这 296
种转变涉及收入、财产、技能、声望或权力，不管卷入其中的人是否意识到了这些转变；也可能涉及意识、观点或有组织的活动。例如，一部分白领人士在收入、财产、技能方面实际上已经和雇佣劳动者无异，但是却拒绝提出和后者相同的声望要求，将自己的全部意识定位于虚幻的声望因素之上。只有在分析中坚持将客观地位和意识形态化的意识分开，才能准确地论述这个问题，才能避免对雇佣劳动者、白领工人以及社会阶级的普通心理学作不切实际的假设。

例如，当安东·潘尼库克这位马克思主义者，拒绝将收入低于技术工人的无产人士视为无产阶级时，他考虑到的是意识形态和声望因素。但他没有进一步地去考虑同样的因素在“无产阶级”内部的运作，因为他所坚持的只是一种也许可称之为形而上学的信仰，即认定无产阶级注定只能赢得某种意识。那些将白领群体视为正在形成中的一种独特的独立“阶级”的人，常常使用声望或地位而不是经济水平作为他们界定的标准。马克思主义者，比如L. B.鲍丁断言，薪水雇员“和最普通的按日计酬的工人一样，实际上也是无产阶级的一部分”。人们现在普遍认识到，他的看法显然是以经济标准为基础的，为此他的论断受到了反驳，因为他忽略了“那些重要的心理因素”。

马克思主义者在自己的期待中假定，首先，雇佣劳动者，或起码其中的大多数人，对他们在现代历史中的革命作用确实具有或随时都会具有一种社会主义者的意识。其次，中产阶级，或其中的大部分人，正在获得这种意识，因此在这一方面变得越来越像雇佣劳动者，或设想中的雇佣劳动者。再次，他将自己的论点主要置于如下假设之上，即分层的经济维度，尤其是财产状况，是关键的因素。正是在这个维度上，中产阶级变得越来越像雇佣劳动者。

297 但是，无财产的雇员（包括雇佣劳动者和薪金雇员）事实上并没有自动采取社会主义的立场，这就清楚地表明，无财产不是决定内在的意识或政治意愿的唯一因素，甚至也不是关键因素。

无论是白领人士还是雇佣劳动者，以往和现在都不怎么关心财产问题。上个世纪出现的财产集中是一个缓慢的过程，而不是在一代人的生命周期内发生的突变；即使农场主的子女们——在他们身上出现了最明显的财产“剥夺”现象——向往的也是城市的诱惑，而不会关心城市人的无产状况。况且，作为工作的持有者，薪金雇员通常都和其他人一起，经历过生活水平的实际上升：无产化肯定并不必然等同于贫困化。因此，财产的集中，以及相伴而生的财产的剥夺，并没有普遍使人经历“特别的痛苦”，或对无产化作出什么反应，无论你赋予这些概念什么样的心理学意义。

客观上说，我们已经看到白领大众的结构性地位和雇佣劳动者已经越来越相似。自然，两者都没有财产，而收入也越来越相互接近。能够使白领工人将自己与雇佣劳动者区别开来的所有地位因素，现在都肯定削弱了。不断加强的理性化降低了技术水平，使白领的工作越来越像工厂的工作。伴随着高中教育在雇佣劳动者中越来越普及，加之对许多白领工作的技能要求却越来越简单，显而易见的是，白领工作的市场将能够接纳更多的雇佣劳动者子弟。

在下一代人的生活过程中，在低级白领和雇佣劳动者之间将可能形成一个"社会阶级"，借用韦伯的语言来说，它意味着在这两个位置之间将出现一种典型的工作流动。当然，这不会包括专业阶层或高级经理雇员，但是它将包括营业厅和办公室内的大多数工人。对他们来说，无产者的职业世界里发生的这些变化比他们现在的无产状况要重要得 298
多。

3. 组　织

所有认为新中产阶级或其中的任何一部分将是下一任统治阶级的理论，都隐含着这样的假设，即政治强权具有功能上和经济上的不可或缺性。因为它假定，在实现社会秩序所需的主要功能中不可缺少的那个阶级，按序将成为下一任统治阶级。马克斯·韦伯在论述科层制度的文章中对此不屑一顾："正如无产阶级在经济上的不可或缺性，并不能如某些无产阶级运动代表所认为的那样就此决定了他们的社会和政治地位；同样，那些目前已达数百万之众的官员们的日益增长的'不可或缺性'也并不能在这个(权力)问题中起任何决定性作用。假如'不可或缺性'是决定性的，那么在奴隶劳动为主的地方，在自由民往往将劳动作为一种耻辱来诅咒的地方，'不可或缺的'奴隶们应该是大权在握的了，因为他们至少像今天的官僚与无产阶级一样不可或缺。权力是否……以这样的方式来增加，并不能先验地由这类原因来决定。"

但是，在有关白领的文献中这样的假设比比皆是。正像马克思通过揭示资本家的努力具有寄生本质，工作的现实功能是由工人完成的，从而预言工人将起来掌权一样，詹姆斯·伯恩海姆——在他之前有哈罗德·拉斯维尔，再往前有约翰·科尔宾——也假设，因为新中产阶级是现代社会日益依赖的技术的拥有者，随着时间的推移，它将毫无疑问地掌握政治权力。技术和管理上的不可或缺性就这样与权力斗争的事实相混淆了，而权力的所有其他来源则被忽视了。这些观点的不足也从反面说明：在论述政治权力和分层的关系问题上，我们有必要发展和运用一个更为开放和灵活的模式。

阶级和地位状况已经渐渐脱离自由市场的力量以及固化的传统，
299 转而受制于更为正式的制度。政府对阶级结构的管理已成为减少不平等和增加低收入阶级的风险保障的主要手段。今日之美国，在塑造阶级地位和不同阶层的特权方面，自由劳工市场的作用已经不如各种压力群体的权力。工时与工资、节假、患病期间的收入保障、事故、失业、老年——现在这些问题都处在各种有意识的压力之下，它和税收政策、失业救济金、关税、补贴、最高限价、工资冻结等等构成了“阶级斗争”这一术语在其客观意义上的基本内容。

“福利国家”企图在不改变基本的阶级结构的条件下控制阶级的变迁；几种含义和类型不同的福利国家都推行旨在重新分配生活风险和生活机会的经济政策，以利于那些处在无人理睬的阶级状况下、但具有力量或威胁说要聚集力量的阶级，能够为改变自己的境遇做点什么。

工会、农场团体和行业协会不仅控制了福利国家的政治形势，而且还控制了其永久的战时经济；发生在这些集团内部和集团之间的竞争，越来越有力地决定了各个群体的地位。作为一种被描述的现实，国家处在这些压力的平衡焦点上，不同职业阶层的特权和保障越来越依赖于组织化的力量所具有的强力手段。

白领和雇佣劳动者的客观地位常常正是通过这些手段才变得越来越相似的。马克思主义者预示的无产阶级化遇到的最大困难是，许多变化表明并没有出现白领地位的降低，更为常见的倒是雇佣劳动者地位的提高。

和工资相对应的薪金是白领雇员传统的路标。虽然薪金对许多白领职位仍然具有声望价值，但它现在只能被视为是大多数白领阶层中的一种流行做法，而不是整个白领世界不可逾越的界限。形成上述差异的基础包括，付酬的时段长短不一，因此工作保障程度不同，而长时间内有保障的收入期望如何也会影响到进行计划的可能性出现差异。但是，越来越多的公司开始将薪金雇员的薪酬建立在工时的基础上，在许多地方 300
薪金雇员的薪水不时会因为缺勤而受到克扣。而以工会为代表的体力工人，则正在要求并获得了原先只有白领人士能够享有的种种权益。

在所有方面，权益上的差异都是从雇佣劳动者这一方获得明显突破的。正是从事大生产的钢铁工人协会而不是白领雇员，促成了有关固定就业问题的全国性争论；白领雇员现在常常必须为曾被认为是他们的天赋权益而战：报业行会这一专业协会，就不得不坚持将有关解雇费用的条款写进合同。

白领和雇佣劳动者之间无论以往在收入保障、疾病福利、带薪度假和工作条件方面存在怎样的差异，现在的总趋势是工厂工人也一样能够享有同样的利益了。退休金问题一直是集体讨价还价的主要问题，第二次世界大战以来尤为如此；而有讨价还价能力的正是雇佣劳动者。包括工伤和职业病在内的社会保险法正在逐渐取代一个世纪以前的共同法，后者规定雇员因个人失误造成工伤时，雇主的法律责任应由法庭根据伤害赔偿诉讼来裁定。这类新法律的出现，从法律上保证了体力工人的阶级机会达到甚至超过了其他阶层的水平。无论是权益还是收入水准都日益受制于工会和政府这两大力量的支配，因此任何理由都能使我们相信，未来将变得更好。

任何阶层所行使的权力，其增长都有赖于三种因素的相互作用：意愿和技能、客观的机会，以及组织。机会受到群体的结构地位的限制；意愿有赖于该群体对自身利益及其实现方式的意识。而结构地位和意识这两者和组织都具有互相促进的作用，组织强化着意识，而结构地位则使组织的政治性成为现实。

第十四章

301 白领工联主义

1945年12月18日，密歇根州弗林特市消息：今晨，警察趁只有25至30名纠察队员执勤之机，在格斯·霍金斯上尉的率领下，以并列队形冲入罢工队伍。大约500名白领工人通过警察围成的长廊进入工厂。没有发生骚乱，当工厂的薪金雇员和其他文职人员进入工厂时，工人让开了路，嘘声四起。接着警察撤了出去，允许工人恢复有秩序的纠察。全美汽车劳工工会(U. A. W)的片区领导人杰克·F. 霍尔特宣称，上午他手中将聚集起10 000人，“我们倒要看看他们能否冲垮这10 000人”。

一位具有30年实际经验的组织专家说，组织白领人士的最佳时机，莫过于把他们放到能亲眼目睹工人获得了怎样成功的地方去，让他们看看工人组织起纠察队和进行罢工时的壮观场面。以我的长期经验而言，只要哪里有强大的雇佣劳动者工会，白领人士就会加入到这些地方的工会中去……

1912年，在一封写给全美制造商协会(NAM)主席柯比先生的信中，顾问默里先生写道：第 16 修正案通过在望，它将允许(美国)总统拥有工会会员证。

1945 年 12 月 19 日，密歇根州弗林特市消息：在接近零摄氏度的气温中等候了近两小时后，昨天趁只有象征性工人纠察队执勤之机，通过由警察组成的人廊进入厂区的 500 名办公室职员最终散去。

1948 年 3 月 30 日，纽约市消息：今晨 8 点 55 分，华尔街发生了暴力事件。由联合金融雇员工会 205 分会组成的工人纠察队，在美国劳工联合会(AFL)海员工会会员的支持下，将 4 名警察打翻在证券交易所门前，然后静卧在门前的人行道上。100 名警察闻讯赶到，在一阵暴烈的大棒下，12 人受伤，45 人被捕。暴力行为延续时间超过 30 分钟，但几乎一整天，交易所大楼都被 1 200 名纠察队员包围着，他们向走进大楼的人呼喊口号。

劳工联合会主席塞缪尔·冈珀斯说，你如果能在纠察线上找到两个白领工人，我就能把整个工人阶级组织起来。

经济现实与反工会情绪之间的斗争一直浮现在白领工人的脑海中。无论其动机是什么，在 20 世纪各种现实因素的推动下，白领人士正在步入与雇佣劳动者相似的组织化的经济生活之中，他们的幻想逐 302
渐也在朝着与现实更加一致的方向发展。他们逐渐意识到，那个由小业主组成的老式中产阶级的世界已经让位于一个新的社会，而他们自己不过是这个受人雇佣的新的雇员社会的一部分。现在，和钢铁工人协会、煤矿工人协会一道，还出现了办公室工人、音乐家、女售货员、保险公司职员组成的各种各样的工会。

白领工联主义究竟发展到了什么程度？导致白领工人接受或拒绝工联主义的原因是什么？工联主义对他们意味着什么？白领工会对美国劳工协会的整体走向会有什么样的影响？在美国，出现一种民主的政治经济的可能性如何？

1. 组织化的程度

20 世纪伊始，加入工会的雇佣劳动者为 8.2%，白领雇员为 2.5%。以下是自那时起某些年份工会组织的具体情况：

	白领	雇佣劳动者	总数
1900	2.5%	8.2%	6.5%
1920	8.1%	21.5%	17.9%
1935	5.0%	12.1%	9.6%
1948	16.2%	44.1%	34.5%

1915 年后，随着工商业赢利状况的好转，劳力愈加匮乏，加之联邦政府态度的松动，加入工会的雇佣劳动者和白领人士的数量都几乎翻了一番；到了 1920 年，大约 8.1%的白领和 21.5%的雇佣劳动者加入了工会，总数接近 500 万。与通常的规律相反，1920 年代的繁荣并没有带来工会的膨胀，因为技术的进步是如此之大，即使在繁荣时期也造就了剩余的劳动力；从繁荣中获益颇多的那些行业没有被工会化，而那些已经工会化了的行业其繁荣程度又不怎么样；占主导地位的那种手工业式的工会，不能适应迅速出现的大生产技术。

因为大萧条的影响，工会损失惨重：到 1935 年，只有 5.0%的白领工人和12.1%的雇佣劳动者加入工会，总数不过 340 万人。但在这一
303 年潮流变了。立法机关确立了组织工会的权利；结果出现了一系列有利的法庭判决；官方体现出友好的气氛，工人中形成了接受新思想的氛

围;工业界的工联主义有了很大的进展;最后,战时繁荣和紧俏的劳工市场进一步推动了这种倾向——在这属于劳工的 10 年中的各种发展,使得 1948 年组织起来的雇佣劳动者达到 44.1%、白领工人则达到 16.2%。雇佣劳动者工会蜂拥而出,撇开其他因素不说,那些巨大的有组织的力量都将他们作为工作的重点。在比较工会中的雇佣劳动者和白领雇员的比例时,我们应该牢记,白领工联主义面临的是一场艰巨的战斗:在 20 世纪的前 48 年里,潜在的白领工联主义成员的数目增加了 406%(从 370 万人增加到 1 470 万人),与此同时雇佣劳动者中潜在的工联主义成员仅增加了 320%(从 910 万人增加到 2 900 万人)。

目前,白领工联主义的地位已经高于雇佣劳动者在 30 年代中期的地位,当时组织起来的雇佣劳动者不过 12.1%。今天,虽然 16.2%的白领工人已经加入工会,但是那些"白领聚集的行业"实际上却未受触动,所以,美国劳工协会在推进白领工会化方面处于非常有利的地位。法律是有利的,而且不久更是这样;工会有钱投入这项工作;它们又不乏技术娴熟和经验老到的组织者;虽然一片繁荣,但有人对萧条仍然心有余悸;工会在一种友好的政治氛围中运作,而且就像他们认识到的那样,在相当的程度上他们是靠自己的力量创造了这一切——这种力量在过去的 15 年中为工会赢得了巨大的声誉。毫无疑问,凭借着这些资本,凭借着既有的意志和智慧,在未组织起来的白领工人中正在逐步组织起来的力量能够成功地实现这一切。不过,到目前为止,还有 84%的白领工人仍未加入工会。

白领工联主义的历史中心一直是铁路、政府部门和娱乐业。第一次世界大战前,这三个行业的工会会员占到所有加入工会的白领人士的 64%~77%,而 1920 年代和 1930 年代初则超过了 85%。只是因为
1930 年代后期的组织化力量使他们丧失了相对优势,虽然即使到今天 304
他们也仍然占到所有白领工联主义者的 58%。

人们可能会假设,哪里的雇佣劳动者工会越普及,哪里的白领工会

也越强大，但这种现象只出现在诸如铁路这样的特定工业部门。在20世纪的前1/3的时间里，劳工协会主要指的是采矿业、铁路业和建筑业工会。第一次世界大战期间，纺织、造船和冶金工业也踏入了工会的世界。除了铁路以外，这些行业中没有一个聚集了大批的白领工人。如此，工会大量出现的那些行业，并没有为那种认为只有当白领工会补充到雇佣劳动者工会中去的时候才能迅速发展的观点提供历史佐证。

今天，在许多行业中，大量的白领雇员已经组织起来，其中包括运输业、通讯业、娱乐业，以及作为联邦政府一部分的邮政服务业。在包括制造业和零售业在内的所有其他领域中，组织起来的白领比例从未超过10%，超过4%或5%的也寥寥无几。

2. 接受和拒绝

雇员们接受或是拒绝工会，取决于他们是否意识到自身的客观问题，以及是否将工会视为解决这些问题的手段。为了使人们接受工会，显然就要求工会接近起来十分方便，而且人们还要将工会视为实现自己所渴求的目标的工具，而不会对它形成各种幻想，这种幻想在白领圈子里常常非常流行。

当白领雇员面临加入工会的问题时，客观的工作环境会影响到他们的心理。总的说来，这与影响雇佣劳动者加入工会的因素并没有什么不同，其中包括：在某一行业的技术和市场进程中占有的战略地位——它影响到人们讨价还价的能力；由雇主的不公正对待所引发的
305 极度不满；法律构架有助于维护组织工会的权利；利润较高的行业，在那里劳动力成本只占生产成本的一小部分，这意味着即使提高工资也不会对总成本产生什么太大的影响；相对稳定的雇用以及相对稳定的劳动力，如此才可能保证工会组织的稳定性。

至关重要而又通常十分复杂的问题是和“老板”的关系问题。一方

面，白领的工作与老板的工作具有技术和教育上的相似性；白领与老板朝夕相处；他们可以借用老板的声望，并因为考虑声望而拒绝加入雇佣劳动者式的组织；他们具有较大的权益和保障；具有升迁的希望——只要存在所有这些因素，就使白领雇员具有与老板相认同的倾向。另一方面，他们对老板也存在恐惧乃至仇恨。事实上，白领雇员所提倡的忠诚于资方，常常不过是对害怕报复心理的一种隐秘掩饰，这一点包括他们自己都意识不到。比如，在一次工会运动中，某办公室有 10 位老雇员坚决认定："我们工作得十分愉快。我们喜欢在这里工作。我们挣的钱足够生活所需，也许我们就值这么多钱。而且，我们的老板确实是一位好人，他总是尽心尽力地帮助我们。"公司对工会持公开仇视的态度；但是不久，因为受到已经加入工会的销售部门的压力，公司转而缄默。此时，几乎一夜之间，那 10 位老雇员的态度也发生了逆转；他们开始大吐苦水，现在他们最怕的是不让他们加入工会。他们表示从来就不赞同老板的行为，其中有一位甚至还向大家讲了自己的白日梦，说沉重的账簿掉下高高的档案柜，砸到老板的头上。

虽然一个人加入工会确实与意识到自己的经济利益和老板及公司不一致有关，但是他们对资方的态度并不是了解白领工联主义心理学的简单明了的关键。白领组织者还发现了蛰伏在深层的、受到其所接触的男女白领们不同影响的其他心理氛围。这些心理氛围的主要标志有三，各自包含一整套相应的情感和观点，它们都涉及"白领"对工会的赞同：

Ⅰ. 白领雇员常常拒绝加入工会的一个主要原因，是他们不易找
到现成的工会。在相当长的时间里，雇佣劳动者中的工联主义受到了 306
高度的关注。对大多数白领雇员来说，加入不加入工会不是一个现实的问题，因为找不到工会，即使能够找到工会，它也从不积极动员白领加入。对这些雇员来说，问题一直是要不要组织工会，这和要不要加入一个现成的工会迥然不同。

另外，除非已经加入了工会，否则白领工人通常极少与工会工作人员发生个人接触，也很少与身为工会会员的朋友或亲戚有什么往来。但是，与工会领袖及会员发生个人接触，是一个人对工会态度的决定性因素。这种接触的缺乏使得许多白领圈子中存在着普遍的对立情绪，这往往会导致反工会态度的产生。与工会的个人接触不仅能发现加入的好处，有时还会塑造某种社会情境，使那些没有入会的人感到遭受了社会排斥。一般说来，和工会人士的接触有助于消除反工联主义的倾向；事实上，这种接触似乎是一剂最重要的解毒药。

Ⅱ．白领雇员及和家庭的政党关系，影响着他们对工会的感情。虽然一些白领群体企图摆脱父母的民主党或共和党传统，转而采取独立立场，即通常说的投“最佳者”的票——这句话已逐渐用来专指共和党，但大多数人仍然留在他们父母所在的党内。在学会用工会的口气说话之前，人们总是先用党的口气说话，这就影响到他们对工会观点的接受。政党的认同与他们对工会的态度紧密相关：第三党和民主党人往往比独立人士或共和党人更拥护工会。新政，特别是罗斯福总统的人格，对工会的贡献要大于创立一套鼓舞人心的法律体系；它提高了工会的声望价值，而对许多中产阶级群体来说，它确实抵消了加入工会可能带来的声望贬损。它增加了工会在美国生活中的声望，自新政实施以来，工会的公众成功和不断增长的力量，已经进一步提升了其受尊敬的程度。

307 Ⅲ．绝不是对工作的一般的不满，而是一种特殊的不满——一种个人在工作中无法进步的感受，成了促使白领雇员支持工会的工作因素。在白领工联主义的有意识的心理活动中，这种观点比公司意图的好坏、工作的枯燥程度等等都更为重要。一个人无法进步的感觉——不论它的原因何在——和他亲工会的态度之间有着密切的联系：“我觉得什么机会都没有了……只有少数人能够得到提升……我想加入工会……我们受剥削……”但是，其他人却说：“我认为有不错的进步机会。一切都看你自己。老板的一个助手就要离开，我将有机会顶替那个位置……也许，再多练练，我也能当老板……如果干得不好，全是我的错……我真不知道你参加工会会得到什么好处……”

个人与工会的接触、政党关系，以及个人对升迁机会的感受——这是影响白领人士接受工会的三大倾向性因素。[*] 在这些倾向性因素中，每一个因素都在朝向亲工联主义的方向发展：尽管战争期间出现了一些相反的趋势，对白领人士来说个人升迁的机会和希望很有可能会持续减少。1948 年，民主党的胜利进一步提升了“自由派”政治营垒的声望，其人数也随之大增。如果随着劳工力量的增长，白领运动也能推广开来，那么越来越多的白领人士就会直接或间接地和工联主义发生接触。

白领工人是否接受工会，取决于(1) 是考虑它们的**工具性价值**，即
把工会视为实现经济与工作利益的手段；还是从**原则**出发，根据其本身 308
而不是其对自己生活的直接影响来判断它的好坏；(2) 是考虑**自己**和自己的工作处境，还是考虑“**他人**”与他人的工作处境。

在大众传播媒介中，工会常常只是从意识形态方面获得了宣传，而没有被视为一种有用的工具。“工会新闻”很少显得“贴切(up close)”，这使得公众很难将工会视为解决他们的现实问题的切实手段。因此，要想让人们根据某种原则去接受工会，或者，就像更为常见的那样，不因为某种原则而反对工会，并且认识到工会的工具性益处，就常常需要

---

* 对一小群白领人士(128 人)所作的一项细致研究发现，在具有强烈倾向性(三个因素全部为正)的人中，85%赞成工会；在具有中等倾向性(一至两个因素为正)的人中，53%赞成工会；而在倾向性微弱的人中则没有人赞成工会。在量表的另一端，在有强烈倾向性的人中没有反对工会的，在中等倾向的人中反工会的占 16%，而在倾向性微弱的人中则占到 75%。

只受一两个因素影响而未受这三个因素同时影响的人，往往对工联主义采取骑墙态度，因为他们受到互相矛盾的影响：虽然升迁的机会很渺茫，但他们和工会又没有个人接触；或者，他们虽然政治上是反对工会的，但和工会却有良好的交往；再或，如果他们是自由派人士，或许他们看到了升迁的良机。

某种意识形态的反作用力。这种意识形态的反作用力常常可以概括为政党认同的形式。除非未加入工会的白领工人受到自由派政党言辞的影响，否则你很难让他根据自己的原则去接受工会。

在这种普遍存在的、并继续为大众媒介制造的充满敌意的气氛中，出于原则而反对工会的人要多于接受工会的人。亲工会意识形态的主要作用，在于消除这种基于原则的反对，以便其工具性形象能够更加清晰。与工会成员的个人接触在亲工联主义的形成过程中如此重要，其原因之一在于这类接触往往能够使人做出更具工具性的判断。这样，各种利益因素，尤其是对升迁机会的不满情绪，就可能成为决定性的因素。

人们通常将工会视为可以利用的某种东西而不是当成信仰的对象来接受。他们仅从工作的角度理解工会，对工会的评价也限于它对工作有何帮助。工会的产生基础，是“工作”和“生活”相分离而产生的异化，并且很可能进一步加深这种异化。接受工会似乎并不能够在其他生活领域使人们产生新的认同。

3. 个体的卷入

有人可能会认为，亲工联主义将会在同事之间产生更强的团结感，同时对高层人士或公司产生更大的敌意。但是事实并非如此：和那些
309 未加入工会或者持反工会观点的人相比，那些已加入工会或者持亲工会观点的白领工人，并未体现出更多的同事间的团结感。无论是哪一方，都有相同数量的人争相接近同事；工余探望同事；和同事友好相处；对工作群体拥有归属感，而不认为只是碰巧弄到了一块；以及对公司或上司都有一种陌生感。

无论是否加入了工会，无论是否赞成工会，或是否持骑墙的态度，在心理上白领雇员一般都还是那种拼命往上爬的小人，而不是那种将

工会和加入工会视为改善集体处境的集体性手段的特立独行的个体。这种对工会作用的漠然态度自然和白领人士加入工会的原因相关：对大多数成员来说，工会只是一个非人格化的经济工具，而不是通向新的个人、社会或者政治生活的跳板。

工会和个别成员间的主要联系是厚厚的支票簿，这一事实和美国人对个人金钱成功的普遍关注是一致的，也和许多工会组织者竭力鼓吹的信念并行不悖。工会，作为被接受的一种"工具"，是对实现传统的成功目标的传统的个人手段的一种抉择。它们是追逐个人目标的集体性工具；加入工会并没有改变目标，虽然它可能使工会成员对实现这些目标感到更为迫切。工会组织者是这种观点的推销员，正如一本为白领雇员撰写的组织手册所写的那样："你也能成功！"以及"工会组织是现代成功之途"。其主要战略是绕过地位、意识形态和政治问题，强调经济现实与利益。其唯一的地位诉求——一种强硬的"鼓劲"策略——仍然关注于白领和雇佣劳动者之间的收入差距："如果你不组织起来，整个世界都要把你抛在脑后！"

尽管这就是工会兜售自己、让别人接受自己的主要途径，还是有一些迹象表明，对白领人士来说工会的意义远不止于此："我感到有人撑腰。""我有一种感觉，那就是我们在一起，坚不可摧——你不再是公司脚下的一只皮球。""工会，我的保证。""你感到自己不再被支得团团转
了。"在现实中，出现这些相当质朴和直率的情感的原因很复杂，既因为 310
声望诉求和经济安全，也因为工会有时能够给白领单调往往也是乏味的生活注入某种令人激动的力量。在这种时候，工会成了一种雇员们能够加以积极认同的与工作有关的社会力量；与此同时，公司和上司则成了一种令雇员们感到模棱两可甚或令人沮丧的反面力量。

在斗争期间工会的活动可能是令人激奋的，你不能低估这一事实对白领雇员的号召力。一般来说，只有在这时，工会才不再是一件不受人关注的工具，而成了一种社会规范——"你和大家一起干活，他们都加入了工会，你自然感到你也应该加入了"——也因为它能够使人摆脱

单调的日常工作而受到欢迎。“在几个月前举行罢工的时候，我们谈了很多……我们罢了两天工，增加了两块钱……在罢工前一个星期左右，我们开了一次会。可能这是上班期间发生的最令人激动的事。它使上班也多少有些意思了。人人都在谈论这件事。这件事意义非比寻常。我感到我成了其中的一员……”

虽然在单调的日常工作中慢慢积累起来的怨恨，在强烈的反公司情绪和同样强烈的亲工会忠诚中获得了宣泄，但是，要维持这种忠诚，像其他机构一样，工会就必须在有声有色地行动的同时，让自己的成员获得明显的利益。也许除了罢工之外，最令雇员激动的事情莫过于工会“对公司进行调查”了。“他们说他们支付不起工人的工资事出有因。但他们刚还完 100 万元贷款，银行里还有 100 万存款。他们有钱。工会调查过。你真应该看到被查出来时头头的脸色。”

在以上所有方面，和我们已经研究过的雇佣劳动者组成的工会相比，白领工联主义并没有什么鲜明的差异。比如，在对工会的态度方面，底特律汽车工人联合会(UAW)的成员与纽约市白领工会成员相比没有什么明显的区别。首先，双方都追求更好的工作条件，尤其是更多和更稳定的报酬，同时双方都意识到要寻求工会的“保护”。更系统地说，在雇员的生活中工会有着四种主要功能：

311　Ⅰ. 从经济上说，工会意味着经济状况的改善，免受工资的随意变化。白领工作的理性化，促进了生产率的不断提高，但是成果并没有自动转移到雇员身上：只有通过组织施加压力，进行讨价还价、迫使资方让步，白领工人才能够获得经济利益。他们不可能持续不断地从雇佣劳动者组织那里获得好处——就像他们在不少行业中所做的那样——却不承担其中的一部分风险和工作。

不同工会斗争目标的差异，主要反映了它们对雇主的策略不同，而不是工会哲学有什么不同。白领工会的潮流似乎是将薪水与工作条件和其他有组织的白领工人加以比较，而不是和同行业中的占主导地位的产业工人比较。无论是否组建了工会，白领工人单纯的经济斗争仍将构成整个劳工斗争的组成部分，构成木工、汽车工人和煤矿工人斗争的组成部分。白领人士不论自以为具有何种特殊经济地位，作为一个独立群体的经济斗争，其工会都不会具有任何自治性。虽然因为越来越多的白领人士加入工会，他们在决定斗争条件时享有的发言权增加了，但他们的经济斗争和雇佣劳动者的经济斗争仍然不会有什么差别。

白领雇员传统上享有的那些特权正逐步在他们达成的工会契约中固定下来；正如全国工业大会理事会的研究表明的那样，正是在“小额优惠(fringe benefits)”领域中，他们的契约和雇佣劳动者的契约差异最大。同产业工人相比，白领通常更有可能将福利条款写入契约：请事假、付病假工资、解除合同费，以及节假日规定等等。然而，当这类权利在白领契约中固定下来之时，也是雇佣劳动者开始为这类权利以及医疗和退休金等更牢靠的权利斗争之际。

Ⅱ. 在工会提高了雇员们的收入水平及其稳定程度的同时，可能
也降低了他们的声望水准及其稳定程度。这是因为白领的声望诉求是 312
建立在他们和雇佣劳动者的差异基础上的，还因为他们加入的组织和雇佣劳动者的组织又有公开的联系，白领声望的某种基础便不复存在。白领人士清醒地意识到了这一点：“我的行业里不太可能建立工会组织，不过，即便建立了，我想我也不会参加，因为……人们会因此小瞧你。资方会下意识地认为，那些加入了工会的人不能够清楚地表达自己的观点。”

白领雇员对地位的心理考虑是他们“原则性”拒绝工联主义的原因之一，虽然这种拒绝也常常具有工具性的内容：他们希望资方能够将他们与雇佣劳动者区别对待，希望能够通过传统的个人途径爬上去。此外，声望诉求既是令人讨厌的但又是合情合理的；只有当雇员通过个人接触意识到工会的工具性价值，或接受更为开明的政治主张，更为重要的是，丧失凭借个人手段升迁的希望时，他们通常才会抛弃个人的声望

诉求。

无论如何，由于一些牢固的和长时间的因素的影响，因诉诸声望而导致的对工会的抵制现象现在正在减少，就像我们所看到的那样，同样一些因素在影响着一般的白领声望：其中包括，雇佣劳动者和白领之间收入差别的消失；类似 1930 年代期间出现的那种白领失业；白领对高等教育的垄断被打破；白领人士原先因“不像工人那样生在外国”而产生的声望诉求不可避免地减少；白领工人向较大的工作地点集中的趋势，以及他们的等级的降低和工作的日益单调；以及白领人士总数的增加本身——所有这些因素和趋势正在侵蚀白领因考虑声望而拒绝加入工会的基础。

今天，白领工人及其组织运用各种手段力求避免与雇佣劳动者同化，同时又想确保工联主义的好处。他们将自己的工会称作“同业公会”或“协会”；他们长期采取不罢工策略，如此等等。只要工会的关注中心仍然是经济目的，所有这一切都没有什么意义；然而，虽然声望的丧失只不过是一种正在逝去的价值的丧失，但这一价值对白领雇员来
313 说仍然是很现实的，常常超过了他们对低收入的关注程度。为了应对这种吁求，工会的组织者不得不对声望的损失与经济利益的获取加以平衡：就眼前而言，人们承认工联主义所选择的严格的工具主义道路大大减缓了声望的损失；而从长远来看，各种客观力量将会摧毁这类过高的声望诉求的基础。

Ⅲ. 从客观上说，工联主义意味着对集体独立性的公开认可，与此相应，则是对个人依赖性的默认。我们已经看到，个人没有升迁机会的感受和亲工会的态度之间有着怎样的密切联系。和雇佣劳动者工会一样，白领工会在某种程度上是工作过程理性化的一种结果。因为只有组织起来才能加以反抗，才能对这样的工作条件乃至工作生活本身加以控制。在诉求同工同酬与同工同条件的职业平等的过程中，工会进一步推动了工作的理性化，同时又使之能够更好地满足作为整体的工

人群体的利益。不管工会的意识形态怎样，在许多工会运动中卓有成效的工作描述委员会的任务，就是重组公司的人事体系。顺便说一句，这样做消除了许多由资方培育的、或经资方许可而常规附着于等级体系之上的、没有经济内容的声望区隔。有时，这种做法在雇员中制造了激烈的愤恨："我不能确信我想参加……我的朋友说他们在她的办公室里欺负她。他们在办公室里上上下下，看看大家在干什么，甚至一位档案员打了一份标签，他们就威胁说要解雇她。"

雇员的现代选择并不限于个人或独立或依赖雇主。工会成了这样一种手段，团结起来的人们能够利用它办到在雇主的位置上才能为他自己办到的事，或者说能办到在以前比较温和的剥削年代里雇员靠自己就能办到的事。因为工会削弱了雇员对雇主的依赖，继而产生的自然是对工会的依赖——期待这个组织能够更好地依他们的利益行事。在许多行业中，工会是一个附加的科层机构，其目的在影响雇员能够更好地与实业界这个更大的科层机构相适应。在公司内部，参加工会的 314
白领工人将自己和一种新型的人事组织联系在了一起，后者时刻关心着他们的利益；在工会内部的民主范围内，他获得了一种集体的声音，凭此他可以向公司领导层大声抱怨自己的工作和个人忧虑。在办公室和营业厅里，甚至在工厂门前，工会加强了白领雇员的集体力量，使他们能够控制工作条件和增加工作生涯的稳定性。

Ⅳ. 无论是工会、白领还是其他什么组织，其权力都在政治经济领域中发挥着巨大作用。白领雇员在何种程度上能够成为影响巨大的全国性工会的会员，他们的力量就会增长到何种程度。因为作为工会会员，代表着他们的是有组织的压力群体，这些压力群体在政治性的经济谈判中影响越来越大。

4. 工联主义的塑造

虽然起码从1930年代以来，白领工人的组织化就一直是自由劳工运动日程表上的标准项目，但是这种组织化的政治意义通常都未得到认真的探讨。假如在1 200万尚未加入工会的白领人士中能有800万或900万人加入工会，它对美国劳工运动的政治特点和政治方向将意味着什么呢？

要回答这个问题，我们必须考虑这样几点：(1) 白领工联主义是否具有或可能发展出一种自己独特的心态与发展方向；(2) 同雇佣劳动者工会相比，白领工会是否会表现出更强的战斗性；(3) 白领工会的扩大是否会以及在何种意义上会建构起“劳工阶级”和中产阶级的联系。

Ⅰ. 在20世纪中，美国劳工联合会在白领中一直处在主导地位。1900年，白领工会会员一半属于美国劳工联合会，另一半属于其他独立工会；从那时起，美国劳工联合会的比例逐步增加，1935年已占所有加入工会的白领工人的2/3。产业组织大会(CIO)的崛起对美国劳工联合会在白领中的主导地位仅仅产生了很小的影响；这是因为产业组织大会所组织的规模较大的运动主要是在产业工人而不是白领工人中展开的。1948年，在所有加入工会的白领雇员中，62%属于美国劳工联
315 合会，22%属于独立工会，只有16%属于产业组织大会。如果我们换一个角度来分析一下数据，计算在各种工会集团中所占的白领比例，那么，独立工会会员的21%，美国劳工协会会员的19%，以及产业组织大会会员的8%是白领工人。

如果更多的白领工人被组织起来，那么，在现存的条件下，他们大多数将加入现有的劳工组织。1948年秋，产业组织大会的领袖确实宣布发动一场白领工人运动，从那时起已经开展了一系列运动来推动这

一事业。至于他们为何会如此认真地对待此事，除了标准的保护工人利益的动机外，可能还受到某种政治方面的考虑的触动。在产业组织大会内部，“白领运动”实际上是一场反对声势浩大的共产主义势力的运动，其高层领导人希望能够排除这些势力。颠覆工会权力或夺取工会权力的方法就是组织与反组织。他们也希望在目前的政治阶段中，能够在参与者的人数方面赶上和超过美国劳工协会所属的工会。白领领域是一片新的疆土，它牵扯到的权限问题最小。

许多产业组织大会的领导人是年轻人，他们志向远大，在最初选定的领域中早已组织起了工会；白领运动为他们的精力提供了一个宣泄口；而且，对领导者来说，组织工人运动为他们带来的权力丝毫也不亚于工人们的权力。而那些中年得势，近来爬到权力顶峰的年龄稍长的领袖们，则希望将运动打上自己的烙印；在工会圈子里，这就意味着抓组织。产业组织大会内外的工人领袖们，可能认为组织白领工人将能够增加自己在“中产阶级”领域的政治吸引力，并借此改善工会的公共关系。因为他们也想在某些标准的政党内部争夺权力和影响，他们自然会将吸收白领人士加入工会，视为在政党和国家内部的斗争中以及在政党和国家之间的斗争中的一张王牌。

发现独立于现有工会阵营的白领工会阵营的机会似乎非常渺茫，这部分归咎为现存的工会格局的影响，部分归咎为白领雇员及其中的潜在的领袖人物，缺乏确定的意识形态或现实因素促使他们去扮演某种独立的角色。

在现存的工会世界中，雇佣劳动者工会具有组织方面的优势；他们 316
的基础是如此之大和如此之巩固，以致我们这个时代的白领人士即使都组织起来，也不可能占主导地位。组织需要金钱；在现代工联主义的财务系统中，一个人需要很多的钱；在这个大实业、大政府和大工会的世界中，没有资金的小工会不是落在大工会的后面，就是被大工会所吞并。

同1930年代相比，1950年代白领的组织化似乎更缺乏自发性，自下而上的现象也不多见。组织化往往是由现有的工会组织的权势人物自上而下发起的，因为当工会处在准自发状态下时，新的和斗争性更强的领袖人物往往容易蹿到高层来。产业组织大会 30 年代组织的运动就将原有的工会世界一分为二，在相当程度上顺应工人的要求，提拔了一批新的权势人物；在一定的历史时期，他们似乎能够随心所欲地选择新的工会成员。

但是，发生上述情况时，加入工会的工人不过 340 万；现在，工会会员已经达到 1 540 万。劳工如此强大，相关的法律要求又是如此复杂，以致在工会组织运动中浮现新型领袖人物的机会是极为有限的。当然，组织技巧和组织策略可能会有适当的差异，那些采用了更能迎合白领雇员的政治纲领的领袖可能会崛起，但在事物的自然进程中，已经大权在握的老一辈领导人总是会选择与鼓励那些和自己大差不离的后辈。

在那些已经建立的工会总部里，大权在握的权势人物和他们喜欢的人物控制着运动，而且很可能还操纵着任何新建立的工会。新的领袖必然崛起，而老迈的领袖人物必会退出，但是，白领工会成为新型组织的机遇，或是白领人士成为大权在握的新型领袖的机遇却实在是微乎其微。

Ⅱ. 就像我们已经知道的那样，白领工联主义的心理学与雇佣劳动者并没有什么不同；两者都出于权益考虑，将工会视为工具，而不是出于什么原则和意识形态。当然，无论在形式上还是在政策上，木匠工
317 会都和汽车工人工会、保险推销员工会或保险职员工会有所不同。但是工联主义的共同特征是不会根据白领和雇佣劳动者的类型发生改变的。

但是，仍然需要对这一问题的不同方面进行认真的思考。有人认为，白领工会会员们往往更为谨小慎微，缺乏战斗性，因为白领人士的生活方式和大生产领域的工人不同，他们通常接触的是大众（中产阶

级）文化、常规性信息，以及主流价值观。他们有更多的机会参加其他组织，因此，工联主义在他们的政治生活和社会生活中的意义远远小于在钢铁、汽车或煤矿工人生活中的意义。因为他们拥有较为干净、声望较高的工作，并且意识到他们底下还有蓝领大众，这使他们感到投身到激进的但却可能失败的工会运动中去得不偿失。因为他们中的许多人出生于中产阶级家庭，他们与创业因素的家族联系也会使他们束手束脚。进一步，因为一部分白领雇员出生于雇佣劳动者家庭，和后者有着千丝万缕的联系，这使得白领大众在忠诚度上会发生分化，并进而影响到政策和行动上的摇摆不定。

上述观点每个都不无道理。但是，我们也可以带着某种程度的真实性说，白领工会将比雇佣劳动者工会更富有战斗性，因为他们在权力的交易中还很年轻，因此，起码在一段时期内，权力的滋味会促使他们投身于更不受约束同时更具有自发性的运动。同雇佣劳动者相比，他们有更高的声望诉求，和老式中产阶级有更多的联系，他们不会就这样轻易"罢手"，很有可能站得更高、斗争得更坚决。因为他们中的很多人一向依赖于雇主，一旦他们打破这种忠诚，站到亲工会的一边来，他们反对雇主的力量可能更强、也更猛烈。因为他们受过较高的教育，一旦接受工会的原则，他们贯彻原则的能力会更强，他们的工联主义可能具有更强的政治和意识形态倾向。

这些观点也同样都有几分道理。然而，这两种观点都不是那么充分。支持白领工会将比雇佣劳动者工会更有战斗性观点的依据，主要有赖于白领工联主义还相对弱小、年轻。但是，和同样大小、同样年头 318
的雇佣劳动者工会相比，白领工会并没有什么不同。而那些认为白领工会同雇佣劳动者工会相比缺乏战斗性的观点所依赖的那些差异，在历史发展的进程中可能将很快烟消云散。

美国工联主义的历史经验（当然不需要教条式的经验）就是，雇佣劳动者和白领雇员最终在适当的时候形成了同样类型的工会，白领工联主义没有什么特殊的或独特的地方；雇佣劳动者工会和白领工会在斗争性方面的差异，和这两者在其他方面的差异一样，都是微不足道的。

无论怎样，工会到目前为止是舒缓下层阶级的要求、为他们实现自己愿望提供渠道的最可靠的工具，它能够使工人在战时团结起来并避免内部冲突，在和平及萧条时期控制工人的激烈反抗。认为工会在白领群体中不能发挥同样作用的看法是没有道理的。

但是，有一个历史事实必须引起注意：1930 年代及 1940 年代初，在由共产党控制的产业组织大会的工会，白领的比例曾大于雇佣劳动者。1948 年，产业组织大会中 40%的白领会员在共产党控制的工会里，相反只有 20%的雇佣劳动者会员在共产党控制的工会中。但是这种现象只出现在产业组织大会内，而其吸收的雇佣劳动者从总数上说要远远多于白领工人。如果我们的统计对象是整个工会世界，包括美国劳工联合会、独立工会和产业组织大会，我们就会发现，各共产党派别大约控制着 6%的白领工会会员和 7%的雇佣劳动者工会会员。

各共产党派别所以能在产业组织大会内部控制这么多的白领工会，是产业组织大会发展过程中的一件历史巧合，而不是白领工会会员比雇佣劳动者会员“政治性更强”的标志。白领工会碰巧主要集中在大
319 城市，尤其是纽约，而那里正好也是美国共产党的堡垒。而且，这个党很可能对纽约白领世界许多人所代表的小布尔乔亚心态具有相当的吸引力。

Ⅲ. 现在看来，先前的那种认为工会的单纯扩张是件好事，因为它能带动更多的工人进入到“组织中心”来的激进看法，和那种认为将白领人士争取到工联主义阵营中来就能建立起“和中产阶级的联系”的观点一样，都是十分幼稚的。这两种观点都受到占主导地位的工会类型及其可能有的政治潜力的制约。它们都假定，当工会扩大到相当的规模，就会成为激烈的社会变迁的火车头，它们就能够以战斗的智慧指导自己，进行智慧的战斗。

白领工人加入工会是否意味着劳工就和中产阶级建立了联系的问题,取决于“中产阶级”和“劳工”的定义。这一问题是从社会主义运动的纲领中继承下来的,在这一纲领中,“劳工”指的是无产阶级——一个与社会其他部分相分离的具有政治觉悟的群体,并且被认为是所有历史变迁的动力;而“中产阶级”指的则是“带有企业主意识形态的阶层”。

但是,美国的劳工,就像工会中的那些劳工一样,如今已成为一种政治上的压力集团,而白领工人正在逐步成为具有劳工心态的那种压力集团,在他们加入工会后尤为如此。

我们已经看到,两大阶级本身的变化,以及美国工会组织类型的变化,正在对白领工人是形成了一个“新中产阶级”,还是形成了一个“新无产阶级”的问题做出回答。从经济上说,白领阶层并不如假定的那样更“中产阶级化”;而从社会和意识形态上说,雇佣劳动者却比假定的那样更“中产阶级化”。在发生着社会变迁的当代科层制舞台上,垄断着行动机会的常常是各种组织,而不是有自发觉悟的阶级。在各种组织和利益集团的世界里,白领和雇佣劳动者阶层是以中低阶级压力集团的面目共同出现的。

在政治上,参加工会的白领工人越多,将越有可能使自由派和劳工运动的代言人毫不怀疑地将“劳工利益”视为全社会的共同利益。作为 320
一种压力集团的劳工运动的群众基础将更加壮大,而劳工运动的代言人将不可避免地要投身于影响更加深远的关于全国性政治经济的讨价还价中去。

5. 工会和政治

无论工联主义对白领工人个人意味着什么,它毕竟在组织上将白领阶层作为一种利益集团带入到劳工运动中。除非白领工会形成了自己独特的纲领——在这一点上目前似乎尚无此种趋势,除非工联主义对白领具有独特的政治意义——这显然也不是那么回事，否则白领工联主义和雇佣劳动者的工联主义就大同小异。因此，白领工会对美国有何种意义，取决于美国工会的一般意义。

迄今为止，人们主要还是在经济领域中体会到这种意义，而且毫无疑问，在工作条件和收入水平问题上，白领工人工会将会增加发言的机会。但是，工联主义更重要的意义涉及民主与工会的关系问题，也就是说，工会是成为一种运动，还是成为另一种既得利益，成为一种为谋求经济利益的政治规则的代理人？或者借用莱昂内尔・特里林的话说，“劳资冲突究竟是某一种生活方式内部商品占有的竞争”呢，或是一场“文化的较量”。

长期以来，就全国来说，工会在很大程度上是一串“非投资”组织。直到 1930 年代中期，人们还认为工会有两条发展道路：或是成为一种自由的运动，它们可以在不断壮大的同时仍然保留行动的自由，它们将努力奋斗，按照自由和安定的理想重塑美国社会；或是作为一种利益集团，它们会努力将自己纳入资本主义社会和行政国家的构架之中。

沿着后一条路，虽然工会可能会就更加广泛的问题表明自己的立场，但却只能和其他既得权益集团进行讨价还价。工会的代言人可能
321 也会谈起责任感，但只能是在这样的意义上谈责任感：我所说的那些我负有责任的人，就是我想寻求控制的人。在权力争夺中行动受阻的那些人的“责任感”，往往是一种控制底层阶层的不满情绪的责任感，以便那些有责任感的上层代言人，能以更加明智和实际的方式与其他代言人打交道。

民主与工联主义的关系问题，实际上是在与各种有组织的利益集团进行智斗、捍卫雇员的经济地位时，工会是否会被迫成为监督整个经济运行的“警犬”的问题。第二个问题是，在扮演整个经济的而不仅仅是充任其中的某个利益集团的“警犬”的过程中，工会是否将被迫进行规模更大的文化与政治斗争。我们所以用“被迫”这个词，是因为现有的劳工领袖不能使我们确信，作为一种常规，劳工领袖会因为某种信念

而如此行事，更不用说是出于某种需要。

无论是历史经验，还是现时的工会领袖的特点，对这些问题的回答都是否定的，但是这两者谁都不能给出最终的答案。劳工领袖在不断变化，虽然未来这种变化可能比以前要困难得多；而按照一种公正的判断，我们就必须根据20世纪中期社会结构的事实来矫正历史经验。

在这一结构的主流中，值得关注的一点就是劳工卷入商业公司和行政国家的方式和程度。有多少自由行动？究竟是哪些形式？在哪些领域？以及大致为了哪些目标？就美国劳工未来10年的命运而言，这一切就是我们应该问自己的问题。现在的主导趋势涉及相互关联的四大潮流：

(1) 以罗伯特·塔夫脱这样的人所代表的经济上的实用保守主义，正在被政治上更为复杂的保守主义所取代——这样一种保守主义十分关注牟取现代利润和经济权力的政治条件，以及为了控制工会应和其达成哪一种软性合作。(2) 现在几乎已经成为美国政治公分母的自由主义，正在成为行政管理的自由主义，一种更加强大同时更能兼容并蓄的国家构架，其间公开的政治斗争开始转变为各种行政程序和压力。(3) 和这种复杂的保守主义相吻合的劳工利益，正在逐步归属到 322
这种行政国家之中，并在事实上成为其主要的支柱之一，同时反过来又从中汲取了巨大的力量。(4) 所有这些进展都发生在一个战时经济的总体框架内，而后者是在欧洲或亚洲缺乏结构性的条约和平时期形成的。

和美国的小企业一样，美国的劳工似乎正在寻觅步美国农场主的后尘。农场主一度曾是某种动乱的根源；在最近一段时期内，劳工似乎也是如此。现在，农场主常常是某个有组织的农场集团内部的一个油水颇大的单位，它牢牢地盘踞在福利国家内部，同时向后者施加压力。尽管劳工对以计时工资制为代表的资本主义更具有客观的对抗性，但它似乎也正在踏上同样的道路；劳工领袖们执行的那条成功的政策，显而易见要按照农场主的模式来塑造自己组织的政治角色。谈及农场主和劳工间的联盟，以往曾奠定在共同造反的基础上，现在则似乎是在两个压力集团之间进行的讨价还价。

和农场主及雇佣劳动者不同的是，白领雇员诞生的时间太短，以致连一天的自主权都没有；面对历史性变革，他们的结构性地位以及可能采取的战略使他们成了后卫，而不是发动机和振荡器。他们工会化的结果是化入了主流之中，成为投身于自由国家的最新利益集团的组成部分。

富兰克林·罗斯福时代的劳工故事给人以希望，因为以任何美国标准来衡量劳工力量的出现这都是第一次；除了“组织起那些未加入组织的人”，它几乎没有必要寻找任何新的方向。但是到了杜鲁门的福利政策时期，情况大相径庭：麻烦的不是托管萧条，而是农场主对其巨额财产可能被剥夺充满恐惧；麻烦的也不是成千上万的人失业，而是劳工对塔夫脱-哈特莱法案充满恐惧，害怕它被用于反对现存的工会，而工会已经成了这套行政系统的基础。那时还没有太多的人考虑战争，权势人物还能认真地考虑国内权力的分配问题；而现在对战争的恐惧高
323 悬于一切政治考虑之上，它将开创国内新局面的政治愿望扼杀殆尽。

主流中依旧存在着逆流，在逐渐僵化的结构内部也存在着可能的危机，它使这种种逆流有可能联合起来，作为一种历史力量表达自己的诉求。但是，与此同时，如果美国民主的前途受到挑战，它的祸首也不是任何劳工运动，而恰恰是缺乏这种运动，以及取而代之的其他新的利益集团。如果这些新的利益集团对民主社会结构有着特殊的威胁，那是因为他们是那样的庞大，但同时又是那样的瞻前顾后。他们最大的本事就是控制其他群体和阶层中的反抗趋势，或许正是这些群体和阶层才有可能重新改造美国社会，使其摆脱萧条、繁荣、战争的疯狂秩序，阻扼美国社会的主流朝向人人处在军警统治下的国家发展。

第十五章

后卫政治 324

任何社会阶层的政治心理都会受到其成员和其他社会阶层之间建立的或未能建立的各种关系的影响;他们接触过的所有主客观因素都会在其政治心理中扮演一定的角色。因为他们是由非常广泛的处在中间状态的职业群体构成的,所以中产阶级尤其容易受到许多交叉压力的影响,同时也容易受到那些或多或少决定着现代社会的结构和氛围的较大势力的影响。

要理解白领心理的政治形式和内容,首先,我们必须了解政治意识以及政治意识的缺乏意味着什么;要了解政治意识是怎样塑造的,我们必须研究在美国社会中占主导地位的大众传播媒介、社会历史结构、政治制度和传统对它有怎样的影响。

1. 意识的模式

我们最熟悉的一种政治意识模式是自由主义,它以个体公民为中心,欲图扩大其政治权利,增加其参与政治活动、保持政治热情的正式机会。自由主义认定,一旦个体公民被赋予了这些权利,他自然会产生政治敏感并为自己的政治利益行动。他可能会要求接受更多的教育，但是教育是自由主义为之奋斗的普遍的权利之一。

325 1920年代初，沃尔特·李普曼就尖锐地指出，自由主义关于公民政治敏锐性的假设是行不通的。他认为公民是不可能了解政治走势、思考政治真相并依此理性行事的。一面是个人，另一面是政治事件和权力决策，两者之间宛若鸿沟；这条鸿沟是通过大众传播媒介连接的，后者企图将大量的沟通压缩成简化的标语口号，它缔造了一个由种种刻板印象组成的虚假环境(pseudo-environment)。在其后是看不见的政治世界，而公民正是对这个虚假环境做出自己的反应的。在这个庞大的社会里，公民没有时间研究事情，他与他人以及传播媒介之间的有效的政治联系被限定在每天15分钟到20分钟之间。这些因素，加上人为的书报检查制度，以及人们不敢直面的可能扰乱其日常生活的现实，所有这一切都说明，自由主义理论所要求公民具备的政治觉悟是建立在一种可悲的乌托邦的理性心理之上的。在低水平的民主社会里这种心理可能会起作用，但在现代社会里却是行不通的。至今，还没有哪位自由主义者能够驳倒李普曼的分析。

马克思主义是另一种人们所熟悉的政治意识模式，其中心是阶级而不是个人。马克思主义是一种富于独创性的模式，它从以财产为基础的总的物质条件出发，探讨具有相同的阶级地位的人的内在意识。阶级意识一向被理解为人们对自己的合理的阶级利益以及与其相对立的其他阶级的利益的政治意识。经济的潜能成了政治的现实："自在阶级"成了"自为阶级"。因此，就阶级意识而言，它应当包括：(1) 一个人对本阶级利益的合理认识和认同；(2) 对其他阶级的非法利益的认识及反对；(3) 对运用集体政治手段达到集体政治目的以实现自我利益的认识及与此相关的行动准备。

在马克思主义运动的不同阶段和不同派别中，上述三点以不同的方式相互依托。比如，同先前的领袖人物相比，列宁和托洛茨基更为重
326 视党内的激进分子，他们善于表达理性意识，对群众政治意识的发展尤

为重要。然而，借用路易斯·克莱尔的话所说，在一般的马克思主义模式的背后，总是有一种“逐步意识到内在潜力的”的政治心理学。就其心理假设来说，这种主张正好像自由主义一样是理性主义的。因为相互竞争的双方在斗争过程中对无法调和的物质利益有着理性的认识；通过权衡利弊，可以将物质现实与利益意识结合起来考虑。一如凡勃伦正确指出的那样，这种观点是功利主义的，它同边沁的联系要紧于同黑格尔的联系。

当然，马克思想到了“虚假意识”，即对利益的错误估计。他将其解释为一种理性主义的错误，原因是无知，如果更多地考虑主观因素的话，也可归咎为缺乏正确的无产阶级宣传。虚假意识是一种导源于传统的心理滞后，它不再符合当下的利益；虚假意识是一种错误的解释，它不以一种促进有效行动的方式去揭示真实世界，而是将其真实面目隐藏起来。

无论是马克思主义还是自由主义都采取了理性主义假设，认为人一旦获得了机会，就会自然而然地产生和自己及自己所在阶级利益相关的政治意识。他们都以自己的方式更为关注如何增加个人扮演政治角色的机会，而不太关心人们不愿或不能这样做的心理原因。因为有关各社会阶层政治状况的问题与答案都是以上述一种或另一种阶级意识模式为基础的，所以各种现代理论通常不同意一个阶层可能没有政治倾向的说法，只是说这个阶层政治上比较消极。然而这种政治上的冷漠既是自由主义步入穷途末路的标志，也是社会主义理想坍塌的征兆，同时还是我们时代的政治不适的核心所在。

政治冷漠，就是对所有政治迹象漠然视之，与政治这个体现忠诚、要求和希望的世界保持距离。政治冷漠的人超然于主导的政治符号之上，对其相反的政治符号也没有什么攀附。无论他们有什么不安、要求和希望，都与政治无涉，他们的个人渴求和焦虑同政治符号和政治权力也没有关联。无论是客观事件还是内心压力都无法建构他们的政治意 327

识。

政治上的冷漠并不必然涉及政治期望的坍塌；也不一定是走到了希望—忍耐—绝望—冷漠这条标尺的终点；这只是一种可能的路线，一种可能的意义。政治上的冷漠也不一定是非理性的；事实上，它可能是一种理性的玩世不恭，这种犬儒哲学不相信现实的政治忠诚和期望，认为这一切都是缺乏成熟的表现。政治冷漠也可能是人们对可能的机会进行超理性思考的结果，用马克斯·韦伯的话来说，政治冷漠的人认定，在一个毫无意义的政治世界里他们没有信仰一样能够生活，一样能够进行超然的智力活动。对那些缺乏洞察力、阶级地位不太稳定的人来说，冷漠往往与对没有意义的工作不愿牺牲自己和时间有关；而对另一些人来说，冷漠则是因为对那些能够直接满足感官刺激、欲望和娱乐的活动过于迷恋所致。

无论是抱有忠诚还是反抗的意识，有政治意识的人都会认为自己的不安和渴望具有政治意义，都会将自己视为一种要求在不断升腾的政治力量。不管这种力量多么渺小，它总能增添实现理想的希望。而政治上冷漠的人则认为自己的生活及自己生活于其间的世界没有什么政治意义，他们回避政治上的失望或满足。如此，对他们来说，政治符号失去了有效的行动动力作用，也不能成为政治机构存在的合法理由。

2. 政治冷漠

在 20 世纪中叶的美国，尤其是在受过教育的中上阶级中，当然会有人赞同自由主义的公民观；但也有一些人尤其是一部分上层阶级，包括一部分出身于上层阶级的知识分子，具有马克思意义上的阶级觉悟。还有不少人具备了保持政治忠诚的所有必要条件，其中有些达到了造反的要求。

但是，有关美国政治的最切合实际的判断，莫过于大众普遍冷漠这一事实，如今这是比忠诚和造反都更具意义的现实。 328

在我们的政治文献里，很少有人去解释政治冷漠这一事实，原因可能是无论是自由主义还是马克思主义都没有把它作为一个中心问题。然而，我们现在却面临这样一种情境，许多人摆脱了流行信仰的束缚，却没有获得新的信仰，因而对任何政治问题既无所适从也漠不关心。他们是政治的局外人。他们既不是激进派，也不是自由派；既不是保守派，也不是反动派；他们是逍遥派，是置之度外的人。如果我们同意希腊人的定义，认为白痴就是独善其身者，那我们只能获得这样的结论，今天的美国公民基本上是由白痴组成的。

我们的这一想法比我们能够找到的任何严密论证都更可靠。这种说法的首要依据在于，作为具有政治意识的人，我们注意到公共事件的意义和重要性与人们最感兴趣的东西之间存在着巨大的差异。

在大多数敏感的观察家眼中，第二次世界大战是一件非常奇怪的非现实事件。男人们走出家门，在世界各地浴血奋战；妇女们则干着战时希望她们干的一切；人们拼命工作，没日没夜，购买战争债券；所有的人都信赖美国，信赖她的事业；没有任何反抗。然而，这一切似乎是一种漫无目标的效率。似乎有一种麻木感阻止了人们对发生着的事件的广度和深度的体察；既无美梦，也就无所谓噩梦；如果说有什么愤怒、恐惧、仇恨的话，那就有吧，情绪和信仰的心弦仍然未被深深地打动。人们在换班的间歇中坐到电影院里，用冷淡的甚至完全冷漠的眼光，看着躲在欧洲城市的狭小地下室里受着“饱和轰炸”的孩子。人成了目标；在人们把另一些人作为目标而体验着它的壮观场面时，他们也感到了无能为力，感到自己处在更大的势力的掌控下，而他们和那些超出了直接的日常需要和满足的事情无关。那是一个梦游的时代。

这并不是说人人都成了麻木的不会抱怨的傻子，而是说在那种就 329
事论事的效率中，在绝望或激情中无法释放感情的能量；也没有人以反叛的态度抱怨全球性牺牲和暴力的政治意义。这并不是说美国人民都冷漠愚钝；恰恰相反，他们常常心怀光明的希望，但在政治方面从未如此，那些过去被称为最深沉的信念的东西，变得像流水一样转瞬即逝。

摄影师的专业取景角度和电台评论员训练有素的夸张声音，似乎没有为“说大话”留下什么余地。耳朵好像成了敏感的录音带，眼睛成了精密的摄影机，体验则成了话筒和镜头之间极为精确的配合，由此机器本身便具备了体验的能力。因为这个经验世界凭借机器而变得生动了 100 倍，个人自然就成了旁观者，而不是通过其欲为而获得其所得的亲历者。没有什么明确的反叛目标；冷漠的都市气息早已侵入到没有抵御能力的人心中，他们沉迷于自我，对任何事情都没有兴趣，郁郁寡欢，一劳永逸。

许多观察家注意到，在 50 年前的美国四处洋溢着的对未来的信心，现在已经不复存在，取而代之的是忧心忡忡、悲观失望、紧张不安，以及对社会秩序的“精神上的幻灭”。第一次世界大战以后，美国的民主已经失去了普遍的信赖，不再是社会的可靠感情，成了一种官方宣传的工具。既然是官方的，当然就是老套的。劳埃德·莫里斯写道，近半个世纪以来，美国人民发生了很大的变化，他的“自由、强大、充裕的物质条件和生活方式受到了世界范围内的广泛颂扬，但是他对未来的信念和信心却大不如前了”。巨大的进步和微弱的失望并行不悖。

受到广泛质疑的不是正式的民主本身，而是它的发展之路。一位佚名作者在评论奥登的诗时写道：“联邦政府各部和各机构门中的所有
330 的委员会，以及各州、县、市、镇、村的雇员们，都是我们的雇员，他们在我们的授意下处理我们的事务。所有的法官、警察，都是我们授权来主持正义的人，这个正义不是他们发明或创作的，而是我们几个世纪以来的东西……我们有自己的管理员，他们……不能把我们推下人行道去。他们不能忘记我们，因为我们能使他们失去工作。……毫无疑问，我们有世界上最好的制度，但是我们总在想自己不过是一出戏的观众而已——有权看那些来来往往的演员（管理人员），有权叫好，也有权喝倒

彩，甚至有权再加些演员。但是，我们无权更换剧本。剧本像是已经定了终身——当然不是我们定的。”

“令人震惊的是，管理员也没有一个人是剧本的作者……困扰我们的不是(两次世界大战)强压给了我们；而是它们是从我们的意志无法影响的某个角落降落到我们身上的。大战的降临既不顺应也未违背我们的意志。我们指定的管理员各就各位；两次大战却像海上飘过来的大雾将他们吞没了。……令人痛心疾首的问题是，我们的管理员能控制什么？没有他们，就会出现混乱。有了他们，却又不时会出现这样一种感觉，不是他们离我们渐行渐远，而是他们掌控的那些生死之事已经脱离了他们的控制。”

也许有人认为，我们内在的政治敏锐性标准太高，只有在危机时期才能企及。但是，这并未触及问题的真实层面，“危机”的概念也不充分。危机一向涉及选择尤其是被迫性选择的公开性。但是，如果权力部门面临选择时背着大家进行会怎么样呢？在我们这样的权力如此集中的体制中，只有当某些事情恶化了，才会有旧时意义上的“危机”出现；与此同时，那些重要的决策却是背着我们做出的。只有弄清危机的含义，才有希望认定是否只有在危机状态下，政治疏离才会被政治敏感所替代。因为现在存在着许多不公开让大众做出政治决策的危机，但 331
是它们的后果却远远大于以往公开发生的许多危机。

基于我们的信念，我们现在普遍感到，政治疏离现象在美国既广泛存在又十分严重。当然，还有一些比较浅表甚至被认为是比较准确的标志，比如投票的意义和程度。参加投票并不必然表明关心政治；但不参加投票也不一定就是政治疏离。可能有高达80%的参加投票的人认为，他们投票是以这种或那种方式沿袭着家庭的投票传统。在大多数情况下，这类投票表明的不是对某些原则甚至某种始终如一的政党立场的传统忠诚，而是对附着在这种或那种政党标签上的家庭传统的忠诚。投票并不特别地意味着对出现重大事件怀有什么政治期待，这类要求只涉及一种形式，通常和个人的麻烦并不相干。那些有法定选举权的人只有一半多点参加投票，这意味着美国政府既是一个靠选举产生的政府，也是一个靠弃权产生的政府：在决定结果方面，不投票的那 5 000 万人起的作用不亚于那些投票的人。

工联主义大约囊括了 1/3 左右的在业人员，其运动的高涨或许可以被视为某种初始形态的政治反抗的象征。但是，正如我们已经看到的那样，工联主义并没有对流行的政治符号提出疑问，也没有特别提出自己的反向符号。它通常的要求不过是在现有的收益中求得更大的一份，而它的有意识的期待也不过是对即刻的物质改善的短期性期待，而不是工作和生活体制本身的变化。

因此，就其现有的形态和动机而言，无论是对政党还是对工会的支持，其动机都不是广泛的政治意识，这里既没有深厚的忠诚，也没有有意的反抗。

白领人士的政治疏离可能与其他规模较大的阶层没有什么区别；事实上，根据可以获得的数据判断，他们似乎居于其间。比如，他们中间有 41%的人说自己"非常关注"1948 年的总统选举，相比之下，实业界和专业领域中有 59%的人、雇佣劳动者中有 33%的人"非常关注"此
332 事。在这个问题上，白领的比例和全国的平均数大致相当。参加投票的情况也大致如此；所有可以得到的数据都表明，他们确实处在中间状态，处在实业界和劳工之间。*

如果我们确信——不论正确与否——工人阶级形成了一个鲜明的阵营，那么就可以断言，白领人士在精神上是软弱无力的，因为在中产阶级概念和情感的大厦已经坍塌之际，他们发现自己无门可入工人阶

---

* 在 40 年代末期的投票中，约有 1/3 的白领认为共和党最能代表他们的利益，另 1/3 则认为民主党最能代表他们的利益；剩下的人则认为在这点上两党没有什么差异，或者根本就没有什么看法。1948 年的选举在职业方面被认为不是那么可靠的。有关 1936 年、1940 年和 1944 年的总统选举的分析都表明，每一次白领的投票都居于实业界和非熟练工人之间。支持罗斯福所占比例分别为：1936 年，实业界 47%，白领 61%，非熟练工人 81%；1940 年，实业界 34%，白领 48%，非熟练工人 69%；1944 年，实业界 35%，白领 49%，非熟练工人 59%。

级之中。但是，不管人们以为工人阶级在建造什么样的大厦，这大厦至今还未开工。如今，不存在任何稳定而又一致的认同中心。政治上的疏离和精神上的无家园感司空见惯。

这种政治的冷漠感究竟是怎样产生的呢？究竟有哪些因素影响着今日美国的政治疏离状态呢？除非我们解释清楚为什么今日美国所有阶层的人都多多少少存在着政治冷漠问题，否则我们就无法理解新中产阶级的政治作用。在欲图解释这一问题时，我们首先应该关注大众传播媒介的政治内容和功能；其次应该关注构成了美国政治领域之特征的社会历史结构的特点；再次应该关注美国政治制度本身的那些显著特征。

3. 大众媒介

如果我们相信“人们的阶级冲突意识及为之战斗的意识形态”单单是由“物质矛盾”决定的话，那就忽视了大众传播媒介的积极作用。如果说人的意识不能决定人的存在，那么人的物质存在也不能决定人的意识。在意识和存在之间横插着沟通，它影响着人们对自己存在的那种意识。人确实会“进入独立于自己的意志之外的确定而又必需的关 333
系之中”，但是沟通的介入，却能够改变那些以不同方式和人们发生联系的那些关系的意义。政治意识的形式最终可能和生产方式有关，但是一开始它和沟通媒介的内容有关。

在马克思的时代，没有收音机，没有电影，也没有电视，有的只是印刷品。马克思几次谈及印刷品，认为这种媒介形态使得任何有魄力的人都能创办一份报纸或杂志。当大众媒介的说服效力有限，但同时却广泛易得之时，尽管存在政治性的检查制度，竞争却依然普遍之际，人们很容易忽视或低估它的作用。

爱德华·罗斯有关习俗的论述也适用于今天的大众媒介：它们的

主要支柱是“自我解体的恐惧。因为，如果放弃习俗（或是大众媒介的规则），一个人的自我就会发生异化，就会撕破保护着我们的本体的盔甲”。商业性爵士乐、肥皂剧、黄色小说、连环画以及电影，制定了城市大众的形象、行为、标准和目标。无论是以这样或那样的方式，在这些文化机器面前人人平等；像技术本身一样，大众媒介的影响力和吸引力几乎是普遍的。它们是一种公分母，是预先设定大众情感的模具。

在这些大众艺术中，程式取代了形式；它们不能给人“以终极启示”，一旦显现即刻凋零。就像密尔顿·克朗斯基注意到的那样，“正是因为在大众艺术和当代生活之间不存在什么差异，它们才如此密切地相互反映，一个特点呼应着一个特点，几乎无法分清谁是影像，谁是本源。这两者相互支撑，形成了一个共同的神话……”这个神话中的假想英雄是“大众努力遵从的原型，是人们塑造自己行为的模具”。我们在大众媒介制造的景象中淹没得是那样的深，以致无法清晰地了解它们，更不用说它们所可能代表的客体了。因为当代的大众媒介已经组织化，事实上它们遮蔽了我们的视野。

334 不仅有丰富多彩的景象本身，还有关于景象的描述，以及对景象的反应。处在景象和反应之间的，是大众媒介赋予的描述。在每周日常生活的狭窄景象之外的事件几乎没有任何意义，事实上它们几乎不为人所知晓，除非在大众媒介中进行了省略、删改和报道。美国的大众传播系统不是自主的：它反映社会，但是有选择的；它通过概括某些特点来强化它们，经由选择和强化，创造了一个世界；人们只得生活在一个他们无法直接触及的世界之中。

不涉足这个由大众媒介创造和维持的世界，就难以了解政治意识的内容和形式及其阙如。源于结构地位和历史变迁的剥夺感和不稳定感，如果没有在适当的场景下由这些媒介加以报道，并因此赋予它们普遍的、可以传授的意义，就不可能具有政治象征意义。例如，阶级意识的有无，不仅涉及个人在某种客观的阶级情境中的经历，而且和他所接触的大众传播有关。一个人对各种事件的全方位的了解，从某些方面来说，是他所体验的环境的函数，是他与他人直接接触的函数，也是他所接触到的大众媒介的函数。而往往正是后者，赋予他现实的标准、体验的标准。

大众媒介的内容现在已经成为美国人的体验、情感、信仰和向往的公分母。它们不仅贯穿于形形色色的物质和社会环境之中，而且还影响到不同年龄层次的孩子，远在达到承诺年龄之前，在没有形成清晰的意识之时，他们就已经接受了那一切。大众媒介传播的内容潜入我们的自我形象，成为理所当然的组成部分；它们是如此难以觉察，又是如此真实可感，以致要在一两代人的时间里对其进行彻底的改造，就会从根本上改变现代人的体验和性格。

大众媒介创造的世界很少讨论政治意义，更不要说对它进行生动的表现，提出尖锐的要求或期望了。相反，论及政治层面的活动时，媒介呈现的是简短的新闻片断、大字标题的专栏或摘要，以及十分鲜见的 335
讨论和社论。在这些报道中，大众媒介推崇的是占统治地位的政治符号和政治人物；但在将那些传统的联系强加到这些报道的过程中，大众媒介的标准化过程和反复宣传使它们成了陈词滥调，人们只是出于习惯性反应而和它们联系在一起，就像服装和某种品牌的联系一样。在这些陈词滥调背后，是市场上的刀光剑影；政治被塞进了几条公式之中，一遍遍重复再重复；用广告宣传册上的话来说，你要“建立联系，引发兴趣，形成偏好，具体洽谈，最后签单”。这种“广告运动”的目的是建立一支兜售美国体制的“别动队”，它的头等大事是“强调自由企业的目的”，“告诉美国人民，资方、劳工和其他社会各界一致同意，美国式体制应该为创造更美好的生活这一基本目标做出贡献……”如此等等，不一而足。这些主流符号的呈现方式像一本矫揉造作、空洞浮夸的公民手册，再不就打着虚伪的人权幌子，结果将生动活泼的参与和发自内心的忠诚排除在外。

大众媒介将占统治地位的忠诚和要求弄得枯燥乏味，与此同时，它们又从不宣传和它们意见相反的忠诚和要求。它们温文尔雅，在忍辱负重和宽宏大量背后隐藏着令人作呕的冷漠；它们支持那些对"意见不同者"持反对态度的人。它们将所有的一切都琐碎化，说成是个人争执，而不使之人性化，强调事件对你我的意义。通过将那些虚伪的陈词滥调变为行事的准则，它们保持了与主流政治符号的一致性；当它们"严肃"的时候，只不过是为了获得同一件事件的更多的细节，而不是为了弄清政治事件和政治决策对人们的意义。除了那些已经有兴趣的人以外，大概不会有人对它们的详细报道感兴趣；那些有偏见的材料也只有为那些已经认同偏见的人所接受。它们强化兴趣和偏见，但却不通过真正的交锋引发人们的兴趣。在大众媒介中，占统治地位的符号如此泛滥，意识形态方面的提速如此之快，以致那些表面上分量不断增加的政治符号，已经失去了说服力，受到普遍的怀疑。大众媒介垄断着僵死的意识形态，起劲编造空虚的政治记录。它们一方面使主流符号陈腐不堪，另一方面又压制相反的政治符号；尤为重要的是，它们拼命转
336 移人们对公开的政治问题的兴趣，通过与其他利益集团的比较使得"政治"变得既枯燥又陈腐——这就是大众媒介的政治现状，它既反映了又强化着这个国家的政治现实。

在大众媒介经营的时间和版面中，公开的政治内容毕竟只占极小的一部分。这一部分的内容虽然不忍卒读，但还必须在不受信任的市场环境中和整架娱乐机器搏斗。技术最为娴熟的媒介从业者和收入最高的那些天才们，都全心全意地扑在体育和闲暇这些光怪陆离的世界里。这些充满竞争的领域不过30年的历史，它们通过神话般的人物和变化万千的形象持续不断地吸引大众，转移他们对政治的注意。在小业主的世界里，当政治不怎么重要的时代，人们往往要长途跋涉去参加老式的政治聚会；而在现在这个新世界中，在政治客观上变得十分重要的社会里，一系列令人眼花缭乱的仪式取代了传统的集会，人们既不用移动身体也不用开动脑筋就能参与其间。

出现在矩形银幕上的形象支配着灰暗的大众，吸引着他们的注意力；收音机在用造作、色情、神秘和滑稽的声音向你倾诉；随意编造的谋杀故事刺激着你的神经，使你轻松愉快。在我们的生活情境中，这一切都令人神魂颠倒。它们的影响是深刻的：流行文化贴着的不是“宣传”而是娱乐的标签；人们和它接触之际，往往是大脑最放松而身体最疲惫之时；这种文化的特点在于它很容易向你提供认同的目标，很容易向你提供刻板化的个人问题的答案。

成功者的形象及其个性化的心理是大众文化最生动的部分，也是最远离政治的一部分。事实上，所有大众文化描写的形象都涉及个人，尤其是用个人的方式成功地实现了个人目标的那些独特的个人。小说与非小说、电影与广播——几乎当代大众传播的所有方面——都将视野聚焦于个人成功之上。人们所做的一切凭借的都是个人努力，即使有某个群体参与其中，它也是追随着某个非凡领袖。大众媒介根本不反映集体的政治行动，及通过集体的政治行动改变地位的活动，它所表现的只是个人的成功，个人在一个充满敌意的环境里，如何单枪匹马去 337
实现个人的经济和爱情目标。

大众艺术的表现也一直关注社会生活的人格特点，即使充分描述这一比例还有赖于可靠的统计数字。不过，被大众媒介作为一种典型标准加以捕捉、放大并普遍化的，常常不是大众事实，而是个人特例。关于一个报童是如何靠个人品德“成功”的霍雷肖·阿尔杰的故事，对无情的大萧条时代的牺牲品们来说可能早就过时了；然而，米老鼠和超人却受到成千上万人的顶礼膜拜。在霍雷肖和米老鼠之间存在着某种鲜明的联系，他们都是靠争当第一的勇气杀出一条通往顶峰道路的“小人物”——他们是美妙的个人成功庆典上才能够看到的图腾般的人物，凭着幸运战胜了巨大的艰难险阻。但是，现代的成功英雄们已经变得更为狡诈；他们不仅靠计谋取胜，而且还常常背后捅刀子；他们的争斗，比霍雷肖们更加肮脏。

牛仔和侦探，这些标准的流行文化人物，也在拼命争当第一，虽然他们为了美化暴力手段，常常会将自己的动机和更为远大的目的联系起来。但是，他们是自主的人：他们常说，“我想成为自己的主人，我想做就做。”

对个人成功的轻松认同也产生了积极的一面，冈纳·迈代尔注意到：“这使得美国极为缺乏那种自发的、自律的和有组织的人民运动”。大众媒介关注的焦点，通常既不是集体斗争，甚至也不是关注自我的幻想，而是他人的个人成功。在对这些成功者的轻松认同的基础上，形成了对成功的过于浪漫的看法，毫无疑问，它减轻了经济不平等的心理压力，否则这种压力就可能会通过以财产和权利更加平等的社会理想为目标的政治行动来宣泄。

在电影里，只有极少的几个主角在追求某种社会目标，大多数人关心的都是自己眼前的事。列奥·洛温塔尔评论道，通常“对个人的兴趣
338 已经成了一种大众话题”。但是，这一兴趣及其产生和满足方式与18世纪和19世纪小说中的描写已经迥然不同。通俗性传记所选择的对象早已不是人们鼓励自我树立严肃的个人志向的典范；相反，是追求闲暇和消费的偶像，它所关心的是私生活、有用的朋友、个人爱好和消费方式——是人们获取成功必备的“心理道具”。洛温塔尔总结道，在他们的举手投足中，“推销的语言已经取代了说教的语言，少的只是价格标签”。他们是在不严肃的生活领域登台亮相的伪个体。他们的“问题”，皆因个人的恶行而生，又因个人的美德而息；他们所引发的嫉妒也与个人而不是他们在社会结构中的地位有关。他们个人成功的光芒所引发的不是个人嫉恨或集体愤怒，而是崇拜和敬畏。

人们往往将大众媒介的内容归咎为公众在政治的无知。确实，只有21%的人“对什么是《人权法案》有着比较准确的认识”；大约只有半数左右的人表示，知道什么叫政治说客(lobbyist)，而这些人中相当多数根本回想不起那些集团雇用过政治说客，如此等等。然而，在过去，受过良好教育的人也没有垄断政治敏感，更不用说政治反抗了。况且，

联系到大众媒介的政治状况,人们不禁会问,大众传播的声势如此浩大,受过学校教育的人口增长得如此之快,为什么人民还会如此无知?

将教育制度视为另一种大众媒介最适当不过了,它是专门以年轻的年龄群体为对象的、公众有保障的一种狭窄的大众媒介。在最自由的情况下,教育机构的政治内容往往也缺乏想象力,它在为其他大众媒介的成功的娱乐活动以及将政治的琐碎、零散和混乱视为生活的一部分打着基础。凭借僵死的意识形态和令人沉闷的公民教育课程,学校当然无法和流行文化及其光彩夺目的偶像竞争。一旦认识到这一点,他们就开始模仿这类流行文化及其表现方式,将自己的科目搞得过于琐碎,结果还是少不了枯燥无味。大众化教育培养出来的人可能最缺 339
乏政治兴趣,因为他们主要是通过公民手册的内容接触政治的。填鸭式地接受美国政治的传统偶像早已使他们大倒胃口。流行文化渗透在美国社会的各个阶级之中,但是,也许仅仅是因为年龄和性别的差异,它对白领姑娘和黑衣男子的影响最大。大众媒介的主要目标是具有高中文化的人,而前述白领姑娘和黑衣男子正是这一文化的中心;作为新的下层中产阶级,他们形成了一个迫切需要粗俗产品的市场。

那么,为什么大众传播机构会经久不衰地囊括这些非政治或是伪政治的内容呢?当然,这些机构为一小撮人所拥有和指挥,为了他们的利益,大众传播机构才去表现个人成功的故事及其他消遣性的节目,而不去宣传现实的集体成功与集体悲剧。

但是,这些机构是既定的利益集团本身,并不足以解释它们的宣传内容。虽然说消费者的品位和感觉能"左右"它们的产品是假话,但显然如果有足够多的个人感到有能力去抵制这类节目,电影制片人、广告人和人事部门就会以某种方式寻求改变自己的政策。另外,同样显而易见的是,正如那些偏僻、贫困的人因从未亲眼所见而不知道何为宽敞住房一样,大多数电影观众和广播听众也不知道电影和广播可能是什么样的。人们之所以能够接受甚至喜欢现有的内容,是因为他们不知道还有任何其他可能；他们非常倾向于去看、去听、去读别人训练他们去看、去听、去读的东西。然而，我们不应对诱惑他们盲目接受的社会基础视而不见。

要想理解人们对现代大众媒介内容持续不断的热情，我们必须深入研究冷漠和无知的个人心理，以及大众传播机构的既得利益。大众媒介确实有所创造，但他们也在强化现存的各种倾向，迎合现有的需求。他们确实在鼓励和关注眼前的冲动和需要。在媒介和公众之间存
340 在着密切的交互作用，它既在灌输需要，同时又在满足这些需要。要想理解公众接受的基础以及媒介的内容，我们就必须超越这些媒介，考察美国政治世界本身的社会-历史背景。

4. 社会结构

要探讨像政治异化这样深刻的主题，必须考虑延绵几代人的一些因素。因为这个问题导源于不同的总体社会形态，必须从所谓的时代的时间跨度中发生的转变去理解。

我们已经考察过许多和中产阶级的转型有关的心理倾向，正是这些倾向造成了冷漠这种主流政治基调。今日美国社会结构的有代表性的心理特征之一，就是系统地形成了并维系着对社会和自我的异化。我们只有在这个广阔的背景下，才有希望理解使这些倾向在政治领域获得集中体现的那些特殊因素。

美国一向是以实际收入的迅速增长为历史特征的，在1930年代的大萧条中这一特征曾经广泛断裂过一次，但在第二次世界大战中摆脱了萧条后，实际收入又达到了新高。首先是边疆的拓展，然后是工业的巨大发展，孕育了这一趋势。就战争而言，美国人的幸运对大多数欧洲人来说是难以想象的。经历了这样一种物质满足不断增长并且未曾中断的历史的人，不太可能产生经济上的不满，而这种不满很可能会将他

们的政治制度转变为意识形态冲突的手段，或将他们的头脑转变为政治的论坛。

对任何群体来说，需求和满足上的差异都还没有广泛和持久到足以彻底影响美国人生活基调的地步。至少对数目可观的少数人来说，升迁的可能性一直是真实的，而低收入阶层和职业阶层的政治要求也因为经济和社会流动被降到了最低程度。随着小企业不断破产，白领的机会越来越多，他们即使只多拿一点，也被认为要强于农场和雇佣劳动。这些事实促成了人们对社会分层的接受，人们从不将社会分层视 341
为一种永久的和令人沮丧的制度安排，而是某种自然和公平的选择。假如真像卡尔·曼海姆所指出的那样，一场不可避免的阶级斗争的到来不过是匮乏时代的一种反映的话，那么，由于长期的物质丰裕，在美国没有人持这样的观点。

除了经济丰裕的事实、实际生活水平的提高以及向上流动的可能性之外，在不断上升的地位市场上，还有一整套相对灵活的尊敬制度。在1920年前的那几十年里，3 500万移民来到美国时，那一拨人一开始总是进入美国社会结构的最底层或几乎是最底层，他们起码有一段时间干最苦的工作、地位也最低，因此抬高了他们之上的所有阶层的地位。那些捷足先登者看不起后来者了。而且，在这些移民的期望中，赖以衡量他们满足与否的尺度，并不是美国社会的上限，而是美国社会与自己祖国的比较；他们的标准是国家之间的，不是阶级之间的。在标准方面，他们的祖国比不上美国：对欧洲来的数百万人来说，无论他们在美国的地位如何低，美国仍然是充满希望的伟大国度。此外，由于移民数量庞大，用不了多久他们就能发现新来乍到者或与自己不同的移民。他们歧视后者，又将其视为危险的竞争。因此，蛰伏在个人攀升的想法和形象之后的，是和阶级平等的思想相对立的民族主义的伟大力量。美国化的斗争而不是阶级斗争成了最重要的心理事实。而且，教育机会的增加——它以免费的教育机构和职业结构的变化为基础——被视为美国文化水平提高的象征，它大大提高了人们的地位平等感。

对一个幅员辽阔、人口分散的国家来说，移民使得语言、文化和宗教的异质性更加明显。而对低阶层的人来说，这种差异往往比他们共同的阶级和职业水平更重要。这对低层阶级的心理凝聚力就是沉重的一击，更不用说政治凝聚力了。此外，一定还要记得，美国还广泛地存
342 在着地区、行业和工作方面的极端流动性。不同职业环境的对比，以及从一种职业环境到另一种职业环境的流动，造成了物质条件的多样化甚至碎片化，连带着也影响到潜在团结的基础。埃德蒙·威尔逊注意到，地位意识和政治意愿很可能是地域性的和偶发性的，你不能够说“裂隙一般的社会分裂横贯于整个人民中间……”

以大范围内的技术进步为基础的迅猛变迁，形成了极大的多样性和流动性。传统已经无法使人“定居”一地或故步自封，如此也造成了人们与自己的社会出身的疏离。毫无疑问，地位恐慌和销售保护加剧了这种不稳定过程，从而使个体进一步远离政治要求和政治行动，同时也更加远离自我。在社会学家看来，政治冷漠问题实际上是自我异化和社会无意义这个更大问题的一部分。问题出现的原因在于缺乏坚固的合法性，因而也缺乏对角色扮演的公认和长期的褒奖——而个人往往又要持续地、有时甚至是被迫地遵守这些角色规范。

虽然许多历史因素和历史潮流现在已经走到了历史性的转折关头，甚至行将完结，但是人们的心理状态并不总是和历史同步的。更为重要的是，政治秩序本身一向就不鼓励、现在仍然不鼓励对新的现实保持敏锐的政治意识。

5. 美国政治

政治意识最直接的决定因素是可供选择的政治手段和政治符号。要深刻理解政治冷漠，首先必须要了解政治领域本身的情况，它的机构和传统、它的言论与实践，以及它在总的社会结构中的地位。因为这一

切都涉及政治意识问题。事实上，所有大众媒介和社会历史结构中的因素都汇聚到了政治领域之中，它们之间发生着十分复杂的交互作用。

在美国的生活实践中，经济机构毫无疑问比政治机构更为重要。
事实上，政治被广泛理解为获得和保护经济目标和经济实践的手段。
虽然运用得并不平衡，但却一直为人们所肯定的自由竞争的全部传统， 343
就是这种看法的根基和表现。不论政治宣传怎么说，“政治斗争”的目的与其说是为了政治原则，不如说是为了经济和地区利益。这种政治秩序造就了委任机器而不是意识形态政党，造就了工会而不是“工人运动”。政党间的竞争成了不同类型、不同规模的财产间的竞争，而不是有产阶级和无产阶级间的竞争，而工会则成了占统治地位的政党的一部分，它站在占统治地位的政党一边，而不是站在它们的对立面上。

总之，美国政治几乎从来就不是一支自主的力量。它植根于经济领域之中，政治人物则利用政治手段来获得和捍卫有限的经济目标。如此，对政治的兴趣很少是对政治目标的兴趣，很少能够脱离对直接的物质利益得失的关注。

如果真像马修·约瑟夫逊所说，国家一级的美国大政治家关心的是如何调节大商业资本和整个社会的关系的话，那么地方一级的小政治家关心的便常常是实现较小的但更为直接的有利可图的商业目的。这种地方利益不时能够在更高的层次上得到反映。与公众人物的个人道德相关的全国性丑闻很少能够提高公众的敏感程度，也没有加深政治生活的形象，使其变得更为重要、更为迫切和更有价值。

就像罗伯特·林德和海伦·林德所指出的那样，地方上已经出现了一股政治参与的潮流，对政治冷漠甚至抵触的现象有所改变。因为那些“政客代理人”操纵了一切，引起人们的反感和回避——结果反给这些人以机会。结果，发生了清扫运动，力求使政治能够脱离较为直接的和地区性的商业腐败。这种清扫更多的是“道德性”的而不是根本性的：人们根据个人的道德和地位，将政治视为好人和坏人共同参与其间的活动，而不是一种选择和塑造个人的制度化系统。如此，旧有的那种机制或与它相似的机制又逐渐渗透进来，于是“不断变化的愤怒和玩世不恭的冷漠”周而复始。

344 造成人们不信任美国政治家，并对其抱着矛盾心理的原因在于美国的选举制度。由于公众对一长串的候选人提名根本不了解，这套制度使得党的机器便能够挑选那些忠诚但对社会用处不大或毫无用处的人。在这些党的工作人员中，许多人是“拿工资的”，他们可以在不声不响或没有正式授权的情况下“把事情摆平”；另一些人之所以入选纯粹是因为他们有如“弱不禁风的小姐”，因此极易作为上司的“傀儡”而被控制。上司及其机构对资金的需求意味着他的办公室就是做买卖的地方。另外，分散化的政党控制形成了对国家领导人的“地方主义的奖励”：那些人，通常是那些州长们，对全国性和国际性问题三缄其口，而这些问题在他们竞争从未拥有的国家级地位时总会引发公众的注意。商业系统所具有的统治地位和近乎神圣性意味着，一旦国家的政治经济运行出现问题，罪责都会从商人身上转嫁到政治家身上。因此，成功的候选人往往出自那些轻易不发表评论的平庸之辈。

聪明的人已经找到了政治以外的更合适工作，而大多数人对政治已经不太感兴趣。这两种情况的例外可能只会出现在政治家被迫行动的情境下，比如说萧条或战争的时候。林肯、威尔逊、富兰克林、罗斯福就曾处于这种情境下，而人们对政治家所抱有的常见的地位指责，现在也没有通常那么大的损害力量了。

在我们这个时代，尽管“揭丑”仍然十分需要，但它已经完全被视为“一个时代无法避免的一部分，这个时代已经在公众对‘茶壶盖（Teapot Dome）’丑闻的冷漠反应中宣告结束”。* 林肯·斯蒂芬斯说过，“在一

* Teapor Dome 是位于美国南达科达州的一海军石油产地，1921 年，因哈定政府的内政部长受贿 30 万元出租给私人石油商而造成丑闻。——译者注

个商业占主导地位的国度里，有能力通过法律来限制或促进商业的政府终将被商人引向腐败”，但现在任何这样的雄辩都已经无法吸引人们的注意力了。正如沃尔特·香农所说，这已经“过时了”，也就是说，人们现在已经无可奈何地接受了这种现象，而不会再群起而攻之。

社会结构内部的冲突并没有在政治领域中获得充分的表现；巨大的社会变迁并没有带来任何政治斗争的利益。美国的政治秩序已经持 345
续了一个半世纪，为了这种持续，它以诸多的内部妥协和调整为代价，以期不公开改变政治原则和政治符号。其机构的适应性一直很强；它的传统是权宜之计；而它的大佬们则是老牌机会主义者。

在美国的政治秩序中，从来就没有基础牢靠的运动，也没有任何有意志、有机会去改变整个政治结构的政党。160 多年来，各个政党一直在为政治符号和在现行的体制中谁能够得到什么这类问题争执不休。几乎没有什么相对成功的“第三党”能够对这个制度提出质疑，因此也就没能产生和这样一种运动相适应的本土政治理论。在两党制国家的互为妥协的政党土壤中，美国政治哺育了自己的机会主义政客。

这两个党中的任何一个，都必须照顾多方面的利益和不同的社会阶层，因此也只能谈些一般的、争议不大的问题。谁也不敢提出明确的意见，谁也不敢为特定群体的利益说话；它们的竞争产生了普遍的诉求，也因此产生了许多背信弃义之事；它们的竞争没有形成特定阶层激烈冲突的意识形态，形成的只是空泛的政治说教。一个党越是要向形形色色的公众寻求支持，它的纲领的内容就越缺乏决断、缺乏战斗性。它就越会钝化其所反映的问题，越会稀释它为之服务的那些阶层的愿望。它唯恐惊吓到任何人，在发言时力图不谈任何实质性问题。因此，和日常现实紧密相关的那些活生生的问题是不会出现在党的论战中的。托洛茨基曾在一个迥然不同的背景下写道：“一个党，如果所有人都投它的票，但只有极少数人知道他们的投票目的，那它就不成其为党，这就像全世界的婴儿都会的牙牙学语声不是一个民族的语言一样。”

林德夫妇评论道，对选民而言，政治选举“成了一个在这种或那种情境下站在哪一边的问题。自 1890 年代以来，究竟支持哪一派的问题变得更加模糊不清……”因为这种人为的政党格局，“选举已不再像
346 1890 年代那样再是公众兴趣的中心了。1890 年，中镇（Middletown）在每次选举前都会有好几个星期沉浸在由痛苦和欢欣相交织成的冲突之中……今天，在新选举官员时，火炬游行和喇叭也不再会鼓舞投票者或引票者了，虽然讲演仍然保持着一些旧有的活力，各种新发明向人们提供了一系列可供选择的兴趣，这些新发明像挤压社团、工会和教堂一样，正在挤压政治”。

在两党制国家中，党的构架内也常常会发生妥协；当党与党之间进行妥协之时，它们常常要进行一些不为公众所知甚至不能为公众所知的交易。这样一来，公众的愿望就不如少数有组织的人施加的压力有用；在权力以极不均匀的方式分配的地区，幕后妥协的原则恐怕对已经掌权者才能行得通。

一个**主动妥协**的党，在理想状态下起码意味着，党内代表着具有特定矛盾利益的两大集团能够求同存异，以便尽可能地实现各方的现实利益。至于成功的把握有多大，则在很大程度上取决于矛盾有多深。但是，另一方面，一个**被动妥协**的党，其内部则充满了权术和交易，以致党的领导人相互推诿，不敢站出来对任何人说一个“不”字。党的领导人会尽量避免公开讨论那些根本性的问题；政治家是靠个人接触和私下协商来解决这些问题的。对这样的党来说，所有人都是朋友。

美国的两大政党几乎没有什么实质性的区别，然而它们实际在相当程度上共同垄断了政治组织和政治宣传的机会。这种政党制度对在很大程度上已经心满意足的人民是非常理想的，这就是说，这样的人民不需要对那种争夺解决实际问题的权力的政治感兴趣。

这种普遍的政治满足感无疑受惠于职业、收入和社会升迁方面的普遍进步，但是最为特殊的原因还是在，对每一代出身低微的潜在领袖人物来说，向上流动的渠道总是敞开的。这样，如冈纳·迈代尔证明的那样，他们就逐渐不再成其为反对派的领袖了。在两党体制中，大概“最优秀的人才”都会加入当地势力最大、设立时间最长的政党。这样， 347
最后留下的上升渠道就要数在大萧条时期产生的那些大规模的劳工工会了。虽然这些工会很快会官僚化，在许多方面变得服服帖帖，但是它们却向那些善于使自己的观点适应工会的组织实践的“好斗的”工人阶级子弟提供了迈向更多收入、更高名望和更大权力的新道路。虽然特定利益集团的组织者和雄辩的发言人有可能提高人们普遍的政治敏锐性，但低层人才的流失却减少了这些阶层提高敏感性的机会。

大多数政治决策已经从地方转到州、再转到联邦政府的手中。对那些可能最为敏感的人来说，地方性的政治问题在某种程度上已经成了联邦政府和地方当局交易的一部分。一位自由派组织的领袖说：“在1920年代，你可以集中地方力量向国会施加压力，在1930年代你没有必要这样做。国会处在中心地位，我们有赖于它。此后，战争使政治活动难以为继……现在，就在不久以前，我们为一个法案寻求广泛的支持，但是我们一点支持也没有得到。现在已经没有什么地方组织和地方热情了，这一切都不再复返。”

个人和权力中心的距离越来越大，以致个人产生了一种无权感。在政治希望和政治现实之间，横亘着两大政党和联邦政府的科层体制，作为政治行动的手段，它们似乎常常在割断直接的政治兴趣的神经。因此，对无权感的冷漠就不难理解了。用巴巴拉·伍顿的话来说，“‘政治冷漠’可能就是一种常态的反映。冷漠可能不是人们不能为，而是不愿为，因为他们意识到了自己的无能为力，便在事实上拒绝提出那些被认为是不可能实现的要求”。人们感到在个人的日常生活和遥远的政治世界里发生的一切之间存在着某种缺环。

人们常说，现代的政治问题技术性如此之强又如此之复杂，以致你
348 不能指望个人能够理解这些问题，或对其结果形成敏锐的认识。杰弗逊曾明确指出，毫无疑问，如果讨论的问题处在讨论者的日常经验范围内，人们的参与就会更积极，政治也就会更吸引人。但是，更为准确地说，现有的政治组织以及领导这些组织的政治家们不愿意去思考这些问题。事实上，他们没有能力这样做，没有能力将各种解决问题的方法和人们容易理解的观念结合起来，没有能力通过大众媒介生动、准确地阐明问题；简言之，面对不同的特定人群，他们没有能力将复杂的问题转换成富有人性的政治结果，并负责任地履行自己的领导权。而他们也不向人民说清楚。那种认为问题太复杂、不好由人民决策的观点，是官僚主义立场和简单化的民主观点的怪诞混合物。前者将政治问题转换为行政问题，而后者则把公众等同于政府的行政部门，而不是对普遍结果的普遍性决策的有效干预。

旧有的政党分赃制（spoils system）中更加分权的规则，使政府至少能够更加接近代表大众的民意领袖圈子。而拥有训练有素职员的科层制度，则常常好像离人民甚远；官员们因其工作不必受制于机构或上司的意见，他们也就不会发展或利用个人接触。因此，杰克逊相信（列宁也相信），可以使官员的职责“十分简单明了，以便聪明的人随时都能胜任他们的工作”。政党分赃制“积极的一面”在于，它能够将更多的人带到政府参与的领域中来；国家不再是一台“以多数人为代价支持少数人的引擎”。在党内尤其在国家的行政组织内出现的主要问题，就是官僚化缩小了政治决策的空间，扩大了行政管理的地盘。

在前资本主义社会中，权力是众所周知的、个人的。个人能够弄清谁有权力，也能理解权力的行使手段。他对权力的反应，无论是遵从还
349 是恐惧，都是明显而具体的；如果他想反抗，反抗的目标也是明显而具体的。H. D. 拉斯威尔评论道：“如果你看见印第安人躺在树后等着你，你知道你遭到埋伏了。但是，你可能会看到某位银行家长年累月地

每天数小时地坐在桌旁，却琢磨不透他设立的那套诱捕投资者的抵押系统的本质。"再如，如果某人占有一块水源充沛的土地，而他人的牲畜需要饮水的话，人们能够清楚地看到财产的权力；但是，如果有人通过操纵价格-工资-利润的比率来降低人们的生活水准，那你则找不出谁是罪魁祸首。

在一个非个人的匿名的控制系统中，你不可能做出明确的反应：焦虑可能代替恐惧，不安则代替了苦恼。此时到底谁拥有权力成了问题，因为这个错综复杂又十分隐蔽的系统，似乎存在着既复杂又组织化的不负责任。当遥远的中央授权时，直接凌驾于此人之上的那个人和此人本身就没有什么不同了；他不做任何决定，只是那张控制着诸多个人的大网的一部分。即使有反叛的意识，反叛的目标也不是轻易能够找到的。你找不到可以挑战权力的符号——事实上，根本就没有什么明显的权力符号可以挑战。

随着政治权力的日渐集中、问题的专门化，以及两党制国家内部的妥协，一种非人格的操纵已经取代了权威。对权威而言，为了确保忠诚，必须具备正当性；而对操纵来说，行使权力无需明确的正当性，因为决定都是在暗箱中做出的。正像我们已经指出的那样，操纵产生于某种权力的集中，而这种权力缺乏公共合法性，拥有权力的人自己也不相信能够将它正当化。操纵助长了大众的冷漠，大众的冷漠加剧了操纵。因为在赞成或反对的狭窄领域中，没有什么需求目标、符号或原则可供公众进行讨论和争辩。如果说在大众传播领域中赞成或反对的领域非常狭窄的话，那么部分原因在于政治被两个主要的政党垄断了，而政治经济领域内的斗争被劳工—工会—公司间的斗争垄断了。在所有这三个方面——传播、工会和政党——发表赞成和反对意见的领域都很狭窄。因此，人们的不安定感和奋斗并没有附着于各种政治符号之上，而 350
是被淹没在诱人的娱乐和疯狂的商品追求之中，或者转变成了自我内心层出不穷的小小烦恼。在启发人民对共同利益的共同意识方面未见到任何有组织的努力，人们感到那些大事件离他们太远，他们没有力量去左右它们。

虽然因为权力的增加和集中，各种政治机构对美国历史进程的客观重要性越来越大，但是，大众的政治疏离却使它们对大多数人的主观吸引力越来越小。一端是政治的科层化，另一端是大众的冷漠。这就是今日美国政治具有决定意义的方面。因为这些因素，政治表达索然无味，政治理论成了枯燥的行政细则，而历史则成了人们背后的交易。这就是新中产阶级扮演其消极角色的政治环境。

6. 后　　卫

政治，无论其如何重要，也不过是社会秩序的一个方面，而后者完全没有必要靠政治忠诚来维系。在美国这样一个个人标准、金钱标准和个人活动占统治地位的社会，政治冷漠原本应该是一个意想之中的心理事实。这是一个由个体化的人组成的科层社会，在未来相当长的一段时期内，可能它仍将沿着这个方向阔步前进。

老式中产阶级的衰落并不意味着美国资本主义民主制度的崩溃。但是它确实意味着这一制度旧有的合法性不再能够打动人心，意味着我们生存其间的机构、我们现有的构架不再具有活力。回过来说，这并不意味着我们正处在一个杂乱无章、颓废沦丧的情境之中，虽然显而易见的是我们正处在一个道德危机的时代。但是，道德或意识形态的协调并不是某种社会秩序的唯一基础。在一个权力并未完全或稳固地合法化的体制中，权术和传统的网络也能通过高度舒适的物质标准将一个社会整合起来。

351 即使如此，我们还是必须认识到，这并不是我们所理解的（建立在老式中产阶级基础之上的）民主概念；即使人们的脑袋里没有斗争，他们意识不到的斗争依然故我；我们的科层制度的社会有着自己的矛盾和危机，其中那些推动美国社会不断前行的关键因素可能变得更加难以组织和分布。

中产阶级的转型已经使它们分崩离析，如此没有什么“中产阶级的政策”再可能存在，即使对中产阶级来说成为一种现实的运动的权力和机会仍然存在。任何一种政治运动的目的都是为了促进参与其间的各个集团的利益；从这个意义上说，美国政治舞台上不存在旗帜鲜明的中产阶级运动。因为这些阶级的社会形态迥异、物质利益矛盾、意识形态不一；他们之间没有形成共同的政治运动的同质基础。

农场主要求更高的保护性关税和更高的价格补贴；白领职员则要求消费品价格低廉。政府雇员要求加薪；小店主则要求税收降低。在工资和社会政策方面，新中产阶级逐渐认同了雇佣劳动者的态度，而老式中产阶级却仍然坚持雇主的立场。如果说老式中产阶级一向打着小产业的旗号反对垄断的大公司，那么新中产阶级则依赖垄断的大公司获得安定的工作，并通过对公司的忠诚体现出这种心理事实。小商人，尤其是那些零售商，反对“连锁店”、政府以及大企业卵翼下的工会。白领工人，即使他们在斗争中组织了起来，他们加入的工会总体上也会受到雇佣劳动者的影响。因此，在政治斗争的舞台上，无论是新中产阶级还是老中产阶级都是其他权力更大、声势更盛的压力集团的别动队。

无论是作为一个整体，还是其新老两翼，中产阶级都无法在忠诚、要求和希望方面形成共同的符号象征，其不同的部分加入到现存的集团中去，在党和国家内部通过压力相互竞争。他们各自凭借的手段差 352
异还未大到允许他们、更不用说鼓励他们投身任何特定的政治斗争的地步。

在白领人士直接的职业生涯中，同样没有什么因素能够推动他们形成自发的政治组织。即使有生发这类运动的社会动机，它也不会产生于这些阶层之中。列宁认为一个阶层的政治意识不可能导源于“工人和雇主关系的领域”，这一论断对白领雇员来说千真万确。政治消极就是他们的职业意识形态；除了在极为分散和零散的意义上，他们从未参加过任何经济斗争；他们甚至对自己的经济和政治利益缺乏最起码的意识；他们没有感到自己面临了任何尖锐的危机。不能向他们提出诸如政党、工会和阶级关系这类问题，因为他们不是一个同质的阶级；他们也没有大面积加入工会；没有任何主要政党全心全意为他们服务；也没有谁想过他们会形成一个独立的政党。

只要政治势力依靠有组织的经济力量，白领工人就只能从“资方”或者“劳方”中汲取自己的政治力量。在整个权力结构中，他们是因变量。因此，对他们的政治倾向的估计，必须取决于对劳资双方斗争形式和斗争结果的更大范围内的预测。只有当“劳工”明显地“胜出”的时候，下层白领雇员才有可能全力以赴地支持工会；而如果大公司集团支持的互为妥协的委员会囊括了劳工领袖的话，白领群体就更有可能加入这类组织。

那些提出白领人士的权力将崛起的理论，主要依赖于他们人数的增长和在大众社会的科层制度与分配运作中的不可或缺性。但是，除非你假定纯粹和自动的民主是建立在人数多寡之上的，否则一个阶层单纯的人数增长并不意味着权力的增长。再者，除非你假定职业功能能够奇迹般地转变为政治权力，否则技术上的不可或缺性也不意味着一个阶层拥有权力。

当一个人按照美国生活的视角来谈论这些大问题的时候，就会清
353 楚地发现，从人数的增长和功能的重要性跳跃到政治权力的增长，起码需要政治意识和政治组织。在这两方面，白领工人都未达到充分的程度。而且，他们在美国社会中地位的上升并不能带来更多的自由和理性。就白领人士而言，他们的幻想多于理智，令人苦恼的现代焦虑多于对自由的向往。他们晦暗的社会生活方式显然不会给个人或社会带来什么自由和理性。

当然，这些推测只是学术性的；新中产阶级没有形成、创立、领导任何政治运动的任何可能。他们对自己的生活状况没有任何持续的不满，也不会因其进行任何有责任感的斗争。因为这种不满需要想象力，

甚至还要有些幻想；而有责任感的斗争则需要领袖人物。

新中产阶级的政治问题是，他们最可能跟在哪个集团或运动的尾巴后面跑？而答案是，似乎最有可能取胜的集团和运动。

因为美国没有任何政治上的无产阶级，他们不可能成为政治上的“无产者”。因为不存在什么中产阶级的政策或构成，而他们在经济上也无法保持这样一种地位，他们同样不可能成为政治上的“中产阶级”。因为他们缺乏团结也没有机会，他们无法作为独立的集团或政党登上政治舞台。因为他们不能在某个集团稳操胜券之前投身其中，只是在大局已定之后才做出选择，他们也不可能成为政治上的“平衡木”。

因为没有公共地位，他们的个人地位作为一种个人因素就决定着各自的发展方向；但是，作为个人，他们又不知道往何处去。所以，他们现在摇摆不定。他们思想上犹豫、迷惘、彷徨，行动上漫无目的、缺乏持久性。他们忧虑、怀疑，但是和很多人一样，却不知道自己到底忧虑和怀疑什么。他们在政治上也许容易激动，但却缺乏政治热情。他们是合唱队，因为胆怯而不敢张口，遇到掌声又会歇斯底里。他们是一群后卫。短期内，他们会惶恐不安地追求声望；但从长远看来，他们会追逐权力，因为说到底，声望是由权力决定的。与此同时，在美国社会的政 354
治市场上，新中产阶级正在高声叫卖自己；任何看上去足够体面、足够强大的人都可能占有他们。但到目前为止，还没有人认真出个价。

致谢和资料来源

I wish to thank the John Simon Guggenheim Foundation, which, by a Fellowship, gave me time for work; and the Social Science Research Council of Columbia University, which provided funds. Whenever in this book, I have written 'we' I mean my wife, Ruth Harper, and myself: during the last three years, her assistance in careful research and creative editing has often amounted to collaboration. As with other writings, so with this: my friends and colleagues William Miller and Hans Gerth have given generously of their time, ideas, and skill.

Irving Sanes read the manuscript and gave me much astute criticism; Richard Morris criticized Chapter 1; Bernhard Stern, the materials on the medical world. Beatrice Kevitt's editing of a large portion of an earlier draft was of great help. Honey Toda, who was my assistant for several years at the University of Maryland and later at Columbia University, patiently compiled many occupational statistics that appear in the book, as well as many others which stand behind it.

At the galley stage, much invaluable advice was kindly given by Quentin Anderson, Charles Frankel, Richard Hofstadter, Harvey Swados, and Lionel Trilling. I am very grateful to them for their generosity and indulgence.

II

Several of my previous publications have been drawn upon for this work, in fact, some are more properly seen as technical by-products of it. I wish to thank the editors of the publications in which they appeared for allowing me to draw upon them here: 'A Marx For the Managers' (written with H. H. Gerth), *Ethics: An International Journal of Legal, Political & Social Thought,* January 1942; 'The Powerless People: The Role of the Intellectual in Society,'

Politics, April 1944; 'The American Business Elite,' *The Tasks of Economic History*, Supplement v to the *Journal of Economic History*, December 1945; 'The Middle Classes in Middle-Sized Cities,' *American Sociological Review*, October 1946; 'The Competitive Personality,' *Partisan Review*, September-October 1946; 'Small Business and Civic Welfare,' Senate Document No. 135, 79th Congress, 2nd Session, Washington, D.C., 1946; 'Doctors and Workers,' a report to the United Automobile Workers, CIO, March 1948 (unpublished); 'The Contribution of Sociology to Studies of Industrial Relations,' *First Annual Proceedings of the Industrial Relations Research Association*, Cleveland, Ohio, 30 December 1948; 'White Collar Unionism,' *Labor and Nation*, March-April 1949 and May-June 1949.

III

The administrative generosity of Paul F. Lazarsfeld made it possible for me to obtain 128 intensive interviews with white-collar workers in New York City during the fall of 1946. Jeannette Green supervised this work and personally performed several important interviews; I am indebted to Zena Smith for a preliminary analysis of these materials in connection with unions. In a later volume on qualitative method, I hope to present these materials, used here only as a source of quotations and an informal limit to psychological statements, in full. I am indebted to James B. Gale, Marjorie Fiske, and Helen Powell for information based on close-up experience in department stores, which I could have got in no other way. To Mr. Gale, who, while attending the University of Maryland, prepared a memorandum of types of salesgirls with supporting documentation, I am especially grateful.

I have also drawn, directly and indirectly, upon several more formal field experiences. In 1945 I examined the stratification and power structure of six middle-sized cities in the Middle-West and New England for the Smaller War Plants Corporation in preparation for a Senate hearing. That same year and later, I did a more intensive study of one middle-western city of 60,000 population, in connection with a research project undertaken for the Bureau of Applied Social Research (to be published by Harper & Bros. in 1952). In 1946 I had an opportunity for a close-up look at the New York State Department of Labor; in 1947, at Puerto Rican problems in Spanish Harlem, Manhattan; in 1948 I undertook a survey of union members in Detroit for the United Automobile Workers, CIO. In all these jobs, I kept my eyes open for 'white-collar material.' I am grateful to John Blair, who was Research Director of the Smaller War Plants Corporation and Nat Weinberg, Research Director of the UAW, for their leniency in this matter.

IV

The technical vocabulary used, and hence in many ways the general perspective of this volume, is derived from Max Weber. Such concepts as class, occupation, status, power, authority, manipulation, bureaucracy, profession are basically his. Back of Weber, of course, stands Karl Marx, and I cannot fail, especially in these times when his work is on the one side ignored and vulgarized, and on the other ignored and maligned, to acknowledge my general debt, especially to his earlier productions.

Literature in this tradition, or influenced by it, which I have found especially useful or suggestive in connection with various themes and problems includes the following. Although by no means complete, these works will be found especially rewarding to those who would explore the problems of this book further.

Eduard Bernstein, *Socialisme Théorique et social-démocratie practique,* tr. d'Alexandre Cohen (Paris, 1900); Alfred M. Bingham, *Insurgent America* (New York: Harper, 1935); G. D. H. Cole, *What Marx Really Meant* (New York: Knopf, 1937); Lewis Corey, *The Crisis of the Middle Class* (New York: Covici-Friede, 1935); Erich Fromm, *Escape from Freedom* (New York: Farrar & Rinehart, 1941); Henry Durant, *The Problem of Leisure* (London: George Routledge, 1938); Daniel Guérin, *Fascism and Big Business* (New York: Pioneer Publishers, 1939); Karl Kautsky, *Le Marxisme et son critique Bernstein,* tr. de Martin-Leray (Paris: 1900); Harold D. Lasswell, 'The Moral Vocation of the Middle-Income Skill Group, *International Journal of Ethics,* vol. XLV, no. 2, January 1935, and *World Politics and Personal Insecurity* (New York: McGraw-Hill, 1935); Emil Lederer, *The Problem of the Modern Salaried Employee: Its Theoretical and Statistical Basis* (chapters II and III of *Die Privatangestellten in der Modernen Wirtschaftsentwicklung,* Tubingen, 1912), WPA Project No. 165-6999-6027; Emil Lederer and Jacob Marschak, *The New Middle Class* ('Der neue Mittelstand,' *Grundriss der Sozialökonomik,* IX Abteilung I, 1926; WPA Project No. 165-97-6999-6027, New York, 1937); Leo Lowenthal, 'Biographies in Popular Magazines,' *Radio Research* 1942-3 (New York: Duell, Sloan and Pearce, 1944); Karl Mannheim, *Ideology and Utopia* (New York: Harcourt, Brace, 1936), and *Man and Society in an Age of Reconstruction* (New York: Harcourt, Brace, 1940); Herbert Marcuse, *Reason and Revolution* (New York: Oxford, 1941); Alfred Meusel, 'Middle Class,' *Encyclopedia of the Social Sciences,* vol. X; Arthur Salz, 'Occupations,' *Encyclopedia of the Social Sciences,* vol. XI; Edward Shils and Herbert Goldhammer, 'Types of Power and Status,' *American Journal of Sociology,* September 1939; Werner Sombart, *The Quintessence of Capitalism* (New York: Dutton, 1915), and 'Capitalism: the Capitalist

Enterprise,' *Encyclopedia of the Social Sciences*, vol. III; Hans Speier, *The Salaried Employee in German Society* (WPA Project No. 465-970391, New York, 1939), and 'The Salaried Employee in Modern Society,' *Social Research*, February 1934; Thorstein Veblen, *Absentee Ownership* (New York: Viking, 1938); Graham Wallas, *The Great Society* (New York: Macmillan, 1936); William E. Walling, *Progressivism and After* (New York: Macmillan, 1914).

V

The statistics in this volume have been reworked, predominantly from U.S. Government sources: the Department of Commerce, especially its Bureau of the Census; the U.S. Department of Agriculture's Bureau of Agricultural Economics; the Department of Labor's Bureau of Labor Statistics. Many of these figures are readily available in the Bureau of the Census, *Historical Statistics of the United States*, 1789-1945, the *Statistical Abstract of the United States* for appropriate years, and technical journals such as the *Journal of Farm Economics*, *Federal Reserve Bulletin*, and the *Survey of Current Business*. The monographs of the Temporary National Economic Committee's Investigation of Concentration of Economic Power in the U.S. are invaluable for anyone who would understand the American economy, as are many publications of the Smaller War Plants Corporation. I have also taken much factual material and opinion from publications of the American Management Association and the National Association of Office Managers. I wish to thank the libraries of these several agencies for their courtesies.

These government and business sources are not the only materials used in constructing this book. I have not burdened the text with specific citations to facts and figures. The complete documentation, which is unfortunately lengthy, has not been printed here, but is available privately to interested scholars. There are, however, four topics, my statistics for which have involved rather elaborate reclassification and about which brief comment should be made: the occupational categories used, and their cross-tabulation by income, unemployment, and union membership.

1. The historical occupational tables are based upon a reclassification of census data as presented in detailed breakdowns by Alba Edwards (Bureau of the Census, *Comparative Occupational Statistics for the U.S.*, 1870-1940, pp. 105-12). The difficulties of any historical comparison of occupational data have been immensely aided by Edwards' painstaking work. Another important work, which I have found especially useful for industrial classifications as well as commentaries on specific occupations, is H. Dewey Anderson and Percy E. Davidson, *Occupational Trends in the United States* (Stanford, California: Stanford University Press, 1940). See also Victor Perlo's

1939 attempt and remarks thereupon in Spurgeon Bell, *Productivity, Wages and National Income* (Washington, D.C.: Brookings Institution, 1940, pp. 210-32).

In my reclassification, the 'free enterprisers' were isolated by ascertaining whether or not each occupation listed by Edwards mainly received payments through profits, entrepreneurial withdrawal, rents, or royalties. This was mainly determined by projecting 1940 information in regard to 'class of work' (primarily the distinction between 'employers and own-account workers' and 'wage and salary workers') to earlier years. (See 16*th Census of the U.S.* 1940. *Population.* The Labor Force [Sample Statistics] Occupational Characteristics, pp. 119-33). The question of 'class of work' was carried on the population schedule as far back as 1910, but was not tabulated until 1940. 'The question did serve a very useful purpose, however, as an aid in the occupational classification. . . It would not be possible to make the cross-tabulation you want for some earlier census. . .' (Letter to the author from Philip M. Hauser, Deputy Director, Bureau of the Census, 27 March 1947.) 'Class of work' as of 1940, of course, does not always hold back through the years; each case was examined and individual decisions made about it. The distinction between white-collar and wage-worker was based in part on the 'non-commodity-producing' character of white-collar work. The Labor Economics Staff of the Bureau of Labor Statistics ('White-Collar Workers: The Problem of Definition,' unpublished) uses, along with 'fixed payment by the day, week, or month,' two other criteria which I found helpful: 'A well-groomed appearance' and 'the wearing of street clothes at work.' The broad occupational groups included within the category of 'white-collar workers' by the Labor Economics Staff are quite similar to my four categories, except they omit salaried managerial employees.

Owing to the negative definition of the occupational function of the new middle class as 'non-commodity producing,' the group as a whole is quite heterogeneous, and continues to be so even when sub-divided into the four sub-categories I have used. To combine these heterogeneous elements into one group and call them the 'New Middle Class' would seem hazardous if it were not for the fact that by their very nature, given the census classifications with which we must work, they are residual groups, and further that 'other classes . . . likewise exhibit considerable lateral extensions: the entrepreneur class takes in the small manufacturer and the commercial entrepreneur, as well as the industrial magnate. The manual laborer's class includes the unskilled proletarians of the lowest strata . . . as well as the skilled, regularly employed and well-paid male wage earners.' The white-collar group can be 'comprehended as an entity only in contradistinction to the other classes.' (Lederer and Marschak, op. cit. p. 6.) This point becomes important when we realize that in a good number of cases we do not have any criteria for placing a given occupation *in* the new middle class, but we have many criteria for *not placing* it in the free enterpriser or the wage-worker.

The occupational classification was applied to cross-tabulations in the 1940 census volumes of *detailed* occupation by age, sex, education, et cetera. The nature of all existing national occupational figures, except in the broadest terms, suggests that they can be considered accurate only to within 3 or 4 per cent.

2. Definitive historical information on income by occupation does not exist for the United States. Even in the simplest historical series of income by occupation four major difficulties make historical comparisons of absolute incomes unreliable: (1) The scope of the studies—many are confined to only one city or locality, to certain industries, types of industries, or only to certain occupations. (2) Occupational classifications—variations in the way the occupations are classified often prohibit regrouping data into other occupational categories, thus obviating comparisons between studies. Such comparisons of occupational groups that are possible usually include occupations having such a wide spread in income that important income variations within the groups are obscured. For instance, we cannot always separate office and sales employees from the higher-paid managerial and professional employees; nor can we always separate unskilled wage-workers from the skilled or semi-skilled. (3) The type of recipient whose income is measured often varies; one study covers family income; another, each member of the labor force; another, 'spending units.' Also, the sex composition of the recipients is only rarely available. (4) Types of income—sometimes income is only money derived from work; sometimes it is all forms of income, including or excluding income-in-kind.

Therefore, we cannot provide a complete income history of the new middle class in America. From existing data, we can only patch together certain limited comparisons with wage workers. I wish to thank Norman Kaplan for his assistance in connection with my income tabulations.

For the earlier figures, especially wages and salaries in manufacturing industries, see Paul H. Douglas, *Real Wages in the United States, 1890-1926* (New York: Houghton Mifflin, 1930). For data on wages and salaries in manufacturing between 1929 and 1939, see U.S. Bureau of the Census, *Biennial Census of Manufacturers*, Washington, D.C., 1939. The Department of Commerce compiled a yearly series from 1929 to 1939 of wages and salaries in three selected industries, which is available in the *Statistical Abstract of the United States*, 1940. For an early series based on four selected industries, see W. I. King, *The National Income and Its Purchasing Power* (New York: National Bureau of Economic Research, 1930); and for the early 'thirties, Robert F. Martin, *National Income and Its Elements* (New York: National Industrial Conference Board, 1936).

For 1935-6 there is nation-wide income data for non-relief families in eight occupational groups from a study by the National Resources Committee, *Consumer Incomes in the United States: Their Distribution in 1935-6* (U.S. Government Printing Office, Washington, D.C., 1938). For 1939, the 16th Census of the U.S. 1940 Population, vol. III, The Labor Force, part I, U.S. Summary, pp. 120ff gives wages and salaries. For 1946 and 1948, see the Bureau of the Census, *Current Population Reports: Consumer Income,* Series P-60, no. 3, 3 June 1948, 'Income of Non-Farm Families and Individuals, 1946,' and Series P-60, 6, 14 February 1950, 'Income of Families and Persons in the U.S., 1948.' These four studies are the only ones that may readily be discussed in terms of my broad occupational categories, and the last three are the only ones that distinguish the sex of the employee.

See also, for the later forties, Department of Agriculture, Bureau of Agricultural Economics, Division of Program Surveys, 'National Survey of Liquid Asset Holdings, Spending, and Saving,' Part Two; and the yearly studies since 1946 of the Board of Governors of the Federal Reserve System, 'Survey of Consumer Finances,' reprinted in issues of the *Federal Reserve Bulletin.* These studies deal with 'spending units' rather than individual earners, and their occupational classifications are not entirely comparable with ours, but they do provide an indication of rough shifts in income over these years.

3. On the difficulties of determining unemployment, see W. S. Woytinsky, 'Controversial Aspects of Unemployment,' *Review of Economic Statistics,* May 1941. In addition to the U.S. censuses of 1890, 1900, 1930, 1937, and 1940, and various state and local censuses during the 'thirties, unemployment series have been compiled over the years by such agencies as the labor unions, the National Industrial Conference Board, the Bureau of Labor Statistics. Before 1929, reliable unemployment data exists only for certain industrial groups. For the best discussion and estimates, see Paul H. Douglas, op. cit. pp. 409-60. From 1929 to date unemployment information on the total labor force is more reliable; the Bureau of Labor Statistics has recently eliminated much of the confusion between conflicting reports by releasing its revised estimates of the size of the labor force and unemployment since 1929 (*Monthly Labor Review,* July 1948, pp. 50-53).

If estimates of general unemployment are often difficult, those for specific occupational groups are often impossible. In the best, there is an element of plain guess. Nation-wide unemployment data by occupation exists only for 1930, 1937, and 1940, which are not the years of worst unemployment. We have computed the proportions of unemployment by occupation for these years from W. S. Woytinsky, *Labor in the United States: Basic Statistics for Social Security* (Washington, D.C.: Committee on Social Security, Social Science Research Council, 1938), pp. 312-15; *Census of Partial Employment, Unem-*

ployment and Occupations: 1937, *Final Report on Total & Partial Unemployment,* vol. I, p. 5, table 4, interpolating the employable labor force for 1937 from 1930 and 1940 census data; and from unemployment revealed in the 1940 census as presented in the *Statistical Abstract of the United States:* 1948, pp. 179-87. For 1930, see also Woytinsky, *Three Aspects of Labor Dynamics* (Washington, D.C.: Committee on Social Security, Social Science Research Council, 1942), p. 153. The value of many local and state-wide studies of unemployment made between 1932 and 1934 is of course limited, and their occupational classifications vary, but they do serve as guide-posts to general statements and often give added insight to various aspects of the incidence of unemployment. Especially helpful to our work in this connection were the Massachusetts Department of Labor and Industries, Division of Statistics, Report on the Census of Unemployment in Massachusetts as of 2 January 1934; Pennsylvania State Emergency Relief Administration, Harrisburg, Pa., *Census of Employable Workers in Urban & Rural Non-Farm Areas of Pa.,* 1934; and various studies reported in the *Monthly Labor Review,* October 1933, p. 811, April 1934, p. 792, and September 1934, p. 643.

4. Union membership figures for 1948 were taken from the Bureau of Labor Statistics, 'Directory of Labor Unions in the U.S., June 1948,' *Bulletin No.* 937. Membership in directly affiliated locals is not included by BLS nor in our estimations. In certain cases where the BLS gave no membership figure for a union, we have used the reported membership given by other sources; if such alternative figures could not be found for a given union, we have substituted the 1944 membership figures in Florence Peterson, *American Labor Unions* (New York: Harper, 1945). Each of the 194 unions listed in the BLS directory was classified in regard to whether it was composed primarily of wage-workers or white-collar employees; and all unions were isolated into one of three types: (1) BLS, *Bulletin No.* 745, June 1943, lists 35 unions as 'unions, most of all of whose members are engaged in what are commonly considered to be white-collar occupations.' This list was brought up to date in consultation with various union officials, thereby adding 11 unions—making the total number of primarily white-collar unions 46. (2) Personal letters to the author by various union officials, and data reported in *Business Week,* 7 February 1948, p. 92, allowed us to classify 13 production unions in the CIO as 'mixed' unions, containing substantial proportions of white-collar workers. For most of these unions, certainly the most important, the estimated numbers of white-collar workers involved were given by the sources cited above. (3) All other unions were considered to be primarily composed of wage-workers.

Figures on the proportions of white-collar workers unionized in each industrial group can only be approximations. Each type of union mentioned above was classified according to its industrial group; as no information about the precise proportions of white-collar workers working in each industrial group (potential union members) exists for 1948, we had to project the proportions of white-collar workers in each industrial group as of 1940 to the numbers of 'wage and salary' workers in each industry as of 1948 given in the *Monthly Labor Review,* July 1948. For earlier figures on union membership and proportions organized, see Leo Wolman, *Ebb and Flow in Trade Unionism* (New York: National Bureau of Economic Research, 1936). I am especially grateful to Professor Wolman for allowing me access to his unpublished data on membership figures for 1935.

C. WRIGHT MILLS

New York City
1 May 1951

索　引

（索引中的页码为原著页码，检索时请查本书边码）

B

C

G

H

M

N

O

P

W

Y

《当代学术棱镜译丛》

已出书目

媒介文化系列

第二媒介时代 [美]马克·波斯特

电视与社会 [英]尼古拉斯·阿伯克龙比

思想无羁 [美]保罗·莱文森

媒介建构:流行文化中的大众媒介 [美]劳伦斯·格罗斯伯格 等

揣测与媒介:媒介现象学 [德]鲍里斯·格罗伊斯

媒介学宣言 [法]雷吉斯·德布雷

媒介研究批评术语集 [美]W. J. T. 米歇尔 马克·B. N. 汉森

解码广告:广告的意识形态与含义 [英]朱迪斯·威廉森

全球文化系列

认同的空间——全球媒介、电子世界景观与文化边界 [英]戴维·莫利

全球化的文化 [美]弗雷德里克·杰姆逊 三好将夫

全球化与文化 [英]约翰·汤姆林森

后现代转向 [美]斯蒂芬·贝斯特 道格拉斯·科尔纳

文化地理学 [英]迈克·克朗

文化的观念 [英]特瑞·伊格尔顿

主体的退隐 [德]彼得·毕尔格

反"日语论" [日]莲实重彦

酷的征服——商业文化、反主流文化与嬉皮消费主义的兴起 [美]托马斯·弗兰克

超越文化转向 [美]理查德·比尔纳其 等

全球现代性:全球资本主义时代的现代性 [美]阿里夫·德里克

文化政策 [澳]托比·米勒 [美]乔治·尤迪思

通俗文化系列

解读大众文化 [美]约翰·菲斯克

文化理论与通俗文化导论(第二版) [英]约翰·斯道雷

通俗文化、媒介和日常生活中的叙事 [美]阿瑟·阿萨·伯格

文化民粹主义 [英]吉姆·麦克盖根

詹姆斯·邦德:时代精神的特工 [德]维尔纳·格雷夫

消费文化系列

消费社会 [法]让·鲍德里亚

消费文化——20 世纪后期英国男性气质和社会空间 [英]弗兰克·莫特

消费文化 [英]西莉娅·卢瑞

大师精粹系列

麦克卢汉精粹 [加]埃里克·麦克卢汉 弗兰克·秦格龙

卡尔·曼海姆精粹 [德]卡尔·曼海姆

沃勒斯坦精粹 [美]伊曼纽尔·沃勒斯坦

哈贝马斯精粹 [德]尤尔根·哈贝马斯

赫斯精粹 [德]莫泽斯·赫斯

九鬼周造著作精粹 [日]九鬼周造

社会学系列

孤独的人群 [美]大卫·理斯曼

世界风险社会 [德]乌尔里希·贝克

权力精英 [美]查尔斯·赖特·米尔斯

科学的社会用途——写给科学场的临床社会学 [法]皮埃尔·布尔迪厄

文化社会学——浮现中的理论视野 [美]戴安娜·克兰

白领：美国的中产阶级 [美]C. 莱特·米尔斯

论文明、权力与知识 [德]诺贝特·埃利亚斯

解析社会：分析社会学原理 [瑞典]彼得·赫斯特洛姆

局外人：越轨的社会学研究 [美]霍华德·S. 贝克尔

社会的构建 [美]爱德华·希尔斯

新学科系列

后殖民理论——语境 实践 政治 [英]巴特·穆尔-吉尔伯特

趣味社会学 [芬]尤卡·格罗瑙

跨越边界——知识学科 学科互涉 [美]朱丽·汤普森·克莱恩

人文地理学导论：21 世纪的议题 [英]彼得·丹尼尔斯 等

文化学研究导论：理论基础·方法思路·研究视角 [德]安斯加·纽宁 [德]维拉·纽宁主编

世纪学术论争系列

"索卡尔事件"与科学大战 [美]艾伦·索卡尔 [法]雅克·德里达 等

沙滩上的房子 [美]诺里塔·克瑞杰

被困的普罗米修斯 [美]诺曼·列维特

科学知识：一种社会学的分析 [英]巴里·巴恩斯 大卫·布鲁尔 约翰·亨利

实践的冲撞——时间、力量与科学 [美]安德鲁·皮克林

爱因斯坦、历史与其他激情——20 世纪末对科学的反叛 [美]杰拉尔德·霍尔顿

真理的代价：金钱如何影响科学规范 [美]戴维·雷斯尼克

科学的转型：有关"跨时代断裂论题"的争论 [德]艾尔弗拉德·诺德曼 [荷]汉斯·拉德 [德]格雷戈·希尔曼

广松哲学系列

物象化论的构图 [日]广松涉

事的世界观的前哨 [日]广松涉

文献学语境中的《德意志意识形态》[日]广松涉

存在与意义(第一卷) [日]广松涉

存在与意义(第二卷) [日]广松涉

唯物史观的原像 [日]广松涉

哲学家广松涉的自白式回忆录 [日]广松涉

资本论的哲学 [日]广松涉

马克思主义的哲学 [日]广松涉

世界交互主体的存在结构 [日]广松涉

国外马克思主义与后马克思思潮系列

图绘意识形态 [斯洛文尼亚]斯拉沃热·齐泽克 等

自然的理由——生态学马克思主义研究 [美]詹姆斯·奥康纳

希望的空间 [美]大卫·哈维

甜蜜的暴力——悲剧的观念 [英]特里·伊格尔顿

晚期马克思主义 [美]弗雷德里克·杰姆逊

符号政治经济学批判 [法]让·鲍德里亚

世纪 [法]阿兰·巴迪欧

列宁、黑格尔和西方马克思主义:一种批判性研究 [美]凯文·安德森

列宁主义 [英]尼尔·哈丁

福柯、马克思主义与历史:生产方式与信息方式 [美]马克·波斯特

战后法国的存在主义马克思主义:从萨特到阿尔都塞 [美]马克·波斯特

反映 [德]汉斯·海因茨·霍尔茨

为什么是阿甘本? [英]亚历克斯·默里

未来思想导论:关于马克思和海德格尔 [法]科斯塔斯·阿克塞洛斯

无尽的焦虑之梦:梦的记录(1941—1967) 附《一桩两人共谋的凶杀案》(1985) [法]路易·阿尔都塞

经典补遗系列

卢卡奇早期文选 [匈]格奥尔格·卢卡奇

胡塞尔《几何学的起源》引论 [法]雅克·德里达

黑格尔的幽灵——政治哲学论文集[Ⅰ] [法]路易·阿尔都塞

语言与生命 [法]沙尔·巴依

意识的奥秘 [美]约翰·塞尔

论现象学流派 [法]保罗·利科

脑力劳动与体力劳动:西方历史的认识论 [德]阿尔弗雷德·索恩-雷特尔

黑格尔 [德]马丁·海德格尔

黑格尔的精神现象学 [德]马丁·海德格尔

生产运动:从历史统计学方面论国家和社会的一种新科学的基础的建立 [德]弗里德里希·威廉·舒尔茨

先锋派系列

先锋派散论——现代主义、表现主义和后现代性问题 [英]理查德·墨菲

诗歌的先锋派:博尔赫斯、奥登和布列东团体 [美]贝雷泰·E.斯特朗

情境主义国际系列

日常生活实践 1.实践的艺术 [法]米歇尔·德·塞托

日常生活实践 2.居住与烹饪 [法]米歇尔·德·塞托 吕斯·贾尔 皮埃尔·梅约尔

日常生活的革命 [法]鲁尔·瓦纳格姆

居伊·德波——诗歌革命 [法]樊尚·考夫曼

景观社会 [法]居伊·德波

当代文学理论系列

怎样做理论 [德]沃尔夫冈・伊瑟尔

21世纪批评述介 [英]朱利安・沃尔弗雷斯

后现代主义诗学:历史・理论・小说 [加]琳达・哈琴

大分野之后:现代主义、大众文化、后现代主义 [美]安德列亚斯・胡伊森

理论的幽灵:文学与常识 [法]安托万・孔帕尼翁

反抗的文化:拒绝表征 [美]贝尔・胡克斯

戏仿:古代、现代与后现代 [英]玛格丽特・A. 罗斯

理论入门 [英]彼得・巴里

现代主义 [英]蒂姆・阿姆斯特朗

叙事的本质 [美]罗伯特・斯科尔斯　詹姆斯・费伦　罗伯特・凯洛格

文学制度 [美]杰弗里・J. 威廉斯

新批评之后 [美]弗兰克・伦特里奇亚

文学批评史:从柏拉图到现在 [美]M. A. R. 哈比布

德国浪漫主义文学理论 [美]恩斯特・贝勒尔

萌在他乡:米勒中国演讲集 [美]J. 希利斯・米勒

文学的类别: 文类和模态理论导论 [英]阿拉斯泰尔・福勒

思想絮语: 文学批评自选集(1958—2002) [英]弗兰克・克默德

叙事的虚构性:有关历史、文学和理论的论文(1957—2007) [美]海登・怀特

21世纪的文学批评:理论的复兴 [美]文森特・B. 里奇

核心概念系列

文化 [英]弗雷德・英格利斯

风险 [澳大利亚]狄波拉・勒普顿

学术研究指南系列

美学指南 [美]彼得·基维

文化研究指南 [美]托比·米勒

文化社会学指南 [美]马克·D. 雅各布斯 南希·韦斯·汉拉恩

艺术理论指南 [英]保罗·史密斯 卡罗琳·瓦尔德

《德意志意识形态》与文献学系列

梁赞诺夫版《德意志意识形态·费尔巴哈》[苏]大卫·鲍里索维奇·梁赞诺夫

《德意志意识形态》与 MEGA 文献研究 [韩]郑文吉

巴加图利亚版《德意志意识形态·费尔巴哈》[俄]巴加图利亚

MEGA:陶伯特版《德意志意识形态·费尔巴哈》 [德]英格·陶伯特

当代美学理论系列

今日艺术理论 [美]诺埃尔·卡罗尔

艺术与社会理论——美学中的社会学论争 [英]奥斯汀·哈灵顿

艺术哲学:当代分析美学导论 [美]诺埃尔·卡罗尔

美的六种命名 [美]克里斯平·萨特韦尔

文化的政治及其他 [英]罗杰·斯克鲁顿

现代日本学术系列

带你踏上知识之旅 [日]中村雄二郎 山口昌男

反·哲学入门 [日]高桥哲哉

作为事件的阅读 [日]小森阳一

超越民族与历史 [日]小森阳一 高桥哲哉

现代思想史系列

现代化的先驱——20 世纪思潮里的群英谱 [美]威廉·R. 埃弗德尔

现代哲学简史 [英]罗杰·斯克拉顿

美国人对哲学的逃避:实用主义的谱系 [美]康乃尔·韦斯特

视觉文化与艺术史系列

可见的签名 [美]弗雷德里克·詹姆逊

摄影与电影 [英]戴维·卡帕尼

艺术史向导 [意]朱利奥·卡洛·阿尔甘 毛里齐奥·法焦洛

电影的虚拟生命 [美]D. N. 罗德维克

绘画中的世界观 [美]迈耶·夏皮罗

缪斯之艺:泛美学研究 [美]丹尼尔·奥尔布赖特

视觉艺术的现象学 [英]保罗·克劳瑟

当代逻辑理论与应用研究系列

重塑实在论:关于因果、目的和心智的精密理论 [美]罗伯特·C. 孔斯

情境与态度 [美]乔恩·巴威斯 约翰·佩里

逻辑与社会:矛盾与可能世界 [美]乔恩·埃尔斯特

指称与意向性 [挪威]奥拉夫·阿斯海姆

说谎者悖论:真与循环 [美]乔恩·巴威斯 约翰·埃切曼迪

波兰尼意会哲学系列

认知与存在:迈克尔·波兰尼文集 [英]迈克尔·波兰尼

科学、信仰与社会 [英]迈克尔·波兰尼

现象学系列

伦理与无限:与菲利普·尼莫的对话 [法]伊曼努尔·列维纳斯

新马克思阅读系列

政治经济学批判:马克思《资本论》导论 [德]米夏埃尔·海因里希

图书在版编目(CIP)数据

白领：美国的中产阶段 / (美)米尔斯著；周晓虹译. —2版. —南京：南京大学出版社，2016.1(2022.3重印)
(当代学术棱镜译丛 / 张一兵主编)
书名原文：White Collar：The American Middle Classes
ISBN 978-7-305-15572-7

Ⅰ. ①白… Ⅱ. ①米… ②周… Ⅲ. ①中等资产阶级—研究—美国—现代 Ⅳ. ①D771.261

中国版本图书馆CIP数据核字(2015)第158783号

江苏省版权局著作权合同登记 图字：10-2014-357号

出版发行 南京大学出版社
社　　址 南京市汉口路22号　　邮　编 210093
出 版 人 金鑫荣

丛 书 名 当代学术棱镜译丛
书　　名 白领：美国的中产阶级
著　　者 [美]C. 莱特·米尔斯
译　　者 周晓虹
责任编辑 施　敏

照　　排 南京南琳图文制作有限公司
印　　刷 南京爱德印刷有限公司
开　　本 635×965 1/16 印张 26.5 字数 356千
版　　次 2016年1月第2版 2022年3月第7次印刷
ISBN 978-7-305-15572-7
定　　价 78.00元

网址：http://www.njupco.com
官方微博：http://weibo.com/njupco
官方微信号：njupress
销售咨询热线：(025) 83594756
